STUDIENKURS POLITIKWISSENSCHAFT

Lehrbuchreihe für Studierende der Politikwissenschaft
an Universitäten und Hochschulen

Joachim Behnke

Entscheidungs- und Spieltheorie

2., durchgesehene und aktualisierte Auflage

Die Deutsche Nationalbibliothek verzeichnet diese Publikation in
der Deutschen Nationalbibliografie; detaillierte bibliografische
Daten sind im Internet über http://dnb.d-nb.de abrufbar.

ISBN 978-3-8487-6254-5 (Print)
ISBN 978-3-7489-0363-5 (ePDF)

2. Auflage 2020
© Nomos Verlagsgesellschaft, Baden-Baden 2020. Gedruckt in Deutschland. Alle Rechte, auch die des Nachdrucks von Auszügen, der fotomechanischen Wiedergabe und der Übersetzung, vorbehalten. Gedruckt auf alterungsbeständigem Papier.

Inhalt

1. **Einführung** — 9
   - 1.1 Historische Entwicklung der Spieltheorie — 9
   - 1.2 Glücksspiele, Geschicklichkeitsspiele und strategische Spiele — 9
   - 1.3 Spieltheorie als allgemeine Theorie menschlichen Handelns im Kontext sozialer Interaktionen — 13
   - 1.4 Der Aufbau des Buches — 16

2. **Entscheidungen unter Sicherheit und unter Unsicherheit** — 19
   - 2.1 Entscheidungen unter Sicherheit — 19
   - 2.2 Entscheidungen unter Unsicherheit — 24
   - Weiterführende Literatur — 35

3. **Entscheidung unter Risiko** — 37
   - 3.1 Lotterien und Erwartungsnutzen — 37
   - 3.2 Die Bestimmung der Wahrscheinlichkeiten in einer Entscheidungssituation unter Risiko — 43
   - 3.3 Die Nutzenfunktion — 45
   - Weiterführende Literatur — 54

4. **Spiele reiner Koordination** — 57
   - Weiterführende Literatur — 68

5. **Nullsummenspiele – Spiele des reinen Konflikts** — 71
   - 5.1 Das Minimax Theorem — 71
   - 5.2 Das räumliche Modell des Parteienwettbewerbs — 75
   - 5.3 Gemischte Strategien — 78
   - Weiterführende Literatur — 86

6. **Spiele mit „gemischten Motiven"** — 89
   - 6.1 Das Gefangenendilemma — 89
   - 6.2 Das Gefangenendilemma und vertragstheoretische Begründungen des Staates — 94
   - 6.3 Die Problematik der Bereitstellung öffentlicher Güter — 96
   - 6.4 Das Chicken-Game — 97
   - 6.5 Das Assurance-Game — 101
   - 6.6 Der Nutzen von Matrixspielen zur Darstellung der Öffentliches Gut-Problematik — 106
   - 6.7 Die Struktur von Matrixspielen — 107
   - 6.8 Harmoniespiel — 109
   - 6.9 Rambo-Spiele — 110
   - 6.10 Das Blockadespiel — 114
   - 6.11 Kampf der Geschlechter — 114
   - Weiterführende Literatur — 118

7. Sequentielle Spiele — 119

- 7.1 Die extensive Darstellungsform — 119
- 7.2 Rückwärtsinduktion — 120
- 7.3 Vorteil des ersten bzw. des zweiten Zuges — 124
- 7.4 Extensive und strategische Darstellungsform — 125
- 7.5 Teilspielperfekte Gleichgewichte — 129
- 7.6 Die Bedeutung von Commitments — 134
- Weiterführende Literatur — 142

8. Wiederholte Spiele — 143

- 8.1 Externe und interne spieltheoretische Lösungen sozialer Dilemmata — 143
- 8.2 Das iterierte Gefangenendilemma — 145
- 8.3 Die Evolution der Kooperation in Axelrods Computerturnieren — 152
- Weiterführende Literatur — 155

9. Rationalisierbarkeit und gemischte Strategien in Spielen mit gemischten Motiven — 157

- 9.1 Eliminierung dominierter Strategien — 157
- 9.2 Gemischte Gleichgewichte in Spielen mit gemischten Motiven — 162
- Weiterführende Literatur — 167

10. Bayesianische Gleichgewichte — 169

- 10.1 Spiele unter unvollständiger Information — 169
- 10.2 Das Theorem von Bayes — 176
- 10.3 Separierende Gleichgewichte — 179
- 10.4 Gepoolte Gleichgewichte — 181
- 10.5 Semiseparierende Gleichgewichte — 183
- Weiterführende Literatur — 186

11. Experimentelle Spieltheorie — 187

- 11.1 Spieltheorie und Sozialpsychologie — 187
- 11.2 Ultimatum- und Diktatorspiel — 188
- 11.3 Der Unterschied zwischen den real gespielten Spielen und den verwendeten Modellen — 195
- 11.4 Verhandlungsspiele und das Konzept der Legitimation — 197
- 11.5 Der Nutzen experimenteller Spieltheorie für die Entwicklung von Theorien — 200
- Weiterführende Literatur — 201

12. Evolutionäre Spieltheorie — 203

- 12.1 Die Integration evolutionstheoretischer Konzepte in die Spieltheorie — 203
- 12.2 Axelrods Computerturnier — 208
- 12.3 Mutationen und evolutionär stabile Strategien — 213
- Weiterführende Literatur — 217

Grundlegende Konzepte	219
Literatur	223
Stichwortverzeichnis	227

1. Einführung

1.1 Historische Entwicklung der Spieltheorie

Die Vorläufer der Spieltheorie reichen weit in die Vergangenheit, bis in die Antike, zurück. Die ersten „modernen" spieltheoretischen Argumente finden sich im 17. und 18. Jahrhundert in den Schriften von Thomas Hobbes und David Hume, in einem Zusammenhang, den man heute der Politischen Philosophie oder der Sozialtheorie zuordnen würde. Während die „spieltheoretischen Argumente" bei Hobbes und Hume weitgehend intuitiver Natur waren, fand die Spieltheorie ihre formalisierte Struktur in der Sprache der Mathematik in einem Aufsatz, den der legendäre Mathematiker John von Neumann 1928 veröffentlichte. John von Neumann konzipierte dabei die Spieltheorie als generelle Theorie menschlichen Handelns, die ganz allgemein jegliche Form von Verhalten, das in einem Kontext strategischer Interaktion stattfindet, erklären sollte. Seine bevorzugten Anwendungsgebiete stammten aus dem Bereich der Gesellschaftsspiele, insbesondere Poker, für das von Neumann eine große Leidenschaft hegte. Die stark wirtschaftswissenschaftliche Prägung der Anfänge der systematisch ausgearbeiteten Spieltheorie fand dann durch die Zusammenarbeit von John von Neumann mit dem Ökonomen Oskar Morgenstern statt. Oskar Morgenstern war wie viele seiner europäischen Kollegen Ende der 30er Jahre nach Amerika emigriert, wo er sich in Princeton niederließ. Grund für die Wahl des Ortes war angeblich, dass dort der schon zu Lebzeiten legendäre John von Neumann lehrte, forschte und lebte. Morgenstern überredete John von Neumann zur Abfassung eines gemeinsamen Aufsatzes zur Anwendung der Spieltheorie auf ökonomische Probleme, woraus dann schließlich der Klassiker der Spieltheorie überhaupt, „Theory of Games and Economic Behavior", wurde. Der substanzielle Beitrag von Oskar Morgenstern wird allgemein als eher vernachlässigbar beurteilt. Andererseits ist es in gewisser Weise wohl sein Verdienst, dass aus einer abstrakten Theorie eine Disziplin mit Anwendungsgebieten in den Sozialwissenschaften wurde. Denn für John von Neumann war sein Aufsatz von 1928 sowohl im wörtlichen als auch im übertragenen Sinn eine intellektuelle Spielerei, die er selbst nicht weiter verfolgt hatte und vermutlich auch nicht hätte. Wie Brecht in seinem Gedicht „Legende von der Entstehung des Buches Tao Te King auf dem Weg des Laotse in die Emigration" dem Zöllner, der Laotse dessen Kenntnisse abzwingt, eine maßgebliche Rolle für die Verbreitung der Erkenntnisse Laotses zuspricht, so war auch Morgenstern ein Mittler, der Mann, der John von Neumann seine „Weisheit" entriss und der Welt so die Kenntnis einer faszinierenden und aufregenden Theorie verschaffte.

1.2 Glücksspiele, Geschicklichkeitsspiele und strategische Spiele

Spiele, mit denen sich die Spieltheorie als Gegenstand beschäftigt, sind sogenannte strategische Spiele (games of strategy), in Abgrenzung von Glücksspielen (games of chance) und Geschicklichkeitsspielen (games of skills). Die übergeordneten Eigenschaften von Spielen bestehen darin, dass sie von mehreren Personen gespielt werden, die daran beteiligten Akteure eine bestimmte Handlung ausüben und die

1. Einführung

Akteure als Ergebnis des Spiels eine Auszahlung erhalten, die in einem finanziellen Betrag oder dem Gewinn des Spiels an sich bestehen kann.

Geschicklichkeitsspiele sind Wettbewerbe, aus denen als Sieger derjenige hervorgeht, der eine bestimmte Fähigkeit im höchsten Maße besitzt. In einem 100m-Lauf z.B. gewinnt derjenige, der am schnellsten ist. Bei (reinen) Glücksspielen hingegen entscheidet alleine der Zufall, wer gewinnt. Weder bei Geschicklichkeitsspielen noch bei Glücksspielen haben die Spieler irgendwelche Entscheidungen zu treffen, solange es sich um die reine Form dieser Spiele handelt. Beim 100m-Lauf versucht der Sportler eben einfach nur so schnell zu laufen, wie er kann. Beim Glücksspiel bleibt einem als einzige „Aktion", nachdem man sich für die Teilnahme am Spiel selbst einmal entschieden hat, auf das Glück zu hoffen.

Bei strategischen Spielen hingegen treffen die Akteure bewusste Entscheidungen, wobei sie berücksichtigen, dass auch die anderen Spieler solche bewussten Entscheidungen fällen. Die Entscheidung, die ein bestimmter Spieler trifft, hängt also von seinen Erwartungen hinsichtlich der Entscheidungen der anderen Spieler ab, wobei diese wiederum vorweggenommene „Reaktionen" auf seine Entscheidung darstellen. Die typische Frage, die sich ein Akteur in einem strategischen Spiel stellt, lautet also: Was sollte ich tun, wenn ich davon ausgehe, dass die anderen sich so und so verhalten?

Unser Leben und unsere Umwelt sind im Wesentlichen von sozialen Interaktionen geprägt, bei denen wir in irgendeiner Form mit anderen Personen zu tun haben. In fast allen dieser sozialen Interaktionen ist zumindest ein Element strategischen Verhaltens enthalten. Wir spielen in unserem Alltag ununterbrochen strategische Spiele, ohne uns dessen explizit bewusst zu sein. Ein Student, der eine Kommilitonin gerne näher kennenlernen möchte, überlegt sich vielleicht, ob es hierfür sinnvoller ist, zu versuchen sich mit ihr zum Kino zu verabreden oder eher zu einem gemeinsamen Picknick. Er fragt sich des Weiteren: Wie wird sie auf die jeweiligen Vorschläge reagieren, welche Aktion geht zu weit, welche ist zu ängstlich? Ob sie sich dessen bewusst sind oder nicht, der Student und die von ihm umworbene Kommilitonin spielen ein strategisches Spiel miteinander. In einer Folge der genialen Sitcom „Seinfeld" überlegt sich Jerry, die Hauptfigur, welche Art von Geschenk er seiner Freundin Elaine machen soll, mit der er gerade eine Beziehung unterhält, deren Wesen noch nicht in allen Aspekten eindeutig definiert ist. Welches Signal sendet er mit welchem Geschenk über die Art von Beziehung aus, die sie miteinander haben? Auch Eltern, die ihre Kinder dazu bringen wollen, ihre Schulaufgaben sorgfältig zu erledigen oder ihr Zimmer abends aufzuräumen, spielen mit diesen in der Regel ein strategisches Spiel, wenn auch häufig mit nur mäßigem Erfolg.

Es gibt wohl fast keine Entscheidungssituation (wenn sie nicht gänzlich habitualisiert ist), die nicht von strategischen Elementen durchtränkt ist, wenn diese Entscheidung in einem Kontext getroffen wird, in dem es soziale Interaktionen gibt. Situationen, in denen keine Entscheidungen getroffen werden, sind gänzlich uninteressant, in ihnen wäre der Mensch zu einem Automaten degradiert bzw. im Prinzip durch einen solchen ersetzbar. Kontexte, denen bewusst das Element menschli-

1.2 Glücksspiele, Geschicklichkeitsspiele und strategische Spiele

chen Handelns entzogen wird, wie z.B. der berüchtigten Fließbandarbeit Anfang des 20. Jahrhunderts, werden daher als „unmenschlich" empfunden, weil sie den Menschen die Möglichkeit nehmen, als soziale Wesen zu agieren. Allerdings finden die Menschen auch in solchen Kontexten meist Schlupflöcher, sich einen Freiraum für bewusst getroffene Entscheidungen zu schaffen. Die stillschweigende Kooperation mit den anderen bei der Fließbandarbeit besteht z.b. darin, nicht schneller zu sein als notwendig.

Tatsächlich sind auch die oben beschriebenen reinen Formen von Geschicklichkeits- und Glücksspielen in der Realität kaum anzutreffen. Ein reines Glücksspiel wäre es wohl kaum wert, gespielt zu werden und würde den meisten höchstlangweilig vorkommen. Stellen wir uns ein Glücksspiel vor, in dem zwei Spieler nacheinander die Karten eines 52-Karten-Spiels, wie es bei Poker oder Rommé verwendet wird, aufdecken und der eine Spieler jedes Mal bei einer roten Karte einen Euro vom Gegenspieler erhält, der andere Spieler umgekehrt bei einer schwarzen Karte gewinnt. Nach jeweils 10 aufgedeckten Karten wird neu gemischt, damit sich die zufallsbedingten Verschiebungen nicht wieder selbst korrigieren. Ein solches Spiel würde wohl kaum irgendeinen Reiz ausüben (außer womöglich für Kinder). Dass gelegentlich reine Glücksspiele dennoch so populär sind, wie z.B. Würfeln oder Roulette, liegt daran, dass es den Spielern so vorkommt, als ob diese Spiele auch ein Element der Geschicklichkeit (z.B. beim Würfeln, wenn die Spieler einer Illusion der Selbstwirksamkeit unterliegen) oder der Strategie enthalten. Roulettespieler spielen in gewisser Weise ein „Spiel gegen die Natur", oder – in diesem spezifischen Fall – ein Spiel gegen das Rouletterad. Viele Roulettespieler glauben offensichtlich daran, dass sie die „Strategie" des Rouletterads „durchschauen" können, d.h. bestimmte Muster, die diese Strategie verraten, erkennen können. Roulettespieler verfügen daher in der Regel auch über eine „Strategie", mit der sie das Rouletterad überlisten wollen. Beim sogenannten Martingalesystem z.B. setzt man beim Roulette auf eine der beiden Farben und verdoppelt beim Verlust so lange seine Einsätze, bis man gewinnt. Verfechter dieser „Strategie" sind der Ansicht, eine im Prinzip unschlagbare Strategie gefunden zu haben, die ihnen einen sicheren Gewinn garantieren könnte. Aus Sicht dieser Spieler wird ihre an sich sichere Strategie lediglich durch die Gegenstrategie der Spielbanken ausgehebelt, ihren Einsätzen eine obere Grenze zu setzen. Tatsächlich aber handelt es sich hier um einen Irrtum, der sich zwar einer ungebrochenen Popularität erfreut, nichtsdestoweniger aber lediglich auf einer unzureichenden Kenntnis der Wahrscheinlichkeitstheorie beruht. Denn vollkommen unabhängig von der Höhe der einzelnen Einsätze beträgt der Erwartungswert der Auszahlungen, die ein Spieler über den gesamten Lauf des Abends erzielt, immer 36/37 seiner gesamten Einsätze. Auch wenn sich der Erwartungswert nicht manipulieren lässt und durch keine Strategie im Roulette verändert werden kann, gibt es allerdings verschiedene Strategien hinsichtlich der Streuung um den Erwartungswert. Es gib relativ risikolose Verteilungen der Einsätze, bei denen man im Laufe des Abends zwar tendenziell mehr verlieren als gewinnen, aber insgesamt weder dramatisch verlieren noch dramatisch gewinnen wird. Riskante Strategien hingegen gehen für die Möglichkeit größerer Gewinne auch die Gefahr großer Verluste ein. Für Besucher eines Spielcasinos, die nicht wirklich gewinnen wollen, sondern einfach nur etwas Spaß

1. Einführung

haben wollen, kann daher eine relativ risikolose Strategie eine vernünftige Wahl sein, bei der der Spaß den erwarteten Verlust mehr als aufwiegt. Auch „reine" Glücksspiele sind also in den seltensten Fällen wirklich reine Glücksspiele. Selbst riskante Strategien beim Roulette können in bestimmten Extremsituation womöglich eine „rationale" Wahl sein, wenn es z.B. darum geht, innerhalb kürzester Zeit eine größere Summe Geldes zu gewinnen, man keine Alternativen hat und das Ausbleiben dieses Gewinns verheerende Folgen hätte. Die interessanten Entscheidungen in solchen Zusammenhängen aber sind nicht solche, die die Art und Weise betreffen, wie das Spiel gespielt wird, sondern die Entscheidungen, dieses Spiel überhaupt zu spielen. Im Grunde nutzt der Spieler dann das Roulette wie eine Lotterie, in der er eine bestimmte Chance erhält, seinen Einsatz in einem bestimmten Verhältnis zu vervielfachen.

Andere vermeintliche Glücksspiele sind keine reinen Formen davon wie das Roulette, sondern Geschicklichkeits- oder strategische Spiele mit einer mehr oder weniger hohen Zufallskomponente. Black Jack z.B. ist ein Geschicklichkeitsspiel, bei dem man mit Hilfe sogenannter Zählverfahren auf Dauer einen leichten Gewinn erzielen kann, solange die Karten nicht permanent neu gemischt werden. Da bestimmte Karten für den Spieler günstiger sind, andere hingegen ungünstig, was seine Chancen betrifft, gegen die Bank zu gewinnen, verschiebt sich die Wahrscheinlichkeit eines Gewinns in Abhängigkeit von den ausgespielten Karten. Verfügt man über ein Zählverfahren, das in der Lage ist, diese Verschiebung adäquat abzubilden, dann kann man seine Einsätze in Abhängigkeit von den Chancen variieren. Da man auf diese Weise bei den chancenreichen Spielen auf Dauer etwas mehr gewinnen als verlieren kann und dabei sogar mehr gewinnen, als man bei den chancenarmen verliert, kann man auch auf Dauer insgesamt gewinnen. Wobei mit „auf Dauer" gemeint ist, dass man einen wesentlichen Teil seiner Zeit in Spielcasinos verbringen müsste, um im Erwartungswert ein halbwegs erträgliches Dasein fristen zu können, was nicht unbedingt jedermanns Vorstellungen eines erfüllten Lebens entspricht, selbst wenn es nicht so dramatisch ausgeht wie im Film „21". Tatsächlich können aber diese „Counter"-Strategien durch die Spielcasinos leicht dadurch unterlaufen werden, dass sie Mischautomaten einsetzen, wie es z.B. in den meisten Casinos in Las Vegas und inzwischen auch in der Bundesrepublik der Fall ist. Black Jack ist kein strategisches Spiel, da die eigenen Entscheidungen die Chancen der anderen Spieler nicht beeinflussen.[1]

Poker ist ein echtes strategisches Spiel mit einem immer noch relativ großen Zufallselement, das allerdings im Vergleich z.B. zu Black Jack so gering ist, dass hier gute Spieler mit relativ großer Verlässlichkeit gegen schlechte Spieler gewinnen. Genau dies macht vermutlich erst die Faszination von Poker aus und begründet den Nimbus, den exzellente Pokerspieler besitzen, wenn er auch in Filmen wie „Cincinnati Kid" oder „Rounders" eher übertrieben dargestellt wird, denn auch

---

1 Allerdings wird dies von Mitspielern, für die die Grundsätze der Wahrscheinlichkeitstheorie offensichtlich weitgehend ein Buch mit sieben Siegeln darstellen, oft anders gesehen. Man kann sich vor allem als Spieler, der als letzter eine Karte zieht, bevor die Bank an der Reihe ist, sehr unbeliebt machen, wenn man z.B. durch das „falsche" Ziehen angeblich den Kartenstapel so durcheinander bringt, dass die Bank anschließend eine Serie von guten Ergebnissen erzielt.

der beste Pokerspieler wird in der Regel verlieren, wenn er – im wörtlichen Sinne – schlechte Karten hat. Zumindest gilt dies, wenn die Gegenspieler gute Karten haben. Der Erfolg eines guten Pokerspielers liegt nicht darin, dass er – wie im Film – extrem hohe Einsätze gewinnt, wenn er mit seinem Straight Flush die vier Asse des Gegners schlägt, sondern im mittleren und niedrigen Bereich. Professionelle Spieler gewinnen z.B. gegen Amateure vor allem dadurch, dass sie häufiger erfolgreich bluffen, wenn alle nicht wirklich gute Karten besitzen, und auch dadurch, dass sie die Gewinnwahrscheinlichkeiten bestimmter Konstellationen wesentlich realitätsnäher einschätzen als ungeübte Spieler.

Genauso, wie die meisten „Glücksspiele" auch ein strategisches Element enthalten, gilt auch für die meisten Geschicklichkeitsspiele, dass sie nicht ganz frei von strategischen Momenten sind. Womöglich gibt es kein strategisches Moment beim 100m-Lauf, der Läufer gibt einfach alles, was er kann. Doch schon beim 200m oder 400m-Lauf, ganz zu schweigen von Marathonläufen, der Tour de France oder Formel-1-Rennen, sind die strategischen Komponenten so wichtig, dass ein noch so guter Sportler ohne die entsprechende Strategie wohl chancenlos wäre. Und selbst beim 100m-Lauf mag es (vielleicht) kein strategisches Moment beim Lauf selbst geben, aber sicherlich ist eines bei der Vorbereitung, beim Training usw. vorhanden. Im Film „Die Stunde des Siegers" stößt eine der beiden Hauptpersonen, der jüdische Sportler Harold Abrahams, der sich über Cambridge für die Olympischen Spiele 1924 qualifiziert, auf Ablehnung der Leitung der Universität, weil er sich mit Hilfe eines professionellen Trainers auf die Spiele vorbereitet und somit die hehren Ideale des Amateursports verletzt. Diese Art von Training verschafft ihm offensichtlich einen Vorteil gegenüber weniger zielstrebig vorgehenden Konkurrenten. Tatsächlich sind die ungeheuren Leistungssteigerungen im Spitzensport, die sich in den letzten Jahrzehnten ergeben haben, wohl in gewisser Weise auf technologischen Fortschritt, fundiertes Wissen über Physiologie, Ernährung usw. zurückzuführen, vor allem aber auf die strategische Nutzung dieser neu gewonnenen Erkenntnisse. Auch die Verbreitung von Doping im Spitzensport lässt sich wohl am besten mit der spezifischen Anreizsituation erklären, in der sich Spitzensportler wiederfinden. Kein Sportler nimmt an sich gerne Dopingmittel, da deren Nebenwirkungen schwer abzuschätzen sind. Wenn jedoch alle anderen Dopingmittel nehmen und nur so Spitzenleistungen möglich sind, muss er ebenfalls dopen, wenn er an der Spitze mithalten will. Diese speziellen Situationen, die zu einer Art von Hochrüstung führen, die alle eigentlich gar nicht wollen, werden in der Spieltheorie unter dem Label des Gefangenendilemmas abgehandelt. Wenn wir ein Phänomen wie Doping wirklich verstehen und erklären wollen, so wird uns dies kaum gelingen, wenn wir nicht auf die Anreize eingehen, die sich in dieser spezifischen Form der sozialen Interaktion, der des sportlichen Wettbewerbs, ergeben.

1.3 Spieltheorie als allgemeine Theorie menschlichen Handelns im Kontext sozialer Interaktionen

Spieltheorie in dem eben beschriebenen Sinn ist überall am Werk bzw. gibt es überall Anreizstrukturen, die denen entsprechen, wie sie in der Spieltheorie model-

1. Einführung

liert werden. Reagieren die Personen auf diese Anreizstrukturen und wollen wir das Verhalten dieser Personen erklären, benötigen wir eine Theorie wie die Spieltheorie. Eine Theorie menschlichen Handelns und Verhaltens, die den Kontext des Handelns und die spezifischen Anreize, die von ihm ausgehen, ausblenden würde, wäre unvollständig. Das Besondere an der Spieltheorie besteht darin, dass diese Anreizstrukturen, mit deren Hilfe sie menschliches Handeln erklären möchte, ihrerseits erst durch menschliches Handeln entstehen.

Eine weitere Annahme, die in die spieltheoretische Analyse eingeht, ist die, dass die Akteure sich rational verhalten. Damit ist einfach nur gemeint, dass sie bestimmte Ziele verfolgen und dabei diejenigen Mittel wählen, von denen sie glauben, dass sie besonders geeignet sind, ihre Ziele zu verwirklichen. Um zu beurteilen, wie vernünftig bzw. „rational" die Wahl einer bestimmten Strategie tatsächlich ist, muss man diese Ziele einer Person kennen. Ein wichtiges Element der spieltheoretischen Analyse von Handlungen besteht also in der angemessenen Interpretation der Ziele der handelnden Personen. Im Film „Mars attacks" von Tim Burton weist ein von Pierce Brosnan gespielter Wissenschaftler darauf hin, dass die Außerirdischen, die gerade dabei sind, die Erde zu „besuchen", technologisch so hoch entwickelt seien, dass man nach den Gesetzen der Logik davon ausgehen müsse, dass sie friedlich und vorurteilsfrei seien. Eine wohl etwas zu optimistische Annahme, wie man, spätestens nachdem die Außerirdischen das Weiße Haus und den Eiffelturm in die Luft gejagt haben, mit guten Gründen vermuten kann. Es gibt allerdings keinen Grund, an der Rationalität der zerstörungsfreudigen, unansehnlichen Monster aus dem Weltall zu zweifeln, lediglich die Interpretation ihrer Motive sollte den gemachten Erfahrungen in geeigneter Weise angepasst werden. Die Motive der Personen enthüllen sich durch ihre Taten, was als Konzept der „enthüllten Präferenzen" (revealed preferences) bekannt ist.

Spieltheorie ist also eine Theorie der sozialen Interaktion von rationalen Akteuren. Am besten kann die Spieltheorie daher Handlungen erklären, wenn wir mit großer Sicherheit von rationalen Akteuren ausgehen können bzw. wenn wir uns der Präferenzordnungen, die wir von rationalen Akteuren erwarten würden, relativ sicher sein können. Dies trifft zum Beispiel bei klassischen Strategiespielen wie Schach, Dame, Go usw. zu, aber vor allem auch bei militärischen Konflikten. Denn in beiden Fällen bewegen wir uns auf relativ sicherem Grund, wenn wir davon ausgehen, dass das Ziel der Akteure darin besteht, das jeweilige „Spiel" zu gewinnen. Dass im Fall der militärischen Anwendungen der Spieltheorie das „Spiel" im Krieg besteht, bedeutet nun aber in keiner Weise, dass Krieg damit verharmlost werden soll. Natürlich soll mit der Modellierung militärischer Konflikte durch die Spieltheorie keineswegs suggeriert werden, dass Krieg so harmlos wie ein Gesellschaftsspiel sei, sondern, dass militärische Konflikte einen Entscheidungskontext der Akteure beinhalten, der ähnliche Eigenschaften enthält wie der Entscheidungskontext von Gesellschaftsspielen, sodass wir die gesamte Klasse dieser Art von Entscheidungskontexten unter dem Begriff des (strategischen) Spiels zusammenfassen können.

Tatsächlich sind die Anfänge der Spieltheorie neben ökonomischen Beispielen vor allem von militärischen geprägt. Allerdings wurde die Fruchtbarkeit der Spieltheorie für alle Bereiche des menschlichen Handelns bald entdeckt. Die berühmte Coverstory des Gefangenendilemmas, das ich später genauer erläutern werde, stammt aus einem Vortrag, den der Spieltheoretiker Albert Tucker vor Psychologen hielt und mit der er die Relevanz spieltheoretischer Modelle verdeutlichen wollte. Unter didaktischen und propagandistischen Zwecken ist dies wohl der bedeutendste Beitrag zur Spieltheorie überhaupt geworden.

Die Grundsituation des Gefangenendilemmas findet sich in allen möglichen Entscheidungskontexten wieder und ist der bekannteste Prototyp von dem, was allgemein als soziales Dilemma beschrieben wird. Nehmen wir an, mehrere Personen gehen zusammen in ein teures Restaurant essen und verabreden sich zuvor, die Rechnung später durch alle zu teilen. Es gehört nicht allzu viel Phantasie dazu, sich vorzustellen, wie die außergewöhnlichen und extravaganten Bestellungen seiner Bekannten von einem der Restaurantbesucher anfangs womöglich noch mit Verwunderung, bald darauf mit Verärgerung wahrgenommen werden und schließlich zu einem Überbietungswettbewerb führen, bei dem sich alle mit kulinarischen „Köstlichkeiten" vollstopfen, die sie sich normalerweise nicht leisten und nicht leisten wollen würden. Die spieltheoretische Analyse könnte erklären, warum die Personen sich auf diese, auf den ersten Blick merkwürdig anmutende Weise verhalten. Mehr noch: Die spieltheoretische Analyse könnte vorab voraussagen, dass ein solches Preisteilungsarrangement unter bestimmten Umständen genau diese Konsequenzen nach sich zieht. Aus der Sicht des gesellschaftlichen und politischen Designers können spieltheoretische Analysen z.B. dabei helfen aufzuzeigen, welche gesellschaftlichen und politischen Institutionen dazu geeignet sind, gesellschaftlich und politisch erwünschte Ziele zu verwirklichen oder gerade zu verhindern. Ein Wahlsystem z.B., das Anreize setzt, keine „ehrliche" Stimme abzugeben, also nicht diejenige Partei zu wählen, der man sich am nächsten fühlt und die man für am geeignetsten hält, unterminiert zumindest die demokratietheoretische Funktion der Wahl, den politischen Willen des Volkes angemessen abzubilden. Andere Funktionen der Wahl, z.B. die der Bereitstellung bzw. Auswahl einer Regierung, mögen hingegen gerade durch solche Anreize zur strategischen und „unaufrichtigen" Stimmabgabe womöglich sogar besser verwirklicht werden. Auch für den Entwurf der optimalen Form von Auktionen zur Versteigerung von Breitbandlizenzen hat sich die Spieltheorie als äußerst geeignet erwiesen. Die Formung geeigneter – im Sinne bestimmter gesellschaftlicher und politischer Zielfunktionen – institutioneller Designs mit Hilfe der spieltheoretischen Analyse bildet inzwischen den wichtigen Bereich des sogenannten „mechanism designs".

Spieltheorie ist also überall vorzufinden und Spieltheorie funktioniert, zumindest solange bestimmte Bedingungen gegeben sind bzw. bei der Anwendung eingehalten werden. Die Kenntnis der Grundkonzepte der Spieltheorie ist in vielen Bereichen nützlich, um individuelles Handeln und den Einfluss bestimmter institutioneller Designs auf ebendieses Handeln zu erklären. Um beurteilen zu können, ob und wie spieltheoretische Analysen sinnvoll eingesetzt werden können, ist es daher notwendig, diese Grundkonzepte zu verstehen und die Bedingungen für eine korrekte Anwendung dieser Konzepte für eine Analyse näher kennen zu lernen. Dies zu vermitteln soll das Ziel des vorliegenden Buches sein. Darüber hinaus ist Spieltheorie einfach sexy und kann jede Menge Spaß vermitteln. Auch davon sollte in den folgenden Kapiteln hoffentlich etwas zu spüren sein.

1.4 Der Aufbau des Buches

Wie viele klassische Einführungen beginnt das Buch damit, die Grundkonzepte von Entscheidungen an sich zu erläutern. Davon handeln die beiden Kapitel 2 und 3. Im zweiten Kapitel werden die elementaren Eigenschaften, die zur Beschreibung einer Entscheidungssituation dienen und notwendig sind, erläutert. Eine zentrale Rolle spielt dabei das Konzept der Präferenzordnung bzw. der Präferenzrelation, in der sich die Handlungsmotive widerspiegeln, so dass wir überhaupt erst vernünftige Vermutungen über erwartete Handlungen bilden bzw. beobachtete Handlungen plausibel erklären können. Die Erklärung von Handeln setzt allerdings voraus, dass die Handlungen aus den Motiven bzw. den Präferenzen nach gewissen Regeln abgeleitet werden können, dass das Handeln selbst also diesen Regeln folgt. Bei rational handelnden Individuen besteht die Hauptregel darin, das im Sinne der eigenen Präferenzen bestmögliche Ergebnis zu erhalten. Allerdings hängen bestimmte Verfeinerungen der Regel davon ab, auf der Basis welcher Informationen die Entscheidung getroffen wird. Kapitel 2 behandelt sogenannte Entscheidungen unter Sicherheit, in denen alle relevanten Informationen vorliegen, weil die Ergebnisse unmittelbar aus den Handlungen folgen, und sogenannte Entscheidungen unter Unsicherheit, in denen nur die verschiedenen möglichen Ergebnisse bekannt sind, die aus einer Handlung folgen können. Bei Entscheidungen unter Risiko, die im dritten Kapitel behandelt werden, sind zudem die Wahrscheinlichkeiten bekannt, mit denen bestimmte Ergebnisse aus den jeweiligen Handlungen folgen. Hier werden entsprechende Kernkonzepte wie der Erwartungswert des Nutzens eingeführt bzw. verschiedene Nutzenfunktionen, aus denen die Präferenzen der Akteure entwickelt werden können.

Mit dem vierten Kapitel beginnt die Beschäftigung mit der eigentlichen Spieltheorie. Die Kapitel 4 bis 6 befassen sich dabei mit klassischen Spielen zwischen zwei Spielern, die in der sogenannten Normalform oder Matrixform dargestellt werden. Dabei unterscheiden sich die Kapitel hinsichtlich der Konstellation der Motive zwischen den beteiligten Akteuren. Kapitel 4 widmet sich sogenannten reinen Koordinationsspielen. In diesen haben die beiden Spieler zu hundert Prozent übereinstimmende Interessen. Da sie also über gemeinsame Ziele verfügen, scheint die „Lösung" eines solchen Spiels offensichtlich: Beide Spieler sollten die Handlungen ergreifen, deren Kombination das für beide Spieler bestmögliche Ergebnis hervorbringt. Das zugrundeliegende Problem ist also auf den ersten Blick „lediglich" eines der optimalen Koordination der beiden Handlungen, daher auch der Name. Sind keine expliziten Absprachen möglich, wovon in der Regel ausgegangen wird, kann dieses Problem jedoch durchaus kniffliger sein, als es auf den ersten Blick scheinen mag. Zur Modellierung dieses Koordinationsproblems werden grundlegende Begriffe wie Strategien, insbesondere sogenannte dominante Strategien und vor allem der für die Spieltheorie zentrale Gleichgewichtsbegriff eingeführt. Kapitel 5 beschäftigt sich mit der entgegengesetzten Konstellation der Motive, nämlich mit sogenannten Nullsummenspielen, in denen die Interessen der Spieler antagonistisch sind. Hier werden das berühmte Minimax Theorem von John von Neumann und das Konzept gemischter Strategien eingeführt, wie sie zur Lösung von Nullsummenspielen wie z.B. Stein, Schere, Papier benötigt werden. Das sechste Kapitel schließlich befasst sich mit Spielen mit „gemischten Motiven", in denen die Spieler sowohl ein übereinstimmendes Kooperationsinteresse haben als auch Interessen, die im Widerstreit stehen. Spiele mit gemischten Motiven sind diejenigen, die realistischen Situationen sozialer Interaktion am nächsten kommen, denn in fast allen Alltagsprojekten, die wir gemeinsam mit anderen unternehmen, ist es typischerweise der Fall, dass wir einerseits ein gemeinsames übergeordnetes Interesse haben, andererseits aber auch idiosynkratische, persönliche Interessen, deren Verfolgung auf Kosten der anderen Spieler gehen würde. Die bekanntesten Spiele aus der Spieltheorie sind daher Spiele mit gemischten Motiven und werden in ihren paradigmatischen Konstellationen in diesem Kapitel behandelt, u.a. das berühmt-berüchtigte Gefangenendilemma, das Chicken-Game, das Assurance-Game und das Battle of Sexes-Game.

Im siebten Kapitel geht es um sequentielle Spiele, bei denen die Spielzüge der beiden Spieler – im Gegensatz zur erwähnten Normalform – hintereinander gemacht werden. Hier werden elementare Informationsbegriffe wie die perfekte Information und Informationsbezirke eingeführt, sowie das Konzept der Rückwärtsinduktion und das damit verbundene teilspielperfekte Gleichgewicht. Alle bis dahin behandelten Spiele sind sogenannte „one-shot-games", von denen in der Modellierung angenommen wird, dass sie nur einmal gespielt werden. Die Anreizstruktur für Kooperation aber ändert sich natürlich fundamental, wenn man weiß, dass sich das Spiel wiederholt, wir also morgen mit dem Spielpartner von heute und gestern das gleiche Spiel wieder spielen werden. Mit solchen wiederholten Spielen beschäftigt sich das achte Kapitel und vor allem mit einer dafür benötigten verfeinerten Definition dessen, was eine „Strategie" in einem Spiel bedeutet. Das neunte Kapitel befasst sich ebenfalls mit einem Kriterium, anhand dessen Strategien weiter differenziert werden können, nämlich dem der Rationalisierbarkeit. Während sich der Begriff der perfekten oder imperfekten Information, der im siebten Kapitel behandelt wird, mit der Unsicherheit beschäftigt, die entsteht, wenn man nicht weiß, welchen Zug der Gegenspieler ergriffen hat, geht es im zehnten Kapitel um unvollständige Information. Diese kennzeichnet die Unsicherheit darüber, gegen welche Art von Gegner man denn überhaupt spielt, d.h. welche Präferenzen der andere Spieler hat. Hierfür sind Signale ein wichtiger Hinweis, deren Entschlüsselung zumindest eine bessere Einschätzung über die wahre Natur des Gegenspielers liefern können. Für die Analyse solcher Spiele wird das wahrscheinlichkeitstheoretische Konzept des bayesianischen Updatings herangezogen, die entsprechenden Gleichgewichte werden daher auch als bayesianische Gleichgewichte bezeichnet.

Spieltheorie als formale Theorie, die sehr viel mit Modellannahmen arbeitet, die auch in der Ökonomie Verwendung finden, teilt mit ökonomischen Theorien ein Problem: Aufgrund der sehr abstrakten und idealisierten Annahmen sind spieltheoretische Ergebnisse oft für realistische Anwendungen nur bedingt aussagekräftig. In den letzten Jahren hat sich daher unter dem Label „behavioral economics" ein einflussreicher Zweig in der Ökonomie entwickelt, der ökonomische Modelle und Annahmen mit Erkenntnissen aus der Psychologie anreichert. Die bekanntesten Vertreter dieser Richtung sind vor allem Amos Tversky, Daniel Kahneman und Richard Thaler. Experimentelle Spieltheorie in dieser Tradition, womit sich Kapitel 11 beschäftigt, benutzt psychologisches Hintergrundwissen zur Interpretation und Analyse von spieltheoretischen Experimenten, oft um Abweichungen der Ergebnisse von der „reinen" Theorie damit zu erklären (vgl. Kahneman 2012, Thaler 2015).

Einer der interessantesten Zweige der neueren Spieltheorie hat sich mit der evolutionären Spieltheorie entwickelt, die im zwölften Kapitel angesprochen wird. Hier handelt es sich um die Entwicklung von bestimmten „traits" in Populationen, die sich durch einen Selektionsvorteil verbreiten. Strategien werden hier als solche Traits betrachtet. Evolutionäre Spieltheorie kann daher erklären, warum bestimmte verbreitete Strategien, die wir im Alltagshandeln beobachten, z.B. kooperatives Verhalten, überhaupt erst entstehen konnten (vgl. Bowles/Gintis 2011; Bowles 2016).

2. Entscheidungen unter Sicherheit und unter Unsicherheit

2.1 Entscheidungen unter Sicherheit

Die sogenannte Entscheidungstheorie befasst sich mit sogenannten *parametrischen Entscheidungen*. Bei einer solchen Entscheidung betrachtet ein Akteur bei seiner Handlungswahl den vorgefundenen *Zustand der Welt* (state of the world) als gegeben, sodass das Ergebnis seiner Handlung als Wechselwirkung seiner Handlung und dieses als fix angenommenen Zustands der Welt hervorgeht. Zwar kann der Zustand der Welt durch die eigenen Handlungen verändert werden, im Augenblick der Entscheidung selbst aber trifft der Handelnde auf einen Zustand der Welt, der zumindest von seiner aktuell zu treffenden Entscheidung noch unberührt ist, mit dieser zusammen aber einen neuen Zustand hervorbringt, sodass die Veränderung dieses vorgefundenen Zustands der Welt als das Ergebnis seiner Handlung betrachtet werden kann. Dass der vorgefundene Zustand der Welt als „fix" angenommen wird, heißt aber nicht, dass der Zustand der Welt, auf den eine Entscheidung trifft, bekannt sein muss. Wir unterscheiden daher verschiedene Entscheidungssituationen nach dem Grad der Informationen, die dem Akteur über den Zustand der Welt vorliegen.

Sind dem Akteur alle exogen vorgegebenen Tatsachen, die in Wechselwirkung mit der Handlung stehen, sowie die Art des Wechselwirkungsprozesses bekannt, so kann er jeder Handlungsoption eindeutig ein bestimmtes Ergebnis zuordnen. In diesem Fall befindet sich der Akteur in einer Entscheidungssituation unter *Sicherheit*. Jede Handlung des Akteurs führt zu einem eindeutig bestimmten Ergebnis. Dies lässt sich anschaulich mit einem sogenannten Entscheidungsbaum darstellen.

Abbildung 2.1: Grundmuster eines Entscheidungsbaums

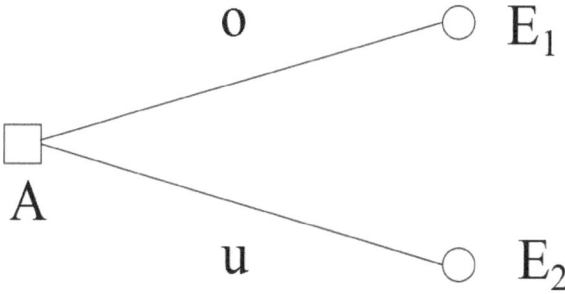

Ein Entscheidungsbaum besteht aus *Knoten* (nodes) bzw. *Entscheidungsknoten* und *Zweigen* (branches). Die Entscheidungsknoten stehen für Akteure, die Zweige für die den Akteuren zur Verfügung stehenden Handlungsoptionen. Knoten kennzeichnen das Ende oder den Anfang eines einzelnen Entscheidungszweigs. Spezielle Knoten sind der *Anfangsknoten* (root-node) und die *Endknoten* (terminal nodes), die den Anfang bzw. das Ende des Baums bzw. genauer des Astnetzwerks markieren. Die Endknoten werden hier nicht mit Kästchen, sondern mit Kreisen gezeichnet. Kästchen sind also den Knoten vorbehalten, an denen ein Akteur etwas zu entscheiden hat. Die Endknoten hingegen geben an, dass keine Züge mehr zu erwarten sind und man daher am Ende angelangt ist, sodass hier die Ergebnisse der Handlungen zu verorten sind.

Im vorliegenden Beispiel verfügt der Akteur A über zwei Handlungsoptionen „o" und „u", je nachdem, ob er sich für den oberen oder unteren Zweig entscheidet. Wählt er „o", dann erhält er das Ergebnis E_1, wählt er „u", dann erhält er Ergebnis E_2. Der prototypische Fall einer Entscheidung unter Sicherheit ist die Kaufentscheidung eines Konsumenten für ein bekanntes Produkt. Entscheide ich mich beim Eisverkäufer für „Erdbeer" anstatt „Schokolade", so erhalte ich auch „Erdbeer". Da ich weiß, wie „Erdbeer" und „Schokolade" schmecken, sind die Erfahrungen, die meiner Kaufentscheidung folgen, durch die Handlung vollständig determiniert.

Der Anspruch der Entscheidungstheorie, die oft auch mit den Adjektiven „analytisch" oder „formal" versehen wird, besteht darin, eine Entscheidung erklären zu können. Diese Erklärung findet innerhalb des Paradigmas des sogenannten „Rational Choice"- bzw. RC-Ansatzes statt. Dabei kann der RC-Ansatz auf die folgende Weise charakterisiert werden:

Jedes Individuum ist in der Lage, alle möglichen Zustände der Welt in eine geordnete Reihenfolge zu bringen, sodass der Zustand der Welt, der dem Individuum von allen möglichen als der erstrebenswerteste erscheint, an erster Stelle dieser Rangordnung steht, der zweitliebste an zweiter Stelle usw. Eine solche Rangordnung der Beliebtheit von Alternativen wird auch *Präferenzordnung* genannt.

Die Präferenzordnung kann erstellt werden, indem das Individuum für jeden paarweisen Vergleich von je zwei Zuständen der Welt angibt, welchen von beiden es bevorzugt. Für den paarweisen Vergleich von Alternativen ziehen wir die sogenannte *Präferenzrelation* heran. Dabei unterscheiden wir zwischen strikten und schwachen Präferenzrelationen und der Indifferenzrelation.

Um eine *strikte Präferenzrelation*, formal ausgedrückt durch $A \succ B$ oder APB, handelt es sich, wenn die Alternative A der Alternative B tatsächlich vorgezogen wird. Ein Akteur ist hingegen indifferent zwischen A und B, formal ausgedrückt durch $A \approx B$ oder AIB, wenn er beiden Alternativen die gleiche Wertschätzung entgegenbringt und keine der anderen vorzieht. A wird gegenüber B *schwach präferiert*, formal ausgedrückt durch ARB, wenn A entweder gegenüber B stark präferiert wird oder Indifferenz zwischen A und B besteht. Anders ausgedrückt bedeutet eine schwache Präferenz von A gegenüber B, dass es keine starke Präferenz von B gegenüber A geben kann.

Um mit Hilfe der Präferenzrelation eine (zumindest schwache) Präferenzordnung erstellen zu können, muss eine weitere Bedingung erfüllt sein, nämlich die der *Vollständigkeit*. Vollständigkeit bedeutet, dass das Individuum für jeden Paarvergleich angeben kann, welche Option es bevorzugt. In der Praxis bezieht man sich hier in der Regel auf die *schwache* Präferenzrelation, d.h. ein Zustand der Welt A, der in der Rangordnung vor dem Zustand der Welt B steht, muss von dem Individuum nicht wirklich bevorzugt werden, sondern es genügt, dass er als mindestens ebenso angenehm wie B erachtet wird. Wenn A vor B in der Rangfolge steht, so heißt das also, dass keinesfalls B gegenüber A bevorzugt wird. Für jedes Paar von Optionen A und B muss also entschieden werden können, ob ARB oder (auch) BRA gilt.

Damit die so erstellte Rangordnung sinnvoll interpretiert werden kann, muss allerdings noch eine weitere Bedingung erfüllt sein, die der *Transitivität*. Die Bedingung der Transitivität stellt sicher, dass die Rangordnung in sich konsistent ist. Wird z.B. A gegenüber B bevorzugt und B gegenüber C, so erfordert die Bedingung der Transitivität, dass A auch gegenüber C bevorzugt werden muss, da sonst unüberwindliche Widersprüche auftreten würden.

Die Bedingung der Vollständigkeit garantiert also die Konstruierbarkeit einer Präferenzordnung, die der Transitivität ihre Interpretierbarkeit.

Ein Individuum befindet sich in einer *Entscheidungssituation*, wenn es zur Erreichung eines bestimmten Ziels oder Zwecks oder einer Kombination von Zielen bzw. Zwecken aus einer Menge von sich gegenseitig ausschließenden *Handlungsoptionen* eine auswählt, die es anschließend als Akteur in die Tat umsetzt. Eine Entscheidungssituation ist also bestimmt durch eine Menge von Handlungsoptionen, die voneinander durch das formale Kriterium des Ausschlussprinzips abgegrenzt werden, die aber gleichzeitig untereinander dadurch, dass sie verschiedene Wege zur Erreichung des gleichen Ziels darstellen, eine inhaltliche Ähnlichkeit bzw. Verwandtschaft aufzeigen. Der Akteur sieht sich in einer Entscheidungssituation mit einem *Entscheidungsproblem* konfrontiert, für das die verschiedenen Handlungsoptionen als mögliche Lösungen angesehen werden können. Die unterschiedliche Attraktivität der Handlungsoptionen für den Akteur ergibt sich durch die unterschiedliche Ausgestaltung des Ziels oder die unterschiedlichen Grade der Verwirklichung des Ziels durch die einzelnen Handlungsoptionen. In den Zielen selbst spiegelt sich demnach die Präferenzstruktur des Handelnden wider. Die dem Akteur zur Verfügung stehenden Handlungsoptionen werden von diesem als Mittel zur Erreichung seiner Ziele angesehen. Der Akteur wählt aus einer Menge von Mitteln dasjenige aus, das zur Umsetzung seiner Ziele am ehesten geeignet erscheint. Anders ausgedrückt: Der Akteur wählt aus seinen Handlungsoptionen diejenige aus, die das im Sinne seiner Präferenzordnung bestmögliche Ergebnis herbeiführt.

Die Entscheidungssituation ist also durch eine voluntative und eine kognitive Komponente charakterisiert. In der angelsächsischen Literatur wird hier häufig das Begriffspaar der „wants" und „beliefs" verwendet. Die erste Komponente gibt die Wünsche (wants) des Akteurs in Form seiner Präferenzen wieder, die zweite spiegelt die Wahrnehmung seiner Handlungsoptionen als mögliche Lösungen eines spezifischen Entscheidungsproblems (beliefs).

In der Regel gehen wir dabei davon aus, dass die Präferenzen einer Person fix und den Handelnden selbst bewusst sind. Die kognitive Determinante des Handelns hingegen ist Einflüssen von außen, insbesondere durch Informationen und neue Erfahrungen ausgesetzt. Was häufig leichtfertig als Änderung der Präferenzen gedeutet wird, ist in Wirklichkeit lediglich eine Änderung des Wissens über die Eig-

2. Entscheidungen unter Sicherheit und unter Unsicherheit

nung der Handlungsoptionen zur Verfolgung bestimmter Ziele. Menschen, die sich einmal im Restaurant Austern bestellen und danach nie wieder, haben nicht ihren Geschmack geändert, sie haben lediglich hinzugelernt, welche Mittel ihrem Geschmacksempfinden weniger entgegenkommen.[2] Ebenso hat ein Wähler, der bei einer Bundestagswahl eine andere Partei wählt als das letzte Mal, nicht notwendig seine Präferenzen über politische Ergebnisse (Outcomes) verändert, sondern er hat womöglich lediglich zu einer anderen Beurteilung gefunden, inwieweit diese Partei in der Lage ist, eine Politik im Sinne seiner Präferenzen zu befördern.

Wie schon erwähnt benötigen wir für die Erklärung einer Handlung im Sinne des Rational-Choice-Ansatzes sowohl die Kenntnis seiner Präferenzen als auch seiner Einschätzung, inwieweit verschiedene Handlungsoptionen diese zu verwirklichen helfen. Im Falle von Entscheidungen unter Sicherheit gehen wir davon aus, dass der Zusammenhang zwischen der Wahl der Mittel und den erreichten Zielen offensichtlich ist und objektiv erkannt werden kann. D.h. es gibt einen objektiv richtigen Zusammenhang zwischen den Mitteln und den damit verwirklichten Zuständen der Welt und dieser objektiv richtige Zusammenhang wird von den Handelnden auch korrekt wahrgenommen. In einem solchen Fall sprechen wir von *Common Knowledge*.[3] Unter Common Knowledge wird Wissen verstanden, über das alle verfügen, und von dem alle wissen, dass alle darüber verfügen und von dem alle wissen, dass alle wissen, dass alle darüber verfügen usw. Um eine Wahlentscheidung unter Sicherheit angemessen interpretieren zu können, müssen wir davon ausgehen, dass die Entscheidungssituation Common Knowledge ist, d.h. z.B. in diesem Fall: Dem Handelnden muss ebenfalls bewusst sein, dass es sich um eine Entscheidung unter Sicherheit handelt. Im vorliegenden Fall scheinen diese Hinweise noch sehr banal zu sein, aber wir werden später noch sehen, dass der Begriff des Common Knowledge eine sehr tiefgehende Komplexität besitzt. Bei Konsum- oder Kaufentscheidungen für schon bekannte Produkte scheint dies in der Tat offensichtlich. Wenn jemand Nutella in den Einkaufswagen legt und an der Kasse bezahlt, dann besitzt er danach Nutella.

Im Gegensatz zu den Wahrnehmungen der Eignung bestimmter Handlungsoptionen als geeignete Mittel zur Verfolgung bestimmter Zwecke, können die Zwecke selbst, also die Präferenzen, gar nicht Common Knowledge sein, denn über Geschmack lässt sich nicht streiten, „de gustibus non est disputandum". Was Menschen wollen und was nicht, ist ein Aspekt menschlicher Autonomie und unterliegt keinerlei Beschränkungen. Das heißt natürlich nicht, dass alles gut und gerechtfertigt ist, was Menschen wollen, aber auch wenn es „schlecht" ist, das Schlechte zu wollen, so wird es deshalb nicht weniger gewollt. Ein rationaler, aufklärender Diskurs über die Angemessenheit von Wünschen kann sich nur über

---

[2] Natürlich gibt es auch originäre Geschmacksänderungen, die womöglich sogar erst durch eine Wiederholung bestimmter Geschmackserfahrungen entstehen. Von solchen Fällen soll in der vorliegenden Erörterung abgesehen werden. Wie jedes Modell ist auch das Handlungsmodell des RC-Ansatzes lediglich eine ungenaue Repräsentation dessen, was repräsentiert werden soll. Doch diese Ungenauigkeit im Einzelfall ist die Voraussetzung für die Generalisierbarkeit des Modells und somit der Möglichkeit, es fruchtbar zur Erklärung menschlichen Handelns einzusetzen.

[3] In Fällen, in denen bestimmte Begriffe in der Literatur als einschlägige Konzepte verbreitet sind, verwende ich den englischen Begriff und verzichte auf eine Übersetzung ins Deutsche.

den darin enthaltenen kognitiven Aspekt, nicht den voluntativen erstrecken. „Geld macht nicht glücklich" sagt keineswegs, dass es grundsätzlich falsch ist, sich Geld zu wünschen, sondern sagt lediglich, dass man sich womöglich in einem Irrtum über das glückverschaffende Potenzial von Geld befindet. Wenn für eine Person der Besitz von Geld an sich selbst den letzten Zweck darstellt, wie es z.B. offensichtlich für Dagobert Duck der Fall ist, dann ist jede Diskussion über die Angemessenheit dieses Wunsches sinnlos. Die Präferenzen anderer Menschen müssen und können lediglich als solche akzeptiert (nicht notwendigerweise gebilligt) werden, sie müssen nicht nachvollziehbar sein.

Üblicherweise sind uns daher die Präferenzen einer Person nicht a priori bekannt. Oft arbeiten wir hier allerdings mit plausiblen Vermutungen, die auf unserer Erfahrung gründen. So können wir z.B. annehmen, dass es bestimmte Arten von Erfahrungen gibt, die von allen als angenehm empfunden werden etc. In den meisten Fällen einer Analyse des Verhaltens sind wir also gezwungen, den Akteuren bestimmte Präferenzen mit vernünftigen Gründen zu unterstellen. Auf dieser Basis ist es dann möglich, bedingte Handlungsempfehlungen (präskriptive Aussagen) zu formulieren, etwa derart: Angenommen, ein Akteur habe die Präferenzordnung X und befinde sich in einer Situation S, dann sollte er die Handlungsoption O ergreifen. Entspricht die tatsächlich gemachte Beobachtung dieser Handlungsempfehlung, ergreift der Akteur also tatsächlich die Handlungsoption O, dann vermögen wir das beobachtete Verhalten des Akteurs mit den ihm unterstellten Präferenzen zu erklären. Im Falle einer Entscheidung unter Sicherheit können wir sogar noch weiter gehen. Gelten die Annahmen des Rational-Choice Ansatzes, dann ist bei einer Entscheidung unter Sicherheit die Handlungswahl eines Akteurs vollständig determiniert. Kommen wir daher in einer solchen Situation mit Hilfe der unterstellten Präferenzen zu der Voraussage der tatsächlich gemachten Beobachtung, dann können wir daraus schließen, dass die unterstellten Präferenzen die „wahren" sein müssen. Dieses Prinzip, das von Paul Samuelson eingeführt wurde, nennen wir das Verfahren *enthüllter Präferenzen* (revealed preferences). Entscheidungen unter Sicherheit mögen also unter analytischen Gesichtspunkten banaler Natur sein, sie sind aber von wesentlicher Bedeutung, wenn wir die Präferenzen von Personen diesen nicht einfach unterstellen, sondern auf empirische Beobachtungen gründen wollen. Wenn wir beobachten, dass eine Person am Eisstand „Erdbeer" verlangt, obwohl auch „Schokolade" und „Vanille" als Optionen zur Verfügung stehen, dann können wir getrost davon ausgehen, dass „Erdbeer" in seiner Präferenzordnung vor „Schokolade" und „Vanille" steht.

Viele vermeintliche „Paradoxa" der Spieltheorie oder Beispielfälle, in denen sie zu versagen scheint, lassen sich auf ein Missverständnis des Präferenzbegriffs zurückführen. Meistens besteht der Fehler darin, dass die unterstellten Präferenzen unreflektiert als die „wahren" Präferenzen angenommen werden bzw. als die Präferenzen behauptet werden, die eine rationale Person haben müsste. Auch wenn es inzwischen schon mehrfach betont wurde, noch einmal zur Klarstellung: Die Rationalität einer Person steht in keinerlei Zusammenhang mit ihren Präferenzen, sie sagt lediglich aus, wie sich diese Person bei gegebenen Präferenzen in einer bestimmten Situation verhalten wird. Die innerhalb des Rational Choice-Ansatzes gewonnenen Erkenntnisse sind daher immer tautologischer Natur. Akteur A mit Präferenzordnung X muss in Situation S, wenn er diese auch als solche korrekt wahrnimmt, die Handlungsoption O wählen. Wählt er eine andere Handlungsoption, dann war seine Präferenzordnung nicht gleich X. Häufig wird daraus die merkwürdige Schlussfolgerung gezogen, dass die tautologische Struktur des RC-Ansatzes seine heuristische Nutzlosigkeit beweise. Merkwürdig ist diese Behauptung insofern, als dass sich dies auch von der Mathematik und jeder formallogisch argumentierenden Wissenschaft sagen ließe. Aber wohl niemand würde ernsthaft behaupten wollen, dass die Mathematik nicht in der Lage sei, Erkenntnisse zu schaffen.

Richtig ist, dass ein tautologischer Satz bzw. ein logisch geführtes Argument keine neuen Informationen schaffen kann, die nicht schon in den Annahmen enthalten waren. Oft sind diese Informationen aber keineswegs ersichtlich und werden durch die logisch geführten Argumente oder mathematischen Ableitungen erst erkennbar. Alle mathematischen Sätze, die in Euklids *Elementen* gewonnen werden, sind informationsmäßig in den ersten paar Seiten von selbstevidenten Axiomen und Definitionen enthalten. Nur würde kein normaler Mensch dies intuitiv und spontan erkennen. Die Faszination der Mathematik besteht ja eben darin, dass sie demonstriert, dass ein komplexer Satz wie der von Pythagoras aus einer kleinen Menge banal erscheinender Annahmen abgeleitet werden kann, in diesen also gewissermaßen enthalten ist und durch die Ableitung entborgen werden muss. Nicht anders verhält es sich bei der Entscheidungs- und Spieltheorie. Sie zeigt uns, welche mitunter kontraintuitiven Konsequenzen aus scheinbar harmlosen und selbstverständlich erscheinenden Annahmen gezogen werden können (und müssen).

2.2 Entscheidungen unter Unsicherheit

Entscheidungen unter Sicherheit bilden aus modelltheoretischen Gründen eine wichtige Referenzkategorie, sind aber analytisch aus offensichtlichen Gründen uninteressant. Darüber hinaus sind sie mehr oder weniger irrelevant, da in der Realität dieser Entscheidungstyp so gut wie niemals anzutreffen ist. Selbst bei den einfachsten Wahl- oder Konsumentscheidungen können wir meistens das Ergebnis (Outcome) unserer Handlungen nicht eindeutig voraussagen, sei es die Wahl eines Kinofilms oder die einer politischen Partei. Jegliche Form von Bedauern einer getroffenen Entscheidung oder von Enttäuschung über das Ergebnis geht ja mit der Erkenntnis einher, dass man sich, „wenn man es besser gewusst hätte", anders entschieden hätte. Die meisten Entscheidungen sind also mit diesem Risiko beladen, sich später in der Rückschau möglicherweise als „falsch" zu erweisen. Solche Entscheidungen, bei denen das Ergebnis nicht durch die Handlung selbst determiniert wird, sondern darüber hinaus von anderen Faktoren abhängig ist, werden *Entscheidungen unter Unsicherheit* genannt. Abhängig von dem im Hintergrund der Entscheidung vorliegenden Zustand der Welt kann die Entscheidung zu dem einen oder anderen Ergebnis führen. Die jeweiligen konkreten Ergebnisse entstehen als Wechselwirkungen der Handlungen und der Zustände der Welt. Die Handlungen interagieren mit den vorliegenden Weltzuständen und bringen als Ergebnis neue Weltzustände hervor, die also den Kombinationen aus den Handlungsoptionen und den ursprünglich vorliegenden Zuständen der Welt entsprechen.

Im Falle echter Unsicherheit kennt der Akteur nur die möglichen Zustandshintergründe, mit denen seine Handlung interagiert, er kann sich aber kein Bild davon machen, wie wahrscheinlich der eine oder andere Zustand der Welt ist. Die Unsicherheit ist also eine sehr fundamentale, aber sie entspricht in ihrer Form wohl vielen uns aus dem Alltag bekannten Situationen.

Eine Entscheidungssituation unter Unsicherheit lässt sich in einem Entscheidungsbaum wie in Abbildung 2.2 dargestellt abbilden. Der Akteur A verfügt wieder über die Handlungsoptionen „o" und „u", diese sind aber in einen von der Natur N geprägten Kontext eingebettet, wobei die Ausprägung dieses Kontexts, in Form eines bestimmten Zustands der Welt, entweder S_1 oder S_2 sein kann. Allerdings ist dem Akteur nicht bekannt, welcher Zustand der Welt tatsächlich vorliegt. Der „Zug der Natur" geschieht also verborgen vor dem Akteur. Dies soll durch den grau unterlegten Kreis dargestellt werden, innerhalb dessen der „Zug der Natur", mit dem der Zustand der Welt festgelegt wird, sich abspielt.

Abbildung 2.2: Entscheidungssituation unter Unsicherheit als Entscheidungsbaum

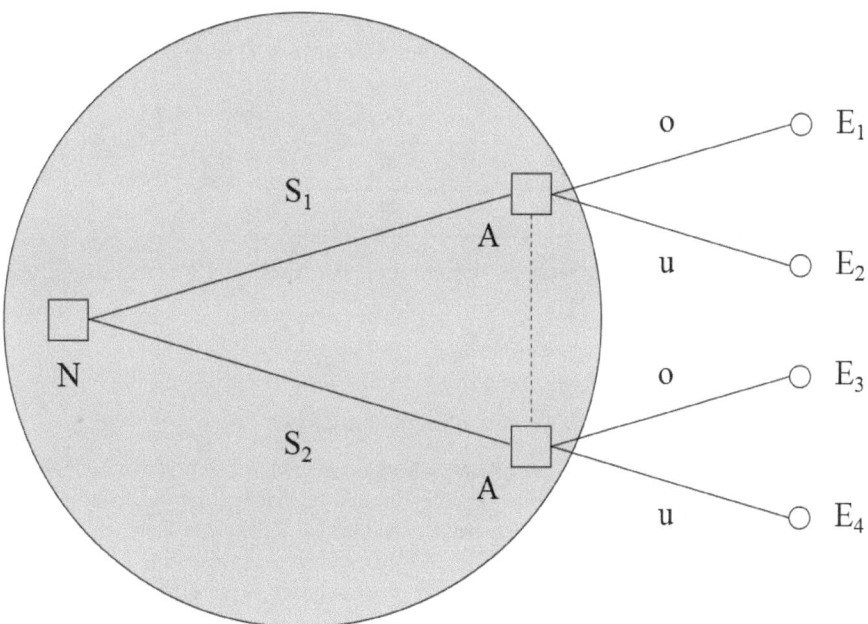

Die gestrichelte Linie zwischen den beiden Entscheidungsknoten von A soll verdeutlichen, dass A zum Zeitpunkt seiner Entscheidung nicht weiß, an welchem der beiden Knoten er sich befindet. Um diese Unsicherheit der Entscheidungssituation auszudrücken, greifen wir auf das Konzept des *Informationsbezirks* (information set) zurück. Ein Informationsbezirk beinhaltet die Menge an Entscheidungsknoten, zwischen denen ein Akteur in einer bestimmten Entscheidungssituation nicht unterscheiden kann, d.h. der Akteur weiß in dieser Situation nicht, an welchem der im Informationsbezirk enthaltenen Entscheidungsknoten er sich befindet. Von allen in einem Informationsbezirk zusammengefassten Entscheidungsknoten müssen die gleichen Handlungsoptionen ausgehen, da ansonsten aus der Menge der bestehenden Handlungsoptionen Rückschlüsse auf die Position gezogen werden könnten. Beinhaltet ein Informationsbezirk nur einen einzigen Entscheidungsknoten, so nennt man diesen einen *einelementigen Informationsbezirk* (singleton).

Das spezifische Ergebnis in einer Entscheidung unter Unsicherheit ergibt sich als Konsequenz der Kombination einer bestimmten Handlungswahl mit einem bestimmten Zustand der Welt. Die Handlung „o" kann, je nach vorliegendem Zustand der Welt, zu E_1 oder E_3 führen, der Handelnde weiß lediglich, dass diese Alternativen vorliegen, aber er weiß nicht, zu welchem Ergebnis seine Handlungswahl „o" führen wird.

Anstatt eines Entscheidungsbaums kann man zur Illustration einer Entscheidungssituation auch eine Matrixdarstellung wählen. Dabei geben die Zeilen die verschiedenen Handlungsoptionen wieder und die Spalten repräsentieren die verschiedenen möglichen Zustände der Welt. Die Ergebnisse entsprechen daher in einer Matrixdarstellung den Zellen der Tabelle.

Abbildung 2.3: Entscheidungssituation unter Unsicherheit in Matrixdarstellung

	S_1	S_2
O	E_1	E_3
U	E_2	E_4

Eine Entscheidungssituation unter Unsicherheit ist durch drei Komponenten vollständig bestimmt:
- die Menge der Handlungsoptionen
- die Menge der Zustände der Welt
- die Präferenzordnung des Akteurs über die möglichen Ergebnisse

Je nachdem, in welcher Art von Entscheidungssituation sich ein rationaler Akteur befindet, verwendet er bestimmte Regeln, um aus der Menge der Handlungsoptionen die der Situation angemessenste auszuwählen. Im Falle einer Entscheidung unter Sicherheit ist diese Regel trivial: Der Akteur wählt unter allen Handlungsoptionen diejenige aus, die zu dem Ergebnis führt, das in der Präferenzordnung an vorderster Stelle steht.

Offensichtlich wird es komplizierter, wenn sich der Akteur in einer Entscheidungssituation unter Unsicherheit befindet. Hier lässt sich keine eindeutige und plausible Regel zur rationalen Handlungswahl finden, die in jedem Fall und von allen Akteuren angewandt werden sollte. Vielmehr hängt hier die Wahl der Entscheidungsregel in der Regel von Eigenschaften der Akteure ab. In der Literatur sind mehrere solcher Entscheidungsregeln bekannt. Sie sollen an dem folgenden Beispiel illustriert werden.

In Pascals *Pensées* findet sich ein Entscheidungsproblem, das als „Pascal'sche Wette" berühmt geworden ist und als einer der klassischen Vorläufer der modernen, formalen Entscheidungstheorie angesehen werden kann. In der Pascal'schen Wette geht es um die grundsätzliche Entscheidung, ob man sich für oder gegen die Religion entscheiden soll. Das Brisante der Situation ergibt sich durch die Unsicherheit hinsichtlich der Tatsache, die Pascals jansenistische Grundüberzeugung widerspiegelt, dass es keine Gewissheit über religiöse Wahrheiten wie die Existenz Gottes geben kann. D.h. selbst wenn es Gott gibt, so offenbart er sich nicht in einer eindeutigen Art, die alle Zweifel hinsichtlich seiner Existenz unmissverständlich ausräumen würde.

Die Handlungsoptionen des Einzelnen bestehen dabei darin, dass er sich entweder für ein gläubiges, gottgefälliges Leben entscheiden kann oder für eines, das einzig und allein auf den Gewinn von Sinnesgenüssen ausgerichtet ist. Die relevante, exogen vorhandene „Tatsache", die in Wechselwirkung mit der Entscheidung des armen Sünders bestimmte Ergebnisse nach sich zieht, ist die Existenz bzw. Nicht-Existenz Gottes. Vier verschiedene Ergebnisse können daher eintreten. Das erste Ergebnis, ewige Glückseligkeit, das „Paradies" genannt werden soll, tritt ein, wenn Gott existiert und der Akteur sich für ein christliches Leben entschieden hat. Üble Folgen hingegen drohen demjenigen, der sich dem Sinnenrausch ergibt, wenn Gott existiert. Dieses Ergebnis soll daher, ebenfalls ganz im Sinne einer mittelalterlichen oder auch noch neuzeitlichen Theologie, als „Verdammnis" bezeichnet werden. Gibt es keinen Gott, so hat der Christ umsonst auf den Genuss des einen oder anderen sinnlichen Erlebnisses verzichtet. Dieses Ergebnis soll als „Sinnloser Verzicht" bezeichnet werden. Günstig fällt die Bilanz für den ungläubigen Hedonisten in einer gottlosen Welt aus, er kann seine Bedürfnisse ungehemmt in vollem Umfang stillen, ohne mit negativen Sanktionen rechnen zu müssen. Dieses Ergebnis soll mit dem Label „Sex-Drugs and Rock'n'Roll" (SDR) versehen werden.

In der Matrixform erhalten wir also folgende Darstellung:

Abbildung 2.4: Die Pascal'sche Wette in Matrixform

	Gott existiert	Gott existiert nicht
Gottgefälliges Leben	Paradies	Verzicht
Ausschweifung	Verdammnis	SDR

Um das Spiel analysieren zu können, benötigen wir nun noch die Präferenzordnung des Akteurs. Da sowohl „Paradies" als auch „Verdammnis" jeweils ewig währen, im einen Fall mit positiven und im anderen Fall mit negativen Auszahlungen verbunden sind, ist es relativ klar, dass „Paradies" in der Präferenzordnung das bestmögliche Ergebnis darstellt und „Verdammnis" das schlechtestmögliche Ergebnis. Weniger eindeutig ist hingegen die Einordnung der mittleren Ergebnisse. Da die Präferenzen der Autonomie der Einzelnen unterliegen, sind hier beide Reihenfolgen möglich und vorstellbar. Ich beginne mit der Möglichkeit, dass „Verzicht" gegenüber „SDR" vorgezogen wird.

Diese „ethische" Bewertung entspräche übrigens auch der von Pascal selbst vorgenommenen. Nach dieser Ansicht ist ein geordnetes und den „göttlichen" Geboten folgendes Leben in jedem Fall moralisch einem Leben vorzuziehen, das diese Gebote nicht befolgt. Dies gilt unabhängig davon, aus welchen Gründen man diesen Geboten folgt, also auch unabhängig davon, ob es Gott nun gibt oder nicht. Sollte der Glaube an Gott die notwendige Ursache für die Befolgung dieser Gebote sein, dann ist Gott eine hilfreiche Fiktion, die dazu führt, dass die Menschen durch einen objektiv falschen Glauben immer noch zu einem besseren Leben geführt werden, als sie es ohne diesen Glauben führen würden. „Wenn es Gott nicht gäbe, dann müsste man ihn erfinden.", wie Voltaire gesagt hat.

Die Präferenzordnung hat also die folgende Form:

Paradies ≻ Verzicht ≻ SDR ≻ Verdammnis

Als nächstes betrachten wir die partiellen Präferenzordnungen in Abhängigkeit vom geltenden Zustand der Welt. Für den Fall, dass Gott existiert, können nur die möglichen Ergebnisse „Paradies" und „Verdammnis" auftreten. In jedem Fall wäre hier das Paradies der bessere Ausgang. Falls Gott nicht existiert, können nur „Verzicht" oder „SDR" eintreten, wobei hier ersteres vorzuziehen wäre. D.h. unabhängig vom vorliegenden „Zustand der Welt" wird das Ergebnis vorgezogen, das innerhalb der betreffenden Spalte durch die Handlungsoption „gottgefälliges Leben" verwirklicht wird. Es ist daher offensichtlich, dass diese unbedingt gewählt werden sollte, da sie unabhängig vom vorliegenden Zustand der Welt immer zum besseren möglichen Ergebnis führt. Für die Wahl der Handlung ist es vollkommen irrelevant, welcher Zustand der Welt tatsächlich vorliegt. Der Akteur kann es daher getrost unterlassen, sich Gedanken darüber zu machen, welcher Zustand der Welt denn wohl vorliege, denn er benötigt diese Information nicht zur Wahl seiner besten Handlungsoption. Es ist daher einfach, hier die angemessene Entscheidungsregel zu finden.

Dominanzkriterium

Liegt in einer Entscheidungssituation eine Handlungsoption vor, die unabhängig vom vorliegenden Zustand der Welt zu einem besseren Ergebnis führt als die Wahl einer anderen Handlungsoption, so *dominiert* diese Handlungsoption die andere. Dominierte Handlungsoptionen sind irrelevant und können eliminiert werden, da es in der sie dominierenden Handlungsoption immer eine bessere Alternative gibt. Als *dominant* wird eine Handlungsoption bezeichnet, wenn sie jede andere Handlungsoption dominiert. Die Entscheidungsregel nach dem Dominanzkriterium lautet daher: *Gibt es eine dominante Handlungsoption, so ist diese zu wählen.*

Die Dominanzregeln in der starken Form, Wahl einer dominanten Option, und in der schwachen Form, Nichtwahl einer dominierten Option, sind gewissermaßen universal gültig, d.h. ihre Anwendung beruht nicht auf spezifischen Persönlichkeitsmerkmalen der Akteure. Dominante Handlungsoptionen sollten, wenn vorhanden, immer gewählt werden. Das Problem besteht darin, dass es sehr häufig keine dominante Handlungsoption gibt, die Dominanzregel daher gar nicht angewandt werden kann bzw. zu keinem eindeutigen Ergebnis führt. Wir müssen in unserem Beispiel die Präferenzordnung nur leicht ändern, sodass sie einer eher „skeptischen" und hedonistischen Weltsicht entspricht. In diesem Fall ist der unnötige und daher „sinnlose" Verzicht auf mögliche Genüsse in jedem Fall schlechter als eben diese Genüsse in vollem Maße auszuleben. Die Präferenzordnung hat daher die folgende Form:

Paradies ≻ SDR ≻ Verzicht ≻ Verdammnis

Damit ist die optimale Handlungswahl aber kontingent geworden, sie hängt davon ab, welcher Zustand der Welt vorherrscht. Existiert Gott, dann sollte ich offensichtlich ein gottgefälliges Leben führen („Paradies" ist besser als „Verdammnis"), existiert er hingegen nicht, sollte ich mich für die andere Handlungsoption der Ausschweifung entscheiden, da ein genussvolles Leben einem der Entsagung vorzuziehen ist. Da der Handelnde jedoch nicht weiß, unter welchem Zustand der Welt er seine Entscheidung trifft, muss er mit dem Risiko rechnen, die „falsche" Entscheidung zu treffen. Die Entscheidungsregeln, die in einer solchen kontingenten Situationsbeschreibung gewählt werden können, drücken daher eine personenspezifische Haltung zum Umgang mit Risiken und Chancen aus.

Die Maximin-Regel

Bei der *Maximin*-Regel wählt der Akteur diejenige Alternative, bei der das schlechteste mögliche Ergebnis von allen schlechtestmöglichen Ergebnissen bezüglich der jeweiligen Handlungsoptionen noch das Beste ist. Der Akteur reduziert also seine Wahrnehmung der Entscheidungssituation auf die Ergebnisse, die bei einer bestimmten getroffenen Entscheidung im schlimmsten Fall eintreffen könnten und blendet alles andere aus. Die Entscheidungssituation reduziert sich dann in der Matrixdarstellung auf eine einzige Spalte und erhält daher dieselbe formale Form wie eine Entscheidung unter Sicherheit. D.h. der Akteur verhält sich so, als ob das schlimmstmögliche Ergebnis mit Sicherheit eintreffen würde. In der Spalte steht für jede Zeile nur noch das schlechtestmögliche Ergebnis der entsprechenden Zeile in der Originalmatrix, also das Ergebnis, das unter den jeweilig ungünstigsten Umständen eingetreten wäre.

Abbildung 2.5: Die Pascal'sche Wette in der Maximin Wahrnehmung

	Schlimmstmögliches Ergebnis
Gottgefälliges Leben	Verzicht
Ausschweifung	Ewige Verdammnis

Die angemessene Wahl ist dann natürlich das gottgefällige Leben, da „Verzicht" ein besseres Ergebnis darstellt als „Ewige Verdammnis".

Bei Anwendung der Maximinregel kann der Akteur gewissermaßen erzwingen, dass sein Ergebnis im schlimmsten Fall „Verzicht" beträgt. Ein solches Ergebnis wird daher das *Sicherheitsäquivalent* genannt. Das *Sicherheitsäquivalent* ist das Niveau eines Ergebnisses, das sich ein Akteur durch entsprechende Handlungswahl selbst garantieren kann. Die Handlungswahl kann in diesem Fall wie eine Versicherung interpretiert werden, mit der man sich dagegen versichert, unter dieses Sicherheitsäquivalent zu fallen.

Die Maximax-Regel

Das Gegenstück zur Maximin-Regel ist die Maximax-Regel. Hier reduziert der Akteur die Beschreibung der Situation auf die Ergebnisse, die für eine bestimmte Entscheidung jeweils das bestmögliche Ergebnis darstellen. Der Akteur geht also davon aus, dass der Zustand der Welt, der bei einer bestimmten getroffenen Entscheidung das beste Ergebnis produzieren würde, auch derjenige sei, der tatsächlich vorliegt. Während das Maximin-Prinzip einen unbeschränkten, d.h. bar jeglicher „realitätsnaher" Einschätzung hundertprozentigen Pessimismus verkörpert, symbolisiert das Maximax-Prinzip einen ebenso uneingeschränkten Optimismus.

Abbildung 2.6: Die Pascal'sche Wette in der Maximax Wahrnehmung

	Bestmögliches Ergebnis
Gottgefälliges Leben	Paradies
Ausschweifung	SDR

Auch unter der Maximax Regel sollte der Akteur sich für das gottgefällige Leben entscheiden, aber nicht, weil – wie in der Minimax-Regel – er im Falle der Ausschweifung das größte Risiko negativer Folgen eingeht, sondern weil er in diesem Fall seine Chancen auf die Verwirklichung des bestmöglichen Ergebnisses aufgibt. Für Pascal ist es daher vollkommen klar, wie sich ein vernünftiges Wesen in einem Fall wie dem von ihm geschilderten zu verhalten hat. Ein Narr wäre der, der durch die Führung eines nicht-gottgefälligen Lebens sowohl das Risiko des Erleidens unendlicher Qualen eingeht als auch den leichtsinnigen Verlust ebenso unendlicher himmlischer Güter. Das Risiko der falschen Entscheidung fällt sowohl in der pessimistischen als auch der optimistischen Sichtweise unendlich groß aus, einmal in Form des anfallenden Leids, das andere Mal in Form des entgangenen Genusses. Die Gewinne, die ein auf weltliche Genüsse ausgerichtetes Leben erzielen kann, sind hingegen immer nur endlicher Natur. Es ist daher sogar vollkommen unerheblich, wie gering auch immer die Wahrscheinlichkeit sein mag, dass es Gott überhaupt gibt, die Bilanz wird immer zu Gunsten des gottgefälligen Lebens ausfallen.

In der Realität sind wohl die wenigsten so extreme Pessimisten oder Optimisten, dass sie sich ausschließlich an den schlechtestmöglichen bzw. bestmöglichen Ergebnissen orientieren. Anstatt einseitig nur die Risiken oder nur die Chancen zu betrachten, neigen wir häufig dazu, die Risiken gegen die Chancen abzuwägen. Dazu benötigen wir jedoch ein Maß, das die Größe eines Risikos bzw. einer Chance angibt. Während wir für die bisherige Analyse nur die Präferenzordnung benötigten, d.h. eine Einsortierung der verschiedenen Ergebnisse in eine Rangordnung, benötigen wir jetzt hierzu ein Maß, mit dem wir auch die Größe des Unterschieds der Erwünschtheit zwischen zwei Ergebnissen angeben können. Diese Größe wird als der *Nutzen* (utility) eines Ergebnisses bzw. eines Zustands der Welt bezeichnet. Konkreter wird er als *kardinaler Nutzen* bezeichnet, um ihn gegenüber einem sogenannten *ordinalen* Nutzenkonzept abzugrenzen, bei dem lediglich die Alternativen in eine Rangfolge der Beliebtheit gebracht werden. In der Sprache der Messtheorie handelt es sich bei dem kardinalen Nutzenkonzept um ein intervallskaliertes Maß. Ich will an dieser Stelle nicht auf die Frage der Konstruktion der Nutzenwerte bzw. der damit verbundenen Nutzenfunktion eingehen, dies erfolgt im nächsten Kapitel. Es genügt hier festzustellen, dass das Nutzenkonzept in einem hedonistischen Sinne so verstanden werden kann, dass es das Ausmaß des Vergnügens bzw. positiver Gefühle angibt, die mit einem bestimmten Zustand der Welt verbunden sind. Als *Auszahlung* (payoff) wird die Bewertung eines Ergebnisses in Nutzeneinheiten aus Sicht eines Akteurs bezeichnet.

Als Beispiel zur Illustration soll die Entscheidung untersucht werden, ob man sich z.B. an der Wahl einer Regierung beteiligen soll. Der Einfachheit halber gehen wir davon aus, dass sich lediglich zwei Parteien A und B um den Gewinn der Wahl bemühen. Die Situation lässt sich dann auf folgende Weise in einer Matrix darstellen:

Abbildung 2.7: Die Entscheidung zur Wahl zu gehen

	A gewinnt sowieso	A hat eine Stimme weniger als B	A und B haben genau so viele Stimmen	B gewinnt sowieso
Wählt A	U_A-K	$1/2(U_A+U_B)$-K	U_A-K	U_B-K
Bleibt zu Hause	U_A	U_B	$1/2(U_A+U_B)$	U_B

Es soll davon ausgegangen werden, dass der Akteur die Wahl von A präferiert. Gewinnt A die Wahl, erhält der Wähler einen Nutzen U_A, der als eine Art von *Nutzeneinkommen*, das dem Wähler aus der Regierungstätigkeit von A erwächst, interpretiert werden kann. Gewinnt B die Wahl, erhält der Wähler demnach ein Nutzeneinkommen U_B. Die Differenz der beiden Einkommen $D=U_A-U_B$ ist sein sogenanntes *Nutzendifferential*, wie es Anthony Downs in seinem 1957 erschienenen Klassiker *An Economic Theory of Democracy* genannt hat. Die Kosten der Wahlteilnahme (in Zeit, Benzinkosten etc.) seien mit K beziffert.

Das Nutzendifferential beziffert also den möglichen Gewinn, den der Akteur durch seine Wahlteilnahme erzielen kann. Dies trifft aber natürlich nur in den Fällen zu, in denen die Wahlteilnahme des Akteurs etwas an dem Ergebnis ändert, also in den Fällen, in denen seine Stimme die *entscheidende* (decisive) oder *pivotal* ist. Dies ist dann der Fall, wenn der Akteur eine Pattsituation in einen Gewinn seiner bevorzugten Partei umwandeln oder einen Stimmenrückstand von A von einer Stimme in ein Patt überführen kann. Im Falle eines Patts soll ein Münzwurf über den Sieger der Wahl entscheiden. Der Nutzenwert des Akteurs soll dann als Mittelwert von U_A und U_B berechnet werden, da jedes der beiden Ergebnisse mit einer Wahrscheinlichkeit von 1/2 eintreten kann.

Da der Akteur bei Untätigkeit bzw. der Wahl der falschen Handlung schlimmstenfalls auf U_B zurückfällt, entspricht U_B auch dem Sicherheitsäquivalent. Wir können das Entscheidungsproblem daher reformulieren, indem wir die Ergebnisse in Relation zu dem Sicherheitsäquivalent setzen und dieses auf den Wert 0 normieren. Von allen Auszahlungen in der Originalversion muss daher lediglich der Wert U_B subtrahiert werden. Die normierte, wesentlich vereinfachte Darstellung des Entscheidungsproblems sieht dann folgendermaßen aus:

Abbildung 2.8: Die Entscheidung zur Wahl zu gehen in normierter Darstellung

	A gewinnt sowieso	A hat eine Stimme weniger als B	A und B haben genau so viele Stimmen	B gewinnt sowieso
Wählt A	D-K	1/2 D-K	D-K	-K
Bleibt zu Hause	D	0	1/2 D	0

Wir haben also wieder eine kontingente Entscheidungssituation vorliegen, die optimale Wahl der Handlung hängt von dem vorliegenden Zustand der Welt ab. Es gibt Situationen, in denen die Entscheidung des Wählers für das Ergebnis irrelevant ist. Dies betrifft die erste und die letzte Spalte in der Matrixdarstellung, in der A bzw. B so oder so gewinnen, ob der Akteur selbst nun wählen geht oder nicht. Durch seine Wahlteilnahme lädt er sich lediglich zusätzlich Kosten K auf, die man vor allem im Sinne von Opportunitätskosten interpretieren kann, also als den Nutzen, der ihm dadurch entgangen ist, dass er seine Zeit nicht für andere Dinge eingesetzt hat, die ihm einen positiven Nutzen vermittelt hätten.

Ist die Stimme des Akteurs hingegen entscheidend, also in den mittleren beiden Spalten, entgeht ihm ein Gewinn von 1/2 D-K, wenn er auf die Abgabe seiner Stimme verzichten sollte. Dabei kann getrost angenommen werden, dass D und natürlich auch 1/2 D im Verhältnis zu K sehr, sehr groß sind.

Die Minimax-Risk- oder Minimax-Regret-Regel

Findet die *Minimax-Risk-Regel*, die auch als *Minimax-Regret-Regel* bezeichnet wird, Anwendung, dann wählt der Akteur diejenige Alternative, bei der sein Bedauern darüber, was er bei der Wahl einer anderen Alternative im besten Fall hätte gewinnen können, noch am geringsten ist. Das Ausmaß des Bedauerns, das der Akteur im Nachhinein empfinden kann, wenn er erfährt, was tatsächlich der Fall war, entspricht dem zusätzlichen Nutzengewinn, den er bei der optimalen Handlungswahl hätte erzielen können. Die Auszahlungen in jeder Zelle der Matrix müssen also in die Differenz der maximalen Auszahlung in der Spalte zur ursprünglichen Auszahlung in der entsprechenden Zelle transformiert werden, um dieses Ausmaß an Bedauern angemessen zu repräsentieren.

Abbildung 2.9: Regretmatrix bzgl. der Darstellung der Wahlteilnahme

	A gewinnt sowieso	A hat eine Stimme weniger als B	A und B haben genau so viele Stimmen	B gewinnt sowieso
Wählt A	K	0	0	K
Bleibt zu Hause	0	1/2 D-K	1/2 D-K	0

Wie der Name schon sagt, empfiehlt die Minimax-Regret-Regel, diejenige Handlung zu wählen, bei der das größtmögliche Bedauern so gering wie möglich ausfällt. Da Bedauern eine Größe darstellt, die einen als negativ empfundenen Sachverhalt ausdrückt, ist die Minimax-Regret-Regel also nichts anderes als die bekannte Maximin-Regel, angewandt auf eine Matrix, bei der die ursprünglichen Auszahlungen in die entsprechenden Maßzahlen des Bedauerns transformiert worden sind.

Die Faszination dieser von Leonard J. Savage erfundenen Regel besteht darin, dass sie unserer alltagsweltlichen Erfahrung durchaus entspricht. Es scheint plausibel und nur allzu nachvollziehbar zu sein, sich in einem Zustand der Unsicherheit, d.h. des Unwissens über die wirklich vorliegenden Umstände, diejenige Handlungsalternative auszusuchen, bei der man sich später, wenn man mehr weiß, am wenigsten vorzuwerfen hat, falls man die falsche Handlung ergriffen haben sollte. Die Minimax-Regret-Regel entspricht somit durchaus den Intuitionen des gesunden Menschenverstands bzw. dem, was uns Klugheit und Vorsicht zu raten scheinen. Auch Pascal rät seinem Leser, falls dieser dem Typus der zweiten Präferenzordnung entsprechen sollte, dennoch zu einem gottgefälligen Leben. Denn das Bedauern des Atheisten, wenn er nach seinem Ableben feststellen sollte, in grundlegenden Dingen auf fatale Weise danebengelegen zu haben, wäre natürlich um ein Vielfaches, wenn nicht Unendliches so groß wie das desjenigen, der am Ende seines Lebens zum religiösen Skeptizismus und zur Einsicht gelangen würde, einer falschen Idee zuliebe umsonst auf alle Genüsse verzichtet zu haben.

Dennoch haben wohl die meisten ein intuitives Gefühl, dass das Argument nicht stichhaltig sein könnte. Denn sowohl der Hinweis auf die möglichen „Zustände der Welt" als auch die Angabe der Höhe der Schäden und Nutzen sind ja bloße Behauptungen, die sich auf religiöse „Wahrheiten" stützen. Wie schon erwähnt, war auch Pascal insofern Skeptiker, als dass er zumindest religiösen Offenbarungen misstraute. Denn die religiöse Wahrheit ist ja nur wahr, wenn sie tatsächlich der Realität entspricht. Ihre „Wahrhaftigkeit" kann aber dann nicht damit begründet werden, dass der religiöse Inhalt selbst diese Wahrheit erst behauptet. Wenn ein Politiker, der im Verdacht steht, ein Gauner zu sein, dies durch ein Ehrenwort abstreitet, so ist dies offensichtlich irrelevant, denn wenn er tatsächlich ein Gauner ist, dann sagt sein Ehrenwort nichts über seine Glaubwürdigkeit aus. Wir benötigen Hinweise aus der Realität selbst, um uns hier angemessene Urteile zu bilden.

Wenn aber die Konstruktion von möglichen Weltzuständen und die erzielbaren Auszahlungen vollkommen von der Realität abgekoppelt sind, d.h. keiner „realistischen" Fundierung bedürfen, dann lassen sich offensichtlich beliebige Szenarien konstruieren, mit denen man unter einer gegebenen Regel der Handlungswahl jede beliebige Entscheidung rechtfertigen kann. So könnte man bei der Pascal'schen Wette einfach eine dritte Spalte hinzufügen, die einer Art von „Gott II" oder „inversem Gott" entspricht, der ebenfalls ein „Paradies" und „Verdammnis" verspricht, aber in einer jeweils noch extremeren Form als der christlichen. Wenn dieser Gott II in erster Linie unbehelligt bleiben möchte und schon gar nicht darauf erpicht ist, dass die Menschen ihre Lebensentscheidungen von ihm abhängig machen, dann spricht er das Paradies genau denjenigen zu, die kein gottgefälliges Leben (im Sinne von Gott I) führen, und liefert all diejenigen der Verdammnis aus, die ein gläubiges Leben im klassischen Sinn führen und ihn damit erzürnen. Ein rationaler Akteur müsste sich dann logischerweise für ein nicht gottgefälliges Leben entscheiden[4].

Ebenso mag das Bedauern darüber, nicht zur Wahl gegangen zu sein, sehr groß sein, wenn man hinterher erfährt, dass die eigene Stimme entscheidend gewesen wäre und nun der am wenigsten geliebte Kandidat die Wahl gewinnt, was man durch die eigene Stimmabgabe hätte verhindern können. Noch schlimmer aber wäre es, wenn man sich zur Wahl entschlossen hätte und auf dem Weg zum Wahllokal das Kind des örtlichen Mafiabosses überfahren hätte. Dann wäre es offensichtlich besser gewesen, nicht zur Wahl zu gehen, denn die Frage, wer das Land regiert, verliert dramatisch an Bedeutung, wenn man sich mit den Füßen in einer Betonwanne am Grunde eines Flusses befindet.

Es ist also unerlässlich, in ein vernünftiges Kalkül miteinzubeziehen, wie „realistisch" die jeweiligen Szenarien und vor allem wie wahrscheinlich die in ihnen vorkommenden Zustände der Welt sind.

Das Pessimismus-Optimismus-Kriterium

Maximin- und Maximax-Regel reduzieren die Entscheidungssituation auf die schlechtestmöglichen bzw. bestmöglichen Ergebnisse, die innerhalb einer Option auftreten können. Diese Form von extremem Pessimismus bzw. Optimismus ist wie schon erwähnt wohl als sehr unrealistisch zu betrachten. Auch die Minimax-Regret-Regel betrachtet die Welt unter dem eher pessimistischen Gesichtspunkt der Minimierung des möglicherweise maximal auftretenden Bedauerns, denn die Minimax-Regret-Regel ist ja wie erwähnt ein Spezialfall der Maximin-Regel.

Einen echten Mittelweg zwischen Maximin- und Maximax-Regel stellt das *Pessimismus-Optimismus-Kriterium* dar. Hier gehen sowohl die Chancen als auch die

---

[4] Eine ganz ähnliches Gedankenspiel im Sinne einer Umkehrung der üblichen Vorstellungen vom Paradies findet sich in Stephen Kings Roman „Revival" (King 2014).

Risiken, die mit einer bestimmten Entscheidung verbunden sind, in das Kalkül des Akteurs ein. Dabei vergibt der Akteur Gewichte an die guten und schlechten Ergebnisse und errechnet so den durchschnittlichen Nutzenwert einer Alternative. Dabei kann er die Gewichte so vergeben, dass sie seiner persönlichen Neigung zum Pessimismus bzw. Optimismus entsprechen. Gewählt wird die Handlungsalternative, die seinen Nutzenwert maximiert. Man erkennt leicht, dass die Maximin- und die Maximax-Regel nur Spezialfälle des Pessimismus-Optimismus-Kriteriums darstellen. Im ersten Fall werden die schlechten Ergebnisse mit einem Gewicht von 1 und alle guten mit einem Gewicht von 0 versehen, im zweiten Fall ist es genau umgekehrt.

Aufgaben

1. Nennen Sie einige der Entscheidungsregeln, die man in Entscheidungssituationen unter Unsicherheit anwenden kann!
2. Erläutern Sie die Konzepte enthüllte Präferenzen, Common Knowledge und Sicherheitsäquivalent!
3. Analysieren Sie das folgende Beispiel mit Hilfe der Minimax-Regret Regel! Sie beschließen Ihr Auto mit einer Vollkasko-Versicherung zu versichern. Der Einfachheit halber sei angenommen, die Versicherung könne jeweils für ein Jahr abgeschlossen werden. Ihr Auto ist 20 000 Euro wert, die Versicherungspolice kostet 300 Euro. Wenn Sie einen Unfall haben, wird Ihnen der volle Wert Ihres Wagens erstattet. Behandeln Sie den Unfall dabei wie ein von der Natur verursachtes Ereignis, auf das Sie selbst keinen Einfluss haben.
4. Nennen Sie die Komponenten, aus denen eine vollständige Beschreibung einer Entscheidungssituation unter Unsicherheit besteht!
5. Der junge Anakin Skywalker steht vor der Entscheidung, ob er sich der „dunklen Seite der Macht" zuwenden soll oder nicht. Der mephistophelische Verführer Kanzler Palpatine hat ihm versprochen, er könne mit Hilfe der dunklen Seite der Macht auch die von Anakin über alles geliebte Padmé Amidala vor dem Tod retten, wobei Anakin aufgrund von Träumen davon ausgeht, dass dieser Padmé sicher bevorsteht. Der Preis für die Erlangung der zusätzlichen Macht ist aber hoch, er besteht in dem Verrat an seinen Jedi-Brüdern, insbesondere seinem Mentor und Erzieher Obi-Wan Kenobi. Palpatine erzählt Anakin daher, dass die Jedi vorhätten, in einer Verschwörung ihn, den Kanzler, zu stürzen und die Republik abzuschaffen. Inwiefern handelt es sich bei Anakins Entscheidung um eine Entscheidung unter Unsicherheit? Modellieren Sie seine Entscheidungssituation, nachdem Sie die verschiedenen Ergebnisse in eine Präferenzordnung gebracht haben, und schlagen Sie ein Verfahren zur Lösung seines Entscheidungsproblems vor!

Weiterführende Literatur

Ein Klassiker der Entscheidungs- und Spieltheorie ist Luce und Raiffas *Games and Decisions* von 1957. Die angeführten Regeln der Entscheidungstheorie und die Einteilung in Entscheidungssituationen unter Sicherheit, Unsicherheit und Risiko sind vor allem durch dieses Buch populär gemacht worden. Eine sehr lesenswerte Einführung in die Entscheidungstheorie findet sich auch in Colmans *Game Theory & its Applications in the Social and Biological Sciences*. Dieses Buch ist sehr verständlich und unterhaltsam geschrieben und wartet mit vielen Anwendungsbeispielen aus einem großen Spektrum von Fachgebieten auf und unterstreicht somit den universalen Anspruch der Entscheidungs- und Spieltheorie.

Die Pascal'sche Wette stammt aus den 1670 publizierten *Pensées*. Eine kritische Diskussion der philosophischen und entscheidungstheoretischen Prämissen, die zeigt, warum das Pascal'sche Argument letztlich hinfällig ist, findet sich bei Ian Hacking (1972).

Das Problem, warum ein rationaler Akteur sich überhaupt an Wahlen beteiligen sollte, wurde 1957 von Anthony Downs in seinem enorm einflussreichen, modernen Klassiker *An Economic Theory of Democracy* aufgeworfen, das in den 90er Jahren vermutlich das meistzitierte Werk der Politikwissenschaft war. Die entscheidungstheoretische Modellierung des Problems im Sinne des Minimax-Regret Prinzips findet sich bei Ferejohn und Fiorina in ihrem Aufsatz von 1974 *The Paradox of Not Voting*.

3. Entscheidung unter Risiko

3.1 Lotterien und Erwartungsnutzen

Bei der Diskussion des Minimax-Regret-Prinzips wurde schon erwähnt, dass es wohl kaum besonders rational zu nennen ist, die Realitätsnähe eines Zustands der Welt, d.h. die Wahrscheinlichkeit, mit der er real werden kann, vollkommen außer Acht zu lassen.

Wenn der Akteur nicht über hinreichend Informationen bezüglich der exogen vorgegebenen Tatsachen bzw. des Wechselwirkungsprozesses verfügt, dann wirken die exogenen Tatsachen wie eine Art von stochastischen Störvariablen, die eine eindeutige Determination des Ergebnisses einer Handlung unterbinden. Verschiedene Zustände der Welt sind zwar möglich, sie sind aber mehr oder weniger wahrscheinlich und zumindest theoretisch ist es möglich, ihnen solche Wahrscheinlichkeiten zuzuordnen. Das Weltbild des Rational-Choice-Ansatzes ist insofern ein realistisches, als es davon ausgeht, dass in einer Entscheidung, die nicht unter Sicherheit stattfindet, bei der also das Ergebnis davon abhängt, unter welchem Zustand der Welt die Handlung vollzogen wird, immer eine Wahrscheinlichkeitsverteilung über diese Zustände der Welt existiert. Luce und Raiffa unterscheiden nun zwischen Entscheidungen unter Unsicherheit und *Entscheidungen unter Risiko*, je nachdem, ob dem Handelnden diese Wahrscheinlichkeitsverteilung bekannt ist oder nicht, bzw. ob er den verschiedenen Zuständen der Welt eine Wahrscheinlichkeit zuweist oder darauf verzichtet.

Als Beispiel greifen wir wieder den Fall auf, dass sich jemand entscheiden soll, an einer Wahl teilzunehmen. Wir orientieren uns dabei an der Abbildung 2.8 und fassen die Zustände der Welt jeweils zu einer Kategorie zusammen, in der die Stimme entscheidend bzw. nicht entscheidend ist. Als Auszahlungen sind nur die potenziell durch die Wahlteilnahme erzielbaren Gewinne eingetragen. Dieser Gewinn tritt dann auf, wenn der Wähler durch seine Stimmabgabe die Wahl von A bewirkt und ansonsten B gewonnen hätte. Der erzielbare Gewinn entspricht also dem schon erwähnten Parteiendifferential, d.h. der Differenz der Nutzeneinkommen, die der Wähler aus der Regierungstätigkeit von A bzw. B erzielt. Allerdings tritt er jeweils nur mit der Wahrscheinlichkeit von 1/2 auf, denn entweder wird durch die Stimmabgabe ein Patt in einen Gewinn verwandelt oder ein Stimmrückstand von einer Stimme in ein Patt. Da bei einem Patt durch Münzwurf entschieden wird, kommt das Nutzendifferential in diesem Fall dementsprechend mit einer Wahrscheinlichkeit von 1/2 zustande. Ist die Stimme „decisive", erhöht sich also die Wahrscheinlichkeit, dass das Nutzendifferential verwirklicht wird, entweder von der Wahrscheinlichkeit 0 auf 1/2 oder von der Wahrscheinlichkeit 1/2 auf 1, je nachdem ob ein Rückstand von einer Stimme in das Patt oder das Patt in einen Gewinn verwandelt wird.

3. Entscheidung unter Risiko

Abbildung 3.1: Die Entscheidung zur Wahl zu gehen

	P	1-P
	Stimme ist entscheidend	Stimme ist nicht entscheidend
Wählt A	1/2 D-K	-K
Bleibt zu Hause	0	0

Eine Handlungsoption, bei der verschiedene Ergebnisse mit einer bestimmten Wahrscheinlichkeit auftreten, wird auch *Lotterie* genannt. Die Darstellung einer Entscheidung unter Risiko in einem Entscheidungsbaum sieht wie in der folgenden Abbildung aus, wieder am Beispiel der Wahlteilnahme:

Abbildung 3.2: Entscheidungssituation der Wahlteilnahme als Entscheidung unter Risiko in der Darstellung als Entscheidungsbaum

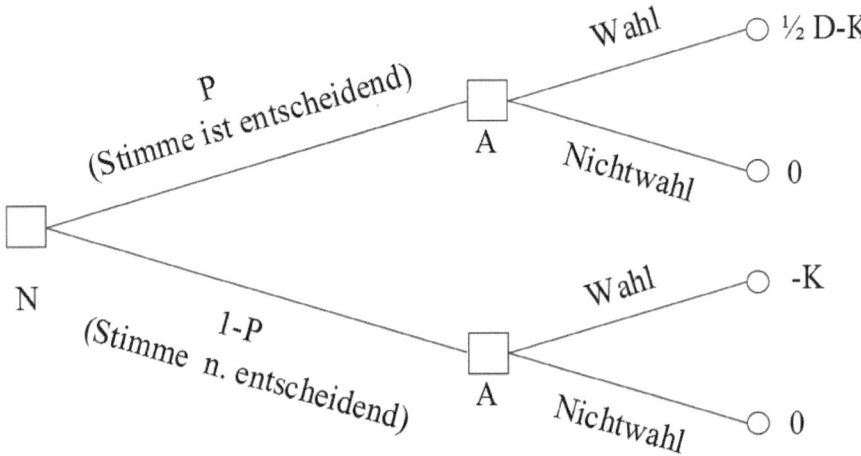

Ein Zufallsgenerator N (die Natur) entscheidet, welcher Zustand der Welt tatsächlich vorliegt. Im Beispiel liegt mit der Wahrscheinlichkeit P der Zustand „Stimme ist entscheidend" und mit der Wahrscheinlichkeit 1-P der Zustand „Stimme ist nicht entscheidend" vor. Der Akteur hat zwei Handlungsoptionen, entweder zur Wahl zu gehen oder sich der Wahl zu enthalten. Wenn sich der Akteur A entscheidet, weiß er allerdings nicht, an welchem Ast des Entscheidungsbaums er sich befindet, denn dies wird erst durch den Zufallszug der Natur festgelegt. Wenn A sich jetzt für „Wahl" entscheidet, wird er mit der Wahrscheinlichkeit P die Auszahlung 1/2*D-K und mit der Wahrscheinlichkeit 1-P die Auszahlung -K erhalten. Wenn A sich hingegen für „Nichtwahl" entscheidet, wird er mit der Wahrscheinlichkeit P die Auszahlung 0 und mit der Wahrscheinlichkeit 1-P ebenfalls die Auszahlung 0 erhalten. Bei „Nichtwahl" trifft also aus Sicht des Wählers die sichere Auszahlung 0 ein. Eine etwas elegantere Darstellung der Entscheidungssituation ist daher die folgende:

Abbildung 3.3: Entscheidungssituation Wahlteilnahme unter Risiko

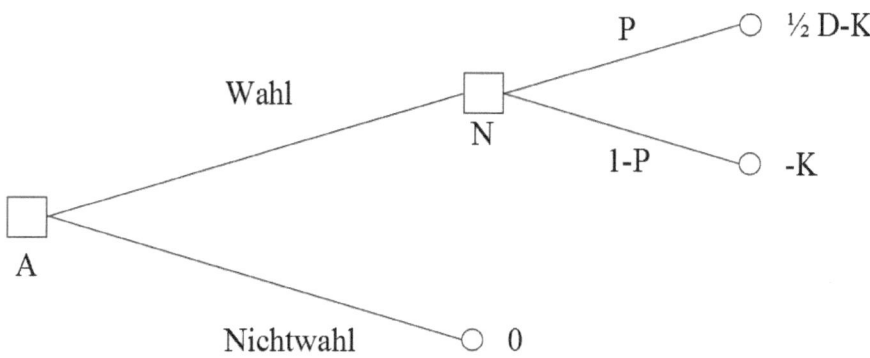

Entscheidet sich der Akteur für die Nichtteilnahme, erhält er die Auszahlung 0 mit Sicherheit, entscheidet er sich für die Teilnahme an der Wahl, nimmt er an einer Lotterie teil, bei der er mit Wahrscheinlichkeit P den Gewinn 1/2 D erhält, wobei der in jedem Fall zu errichtende „Lospreis" K beträgt.

Zur Lösung des Entscheidungsproblems ist es notwendig, ein neues Konzept einzuführen, das des *Erwartungswerts*. Der Erwartungswert einer sogenannten Zufallsvariablen ist der Wert dieser Variablen, den wir als Durchschnitt erwarten würden, wenn das betreffende Zufallsereignis in sehr, sehr großer Zahl stattfindet. Der Erwartungswert ist also der Wert, gegen den der Mittelwert einer Zufallsvariablen konvergiert, wenn die Anzahl der Zufallsereignisse gegen Unendlich geht. Anders ausgedrückt: Der Erwartungswert ist der gewichtete Mittelwert einer Zufallsvariablen, wobei die Gewichte aus den Wahrscheinlichkeiten bestehen, mit denen die einzelnen Ausgänge des Zufallsereignisses auftreten. Die Formel für den Erwartungswert ist demnach:

Kasten 3.1: Erwartungswert der Verteilung einer Zufallsvariablen

$E(X) = \sum_{i=1}^{m} p_i x_i$

Mit

p_i Wahrscheinlichkeit des Auftretens von Wert x_i der Zufallsvariablen X

m Anzahl der Ausprägungen von X

Der Erwartungswert der Augenzahl beim Werfen eines Würfels ist z.B. 3,5, da jedes der einzelnen Elementarereignisse jeweils mit einer Wahrscheinlichkeit von $\frac{1}{6}$ auftritt, $E(Augenzahl) = \frac{1}{6}*1 + \frac{1}{6}*2 + \frac{1}{6}*3 + \frac{1}{6}*4 + \frac{1}{6}*5 + \frac{1}{6}*6$

Die Entscheidungsregel für die Handlungswahl in einer Situation unter Risiko lautet: Wähle die Handlung, die den Erwartungswert deiner Auszahlung in Nutzeneinheiten maximiert. Der Erwartungswert des Nutzenwerts wird mitunter auch als *Erwartungsnutzen* (expected utility) bezeichnet.

Wir müssen also für das vorliegende Entscheidungsproblem die Erwartungswerte des Nutzens für die beiden Handlungsoptionen berechnen:

> **Formel**
>
> $E(\text{Wahl}) = P*(\frac{1}{2}D-K)+(1-P)*(-K) = \frac{1}{2}P*D-K$
>
> $E(\text{Nichtwahl}) = 0$
>
> Die Wahl ist der Nichtwahl also genau dann vorzuziehen, wenn gilt:
>
> $\frac{1}{2}P*D-K>0$ bzw. $\frac{1}{2}P*D>K$

Die Wahrscheinlichkeit, entscheidend zu sein, setzt sich zusammen aus den Wahrscheinlichkeiten, dass genau ein Stimmenpatt entsteht und der Wahrscheinlichkeit, dass ein Stimmrückstand von einer Stimme besteht. Bei einer großen Anzahl von Wählern sind die beiden Wahrscheinlichkeiten annähernd gleich groß und sollen mit p bezeichnet werden, sodass also gilt: $P \approx 2*p$. Damit lässt sich die obige Bedingung in die etwas einfachere Formel überführen:

> **Formel**
>
> $p*D>K$

Dies entspricht einer berühmten Formulierung des ursprünglich von Downs aufgeworfenen Entscheidungsproblems durch Riker und Ordeshook in ihrem berühmten Artikel *The Calculus of Voting*. Es lohnt sich demnach nur dann zur Wahl zu gehen, wenn das Nutzendifferential, multipliziert mit der Wahrscheinlichkeit, die entscheidende Stimme abzugeben, größer ausfällt als die Kosten der Wahlteilnahme bzw. wenn die Wahrscheinlichkeit, entscheidend zu sein, höher ausfällt als der Anteil der Kosten an dem Nutzendifferential. Die Wahrscheinlichkeit p, die Wahl zu entscheiden, ist aber, wenn die Anzahl der Wähler insgesamt sehr groß ist, wie einem schon der gesunde Menschenverstand vermittelt, sehr klein. Wenn das vermutete Ergebnis sehr knapp ausfällt, die a priori Wahrscheinlichkeit für die zwei Spitzenkandidaten, dass sie die Wahl gewinnen also ungefähr gleich ist, und wir z.B. von 1.000.000 Wählern ausgehen, dann kann sie als das Eintreten eines Zufallsereignisses geschätzt werden, so als ob beim 1.000.000-maligen Werfen einer Münze genau 500.000 das Ereignis „Kopf" auftritt. Diese Wahrscheinlichkeit lässt sich theoretisch mit der sogenannten Binomialverteilung errechnen, in der Praxis nähert man den Wert mit Hilfe der Stirling-Formel $\frac{1}{\sqrt{\frac{1}{2}*\pi n}}$

an. Sie ist also deutlich höher, als man intuitiv erwarten würde. Für 1.000.000 Wähler liegt sie immerhin ungefähr bei 1/1253 bzw. 0,0008. Wenn aber die a-priori Wahrscheinlichkeit des Einzelereignisses auch nur geringfügig von 0,5 abweicht, nimmt die Wahrscheinlichkeit eines unentschiedenen Ergebnisses rapide ab. Ist z.B. die a priori Wahrscheinlichkeit 0,501, dann reduziert sich die Wahrscheinlichkeit eines Unentschieden schon auf 0,0001. Beträgt die a priori Wahrscheinlichkeit auch nur 0,51, dann ist die Wahrscheinlichkeit eines Unentschieden nur ungefähr 10^{-90}. Die Wahrscheinlichkeit, tatsächlich mit der eigenen Stimme pivotal zu sein, kann daher für alle praktischen Erwägungen als mehr oder weniger Null angesehen werden. Das sogenannte „Paradox des Wählens" formuliert die Erfahrung, dass in der Realität aber hohe Wahlbeteiligungen zu beobachten sind, obwohl die Wähler sich eigentlich klar darüber sein müssten, dass sie mit ihrer Stimmabgabe keinerlei Einfluss auf das Ergebnis ausüben und insofern ihre Stimmabgabe „nutzlos" zu sein scheint. Warum nehmen also Bürger an den Wahlen teil, obwohl der Erwartungswert ihres Nutzens bei der Wahlenthaltung eindeutig höher ausfällt. Eine mögliche Lösung, die so schon von Riker und Ordeshook vorgeschlagen worden ist, könnte darin bestehen, dass man davon ausgeht, dass die Handlung der Teilnahme an der Wahl noch andere Gratifikationen nach sich zieht außer dem Effekt, den sie auf den Ausgang der Wahl ausübt, der – wie gesagt – vernachlässigt werden kann. In diesem Zusammenhang spricht man auch von sogenannten *expressiven Nutzen*, die dem Handelnden nicht durch die Verwirklichung von Zielen, die durch die Handlung ermöglicht werden, entstehen, sondern durch den Vollzug der Handlung selbst. Im Fall des „Paradox des Wählens" könnte dieser expressive Nutzen darin bestehen, eine Art von *Demokratieobulus* zu entrichten. Die Wahlteilnahme der Bürger drückt dann ihren Respekt gegenüber der Demokratie als Staatsform aus bzw. kann als Beitrag gedeutet werden, mit dem man seiner Unterstützung der Demokratie Ausdruck verleihen will.

Expressive Nutzen entsprechen in vielerlei Hinsicht unseren Alltagserfahrungen. Viele Handlungen vollziehen wir nicht, weil wir bestimmte Ziele verwirklichen wollen und sie uns als geeignete Mittel zur Erreichung dieser Ziele erscheinen, sondern weil wir sie selbst – als Handlung – direkt wollen. Problematisch ist allerdings, dass sich in diesem Fall die Logik der Erklärung einer Handlung verändert. Offensichtlich ist es wenig sinnvoll, das Zustandekommen einer Handlung damit zu erklären, dass jemand diese Handlung selbst eben genau so vollziehen wollte. Expressiver Nutzen ist daher eine Art von Restkategorie der Erklärung, die wir genau dann zu Hilfe ziehen, wenn wir mit dem instrumentellen Nutzenkonzept eine Handlung nicht befriedigend erklären können. Eine Erklärung mit Hilfe des instrumentellen Nutzens kann allerdings in eine solche mit Hilfe des expressiven Nutzens eingebettet sein, sodass wir eine zweistufige Erklärung erhalten.

Die Entscheidung, an der Wahl selbst teilzunehmen, kann – wie gezeigt – nicht instrumentell erklärt werden. Die in diese Entscheidung eingebettete Wahl einer bestimmten Partei aber sehr wohl. Wenn ich mich einmal – aus welchen Gründen auch immer – entschieden habe, an der Wahl teilzunehmen, dann ist es durchaus rational, diejenige Partei zu wählen, von der man sich ein höheres Nutzeneinkommen aus der Regierungstätigkeit im Sinne von Downs verspricht.

3. Entscheidung unter Risiko

Mitunter können das expressive und das instrumentelle Motiv aber durchaus auch in Gegensatz zueinander stehen. Dies trifft z.B. beim sogenannten *strategischen Wählen* zu. Die meisten Definitionen von strategischem Wählen bezeichnen damit eine Abweichung von dem Verhalten, das man „eigentlich" bevorzugt. Strategisches Wählen ist ein bekanntes und vieldiskutiertes Phänomen bei politischen Wahlen in Einerwahlkreisen nach dem Prinzip der relativen Mehrheit. Nehmen wir an, ein Wähler besitze die Präferenzordnung $APBPC$. Tatsächlich aber ist bekannt, dass sich die Wahl zwischen den Kandidaten B und C entscheiden wird. Da der Kandidat A chancenlos ist, wäre eine Stimmabgabe für den meistpräferierten Kandidaten aus der Sicht des Wählers eine sogenannte *verschwendete Stimme* (wasted vote). Dies ist üblicherweise die Situation, in der sich z.B. in Deutschland Anhänger von kleinen Parteien wie der FDP bei der Wahl des Direktkandidaten im Wahlkreis befinden. Um ihre Stimme nicht zu verschwenden, sollten die Wähler also scheinbar ihre Stimme demjenigen der aussichtsreichen Kandidaten geben, der in ihrer Präferenzordnung am weitesten vorne steht, im Beispiel also dem Kandidaten B. Der FDP-Wähler wiederum sollte seine Erststimme (zumindest seit Mitte der 80er-Jahre) dem CDU-Kandidaten geben, da er diesem dadurch womöglich zum Gewinn des Direktmandats verhilft.

Die oft unpräzise Definition strategischen Wählens als Abweichung von den „eigentlichen" Präferenzen einerseits und als besonders rationale Form des Wählens andererseits, als das es gemeinhin verstanden wird, ist verwirrend, denn aufgrund der tautologischen Form der Beschreibung rationalen Verhaltens wäre eine solche Abweichung von den Präferenzen natürlich gerade nicht rational zu nennen. Das Problem entsteht dadurch, dass oft nicht explizit dargelegt wird, worüber sich die Präferenzordnung erstreckt, über die Ergebnisse der Handlung, d.h. die Zustände der Welt, oder über die zur Verfügung stehenden Handlungsalternativen. Wenn wir unter Sicherheit handeln, d.h. jeder Handlungsoption eindeutig ein ganz bestimmtes Ergebnis zugeordnet werden kann, dann korrespondiert die Menge der Ergebnisse mit der Menge der Handlungsoptionen und beide Präferenzordnungen sind äquivalent. Im Falle des Wählens können wir uns eine hypothetische Situation vorstellen, in der einem bestimmten Wähler bewusst ist, dass seine einzelne Stimme die entscheidende ist, wie z.B. in dem Film „Swing Vote" mit Kevin Costner. Ein solcher „Wählerdiktator" würde natürlich die Partei bzw. den Kandidaten wählen, den er sich am meisten als Gewinner wünscht, da er wüsste, dass er diesen mit seiner Wahl auch zum Gewinner macht.

Bei Entscheidungen unter Risiko aber verändert unsere Handlung lediglich die Wahrscheinlichkeitsverteilung der verschiedenen möglichen Ergebnisse. Wir sollten bei der Wahl unserer Handlung also vor allem darauf achten, wie groß der Einfluss unserer Handlung auf die Veränderung dieser Wahrscheinlichkeitsverteilung ist. Daher sollten wir uns für unsere Handlungswahl auf eine reduzierte Präferenzordnung über die Zustände der Welt beziehen, in der nur solche Zustände auftreten, die im Bereich des Möglichen sind und für deren Auftreten unsere Handlung überhaupt relevant ist. Wir nehmen in die Beschreibung der Zustände der Welt also unter diesem pragmatischen Aspekt nur diejenigen Aspekte auf, die in irgendeiner Weise mit unseren Handlungen interagieren. Anders ausgedrückt:

Wir sollten unsere Ressourcen nur dort einsetzen, wo sie auch eine Wirkung erzielen, indem sie bestimmte Ergebnisse wahrscheinlicher machen und zwar so wahrscheinlich, dass zumindest halbwegs realistische Erwartungen an ihr Eintreten geknüpft sind. Wenn ich die Wahl habe, ob ich einen Liebesbrief an den Filmstar meiner Träume oder an den/die Kommilitonen/in schreiben soll, der/die mir schon öfters freundlich zugelächelt hat, dann sollte ich die knappe Ressource meiner Zeit und Phantasie für letzteres einsetzen, denn dort besteht eine realistische Wahrscheinlichkeit, dass mein Brief die Wahrscheinlichkeit, Erfolg zu haben, erhöhen könnte. Dies gilt auch dann, wenn eine Beziehung mit dem Filmstar meiner Träume mit Abstand an erster Stelle meiner Präferenzordnung steht.

Dasselbe gilt analog für meine „strategische" Wahlentscheidung. Wenn meine Wahl für den höchstpräferierten Kandidaten A mit Sicherheit wirkungslos verpufft, dann ist eine Beschränkung meiner Wahl auf die Kandidaten, die überhaupt eine Chance haben zu gewinnen, die Strategie, die meinen Erwartungswert maximiert. Die Erhöhung meines Erwartungswerts würde immer noch nur sehr, sehr gering ausfallen, aber der Effekt wäre um einen so großen Faktor höher als bei der Wahl meines höchstpräferierten aber aussichtslosen Kandidaten, dass er in jedem Fall das Verhältnis der Auszahlungen bei meinem höchstpräferierten zum zweithöchstpräferierten Ergebnis übersteigen würde, denn die Wahrscheinlichkeit, dass meine Stimme das Wahlergebnis entscheiden könnte, nimmt – wie schon erwähnt – dramatisch schnell ab, je weiter die a priori Gewinnwahrscheinlichkeiten auseinander liegen.

„Strategisches Wählen" ist also keineswegs als Abweichung von der „eigentlichen" Präferenz zu interpretieren, sondern es stellt die konsequente Maximierung des Nutzenerwartungswerts im Sinne der Präferenzordnung dar. Wenn der Wähler allerdings einen hohen expressiven Nutzen durch die Wahl eines von ihm geschätzten Kandidaten erhält, dann könnte der Verlust an expressivem Nutzen die Steigerung des Erwartungswerts des instrumentellen Nutzens durch strategisches Verhalten übersteigen.

3.2 Die Bestimmung der Wahrscheinlichkeiten in einer Entscheidungssituation unter Risiko

Wenn der Akteur seine Handlungswahl so bestimmt, dass er den Erwartungswert seines Nutzens maximiert, dann wird seine Wahl durch zwei Komponenten bestimmt. Zum einen durch die Nutzenwerte, die er den einzelnen Ergebnissen zumisst, zum anderen durch die Wahrscheinlichkeitsverteilung, die für die einzelnen Ergebnisse die Wahrscheinlichkeit angibt, mit der sie jeweils auftreten. Beide Konzepte wurden bisher nicht weiter problematisiert und erst einmal als offensichtlich und gegeben angenommen. Tatsächlich aber ist ihre konkrete Bestimmung alles andere als trivial und selbstverständlich.

Die Wahrscheinlichkeitsverteilung ist im einfachsten Fall objektiv und bekannt. In der Wahrscheinlichkeitstheorie wird üblicherweise zwischen einem *objektiven* und einem *subjektiven* Wahrscheinlichkeitsbegriff unterschieden. Objektive Wahrscheinlichkeiten sind auf physikalische Aspekte der Zufallsgeneratoren zurückzu-

3. Entscheidung unter Risiko

führen. Symmetrisch geformte Würfel z.B. bringen jede Augenzahl mit derselben Wahrscheinlichkeit von 1/6 zustande, symmetrisch geformte Münzen produzieren sowohl „Kopf" als auch „Zahl" jeweils mit der Wahrscheinlichkeit 1/2. In der Realität gibt es aber nur sehr wenige Fälle, in denen diese physikalischen Eigenschaften so eindeutig bekannt sind und sich aus ihnen ebenso eindeutig die entsprechenden Wahrscheinlichkeiten ableiten lassen. In der Realität interessiert uns ja gerade oft, ob z.B. die Münze tatsächlich eine „faire" Münze ist oder ob sie gezinkt ist. In solchen Fällen wollen wir die Wahrscheinlichkeiten erst feststellen. Einer der wichtigsten Wahrscheinlichkeitstheoretiker des 20. Jahrhunderts, Richard von Mises, hat hierfür vorgeschlagen, die Wahrscheinlichkeit eines Ereignisses aus der relativen Häufigkeit seines Auftretens abzuleiten. In gewisser Weise handelt es sich hierbei um eine Art Umkehrung des Gesetzes der großen Zahlen von Jakob Bernoulli, nach dem sich die empirischen relativen Häufigkeiten der verschiedenen Ergebnisse eines Zufallsereignisses immer stärker den Wahrscheinlichkeiten annähern, mit denen sie auftreten. Wenn wir z.B. einen fairen Würfel sehr, sehr häufig werfen, wird der Anteil z.B. der Würfe mit Augenzahl „6" ziemlich genau 1/6 betragen und der Unterschied zwischen der relativen Häufigkeit, mit der „6" aufgetreten ist, und 1/6 wird desto geringer ausfallen, je häufiger wir den Würfel geworfen haben.

Wir kennen also niemals mit letzter Sicherheit die wahre Wahrscheinlichkeit bestimmter Ereignisse, wir bilden immer nur mehr oder weniger begründete Vermutungen, die sich wiederum auf mehr oder weniger systematisch ausgewertete Erfahrungen beziehen. Oft ist in diesen Vermutungen zudem noch eine spezifisch persönliche Komponente enthalten, warum wir glauben, dass bestimmte Ereignisse häufiger als andere auftreten. In diesem Fall sprechen wir von subjektiven Wahrscheinlichkeiten.

Da es uns im Rahmen des Rational Choice-Ansatzes darum geht, Handlungen zu erklären, ist es für die Erklärung lediglich relevant, von welchen Wahrscheinlichkeiten und Nutzenwerten der Akteur bei der Wahl seiner Handlungsoption ausgeht. Es ist irrelevant für die Erklärung, ob die subjektiv angenommenen Wahrscheinlichkeiten auch objektiv die richtigen sind. Während wir jedoch bei den Nutzenwerten grundsätzlich nichts darüber aussagen können, ob diese „rational" sind, gibt es bei Wahrscheinlichkeitsannahmen oft durchaus Argumente, ob die angenommenen Wahrscheinlichkeiten auch den realistisch anzunehmenden entsprechen, also denjenigen, die ein „vernünftiger" Mensch annehmen würde. Aber auch eine auf unvernünftigen Annahmen beruhende Handlungswahl kann als rational erklärt werden, solange die Handlungswahl konsistent mit den Annahmen ist. Wenn also jemand mit Sicherheit davon ausgeht, dass Ende 2012 das Ende der Welt bevorsteht, weil es so im Maya-Kalender steht, dann ist es durchaus im instrumentellen Sinne rational, sich im spirituellen Sinn darauf vorzubereiten. Wir müssen also die substanzielle und die prozedurale Komponente eines Entscheidungsprozesses auseinanderhalten. Die Rationalität innerhalb des RC-Paradigmas bezieht sich nur auf den prozeduralen Aspekt.

Während wir bezüglich der Präferenzen den autonomen Individuen aus normativen Gründen nichts vorschreiben können und wollen, gibt es bezüglich der Wahrnehmung von Wahrscheinlichkeiten sehr wohl bessere und schlechtere Gründe, gewisse Wahrscheinlichkeit zu glauben und andere nicht. Aber auch wenn wir die Basis, auf der sich dieser Glaube gründet, anzweifeln und für keine Basis halten, auf deren Boden ein „vernünftiger" Mensch seine Urteile bilden würde, so ändert das nichts daran, dass dieser Glaube für die betreffenden Personen besteht und in diesem Sinn auch handlungsleitend ist. Die Quintessenz dieser wissenschaftlichen Sichtweise des neutralen Beobachters lässt sich im berühmten Thomas-Theorem zusammenfassen: „If men define situations as real, they are real in their consequences."

3.3 Die Nutzenfunktion

Soll die Maximierung des Nutzenerwartungswerts als das Ziel betrachtet werden, mit der Verfolgung desselben die Handlungen von Menschen erklärt werden können, dann muss neben den Wahrscheinlichkeiten auch die zweite Komponente des Erwartungswerts, also der Nutzen, problematisiert werden. Um das Verhalten adäquat im Sinne der Erwartungsnutzenmaximierung vorherzusagen, muss in der Nutzenkomponente nicht nur die Wertschätzung der Ergebnisse an sich enthalten sein, sondern auch die Haltung des Akteurs zu den damit verbundenen Risiken. D.h. das Nutzenkonzept muss so definiert sein, dass es die Bereitschaft des Akteurs widerspiegelt, für den Erhalt eines bestimmten Nutzenwerts bestimmte Risiken einzugehen. Dies widerspricht der naiven Intuition, nach der wir den Nutzen einer Sache danach beurteilen würden, inwieweit sie geeignet ist, die Befriedigung bestimmter Bedürfnisse zu gewährleisten. Doch ein solches Nutzenkonzept, das den Nutzen mit dem intrinsischen *Wert* einer Sache gleichsetzt, führt zu einer Vielzahl von Inkonsistenzen von Handlungen, die oft als Anomalien oder Paradoxa bezeichnet werden. Die bekannteste dieser Inkonsistenzen ist das sogenannte *St. Petersburg Paradox*.

Dieses „Paradox" wurde erstmals von Nicolas Bernoulli 1713 in einem Brief an Pierre Montmort erwähnt, berühmt gemacht aber durch den Lösungsvorschlag seines Cousins Daniel Bernoulli. Der Name verdankt sich dem Umstand, dass dieser Lösungsvorschlag 1738 in der Schriftenreihe der Akademie von St. Petersburg veröffentlicht wurde. Daniel Bernoulli war einer der westlichen Intellektuellen, die im Zuge der von Peter dem Großen bewirkten Öffnung Russlands in das Land eingeladen worden waren. Von 1725 bis 1733 hielt er sich in St. Petersburg auf, bevor er wieder in seine Heimat nach Basel zurückkehrte.

Das St. Petersburg Paradox besteht aus dem Verkauf des Rechts, eine bestimmte Art von Glücksspiel spielen zu dürfen. Wir können das Glücksspiel auch als eine Art von Lotterie betrachten, sodass es sich bei dem Recht um das Recht des Erwerbs eines Loses dieser Lotterie handelt. Die entscheidende Frage lautet dann, wie viel die betroffenen Personen für ein solches Recht bzw. ein solches Los zu zahlen bereit wären. Die Lotterie selbst ist folgendermaßen beschaffen. Es wird eine Münze geworfen und zwar so lange, bis das Ereignis „Kopf" erscheint. Dann wird das Spiel abgebrochen und der Spieler erhält seinen „Gewinn". Die Höhe des Gewinns fällt desto größer aus, je später das Ereignis „Kopf" auftritt. Tritt

3. Entscheidung unter Risiko

„Kopf" beim ersten Wurf auf, erhält der Spieler zwei Rubel als Gewinn; tritt „Kopf" beim zweiten Wurf auf, erhält er vier Rubel usw. Allgemein gilt: Tritt das Ereignis „Kopf" zum ersten (und letzten) Mal beim k-ten Wurf auf, dann beträgt der Gewinn 2^k Rubel. Die Lotterie lässt sich auch als Baumgrafik wie in Abbildung 3.4 darstellen. Der Erwartungswert lässt sich mit Hilfe der Baumgrafik sehr leicht errechnen:

Formel

$$E(\text{Rubelspiel}) = \frac{1}{2}2 + \frac{1}{4}4 + \frac{1}{8}8 + \ldots + \frac{1}{2^k}2^k + \ldots$$

$$= 1 + 1 + 1 + \ldots + 1 + \ldots$$

Wie man sieht, ist der Erwartungswert unendlich groß. Dies ist sicherlich kontraintuitiv, denn spontan dürfte es den meisten schwerfallen sich vorzustellen, dass der „durchschnittliche" Gewinn bei unendlicher Wiederholung des Spiels selbst unendlich groß ist. Tatsächlich wird man in 7/8 der Fälle nicht mehr als 8 Rubel gewinnen, bzw. in ungefähr 999/1000 der Fälle nicht mehr als 1000 Rubel, aber man kann eben auch sehr, sehr hohe Beträge mit einer sehr, sehr kleinen Wahrscheinlichkeit gewinnen.

Abbildung 3.4: St. Petersburg Paradox als „Entscheidungsbaum"

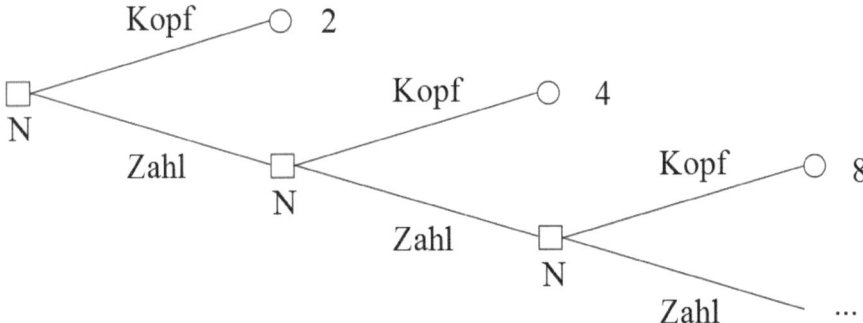

Der gesunde Menschenverstand lehrt einen, dass man für das Recht, dieses Spiel spielen zu dürfen, nicht gerade Haus und Hof versetzen sollte. In der Tat zeigt die Empirie, dass die überwiegende Anzahl der Teilnehmer nur bereit ist, einen relativ kleinen Betrag für dieses Recht zu bezahlen. Die üblichen „Seminarraumexperimente" enthüllen in der Regel, dass die allermeisten nicht mehr als 4 Rubel (Euro) dafür bezahlen würden. Auch wenn dies eher eine übervorsichtige Haltung darzustellen scheint, ist es doch offensichtlich, dass der „Wert" eines Spiels, d.h. das was die Menschen dafür zu zahlen bereit sind, offensichtlich nicht mit dem Erwartungswert der Auszahlungen übereinstimmt, zumindest in der Wahrnehmung der allermeisten Menschen.

Ein zweites Beispiel: Nehmen wir an, Sie befinden Sich in einer Quizshow wie „Wer wird Millionär?" und bekommen folgende Frage gestellt:

Abbildung 3.5: Entscheidungssituation in „Wer wird Millionär?"

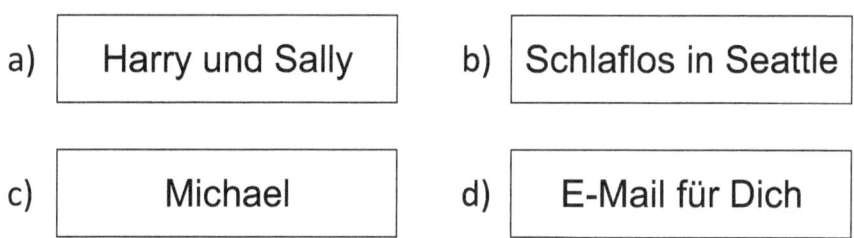

Da Sie nicht die geringste Ahnung haben, nehmen Sie den letzten Ihnen noch verbliebenen Joker, den Zufallsjoker, durch den die zwei Antworten „Schlaflos in Seattle" und „Harry und Sally" gestrichen werden. Sie befinden Sich derzeit beim 32.000 Euro-Level. Sie können also nun entscheiden, entweder die 32.000 Euro mit nach Hause zu nehmen oder zu versuchen, die Frage zu beantworten, wobei Sie dabei nur zwischen den beiden verbliebenen Antworten raten können. Raten Sie richtig, erhalten Sie 64.000 Euro, ist Ihre Antwort falsch, fallen Sie auf das Sicherheitsniveau von 16.000 Euro zurück. Der Einfachheit halber unterschlagen wir hier die Möglichkeit, dass Sie noch weiterspielen können, wenn Sie die Frage richtig beantworten, im besten Fall ist also bei der richtigen Beantwortung der Frage Schluss. Ihre Entscheidungssituation ist also die Folgende:

Abbildung 3.6: „Wer wird Millionär?"-Entscheidungssituation

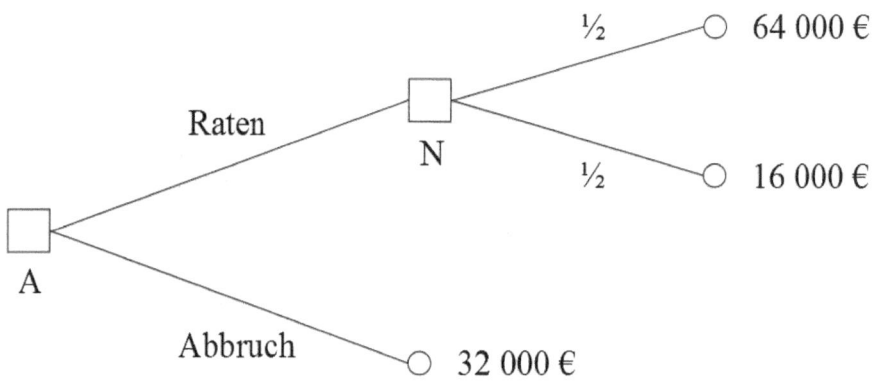

Der Spieler hat also die Entscheidung, entweder mit Sicherheit mit 32.000 Euro nach Hause zu gehen oder sich auf eine Lotterie einzulassen, bei der er mit Wahrscheinlichkeit 1/2 64.000 Euro und mit derselben Wahrscheinlichkeit 16.000 Euro gewinnt. Der Erwartungswert der Lotterie beträgt also 40.000 Euro. Ein Spieler, der den Erwartungswert der Auszahlungen maximiert, müsste also weiterspielen und raten. Auch hier ergibt jedoch in der Regel eine einfache Befragung im Seminar, dass die meisten in einer solchen Situation eher abbrechen würden. Welche Entscheidung man in einer solchen Situation trifft, hängt offenbar von der persönlichen *Risikoneigung* ab, also inwieweit man bereit ist, eine sichere Auszahlung gegen eine Lotterie einzusetzen. Menschen, die eine Lotterie mit einem höheren Erwartungswert als die sichere Auszahlung ablehnen, sind *risikoavers*. Sie müssen für die Bereitschaft, sich auf die Lotterie einzulassen, mit einer Art von Risikoprämie entschädigt werden, die den Erwartungswert über den Betrag der sicheren Auszahlung anhebt. Menschen, die indifferent zwischen einer sicheren Auszahlung und einer Lotterie sind, die einen Erwartungswert in gleicher Höhe besitzt, sind *risikoneutral*. Menschen, die sogar bereit sind, für die Chance eines höheren Gewinns einen niedrigeren Erwartungswert einer Lotterie im Vergleich zu einer sicheren Auszahlung hinzunehmen, werden als *risikofreudig* oder *risikoaffin* bezeichnet.

Die konkrete Nutzenfunktion wird so *konstruiert*, dass im Nachhinein die Entscheidung eines Akteurs für eine bestimmte Lotterie so gedeutet werden kann, *als ob* er den Erwartungswert des Nutzens maximiert hätte. Eine solche Nutzenfunktion wird eine *Von-Neumann-Morgenstern-Nutzenfunktion* genannt.

Die Konstruktion der konkreten Nutzenfunktion erfolgt (theoretisch) durch eine Befragung, bei der der Akteur für jede sichere Auszahlung das Äquivalent einer Lotterie angeben muss. Damit die Analyse entsprechend vereinfacht werden kann, werden nicht nur die sicheren Auszahlungen, sondern auch jede sonstige Lotterie in eine Lotterie transformiert, in der nur zwei Sorten von Losen auftreten, nämlich solche mit dem schlechtestmöglichen und solche mit dem bestmöglichen Ergebnis. Das in einer Entscheidungssituation schlechtestmögliche Ergebnis wird auf einen Nutzenwert von 0 normiert, das bestmögliche Ergebnis auf einen Nutzenwert von 1. Im Quiz-Beispiel wird also der Nutzen von 16.000 Euro auf 0 fixiert und der Nutzen eines Gewinns von 64.000 Euro auf 1. Für jede Auszahlung X zwischen 16.000 und 64.000 Euro wird der Nutzen als Äquivalent einer Lotterie berechnet, bei dem das bestmögliche Ergebnis mit Wahrscheinlichkeit p auftritt. Der Nutzenwert dieser Lotterie ist dann gleich p, denn aufgrund der Normierung entspricht p auch dem Erwartungswert dieser Lotterie. Wenn wir z.B. den Nutzenwert von sicheren 40.000 erheben wollen, dann lautet die entsprechende Frage: Mit welcher Wahrscheinlichkeit müsste bei einer Lotterie, bei der die Gewinnlose jeweils einen Gewinn von 64.000 Euro bedeuten und Sie für die „Nieten" immer noch 16.000 Euro ausgezahlt bekommen, eines der Gewinnlose gezogen werden, damit Sie bereit wären, für ein Los dieser Lotterie einen Preis von 40.000 Euro zu bezahlen. Eine „typische" Antwort würde darin bestehen, dass eine sehr hohe Wahrscheinlichkeit verlangt wird, z.B. 0,90. Die Konsistenz mit den normierten Eckpunkten lässt sich leicht erkennen, denn einen Lospreis von 64.000 Euro würde man natürlich nur bezahlen, wenn alle Lose den Gewinn enthalten würden, also bei p=1. Bei einem Lospreis von 16.000 Euro hingegen wäre man indifferent gegenüber einer

3.3 Die Nutzenfunktion

Lotterie, die nur Nieten enthält, also bei p=0. Diese fiktive Befragung könnte man nun für beliebig viele Werte zwischen 16.000 und 64.000 Euro durchführen. Die möglichen Ergebnisse könnten z.b. so aussehen wie in Tabelle 3.1 aufgeführt:

Tabelle 3.1: Nutzenwerte für „Wer wird Millionär"

Lospreis	16.000	24.000	30.000	35.000	40.000	48.000	55.000	60.000	64.000
Nutzen (p)	0	0,5	0,7	0,82	0,90	0,95	0,98	0,99	1
E(L)	16.000	40.000	49.600	55.360	59.200	61.600	63.040	63.520	64.000

Einen Lospreis von 35.000 Euro würde der Befragte nur zahlen, wenn er die 64.000 Euro mit einer Wahrscheinlichkeit von 0,82 gewinnen würde. Der Erwartungswert in diesem Fall wäre 55.360 Euro. Da der Lospreis immer einer sicheren Auszahlung entspricht, weil man das Los ja nicht kaufen muss und stattdessen das Geld einfach behalten könnte, heißt dies, dass man für das Risiko, das man bei der Lotterie eingeht, mit einer „Prämie" von 20.360 Euro entschädigt werden möchte. Oder anders ausgedrückt: Damit der Befragte zwischen sicheren 35.000 Euro und einer Lotterie indifferent wird, müsste die letztere mit einer Wahrscheinlichkeit von 0,82 den Gewinn von 64.000 Euro und einer Wahrscheinlichkeit von 0,18 den „Trostpreis" von 16.000 Euro hervorbringen. Da hier der Befragte für das Eingehen eines Risikos entschädigt werden will, ist er risikoavers, d.h. der Erwartungswert der Lotterie fällt immer höher aus als die entsprechende sichere Auszahlung. Trägt man die so ermittelten Nutzenwerte in eine Grafik ein, erhält man Abbildung 3.7. Die Gestalt der Nutzenfunktion gibt dabei Aufschluss über die Risikoneigung des Akteurs, d.h. ob er eher risikoscheu oder risikofreudig ist. Risikoaverse Personen besitzen eine konkave Nutzenfunktion. Eine konkave Funktion kann entweder so definiert werden, dass ihre zweite Ableitung negativ ist, d.h. die Steigung der Kurve nimmt kontinuierlich ab, oder so, dass jede Gerade, die zwei Punkte auf der Kurve miteinander verbindet, unterhalb der Kurve liegt.

3. Entscheidung unter Risiko

Abbildung 3.7: Nutzenwerte

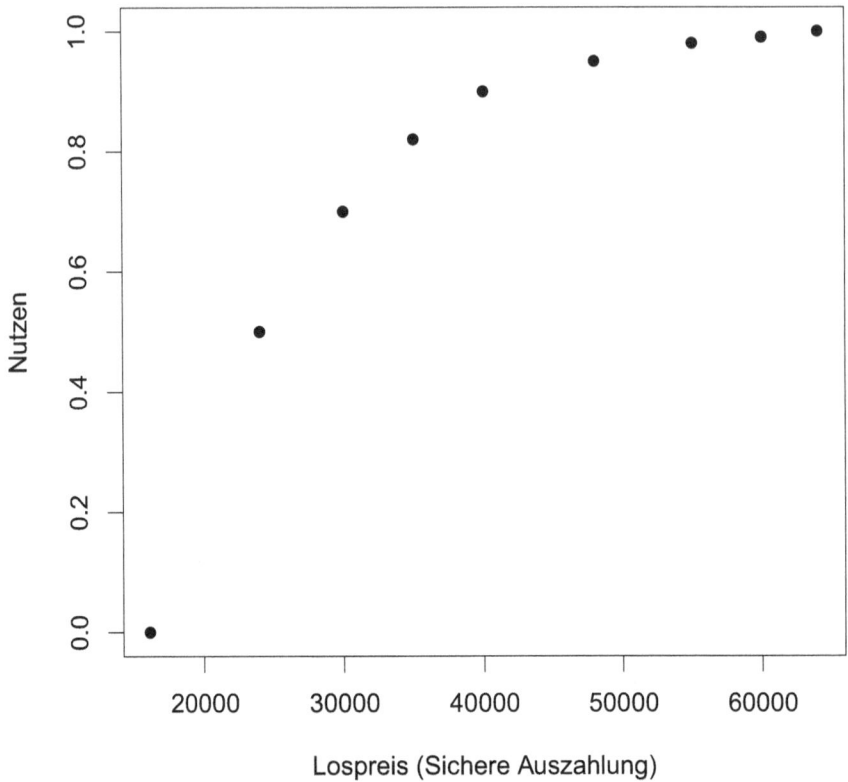

Aus der Definition einer risikoaversen Entscheidung kann man unmittelbar erarbeiten, warum die Kurve konkav im Sinne der zweiten Definition von Konkavität sein muss. Nehmen wir z.B. die Nutzenwerte der sicheren Auszahlung von 30.000 und von 40.000 Euro, die 0,7 und 0,9 betragen. Gemäß der Definition muss ein risikoaverser Akteur den Mittelwert der Auszahlungen von 35.000 als sichere Auszahlung gegenüber einer Lotterie vorziehen, bei der er die 35.000 nur als Erwartungswert erhalten würde, also mit Wahrscheinlichkeit 1/2 40.000 und mit derselben Wahrscheinlichkeit 30.000 Euro. Der Nutzen dieser Lotterie aber ist gleich dem Erwartungsnutzen, also 0,5*0,7+0,5*0,9, also gleich 0,8. Der Nutzen von sicheren 35.000 Euro muss demnach höher sein, was er mit 0,82 auch ist. Führt man diese Befragung in der Realität durch, kommt es natürlich gelegentlich zu inkonsistenten Urteilen, die Gesamttendenz aber ist in der Regel wie von der Theorie vorausgesagt.

Es ist nun leicht zu erkennen, dass die Nutzenkurve einer risikoneutralen Person eine lineare Funktion und die Nutzenkurve einer risikofreudigen Person eine konvexe Kurve sein muss, da in diesem Fall eine Lotterie, die einen Erwartungswert von X produziert, einer sicheren Auszahlung von X vorgezogen wird.

Abbildung 3.8: Verschiedene Formen von Nutzenfunktionen

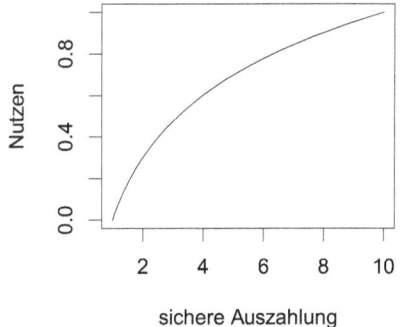
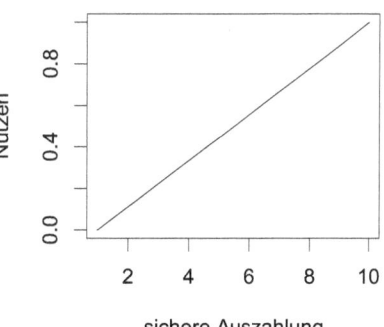
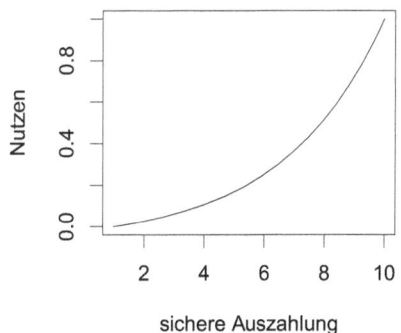

Daniel Bernoulli schlug übrigens zur Lösung des St. Petersburg-Paradox vor, die Geldauszahlungen zu logarithmieren, um so den „moralischen Erwartungswert" (vgl. Daston 1988: 70) der Auszahlung zu erhalten. Bernoulli selbst sprach im lateinischen Original vom sogenannten „emolumentum", das oft mit „Nutzen" oder „Vorteil" übersetzt wird, im weiteren Sinn aber eher das glückliche Ende einer Unternehmung oder das erfolgreich Bewirkte meint. Bernoulli weist dabei besonders auf die unterschiedliche Bedeutung der Auszahlung in Abhängigkeit der persönlichen Lebensumstände hin. So hätten 1000 Dukaten für einen Armen eine andere Bedeutung als für einen Reichen, obwohl es sich um denselben Betrag handelt. Bernoulli gab sogar eine konkrete Begründung für die Wahl der Logarithmusfunktion. Diese bestand darin, dass der Nutzenzuwachs durch ein weiteres

Gut umgekehrt proportional zum schon bestehenden Reichtum sein sollte, womit die Logarithmusfunktion als folgerichtige Wahl feststand.

Nehmen wir der Einfachheit halber z.B. den Logarithmus zur Basis 2. Der Erwartungswert des „emolumentums" der Auszahlungen errechnet sich dann als:

Formel

$$E(\text{Rubelspiel}) = \frac{1}{2}\log_2 2 + \frac{1}{4}\log_2 4 + \frac{1}{8}\log_2 8 + \ldots + \frac{1}{2^k}\log_2 2^k + \ldots$$

$$= \frac{1}{2}1 + \frac{1}{4}2 + \frac{1}{8}3 + \ldots + \frac{1}{2^k}k + \ldots$$

Dieser Wert konvergiert gegen 2. Transformiert man die Auszahlungen solcherart in Nutzenwerte, dann lässt sich also das extrem vorsichtige Bietverhalten von Studenten in Seminaren mit einer stark risikoaversen Nutzenfunktion erklären.

Der geniale Ansatz der Von-Neumann-Morgenstern-Nutzenfunktion besteht darin, dass auf diese Weise alles miteinander verglichen werden kann. Die Anwendungsmöglichkeiten der Funktion sind keineswegs auf monetäre oder auch nur materielle Auszahlungen beschränkt. Denn jedes mittlere Ergebnis, das zwischen dem schlechtesten und dem besten Ergebnis liegt, muss sich als gleichwertig zu einer Lotterie der Form ausdrücken lassen, dass mit einer bestimmten Wahrscheinlichkeit das beste und mit der komplementären Wahrscheinlichkeit das schlechteste Ergebnis eintritt. Denn eine Lotterie, in der das beste Ergebnis mit einer Wahrscheinlichkeit von 1, also mit Sicherheit, auftritt, ist offensichtlich dem sicheren mittleren Ergebnis vorzuziehen. Ebenso ist dieses aber einer Lotterie vorzuziehen, in der das schlechteste Ergebnis mit Wahrscheinlichkeit 1, also mit Sicherheit, auftritt. Da aber die Nutzenzunahme von der Lotterie, bei der das schlechteste Ergebnis mit Sicherheit auftritt, zu der Lotterie, bei der das beste Ergebnis mit Sicherheit auftritt, kontinuierlich mit der Steigerung der Wahrscheinlichkeit, mit der das beste Ergebnis auftritt, zunimmt, *muss* es unter diesen gemischten Lotterien eine geben, deren Nutzen mit dem sicheren mittleren Ergebnis gleichzusetzen ist, sodass also der Akteur indifferent zwischen dem sicheren mittleren Ergebnis und dieser Lotterie wird.

Nehmen wir an, wir haben die Entscheidung zu treffen, ob wir beruflich einen mehr oder weniger sicheren Karriereweg einschlagen wollen oder einen riskanten, bei dem wir, wenn es gut läuft, besser abschneiden als bei dem sicheren Karriereweg, aber bei dem gleichzeitig das Risiko des Scheiterns besteht. Wenn wir nun die Wahrscheinlichkeit des Scheiterns beim „riskanten" Weg immer weiter absenken, dann sollte es irgendwann eine Wahrscheinlichkeit geben, die so gering ist, dass wir das Risiko eingehen, den sicheren Karriereweg zu verlassen, um die Chancen, die im riskanten Weg liegen, nicht ungenutzt zu lassen.

3.3 Die Nutzenfunktion

Aufgaben

1. Erläutern Sie kurz das Konzept der Von-Neumann-Morgenstern-Nutzenfunktion! Wie kann man die unterschiedliche Neigung verschiedener Spieler zum Risiko darstellen? (am Beispiel von Wetten oder Glücksspielen)

2. In der Biologie gibt es die Definition eines genetischen Verwandtschaftsgrades. Dieser ist ein Bruchteil von Eins und gibt den Anteil der übereinstimmenden Gene an. Kinder haben z.B. immer die Hälfte der Gene jedes Elternteils, daher ist der Verwandtschaftsgrad zwischen Kindern und Eltern 0,5. Wie hoch ist der genetische Verwandtschaftsgrad zwischen Großeltern und Enkeln, der zwischen Geschwistern, der zwischen Cousins und der zwischen Neffe und Tante bzw. Onkel? Wie hoch ist der Verwandtschaftsgrad zwischen mir und dem angeheirateten Vetter der Tante des Schwagers meines Großvaters? Die Nutzenfunktion eines Säugetiers in Abhängigkeit von Nachfahren bzw. Verwandten ist direkt proportional zu dem Anteil der Gene, den diese Verwandten besitzen. Wann ist es unter diesen Umständen z.B. für eine Großmutter rational, mehr Kraft und Mühe in die Hilfe bei der Aufzucht von Enkeln zu investieren anstatt selbst weiterhin Kinder in die Welt zu setzen? Dabei werde angenommen, dass sich die Überlebenswahrscheinlichkeit eines Enkels durch die Hilfe der Großmutter um p erhöht.

3. Beim Backgammon gibt es die sogenannte Verdopplungsmöglichkeit. D.h. ein Spieler, der glaubt im Vorteil zu sein, kann dem anderen Spieler vorschlagen, das Spiel abzubrechen. Geht der zweite Spieler auf diesen Vorschlag ein, dann gilt das Spiel als von ihm verloren. Lehnt der Spieler den Vorschlag ab, dann wird zu Ende gespielt, aber das Ergebnis wird verdoppelt. Wann sollte der zweite Spieler auf den Abbruchsvorschlag eingehen, und unter welchen Umständen (d.h. bei welcher von ihm subjektiv geschätzten eigenen Gewinnwahrscheinlichkeit) sollte er den Vorschlag ablehnen und lieber bis zum Ende spielen?

4. Beim Quidditch-House Cup stehen noch zwei Spiele aus, auf deren Ausgang gewettet werden kann. Beim Spiel der Mannschaft von Ravenclaw gegen Slytherin stehen die Wetten 2:1 gegen Ravenclaw, d.h. jemand, der auf Ravenclaw setzt, erhält im Falle des Sieges der gesetzten Mannschaft als Gewinn das Zweifache seines Wetteinsatzes, wobei er natürlich auch den Einsatz wieder ausgezahlt bekommt. Für das Match von Hufflepuff gegen Gryffindor stehen die Wetten 3:1 gegen Hufflepuff. Professor Dumbledore – im Herzen ein gewiefter, rationaler und risikoneutraler Spieler – setzt für das erste Spiel auf den Sieg von Ravenclaw und beim zweiten auf einen Sieg von Hufflepuff. Wie schätzt er offensichtlich die Gewinnchancen der jeweiligen Mannschaften ein? Professor Snape, der sich ein Zubrot als Buchmacher verdient, bietet ihm eine kombinierte Wette an, mit einer Quote von 15:1 dagegen, dass sowohl Ravenclaw als auch Hufflepuff ihre Spiele gewinnen. Vorausgesetzt, die Ausgänge der beiden Spiele sind unabhängig voneinander, sollte Dumbledore dann die Wette annehmen?

5. John glaubt, dass die Demokraten mit einer Wahrscheinlichkeit von 5/8 die nächste Präsidentschaftswahl gewinnen. Mary dagegen ist der Ansicht, dass die Republikaner mit einer Wahrscheinlichkeit von 3/4 gewinnen. Keiner von ihnen gibt einem dritten Kandidaten auch nur die geringste Chance. Sie

beschließen um 10 Dollar auf den Sieger zu wetten, d.h. John zahlt die 10 Dollar an Mary, wenn die Republikaner gewinnen und Mary zahlt 10 Dollar an John, wenn die Demokraten gewinnen. Was ist jeweils der subjektive Erwartungswert ihres Gewinns? Wie könnten Sie als Buchmacher mit Sicherheit einen Gewinn erzielen, indem Sie beiden eine jeweils eigene Wette anbieten, wenn beide bereit sind, auf jede Wette einzugehen, bei der der subjektive Erwartungswert ihres Gewinns größer als Null ist, und beide einen Einsatz von jeweils 10 Dollar wagen wollen?

6. In einer Spielshow hat sich der Kandidat für eine von drei Türen zu entscheiden. Hinter einer dieser Türen steht der Hauptgewinn, ein Auto im Wert von 30.000 Euro. Nach der ersten Wahl des Kandidaten öffnet der Quizmaster eine der beiden anderen Türen, hinter der sich lediglich eine Niete befindet. Der Kandidat wird gefragt, ob er bei seiner ursprünglichen Wahl bleiben will oder zur anderen, verbleibenden Tür wechseln will. Kann der Kandidat durch einen Wechsel seiner ursprünglichen Wahl seine Gewinnchancen verändern, was ist der Erwartungswert seines Gewinns?

7. Im Kobayashi-Maru-Test werden Sie überraschend mit zwei feindlichen Raumschiffen der Klingonen konfrontiert. Sie wissen jedoch, dass Ihnen tatsächlich nur ein Raumschiff gegenüber steht, das andere ist eine simulierte Attrappe, die Sie dazu bringen soll, Ihren einzigen verfügbaren Protonen-Torpedo unnütz zu verschießen. Es kommt zu einem Konflikt auf Leben und Tod, bei dem Sie den Nutzen der Vernichtung des feindlichen Schiffes als genauso hoch bewerten wie den Schaden, den Sie erleiden, falls Sie selbst vom Gegner besiegt werden sollten. Darüber hinaus neigen Sie als Vulkanier zu keinerlei Art von Sentimentalität und verhalten sich daher grundsätzlich risikoneutral. Sie können ihren Protonen-Torpedo nun entweder auf das rechte oder das linke Raumschiff abfeuern. Aufgrund gewisser navigatorischer Instabilitäten erzielen Sie eine Trefferquote von 0,6, wenn Sie nach rechts feuern und das echte Raumschiff tatsächlich das rechte war, jedoch nur eine Trefferquote von 0,4, wenn Sie auf das linke Raumschiff feuern und dieses das richtige war. Sollten Sie in die richtige Richtung feuern, aber das Schiff verfehlen, dann sorgt der EMP zumindest dafür, dass Sie danach nicht von den Klingonen angegriffen werden können. Feuern Sie jedoch in die falsche Richtung, dann werden die Klingonen danach ihre fiesen Neutronen-Torpedos losschicken, die Sie, wenn Sie zuvor nach rechts geschossen haben, mit einer Wahrscheinlichkeit von 0,5 vernichten werden, und mit einer Wahrscheinlichkeit von 0,3, wenn Sie zuvor nach links geschossen haben. (Dies hängt damit zusammen, dass Ihr eigener Schutzschild durch die vorher von Ihnen abgefeuerten Torpedos in Mitleidenschaft gezogen wird und zwar unterschiedlich, je nachdem, in welche Richtung Sie gefeuert haben.) Wie sollten Sie sich verhalten?

Weiterführende Literatur

Die Idee, zur Beurteilung von Handlungsoptionen den Erwartungswert heranzuziehen, d.h. nicht nur auf die Höhe der Auszahlungen, sondern auch auf die Wahrscheinlichkeiten zu achten, mit denen sie realisiert werden, ist sehr alt. Sie wurde z.B. schon in den letzten Kapiteln der *Logik von Port-Royal* (Arnauld/Nico 1994), die zum ersten Mal 1662 erschien, ausgearbeitet. Als Autor gilt der Logiker und Jansenit Antoine Arnauld, das berühmte letzte Kapitel ist offensichtlich von Pascal beeinflusst, in dessen Wette ja auch schon erste Anklänge an das Konzept des Erwartungswerts zu vernehmen waren. Zur überragenden Bedeutung des Erwartungswerts als Handlungsmodell für den aufgeklärten, vernünftigen Menschen stellt Lorraine Dastons Buch *Classical Probability in the Enlightenment* (Daston 1988) im wörtlichen Sinn eine äußerst erhellende Lektüre dar. In diesem Buch findet sich auch eine ausführliche Darstellung des St. Petersburg Paradoxes von Daniel Bernoulli, vor allem über die verschiedenen vorgeschlagenen Lösungswege zur Behebung des Problems. Der Originalaufsatz von Daniel Bernoulli aus dem Jahr 1738 existiert in einer leicht zugänglichen Form in einer englischen Übersetzung (Bernoulli 1954).

Das Paradox des Wählens wurde, wie schon erwähnt, zuerst von Downs (1957) formuliert. Die formale, entscheidungstheoretische Formulierung stammt von Riker und Ordeshook (1968), die vor allem auch eine der Handlung selbst intrinsische Nutzenkomponente eingeführt haben. Eine Diskussion der verschiedenen Wahrscheinlichkeitskonzepte findet sich bei Gillies (2000) und Behnke/Behnke (2006). Das berühmte Thomas-Theorem wurde von Thomas und Thomas in ihrer Studie *The Child in America* (1928: 572) formuliert. Das Konzept der Neumann-Morgenstern Nutzenfunktion wurde in deren Klassiker der Spieltheorie *Theory of Games and Economic Behavior* von 1944 dargestellt und stellt nur einen der fundamentalen Beiträge dar, den dieses Buch für die Entwicklung der Spieltheorie geleistet hat.

4. Spiele reiner Koordination

Bisher haben wir nur von sogenannten parametrischen Entscheidungen gesprochen, bei denen die Handlungen des Akteurs zwar mit den Zuständen der Welt interagieren, diese Zustände aber durch unpersönliche Parameter bestimmt sind. Wir sprechen daher in diesem Zusammenhang auch von „struktureller Interdependenz", da die Umwelt, mit der der Akteur in Interaktion tritt, als schlichtweg gegeben angenommen wird. Diese Umwelt ist insofern unpersönlich bzw. strukturell determiniert, als ihr keine Absicht zugrunde liegt. Die Natur hat keine Wahl, anders zu sein als sie tatsächlich ist, auch wenn es uns oft so vorkommen mag, als ob uns die Natur böse Streiche spielen würde, z.B. wenn sie es regnen lässt, wenn wir gerade ein Picknick unternehmen. Während es aber in der Mythologie gang und gäbe ist, das Geschehen in der Natur als Folge willentlicher Entscheidung, nämlich der Götter, darzustellen, besteht das Wesen der Moderne und der Aufklärung ja gerade in dieser Entmystifizierung der natürlichen Entscheidungen und der Zurückführung auf physikalische Parameter. Der Blitz wird eben nicht von Zeus geschickt, sondern ist die Folge einer elektrischen Entladung, wie wir spätestens seit Benjamin Franklin wissen.

Wir können rein formal Entscheidungen wie „Spiele gegen die Natur" betrachten, aber mit einer Natur als „Gegenspieler", die den Akteuren vollkommen indifferent entgegensteht und deren „Handlungen", die sich in den Zuständen der Natur verwirklichen, keinerlei Interessen und Absichten zugrunde liegen und die sich in keiner Weise auf die Handlungen des Gegenübers beziehen.

Genau dies macht aber den Charakter eines „echten" Spiels aus. Von einem *Spiel* im eigentlich Sinn sprechen wir dann, wenn die Handlung eines Akteurs A von den erwarteten Handlungen eines oder mehrerer anderer Akteure abhängig ist, die aber ihrerseits wiederum als „vorweggenommene" Reaktion auf die antizipierte Handlung von A interpretiert werden können. Bei parametrischen Entscheidungen ist unsere Handlungswahl einfach kontingent in dem Sinn, dass wir uns überlegen, was wir bei den verschiedenen möglichen Zuständen der Welt jeweils für eine Handlung ergreifen sollten. Unsere Handlungswahl ist abhängig von den Erwartungen, die wir über die Zustände der Welt hegen. Die Zustände selbst aber sind durch Parameter fixiert. Im Falle eines Spiels aber sind die Zustände, mit denen unsere Handlungen interagieren, die Handlungen der anderen, die aufgrund analoger Überlegungen zustande kommen wie der unseren. Wenn unsere Entscheidungen abhängig von den Entscheidungen anderer sind, die wiederum von unseren abhängen, dann handelt es sich um *Situationen doppelter, wechselseitiger Kontingenz*. Entscheidungen, die in solchen Situationen getroffen werden, nennen wir *strategische Entscheidungen*. Die *Spieltheorie* als Disziplin beschäftigt sich mit der Analyse solcher strategischer Entscheidungen. Die Handlungsoptionen in einem Spiel werden aus diesem Grund auch als *Strategien* bezeichnet.

Es gibt viele verschiedene Kriterien, nach denen man Spiele kategorisieren kann, z.B. nach der Anzahl der beteiligten Spieler, der zeitlichen Relation zwischen den Entscheidungen der verschiedenen Spieler oder ihrem Grad der Informiertheit. Das hauptsächliche Kriterium, das den nächsten drei Kapiteln zugrunde liegt, ist

4. Spiele reiner Koordination

das des Verhältnisses der Interessen der beteiligten Spieler zueinander. Der Einfachheit halber werden wir uns vorerst auf Spiele zwischen zwei Personen beschränken. Wir können dann Spiele danach unterscheiden, ob die beiden Personen *identische oder gleichförmige Interessen* besitzen, *antagonistische Interessen* oder sogenannte *gemischte Interessen*.

Wir sprechen von *Spielen reiner Koordination*, wenn die Interessen der beteiligten Spieler als hundertprozentig konkordant angesehen werden können. Die Interessen des einen Spielers sind also identisch mit den Interessen des anderen Spielers, d.h. beide haben dieselbe Präferenzordnung über die verschiedenen Ergebnisse des Spiels. Die Ergebnisse eines Spiels ergeben sich analog zu denen einer Entscheidung als Interaktion der Handlungen der beiden beteiligten Spieler, sie stellen also die möglichen Kombinationen aus den Handlungsoptionen der beiden Spieler dar. Im einfachsten Fall besitzt jeder Spieler zwei Optionen, sodass wir das Spiel in der Form einer 2x2-Matrix darstellen können. Die Matrixdarstellung eines Spiels wird auch als *Normalform* bezeichnet. In Abbildung 4.1 ist ein einfaches Koordinationsspiel abgebildet. Die beiden Spieler werden üblicherweise als Zeilenspieler und Spaltenspieler bezeichnet, wobei die Zeilen die Handlungsoptionen des Zeilenspielers und die Spalten diejenigen des Spaltenspielers repräsentieren. Die Auszahlungen sind wie bei Entscheidungssituationen in den Zellen eingetragen, allerdings gibt es jetzt zwei Auszahlungen für die beiden Spieler. Der Konvention entspricht es, dass die erste Auszahlung in einer Zelle die des Zeilenspielers und die zweite die des Spaltenspielers darstellt.

Abbildung 4.1: Reines Koordinationsspiel

		Spaltenspieler	
		s_1	s_2
Zeilenspieler	z_1	4,4	3,3
	z_2	2,2	1,1

Für beide Spieler gilt die Präferenzordnung, nach der das Ergebnis in der linken oberen Zelle das Beste, das in der rechten oberen Zelle das Zweitbeste, das in der linken unteren Zelle das Drittbeste und das in der rechten unteren Zelle das schlechteste ist. Man beachte, dass die Situation der beiden Spieler allerdings nicht symmetrisch ist. Für den Zeilenspieler enthält z.B. die Strategie z_1 seine beiden besten Ergebnisse, während die Strategie s_1 des Spaltenspielers dessen bestes und drittbestes Ergebnis enthält.

Da die Interessen aller Individuen konform sind, gibt es hier ein offensichtliches kollektives Interesse, das mit dem jedes einzelnen Individuums zusammentrifft. Dieses kollektive und zugleich individuelle Interesse aller Spieler besteht in der Verwirklichung des Ergebnisses links oben, also in der Kombination der Strategien z_1 und s_1. Die Spieler haben hier ein offensichtliches Interesse daran, sich dahingehend zu koordinieren, daher auch die Bezeichnung als reines Koordinationsspiel.

4. Spiele reiner Koordination

Theoretisch könnte in diesem Fall das Ergebnis, d.h. die Koordination der Handlungen durch außen erzwungen werden, also z.B. durch eine übergeordnete Instanz, die befugt ist, den einzelnen Spielern Anweisungen zu geben. In der Tat besteht der Sinn von Hierarchien, z.B. in der Bürokratietheorie Max Webers, genau darin, eine solche Koordination einzelner Handlungen zu gewährleisten.

Der Zweig der Spieltheorie, der uns in diesem Buch allerdings vor allem beschäftigen soll und der auch der vorherrschende in der Literatur ist, wird als *non-kooperative Spieltheorie* bezeichnet. Diese Bezeichnung ist allerdings unglücklich gewählt. Denn damit soll keineswegs gesagt sein, dass es hier nicht zur Kooperation kommt oder kommen kann, sondern lediglich, dass die Kooperation nicht extern durchgesetzt werden kann. Anders ausgedrückt: Die non-kooperative Spieltheorie beschäftigt sich mit sozialen Interaktionen, in denen es den Handelnden nicht möglich ist, bindende Vereinbarungen zu treffen. Dies liegt genau an dem Fehlen einer externen Instanz, die die Einhaltung solcher Vereinbarungen erzwingen könnte. In der non-kooperativen Spieltheorie sind die Akteure also ganz und gar autonome Individuen, die ihre Handlungen vollkommen ungezwungen wählen können. Zumindest entspricht dies immer der Ausgangssituation der Modellierungen, ein Teil der Lösungen bestimmter sogenannter Dilemmata besteht dann gerade in der Einführung von Arrangements, die sogenannte *Commitments*, also Zusagen, verbindlich machen.

In der non-kooperativen Spieltheorie untersuchen wir also, wie das Spiel gespielt wird, wenn jeder Akteur autonom für sich seine Entscheidung trifft und dabei lediglich seine individuellen und nicht die kollektiven „Interessen" vertritt. Wobei streng genommen nur Individuen Interessen im eigentlichen Sinn haben können. Dieser Ansatz wird als *methodologischer Individualismus* bezeichnet. Nach diesem sind die Ergebnisse auf der sogenannten Makroebene immer mikrofundiert. Wenn eine bestimmte Institution, wie z.B. ein Markt, einen bestimmten Preis für ein bestimmtes Gut generiert, dann nicht als Systemeigenschaft des Marktes, sondern weil der Markt ein Rahmenregelsystem bereitstellt, in dem die individuellen Entscheidungen von einzelnen Akteuren miteinander interagieren und so als Gesamtergebnis dieser Interaktionen, die unter den Beschränkungen des Marktes ablaufen, sich ein bestimmter Preis herauskristallisiert. Institutionen bestimmen die Spielregeln des Spiels, das gespielt wird, sie bestimmen aber nicht direkt das Ergebnis, sondern dieses emergiert aus den einzelnen Handlungen der Spieler, die das entsprechende Spiel spielen. Wir sollten hier noch ein anderes Missverständnis ausräumen. Wenn Individuen ihre eigenen Interessen und nicht die des Kollektivs verfolgen, dann heißt dies keineswegs, dass sie egoistisch sein müssen, in dem Sinn, dass sie materielle Interessen verfolgen, die nur ihnen zugutekommen. Die individuellen Interessen können sehr wohl auch altruistischer Natur sein. Welche Art von Interessen wir im konkreten Einzelfall annehmen, hängt vom zugrundeliegenden Menschenbild ab, hat aber keinerlei Einfluss auf die verwendete Methode.

Das vermutliche Ergebnis eines Spiels, das von unabhängig agierenden Spielern gespielt wird, soll die *Lösung* des Spiels genannt werden. Da wir von rationalen Spielern ausgehen, ist die Lösung eines Spiels das Ergebnis eines Spiels, wie es sich einstellt, wenn sich alle Spieler so verhalten, wie sie sich verhalten *sollten*, wenn

4. Spiele reiner Koordination

sie rationale Spieler *wären*. Die Lösung eines Spiels hängt somit unter anderem von unserer Rationalitätskonzeption ab. Als *Lösungskonzept* bezeichnen wir eine Menge von Regeln, die uns helfen, die Lösung eines Spiels zu ermitteln. Dabei ist die Vorgehensweise oft auch indirekt. In diesem Fall helfen Lösungskonzepte „lediglich" Erwartungen über die Strategiewahl der Spieler zu formulieren. Die Kombination dieser nach dem Lösungskonzept zu erwartenden Strategien führt dann zu der Lösung des Spiels.

Um ein adäquates Lösungskonzept zu ermitteln, stellen wir uns also die Frage: Was würde ein rationaler Spieler in einer solchen Situation wohl tun? Betrachten wir dazu das Spiel in Abbildung 4.1. Intuitiv scheint es uns klar, dass das Ergebnis des Spiels die linke obere Ecke sein sollte. Wenn die Interessen beider Spieler vollkommen harmonieren, dann sollte es ihnen möglich sein, ihr bestes Ergebnis zu erzielen. Wir wollen jedoch schrittweise die minimalen Bedingungen entwickeln, die zur Lösung eines Spieles hinreichend sind. Bei der Analyse des Spiels gehen wir zunächst lediglich davon aus, dass die Spieler die Struktur des Spiels und ihre eigenen Auszahlungen kennen. Auch bei dieser sparsamen, d.h. annahmearmen Modellierung kommen wir bei diesem Spiel dennoch zu klaren Ergebnissen. Beide Spieler besitzen nämlich eine sogenannte *dominante Strategie*. Das Dominanzkonzept ist analog zu dem, das wir bei Entscheidungen diskutiert haben, es werden lediglich die Zustände der Welt mit den Strategien des Gegenspielers vertauscht.

Kasten 4.1: Definition dominante Strategie

Eine Strategie s_a *dominiert* eine Strategie s_b, wenn s_a für jede Strategie des Gegners ein mindestens ebenso gutes Ergebnis wie s_b erbringt und in mindestens einem Fall ein besseres Ergebnis. Umgekehrt sagen wir, dass s_b von s_a *dominiert* wird. Eine Strategie ist eine *dominante Strategie*, wenn sie jede andere zur Verfügung stehende Strategie dominiert. Unabhängig von der Strategie des Gegners liefert eine dominante Strategie also niemals ein schlechteres Ergebnis als irgendeine andere der verfügbaren Strategien. Eine *strikt dominante* Strategie liefert unabhängig von der Strategiewahl des Gegners ein besseres Ergebnis als jede andere Strategie. Eine *schwach dominante* Strategie liefert bei mindestens einer Strategie des Gegners ein besseres Ergebnis als jede andere Strategie und ansonsten ein mindestens ebenso gutes Ergebnis wie alle anderen Strategien.

Im Beispiel besitzt der Zeilenspieler die dominante Strategie z_1. Egal, ob der Spaltenspieler seine erste oder seine zweite Spalte wählt, für den Zeilenspieler ist es in beiden Fällen besser, die obere Zeile zu wählen. Auch der Spaltenspieler hat eine dominante Strategie, nämlich s_1. Da man bei der Wahl einer dominanten Strategie niemals schlechter abschneidet als bei der Wahl einer anderen Strategie, *bei einer gegebenen Strategie des Gegners*, ist die Wahl einer dominanten Strategie offensichtlich das, was ein rationaler Spieler tun sollte, zumindest solange beide Spieler ihre Strategien unabhängig voneinander wählen. Da beide Spieler eine dominante Strategie haben, werden sie diese wählen, es kommt also zu dem „normativ gewünschten" Ergebnis, dass sich beide im für sie jeweils besten Ergebnis koordinieren, obwohl sie es gar nicht bewusst auf eine Koordination anlegen. Die Koordination ergibt sich hier als Nebenprodukt der individuellen Verfolgung der jeweiligen Eigeninteressen.

Wir müssen das Beispiel jedoch nur geringfügig ändern, um eine bewusste Koordination als im gegenseitigen Interesse bestehend hervorzubringen. Auch das Spiel in Abbildung 4.2 stellt ein reines Koordinationsspiel dar. Auch in diesem Fall ist es offensichtlich, dass die Akteure von sich aus ein kooperatives Ergebnis herbeiführen wollen, das in diesem Fall in der Koordination ihrer Strategiewahl bei s_1z_1 liegt, bei dem jeder der beiden sein bestes Ergebnis erzielt. Allerdings wird sich in diesem Fall diese Koordination nicht automatisch als Effekt einer „unsichtbaren Hand" einstellen, allein dadurch, dass die Spieler ihre Eigeninteressen verfolgen, denn keiner der beiden besitzt eine dominante Strategie.

Abbildung 4.2: Reines Koordinationsspiel

		Spaltenspieler	
		s_1	s_2
Zeilenspieler	z_1	4,4	1,1
	z_2	2,2	3,3

Die erwünschte Koordination ist selbst in dieser scheinbar trivialen Situation nur möglich, wenn bestimmte Bedingungen gegeben sind. Die erste Bedingung besteht darin, dass beide Spieler wissen müssen, welches Spiel denn überhaupt gespielt wird. Denn nur, wenn dies vorausgesetzt werden kann, weiß der Zeilenspieler, dass er z_1 spielen sollte, und der Spaltenspieler, dass er s_1 spielen sollte. Ein Spieler besitzt *vollständiges Wissen* (complete information) über das Spiel, wenn ihm sowohl die Strategiemengen beider Spieler als auch die Auszahlungsmatrix bekannt sind. Doch selbst, wenn beide Spieler vollständiges Wissen über das Spiel besitzen sollten, so garantiert dies noch keineswegs, dass sie sich erfolgreich koordinieren werden. Beide Spieler müssen nicht nur wissen, welches Spiel gespielt wird, sie müssen sich auch jeweils sicher sein, dass es auch dem anderen bekannt ist. Denn eine erfolgreiche Koordination setzt ja voraus, dass *beide* wissen, *wo* sie sich koordinieren sollen. Eine einseitige Wahl der für eine erfolgreiche Koordination angemessenen Strategie bewirkt eben noch keineswegs das koordinierte Ergebnis. Nur wenn der andere ebenfalls seinen Koordinationsbeitrag leistet, kann die Koordination insgesamt auch verwirklicht werden. Koordination kann folglich nur dann erfolgreich bewirkt werden, wenn beide sich um Koordination bemühen, was sie wiederum nur tun werden, wenn sie beide wissen, dass sich auch der jeweils andere um Koordination bemühen wird, d.h. dass das Spiel, das sie spielen, für beide ein Koordinationsinteresse generiert. Die Tatsache, dass beide Spieler vollständiges Wissen über das Spiel besitzen, muss daher *gemeinsames Wissen* sein. *Gemeinsames Wissen* (Common Knowledge) ist Wissen, das alle Spieler kennen, von dem alle Spieler wissen, dass es alle kennen, von dem alle Spieler wissen, dass alle Spieler wissen, dass alle es kennen usw. Ein bekanntes Beispiel zur Illustration des Konzepts vom gemeinsamen Wissen stellt die Koordination eines Angriffs zweier Generäle in einer Schlacht im 18. Jahrhundert dar: „Sie greifen von der linken Flanke um 6 Uhr an, während ich die Truppen des Gegners auf Hügel X ins Visier nehme ..." Nehmen wir an, General A schickt General B mit diesem Plan eine Botschaft. Um zu wissen, dass General B sich an den Plan halten wird, genügt es nicht, ihm die Botschaft geschickt zu haben, General A muss auch wissen, dass General B die Botschaft erhalten hat und der Bote nicht etwa unterwegs abgefangen wurde. Zur Bestätigung könnte daher General B seinerseits einen Boten an A losschicken. Die Bestätigung jedoch erfüllt nur dann den gewünschten Zweck, wenn A sie erhält und B weiß, dass A sie erhalten hat usw. Auch mit modernen Kommunikationsmitteln ändert sich nichts an der grundsätzlichen Problematik, wie jeder weiß, der mitten im Gespräch auf dem Handy unmittelbar, nachdem er einen Treffpunkt für einen Verabredung vorgeschlagen hat, in einen Tunnel fährt und danach nicht mehr mit dem Gesprächspartner in Kontakt kommt. Während also gemeinsames Wissen in einem strikt logischen Sinn schwierig zu verwirklichen ist, gibt es dennoch Situationen einer stetigen gegenseitigen Vergewisserung, in der sich zumindest alle Seiten hinreichend sicher sein können, dass gewisse Wissensbestandteile in der Tat gemeinsames Wissen darstellen. Die „hinreichende Sicherheit" besteht in einer konkreten Praxissituation dann, wenn das Risiko einer Fehlkommunikation als so gering angenommen werden kann, dass es für alle praktischen Zwecke vernachlässigt werden darf.

Zurück zur Analyse des Spiels: Wenn beide das Spiel kennen, also vollständiges Wissen über das Spiel besitzen, und dies wiederum gemeinsames Wissen darstellt, sollte es kein Problem für sie darstellen, sich bei s_1z_1 zu koordinieren, damit sie beide ihre beste Auszahlung erhalten. Wenn sie beide davon ausgehen, dass der andere seine entsprechende Strategie wählt, also der Zeilenspieler die Strategie z_1 und der Spaltenspieler die Strategie s_1, dann wäre es von jedem der beiden Spieler dumm und irrational, eine andere Strategie zu wählen. Eine Strategiekombination, der gegenüber sich kein Spieler durch eine einseitige Abweichung von seiner in dieser Kombination gewählten Strategie verbessern kann, wird als *Nash-Gleichgewicht* oder *Nash-Equilibrium* bezeichnet.

Kasten 4.2: Definition Nash-Gleichgewicht

Ein Nash-Gleichgewicht ist eine Kombination von Strategien der Spieler bzw. eine Liste von Strategien, ein Strategieprofil oder ein Strategievektor, sodass die Liste jeweils eine Strategie für jeden Spieler enthält und diese so beschaffen sind, dass kein Spieler seine Auszahlung durch einen Wechsel der Strategie verbessern kann, wenn gleichzeitig alle anderen Spieler bei ihrer Strategie bleiben, die in der Liste bzw. im Vektor für sie aufgezeichnet ist.

Formal: Ein Nash-Gleichgewicht ist ein Strategievektor $S^*=(s_1^*, s_2^* ... s_n^*)$, sodass gilt:

$a_i(s_i^*, s_{-i}^*) \geq a_i(s_i^j, s_{-i}^*)$ für alle $i \in \{1...n\}$ und $j \neq *$

mit

n   Anzahl der Spieler

$a_i(s_i^k, s_{-i})$ Auszahlung für Spieler i bei Wahl von Strategie s_i^k bei gegebenem Strategieprofil bzw. Strategievektor s_{-i} für alle anderen Spieler

4. Spiele reiner Koordination

Eine alternative Definition des Nash-Gleichgewichts lautet: Ein (Nash-)Gleichgewicht ist diejenige Kombination von Strategien, bei der die einzelnen Strategien jeweils die besten Antworten auf die Strategie des jeweilig anderen Spielers sind. Die beiden gewählten Strategien in einem Gleichgewicht sind also die *gegenseitig besten Antworten* (mutual best replies). Eine beste Antwort auf die Strategie eines Gegners ist die Strategie, mit der man in Bezug auf diese Strategie des Gegners das beste Ergebnis erzielen würde. Eine einfache grafische Methode, mit der man Nash-Gleichgewichte finden kann, besteht daher in der Kennzeichnung der jeweils besten Antwort, indem man die zugehörige Auszahlung in einen Kreis setzt.

Abbildung 4.3: Reines Koordinationsspiel mit Kennzeichnung der besten Antworten

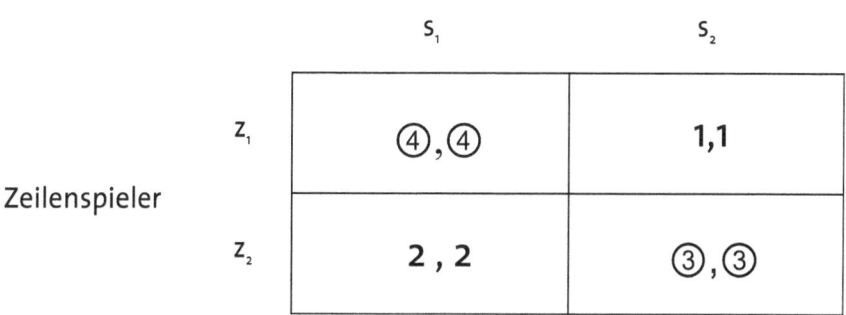

Wenn der Spaltenspieler z.B. s_1 spielt, erhält der Zeilenspieler entweder 4 oder 2 Nutzeneinheiten, je nachdem ob er z_1 oder z_2 als Antwort wählt. Die beste Antwort des Zeilenspielers auf s_1 ist also z_1. Daher wird die Auszahlung des Zeilenspielers, die sich bei der Kombination $z_1 s_1$ ergibt, mit einem Kreis umrundet. Die beste Antwort des Zeilenspielers auf s_2 ist z_2. Die beste Antwort des Spaltenspielers wiederum auf z_1 ist s_1 und die beste Antwort auf z_2 ist s_2. Um ein Nash-Gleichgewicht handelt es sich daher bei einer Strategiekombination, bei der die Auszahlungen beider Spieler grafisch als beste Antworten gekennzeichnet sind.

Das Gleichgewichtskonzept stellt insofern ein realistisches Lösungskonzept dar, als wir, wenn Gleichgewichte existieren, damit rechnen sollten, dass das Ergebnis, das sich einstellt, einer Gleichgewichtslösung entspricht. Denn Gleichgewichte entsprechen sich gegenseitig bestätigenden und damit sich gegenseitig verstärkenden Erwartungen.

Allerdings gibt es, wie im Beispiel, oft die Situation, dass wir mehr als eine Gleichgewichtslösung erhalten. Das Gleichgewichtskonzept liefert also nicht unbedingt eine eindeutige Lösung. So könnten wir auch das vorliegende Koordinationsproblem mit dem Gleichgewichtskonzept alleine nicht lösen, da ja sowohl $z_1 s_1$ als auch $z_2 s_2$ Gleichgewichte darstellen. Wir benötigen also zusätzlich eine Regel der *Gleichgewichtsselektion*, also eine Regel, nach der wir aus einer Vielzahl von Gleichgewichten eines als besonders ausgezeichnet herausgreifen können. Im vorliegenden Beispiel ist es relativ einfach, ein Gleichgewicht als „besonders" und daher bevorzugenswert herauszugreifen. (Zumindest scheint dies auf den ersten Blick relativ einfach zu sein. Mit einer Problematisierung dieser intuitiven Sichtweise werden wir uns noch später beschäftigen.) Da die Strategiekombination $z_1 s_1$ für beide Spieler ein besseres Ergebnis erzielt als das andere Gleichgewicht, scheint es offensichtlich, dass wir dieses Gleichgewicht auswählen sollten. Man bezeichnet ein solches Gleichgewicht als *auszahlungsdominant*, da es im Vergleich zu anderen verwirklichbaren Gleichgewichtskonstellationen bessere Auszahlungen für die Spieler bereithält.

Im ersten Beispiel in Abbildung 4.1 trat das Problem der Gleichgewichtsselektion nicht auf, da es aufgrund der Tatsache, dass beide Spieler über eine dominante Strategie verfügten, klar war, wie die Lösung des Spiels aussah. Streng genommen benötigen wir in einem solchen Fall das Gleichgewichtskonzept nicht zum Finden der Lösung, aber tatsächlich ist die gefundene Lösung auch ein Gleichgewicht. Wie sich durch kurzes Überlegen schnell verifizieren lässt, gilt allgemein: *Jede Kombination zweier dominanter Strategien stellt ein Nash-Gleichgewicht dar.* Zugleich stellt dieses Gleichgewicht aber in diesem Fall auch das *einzige* Gleichgewicht dar, da es nur einen gemeinsamen Schnittpunkt der dominanten Strategien geben kann und somit jede andere Strategiekombination für mindestens einen Spieler eine dominierte Strategie enthalten muss, womit diese kein Gleichgewicht sein kann. Das Vorhandensein dominanter Strategien ist das stärkste Lösungskonzept, das eine Gleichgewichtslösung impliziert, das aber zugleich eine Plausibilität als Lösung besitzt, die über die von Gleichgewichten weit hinausgeht. *Insofern bietet es sich bei der Analyse eines Spiels immer an, im ersten Schritt zu untersuchen, ob dominante Strategien vorliegen.* Liegen diese vor, hat man damit automatisch auch die Gleichgewichtslösung. *Gibt es keine dominanten Strategien, stellt die Suche nach Gleichgewichten den konsequenten zweiten Schritt der Analyse dar. Gibt es mehrere Gleichgewichte, so ist als dritter Schritt die Suche nach geeigneten Kriterien anzuschließen, die die Selektion eines Gleichgewichts als hervorhebenswert und damit plausibelste Lösung ermöglichen.*

Die non-kooperative Spieltheorie sucht nach Lösungen, wenn bindende Absprachen nicht möglich sind. Das schließt Kommunikation zwar keineswegs aus, aber die Kommunikation wird hier üblicherweise als nutzlos, d.h. „cheap talk" gesehen, da eine kommunikative Äußerung an sich den Sprecher nicht binden kann, bestimmte Handlungen zu vollziehen. Natürlich aber könnten wir Koordinationsprobleme und auch das Problem der Gleichgewichtsselektion in einem Spiel reiner Koordination sehr wohl durch Kommunikation lösen, und genau so werden sie ja auch in der Realität gelöst. Wenn Kommunikation möglich ist, würde sie in diesem Fall hilfreiche Hinweise geben, denn es wäre aus Sicht der Spieler ja verheerend, irreführende Botschaften zu versenden. Bei einem reinen Koordinationsspiel bestehen weder Anreize zu lügen noch Anreize, einer Zusage oder einem Versprechen nicht zu glauben. Gespräche und Absprachen sind hier alles andere als heiße Luft bzw. „billig" im Sinne von bedeutungslos, sondern sie lösen ein vorhandenes Problem, das der Koordination. Solange diese Absprachen im wörtlichen Sinne „cheap talk" darstellen, d.h. keine nennenswerten Kosten verursachen, kann mit

4. Spiele reiner Koordination

ihnen das Koordinationsproblem als mehr oder weniger gelöst betrachtet werden. Im Falle des klassischen Rendezvous, d.h. wenn beide Spieler sich an einem bestimmten Ort treffen wollen, wäre es ja absurd, wenn sich die beiden Spieler für eine bestimmte Zeit an einem bestimmten Ort verabreden würden und einer der beiden Spieler dann nicht erscheinen würde. Ein solches Verhalten wäre nur damit zu erklären, dass einer der beiden tatsächlich verhindert ist oder dass er womöglich doch ein „anderes" Spiel gespielt hat, also dass die Interessen der beiden nicht so konform sind, wie es der andere Spieler, der versetzt worden ist, womöglich fälschlicherweise angenommen hat. Das Drama kann dadurch entstehen, dass nicht erkennbar ist, welche der beiden Ursachen die wahre ist. Aber solange beide Spieler davon ausgehen können, dass die Struktur des Spiels und die Auszahlungsmatrix beiden bekannt ist und dies wiederum gemeinsames Wissen ist und jeder soweit seiner Sinne und seiner Sprache mächtig ist, dass er keine Äußerungen von sich gibt, die er nicht so meint und von denen er weiß, wie sie interpretiert werden, solange diese Bedingungen erfüllt sind, ist Kommunikation in einem Spiel reiner Koordination glaubwürdig.

Für die weitere Analyse soll die Annahme gelten, dass Kommunikation nicht möglich ist. Die Koordination muss daher „implizit" oder „stillschweigend" vor sich gehen. Wie könnte unter diesen erschwerten Bedingungen das Selektionsproblem gelöst werden, wenn mehrere Gleichgewichte existieren und überdies die Gleichgewichte untereinander gleichwertig sind? Die paradigmatische Form eines solchen Spiels besteht in einer Situation, in der es den Akteuren darum geht, sich zu treffen, und die der Spieltheoretiker Thomas Schelling als *Rendezvous-Spiel* bezeichnet hat. Schellings Beispiel stammt aus seinem Klassiker „The Strategy of Conflict" und ist eines der berühmtesten Anwendungsbeispiele der Spieltheorie geworden. Die im Spiel dargestellte Situation ist so beschaffen, dass sich zwei Personen in einer Großstadt, in Schellings Beispiel handelt es sich um New York, treffen wollen. Die folgende Matrix stellt das Spiel „Treffen in New York" dar. Es gibt zwei Spieler A und B, die jeweils über n verschiedene Strategien O_1 bis O_n verfügen, wobei eine bestimmte Strategie O_i schlichtweg die Wahl eines bestimmten Ortes bedeutet. Die Wahl des Zeitpunkts des Treffens soll der Einfachheit halber als festgelegt betrachtet werden. Treffen sich beide Akteure am selben Ort, d.h. wählen sie beide die gleiche Strategie, dann erhalten sie jeweils eine Auszahlung von 1, verfehlen sie sich, gehen sie leer aus und erhalten eine Auszahlung von 0. Das einzige Ziel, um dessen Verwirklichung es den beiden Spielern geht, besteht also im Treffen selbst. Es ist vollkommen irrelevant, an welchem Ort dieses Treffen stattfindet.

4. Spiele reiner Koordination

Abbildung 4.4: Reines Koordinationsspiel „Treffen in New York"

		Spieler B				
		O_1	O_2	...	O_{n-1}	O_n
Spieler A	O_1	1, 1	0, 0	0, 0	0, 0	0, 0
	O_2	0, 0	1, 1	0, 0	0, 0	0, 0
	...	0, 0	0, 0	1, 1	0, 0	0, 0
	O_{n-1}	0, 0	0, 0	0, 0	1, 1	0, 0
	O_n	0, 0	0, 0	0, 0	0, 0	1, 1

Bei allen Strategiekombinationen mit dem Auszahlungspaar „1,1" handelt es sich um Nash-Gleichgewichte. Das Problem besteht im skizzierten, reinen Koordinationsspiel nun darin, dass es mehrere Gleichgewichte gibt, die zudem von den Auszahlungen her nicht unterscheidbar sind, von denen also keines etwa auszahlungsdominant ist. Wie ist es den Akteuren in einer solchen Situation dennoch möglich, sich implizit bzw. stillschweigend zu koordinieren? Um dies herauszufinden, hat Schelling ein kleines Experiment mit seinen Studenten durchgeführt, das darin bestand, dass diese gefragt wurden, wohin sie in diesem Fall gehen würden, in der Hoffnung, dort den anderen zu treffen. In diesem Experiment entschied sich mehr als die Hälfte der Befragten dafür, sich in der Grand Central Station am Informationsstand zu treffen, was in ungefähr einem Viertel der Fälle zu einer erfolgreichen impliziten Koordination geführt hätte. Offenbar sind Menschen also auch ohne explizite Absprachen in der Lage, sich erfolgreich zu koordinieren, solange sie wissen, dass allen beteiligten Akteuren tatsächlich an Koordination gelegen ist. In einer solchen Situation suchen die Akteure nach Hinweisen, die als „Schlüssel" fungieren können, um einen bestimmten Ort den anderen gegenüber herauszuheben und somit die Wahl des geeigneten Mittels bzw. der geeigneten Strategie anzeigen. Solche herausgehobenen Strategien bzw. genauer Strategiekombinationen werden als *Focal Points* bezeichnet. Das Lösungskonzept der Focal Points reicht daher über die Spieltheorie im engeren Sinn hinaus, da von den Spielern Informationen herangezogen werden, die von der persönlichen Sozialisation abhängig und damit auch kulturell bedingt sind. Die Lösung der Gleichgewichtsselektion mit Hilfe von Focal Points ist daher gewissermaßen keine spieltheoretische Lösung, sondern eine auf empirischen Erwartungen beruhende. Denn das in struktureller Hinsicht identische Spiel kann in einem Fall womöglich mit Hilfe von Focal Points einer Lösung zugefügt werden, in einem anderen Fall eben nicht. Aus der Auszahlungsmatrix selbst ist nicht erkennbar, ob kulturell bedingte Focal Points vorliegen oder nicht. In jedem Fall aber muss das Wissen, das den Focal Point generiert, ebenfalls gemeinsames Wissen sein, d.h. alle Spieler müssen davon ausgehen, dass die Prominenz und Außergewöhnlichkeit des Ergebnisses, die es zu einem Focal Point machen, auch dem anderen Spieler bekannt sind. Führt man z.B. das Schelling'sche Experiment in Deutschland in Seminaren durch, so erhält man erfahrungsgemäß häufiger das Empire State Building als Treffpunkt genannt.

Die „Prominenz" bestimmter Orte in New York ist vermutlich für Europäer, die New York vornehmlich aus Filmen kennen, eine andere als die von Studenten in Yale.[5]

Man kann das Konzept der Focal Points allerdings auch sinnvoll auf Lösungsversuche anwenden, die innerhalb der Analyse des Spiels selbst bleiben, also nicht auf weitergehendes soziales oder kulturelles Hintergrundwissen zurückgreifen. Der „Schlüssel" zur erfolgreichen Koordination, d.h. die hierfür benötigte Information, kann auch im Spiel selbst angelegt sein. Man kann z.B. auch das auszahlungsdominante Gleichgewicht als einen Focal Point interpretieren, bzw. das Gleichgewichtskonzept selbst. Bleiben wir zunächst bei der Auswahl eines auszahlungsdominanten Gleichgewichts aus mehreren Gleichgewichten. Wenn es nur ein auszahlungsdominantes Gleichgewicht gibt, so zeichnet sich dieses durch zwei Eigenschaften aus: Es ist das für beide Spieler vorteilhafteste zu verwirklichende Gleichgewicht und es ist einzigartig, weil es nur eines davon gibt. Beides zusammen ergibt offensichtlich einen guten Grund, die Strategie zu wählen. Aber es muss nicht der Vorteil sein, der ausschlaggebend ist, sondern womöglich ist es die Einzigartigkeit eines Ergebnisses, dieses als Focal Point auszeichnet und als geeignete Strategiewahl erscheinen lässt, auch wenn es nicht zu einem auszahlungsdominanten Gleichgewicht führt.

Abbildung 4.5: Reines Koordinationsspiel mit auszahlungsdominantem Gleichgewicht und Focal Point im auszahlungsdominierten Gleichgewicht

	s_1	s_2	s_3
z_1	3, 3	0, 0	0, 0
z_2	0, 0	3, 3	0, 0
z_3	0, 0	0, 0	2, 2

Im abgebildeten Beispiel scheint es durchaus sinnvoll, wenn die beiden Spieler die Strategien s_3 und z_3 wählen. Zwar erhalten sie dann eine Auszahlung, die niedriger ist als in den beiden anderen Gleichgewichten, aber sie ist mit größerer Sicherheit zu verwirklichen, da die Strategiekombination unter den drei möglichen Gleichgewichten ein einzigartiges Ergebnis hervorbringt und es daher leichter ist, sich dahingehend zu koordinieren.

---

[5] Die Prominenz des Treffpunkts „Empire State Building" ist noch einmal besonders ausgeprägt bei Filmliebhabern, die z.B. Nora Ephrons „Sleepless in Seattle" kennen bzw. „An Affair to Remember" von Leo McCarey, der wiederum der Grund in „Sleepless in Seattle" ist, warum das Treffpunkt Empire State Building gewählt wird. Allerdings wartet Cary Grant in Leo McCareys Film umsonst auf dem Empire State Building auf Deborah Kerr. Beide haben sich ein halbes Jahr zuvor in einer schlechten Phase ihres jeweiligen Lebens getroffen und verliebt und sich damals für diesen späteren Zeitpunkt verabredet, um in der Zwischenzeit ihr Leben neu zu ordnen. Fälschlicherweise nimmt Grant nun natürlich an, dass Kerr sich gar nicht mit ihm treffen wollte, nichtsahnend, dass sie auf dem Weg zur Verabredung das tragische Opfer eines Autounfalls geworden ist. Glücklicherweise treffen sie sich später auf einer Party wieder, wobei sie ihm zuerst zu verbergen sucht, dass sie inzwischen im Rollstuhl sitzt, um ihn nicht zu einer ungewollten Loyalität zu verpflichten. Doch er entdeckt den Schwindel und sie steht zu ihrer Liebe mit den Worten: „Wenn Du malen kannst, dann kann ich auch wieder gehen." (Grant war ein haltloser Lebemann, der sein Talent als Maler verschwendete, aber durch das Treffen mit ihr zum ernsthaften Künstler gereift ist.).

4. Spiele reiner Koordination

Das Gleichgewichtskonzept besagt ja lediglich, dass es verwirklicht wird, wenn jeweils die gegenseitige Erwartung besteht, dass genau die das Gleichgewicht verwirklichenden Strategien vom jeweiligen Gegenspieler gewählt werden. Wenn Spieler A glaubt, dass B s_i spielen wird, und B glaubt, dass A z_j spielen wird, und zudem s_i die beste Antwort auf z_j darstellt und umgekehrt z_j die beste Antwort auf s_i ist, dann haben wir in der Tat gute Gründe zu vermuten, dass das Gleichgewicht sich realisieren wird. Aber wir haben bisher keine Antwort darauf, warum sich die anfänglichen Erwartungen überhaupt erst bilden sollten. Die evolutionäre Spieltheorie, die ich später noch behandeln werde, gibt eine mögliche Antwort, die Theorie der Focal Points hält eine andere parat.

Selbst wenn es nur ein Gleichgewicht geben sollte, so heißt dies nicht zwangsläufig, dass die anfänglichen Erwartungen in Bezug auf dieses Gleichgewicht bestehen müssen. Vollständige Information und Gemeinsames Wissen besagen lediglich, dass alle Information vorliegt, um die Gleichgewichte identifizieren zu können, das heißt nicht, dass die Gleichgewichte als solche erkannt werden. Die Existenz der Gleichgewichte bzw. das Wissen um deren Existenz kann durchaus abhängig von einem bestimmten kulturellen Hintergrundwissen sein, das man z.B. durch Besuch eines Seminars zur Spieltheorie erst erworben hat. In der Tat gibt es experimentelle Befunde, dass Menschen mit explizit spieltheoretischem Hintergrundwissen bestimmte Spiele anders spielen als die übrigen Spieler. Auch darauf werde ich an anderer Stelle genauer eingehen. Man könnte aber diese Ergebnisse durchaus so interpretieren, dass für manche Spieler die Gleichgewichte selbst Focal Points darstellen.

> **Aufgaben**
>
> 1. Erläutern Sie die Konzepte *vollständige Information* und *gemeinsames Wissen* kurz in Ihren eigenen Worten und nennen Sie ein Beispiel zur Illustration!
> 2. Was versteht man unter einem *reinen Koordinationsspiel*?
> 3. Was ist ein *Nash-Gleichgewicht*?
> 4. Definieren Sie den Begriff der *dominanten Strategie*!
> 5. Ein klassisches Beispiel für ein Koordinationsproblem ist die Einführung der Rechts- bzw. Linksfahrregel im Straßenverkehr. Illustrieren Sie das Problem in Form einer entsprechenden Auszahlungsmatrix! Welches typische Problem tritt dabei auf? Wie kommt es bzw. kam es historisch zu einer eindeutigen Lösung? Welche Begründungen fallen Ihnen ein, die das Zustandekommen dieser Lösung begünstigt haben?

Weiterführende Literatur

Spiele reiner Koordination scheinen auf den ersten Blick einfach und trivial zu sein, unter anderem, da sie ja z.B. durch simple Kommunikation gelöst werden können. Diese Einschätzung hat dazu geführt, dass diese Spiele bisher eher vernachlässigt wurden und die Komplexität der Koordination erst in den letzten Jahren immer mehr in den Vordergrund getreten ist. Bemerkenswerte Ausnahmen unter den Klassikern sind die Studien *Convention* von David Lewis (1969) und *The*

Strategy of Conflict von Thomas Schelling (1960). Das Buch von Lewis zeigt die Spannweite von Problemen der Koordination auf. Diese bestehen aus der Entstehung von sozialen Normen, dem Setzen von Standards und dem Erwerb von Sprache und Kommunikation selbst. Das Buch ist eine tiefschürfende philosophische Untersuchung, die auch für die gegenwärtige Diskussion immer noch große Relevanz besitzt. Schellings Buch ist unter anderem wegen des darin entwickelten Konzepts der Focal Points berühmt geworden. Dieses stellt seinen bekanntesten und einflussreichsten Beitrag zur Spieltheorie dar und war maßgeblich dafür, dass er 2005 den Nobelpreis für Wirtschaftswissenschaften erhielt. Eine ausführliche Diskussion des Konzepts und seiner Weiterentwicklung findet sich bei Behnke (2007).

5. Nullsummenspiele – Spiele des reinen Konflikts

5.1 Das Minimax Theorem

Nullsummenspiele sind das Gegenteil von Spielen reiner Koordination. Während dort die Interessen der Spieler ganz und gar konform sind, sind sie in Nullsummenspielen genau entgegengesetzt. Der Gewinn des einen ist der Verlust des anderen, daher der Name. Genauer besteht der Interessenkonflikt zwischen den beiden Spielern darin, dass eine relative Verbesserung des einen Spielers eine relative Verschlechterung des anderen Spielers nach sich zieht. Die Auszahlungen der beiden Spieler müssen sich jedoch nicht unbedingt gegenseitig neutralisieren, also auf Null aufsummieren. Das Spiel als Ganzes kann durchaus einen systematischen Bias zu Gunsten eines der beiden Spieler besitzen, sodass die Auszahlungen sich immer zur selben Konstante aufaddieren. Daher werden Spiele des reinen Konflikts auch oft Konstantsummenspiele genannt. Auch wenn dies streng genommen der präzisere Ausdruck ist, verwende ich die Begriffe Nullsummenspiel und Konstantsummenspiel synonym. Die Struktur eines Spiels wird in keiner Weise tangiert, wenn man alle Beträge der Payoffmatrix um einen bestimmten Wert erhöht oder erniedrigt. Jedes substanzielle Konstantsummenspiel kann also durch simple Addition oder Subtraktion in ein Nullsummenspiel transformiert werden, ohne dass diese für die wesentlichen Analyseergebnisse irgendeine Konsequenz hätte.

Als Illustration für Nullsummenspiele eignen sich – zumindest auf den ersten Blick – militärische Konflikte besonders gut, da hier in der Regel der Vorteil des einen den Nachteil des anderen bedeutet und es ja im Wesen des militärischen Konflikts liegt, seinen Vorteil auf Kosten des Gegners zu suchen. John von Neumann, der Pionier der Spieltheorie, beschäftigte sich daher vornehmlich mit Nullsummenspielen, da er vor allem hier das Potenzial für die Entwicklung strategischer Pläne sah. Wenn Spieler hingegen gemeinsame Interessen hätten, so seine Meinung, würden sie sich auf ein Ergebnis einigen, das diese verwirklichen würde. Zwar hat John von Neumann das Potenzial von Nichtnullsummenspielen unterschätzt, heute widmet sich die Spieltheorie in erster Linie deren Untersuchung, aber dennoch bleibt es natürlich weiterhin richtig, dass es in Nullsummenspielen keinerlei Spielraum für kooperative Lösungen im gegenseitigen Einvernehmen gibt. Daher ist in Nullsummenspielen z.B. auch Kommunikation per se wirkungslos. Denn solange die Strategien der Spieler kontingent sind, d.h. je nach Strategiewahl des Gegners unterschiedliche beste Antworten auf diese Strategien bestehen, so lange ist es offensichtlich im Interesse der Spieler, den eigenen Zug vor dem Gegner geheim zu halten, in der Hoffnung, dass dieser dann nicht seine beste Antwort findet. Sofern Kommunikation stattfindet, hat sie daher immer den Zweck, den Gegner im Unklaren über die eigenen Absichten zu lassen oder gar, ihn hinsichtlich der eigenen Absichten zu täuschen, um ihn so zu einer „falschen" Antwort auf die eigene Strategie zu verleiten, was für die eigenen Auszahlungen vorteilhaft ist. Neben militärischen Konflikten sind klassische Anwendungsbeispiele für Nullsummenspiele alle Strategiebrettspiele wie Mühle, Dame, Go, Backgammon oder Schach, bei denen das Ziel jedes Spielers darin besteht zu gewinnen. Die Konzentration auf die Analyse militärischer Konflikte in den Anfängen der Spieltheorie war unter ande-

5. Nullsummenspiele – Spiele des reinen Konflikts

rem die Folge davon, dass viele Pioniere der Spieltheorie wie John von Neumann, John Nash, Thomas Schelling und Kenneth Arrow für die RAND-Corporation arbeiteten. RAND war 1948 von der Douglas Aircraft Corporation gegründet worden und ein Think Tank für strategische Beratung vor allem der Air Force, später auch für die Politik allgemein. Die berühmtesten und einflussreichsten Arbeiten aus diesem Umfeld sind daher oft von der Atmosphäre des Kalten Kriegs geprägt.

Ein Klassiker dieser strategischen, spieltheoretischen Analysen ist das Spiel *The Battle of the Bismarck Sea*, das sich auf eine konkrete Schlacht im zweiten Weltkrieg während des Pazifikkriegs bezieht. Die Gegner sind die USA bzw. der Airforce-General Kenney und der japanische General Imamura. Die Aufgabe von Imamura bestand darin, dass er einen Konvoi mit Truppenschiffen von Rabaul nach Lae in Neuguinea bringen sollte. Dabei standen ihm zwei Routen zur Verfügung, die Nord- und die Südroute, wobei die Nordroute kürzer war. Die USA hatten über ihre Aufklärung Kenntnis von dem bevorstehenden Truppentransport erhalten, wussten aber nicht, welche der beiden Routen Imamura einschlagen würde. Wenn die USA von vornherein auf die richtige Route setzten, dann hätten sie 3 Tage Zeit, den Konvoi zu bombardieren, wenn dieser die Südroute genommen hätte, und 2 Tage, wenn der Konvoi die Nordroute genommen hätte und die US-Luftwaffe ebenfalls auf die Nordroute setzt. Wenn die US-Luftwaffe hingegen die eingeschlagene Route von Imamura nicht errät und sich auf die falsche einlässt, verliert sie jeweils einen Tag für die Umorientierung ihrer Bomberflotten. Nimmt man als Auszahlungen die Anzahl der Tage, in denen der Konvoi bombardiert werden kann, ergibt sich die Auszahlungsmatrix in Abbildung 5.1. Die Auszahlungen der Japaner sind die negative Auszahlung der Amerikaner, da für sie jeder Tag der Bombardierung natürlich einen entsprechenden Schaden bedeutet.

Abbildung 5.1: „The Battle of the Bismarck Sea"

		Imamura	
		Nordroute	Südroute
Kenney	Nordroute	2,-2	2,-2
	Südroute	1,-1	3,-3

Da in einem Nullsummenspiel die Auszahlungen des zweiten Spielers keine zusätzliche Information in der Auszahlungsmatrix beitragen, da sie ja lediglich die negative Spiegelung der Auszahlungen des ersten Spielers darstellen, verzichtet man in der Regel auf ihren Eintrag in die Auszahlungsmatrix. Die solchermaßen vereinfachte Matrix ist in Abbildung 5.2. zu sehen.

Abbildung 5.2: „The Battle of the Bismarck Sea"

		Imamura	
		Nordroute	Südroute
Kenney	Nordroute	2	2
	Südroute	1	3

Wir müssen bei der Analyse dann allerdings immer bedenken, aus welcher Perspektive wir die Auszahlungen betrachten. Im Falle des Zeilenspielers können wir in der gewohnten Weise vorgehen. Betrachten wir die Auszahlungen jedoch aus der Perspektive des Spaltenspielers, müssen wir die Negierung der Auszahlungen im Kopf vornehmen bzw. immer daran denken, dass aus der Sicht des Spaltenspielers „weniger" ein besseres Ergebnis darstellt.

Wie üblich beginnen wir die Analyse, indem wir nach dominanten bzw. dominierten Strategien suchen. Offensichtlich besitzt Kenney keine dominante Strategie, da er immer dieselbe Strategie wählen sollte wie Imamura. Dieser besitzt allerdings die schwach dominante Strategie der Nordroute, da diese ein ebenso gutes Ergebnis wie die Südroute hervorbringt, falls Kenney die Nordroute wählen sollte, und zugleich ein besseres Ergebnis als die Südroute für den Fall, dass sich Kenney ebenfalls für die Südroute entschieden hätte. Imamura sollte also seine dominante Strategie, die Nordroute, wählen. Da Kenney seinerseits weiß, dass die Nordroute für Imamura eine dominante Strategie darstellt, muss er nur noch seine beste Antwort auf diese festlegen, die natürlich in der gleichen Wahl der Nordroute besteht. Die Kombination aus einer dominanten Strategie des einen Spielers und der besten Antwort auf diese durch den anderen Spieler ist aber immer ein Nash-Gleichgewicht. Die beidseitige Wahl der Nordroute stellt also die Lösung des Spiels in Form eines Nash-Gleichgewichts dar. Tatsächlich war dies auch die historisch gewählte Lösung, die zu einem katastrophalen militärischen Debakel der Japaner führte. Von den 6900 Soldaten, die nach Guinea gebracht werden sollten, konnten nur – ja nach Quellenlage – zwischen 800 und 1200 tatsächlich erfolgreich dorthin transportiert werden. Annähernd 3000 japanische Matrosen und Soldaten wurden getötet.

John von Neumann schlug eine weitere Vorgehensweise vor, um das Nash-Gleichgewicht in einem Nullsummenspiel zu ermitteln. Danach wählen beide ihre Maximin-Strategie, also diejenige Strategie, bei der das schlechtestmögliche Ergebnis, wenn der Gegenspieler die aus seiner Sicht optimale Antwort wählt, das beste unter allen solchen schlechtestmöglichen Ergebnissen darstellt. Die Maximin-Route von Kenney ist die Nordroute, da er hier mindestens die Auszahlung 2 erhält, während er bei der Südroute schlimmstenfalls mit 1 rechnen müsste. Für Imamura ist ebenfalls die Nordroute die Maximin-Strategie, da er hier ebenfalls schlimmstenfalls die Auszahlung -2 erhält, während er bei der Südroute mit -3 zu rechnen hätte, falls seine Strategie durch die angemessene Strategie des Gegners gekontert wird. Die Minimax-Regel führt also ebenfalls zur Gleichgewichtskombination Nordroute-Nordroute.

Ich habe schon im zweiten Kapitel erwähnt, dass die Maximin-Regel eine pessimistische Weltsicht interpretiert. Bei normalen Entscheidungen, also „Spielen gegen die Natur", ist diese Haltung nicht immer ganz frei von einer leicht paranoiden oder andersartig neurotischen Weltwahrnehmung, denn die Vorstellung, dass „sich die Natur gegen einen verschworen hat", ist entweder von Hybris oder einer anderen mentalen Instabilität gezeichnet. Hingegen ist eine solche Haltung in einem Nullsummenspiel durchaus angemessen, denn man weiß ja, dass es tatsächlich im Interesse des Gegners liegt, einem so sehr wie möglich zu schaden. Die

5. Nullsummenspiele – Spiele des reinen Konflikts

größte Gefahr im Nullsummenspiel liegt darin, dass die eigenen Absichten vom Gegner durchschaut werden, die Maximin-Strategie stellt also die bestmögliche *Versicherung* gegen das Risiko der eigenen Durchschaubarkeit dar. Was sollte ich tun, wenn ich davon ausgehen muss, dass meine Absichten im schlimmsten Fall vom Gegner richtig gedeutet werden und er entsprechende Gegenmaßnahmen ergreift? Offensichtlich das, bei dem diese Gegenmaßnahmen immer noch am wenigsten bewirken. Imamuras Wahl der Nordroute sicherte ihm zu, im schlimmsten Fall, wenn der Gegner seine Strategie durch erfolgreiche Aufklärung erkennt, höchstens zwei Tage bombardiert werden zu können. Die Nordroute ist die Versicherung, dass es nicht schlimmer als diese zwei Tage kommen kann. Umgekehrt kann sich Kenney garantieren, dass er den japanischen Konvoi mindestens zwei Tage angreifen kann, wenn er seinerseits die Nordroute wählt. Die zwei Tage Bombardierung sind also aus Sicht beider Spieler das Ergebnis, das sie sich als Minimum garantieren können, und, da sie damit rechnen müssen, dass sich der andere Spieler auf die gleiche Weise versichert, zugleich das *bestmögliche Ergebnis*, das sie erzielen werden, wenn sich beide Spieler rational verhalten, das heißt jeweils die für sie optimale Strategie wählen. Das Ergebnis entspricht somit dem jeweiligen *Sicherheitsäquivalent* der beiden Spieler und wird auch als *Wert des Spiels* bezeichnet, da es den Ausgang des Spiels widerspiegelt, der sich ergibt, wenn beide rational handeln. Das Problem aus Sicht Imamuras bestand also darin, dass er von vornherein damit rechnen musste, dass er zwei Tage bombardiert werden würde. Der Wert eines Spiels kann also in einem Nullsummenspiel sehr eindeutig zu Gunsten eines Spielers und zum großen Schaden des anderen Spielers sein. Hätten beide Spieler die Freiheit sich zu entscheiden, ob sie ein solches Spiel spielen wollen, käme ein solches Spiel natürlich nie zustande. Die persönliche Tragik von Imamura bestand in gewisser Weise darin, dass er verdammt dazu war, ein Spiel spielen zu müssen, von dem er wusste, dass er darin keine Chancen hatte bzw. bei dem von vornherein feststand, dass er als der Verlierer mit einem großen Verlust herausgehen würde[6]. Eine für militärische Schlachten und „Eroberungen" wohl leider alles andere als seltene Situation.

Das Gleichgewicht stellt also für beide Spieler für die Strategie, die sie gewählt haben, das schlechtestmögliche Ergebnis dar. Für den Zeilenspieler enthält die Gleichgewichtsstrategiekombination also das Zeilenminimum, für den Spaltenspieler hingegen das Maximum der Auszahlungen in der Spalte, da ja aus Sicht des Spaltenspielers die maximale Auszahlung für den Zeilenspieler das schlechtestmögliche Ergebnis für ihn darstellt. Gibt es in einem Nullsummenspiel eine Strategiekombination, die eine Auszahlung erhält, die zugleich das Zeilenminimum wie auch das Spaltenmaximum darstellt, dann ist diese Strategiekombination demnach ein Gleichgewicht. Dieser Zusammenhang ist als das sogenannte *Minimax-Theorem* von John von Neumann bekannt. Das Gleichgewicht in einem Nullsummen-

---

[6] Für die militärische Gesamtstrategie kann es aber dennoch sehr wohl sinnvoll sein, sich auf solche Schlachten einzulassen, aus denen man – diese Schlacht isoliert betrachtet – als Verlierer herausgehen wird, wenn man dabei gleichzeitig ein übergeordnetes strategisches Ziel verfolgt. Die voraussehbaren Verluste, der „Wert des Spiels", sind dann eben die „Kosten", die man für die Erreichung eines Etappenziels zu bezahlen hat. Im Falle der Schlacht im Bismarckmeer waren die Verluste für die Japaner allerdings so hoch, dass sie zu einem Strategiewechsel führten und man den Versuch, Truppen nach Neuguinea zu bringen, aufgab.

spiel wird auch als *Sattelpunkt* bezeichnet, da es – wie bei dem Mittelpunkts eines Sattels – den Schnittpunkt aus zwei zueinander senkrecht liegenden Kurven darstellt, von denen die erste in ihrem Minimum und die zweite in ihrem Maximum von der anderen geschnitten wird.

5.2 Das räumliche Modell des Parteienwettbewerbs

Im Jahr 1929 veröffentlichte der Ökonom Harold Hotelling einen bahnbrechenden Aufsatz mit dem Titel „Stability in Competition", in dem er räumliche Modelle einführte, mit denen er gewisse Phänomene der Konvergenz erklären wollte. Unter anderem beschäftigte Hotelling die Frage, warum es so etwas wie „Moden", also allgemeine Trends, gibt, denen alle Anbieter nachzueifern versuchen. Diese Beobachtung lässt sich interessanterweise für so ganz und gar unterschiedliche Phänomene wie Autokarosserien (der Heckspoiler, runde oder eckige Autoleuchten) oder die Platzierung von Einkaufsläden im Ortskern machen. Die faszinierende Idee Hotellings bestand darin, diese so unterschiedlichen Phänomene mit einem einheitlichen Modell erklären zu wollen.

Die Anwendung dieses räumlichen Modells auf den Parteienwettbewerb führte zu einem der weitreichendsten und einflussreichsten Modelle der Politikwissenschaft. Im einfachsten Fall gehen wir dabei von einer Politikdimension und zwei Parteien aus, die um die Wählerstimmen konkurrieren. Wähler haben auf dieser Politikdimension, die üblicherweise als Links-Rechts-Dimension dargestellt wird, einen bestimmten Standpunkt, der als ihr *Idealpunkt* bezeichnet wird. Nehmen wir an, die Skala der Links-Rechts-Dimension geht von 0 bis 100, sodass 0 eine radikale linke Position bezeichnet und 100 eine radikale rechte Position. Je weiter links man sich auf der Skala einordnet, desto stärker befürwortet man Staatsinterventionen, insbesondere im wirtschaftlichen Bereich usw. Der Idealpunkt eines Wählers gibt demnach an, welche Position aus seiner Sicht eine ideale Regierung einnehmen und vor allem umsetzen sollte. Je weiter die Regierung von seinem Idealpunkt entfernt ist, desto geringer das sogenannte *Nutzeneinkommen*, das der Wähler aus der Regierungstätigkeit bezieht. Bei Wahlen wählt ein Wähler daher diejenige Partei, die seinem Idealpunkt am nächsten kommt. In diesem sehr abstrakten Modell trifft der Wähler seine Entscheidung ausschließlich nach diesem Kriterium der politischen Distanz zu den diversen Parteiprogrammen.

Im Wahlkampf konkurrieren die Parteien in diesem Modell um Wählerstimmen, d.h. sie nehmen das Programm ein, das die Wählerstimmen ihrer Ansicht nach maximiert. Im Gegensatz zu den Wählern haben die Parteien keine eigenen inhaltlichen Präferenzen. Nur Wähler haben inhaltliche politische Ziele, das Ziel der Parteien hingegen besteht lediglich darin, die Wahlen zu gewinnen. Ihr Programm ist nur Mittel zum Zweck, um dieses Ziel mit der größten Wahrscheinlichkeit zu erreichen. Parteien verhalten sich also durch und durch „opportunistisch". Dieses Modell ist wie jedes Modell sehr unrealistisch, da es die Wirklichkeit auf wenige sehr abstrakte Eigenschaften reduziert. Umso interessanter ist es, ob man selbst mit solch rudimentären Annahmen über die Wirklichkeit in der Lage ist, diese in gewissen Aspekten überzeugend zu erklären.

5. Nullsummenspiele – Spiele des reinen Konflikts

Die Spieler in diesem „Spiel Parteienwettbewerb" sind die Parteien. Ihre Strategie besteht in der Position, die sie als politisches Programm setzen können und an dem sich die Wähler bei ihrer Entscheidung orientieren. In diesem Beispiel haben die Parteien daher eine sogenannte *kontinuierliche Strategiemenge*. Während wir bisher immer nur *diskrete Strategiemengen* behandelt haben, in denen den Akteuren eine bestimmte finite Anzahl von konkreten Strategien zur Verfügung stand, können hier die Parteien ihre Strategie gewissermaßen beliebig abstufen. An der grundlegenden Analyse ändert sich dadurch nichts. Allerdings können wir diese Spiele natürlich nicht mehr vollständig, sondern bestenfalls stilisiert in der Matrixform darstellen. Üblich ist bei Spielen mit kontinuierlichen Strategien jedoch, dass man die Auszahlungen der Spieler als Gleichungen darstellt. Der Einfachheit halber nehmen wir dafür an, dass die Wähler über die politische Dimension gleichverteilt sind, d.h. links von Punkt X befinden sich X% der Wähler. Diese Restriktion dient lediglich der Vereinfachung der Darstellung, sie schränkt in keiner Weise die Interpretationsweite des Ergebnisses ein. Des Weiteren nehmen wir an, dass es keine Stimmenthaltungen gibt, 100% der Bürger nehmen also an der Wahl teil. Wegen dieser letzten Bedingung handelt es sich um ein Nullsummenspiel, denn jede Wählerstimme, die einer Partei verloren geht, muss der anderen Partei zu Gute kommen. Die Positionen, die die beiden Parteien A und B auf der Dimension annehmen, sollen als X_A und X_B bezeichnet werden.

Abbildung 5.3.: Anordnung von Partei A und B auf einer politischen Links-Rechts-Dimension

Die Partei A erhält in diesem Fall die Stimmen all der Wähler, die links von X_A, im sogenannten „Hinterland" von A liegen, sowie die Hälfte der Wähler, die zwischen X_A und X_B liegen, da wir annehmen, dass die Nutzenkurve der Wähler symmetrisch ist, d.h. dass der Nutzenverlust durch eine bestimmte Distanz einer Partei zum Idealpunkt lediglich von dem absoluten Betrag der Distanz abhängt und nicht von der Richtung der Abweichung. Die Auszahlungen, d.h. die Wählerstimmen, können daher auf folgende Weise bestimmt werden:

Formel
WS(A)= 1/2 (X_A+X_B) für $X_A<X_B$ und WS(A)=100 - 1/2 (X_A+X_B) für $X_A>X_B$
WS(B)=100-WS(A)

Die beste Antwort von A auf eine bestimmte gegnerische Strategie von B kann man dann finden, indem man den Wert von X_A sucht, der für einen gegebenen Wert von X_B die Auszahlung von A maximiert. Wie man aus der Gleichung unmittelbar erkennen kann, maximiert A seine Auszahlung, wenn er seine Position der von X_B annähert, d.h. von links oder rechts den kleinstmöglichen Abstand zu B einnimmt. Es gilt also

> **Formel**
>
> $WS(A)^* \approx X_B$ für $X_A < X_B$ und $WS(A)^* \approx 100 - X_B$ für $X_A > X_B$

Je nachdem, ob A sich knapp links oder knapp rechts von B positioniert, erhält die Partei also X_B oder $100-X_B$ als Auszahlung. Für $X_B < 50$ sollte sich A daher rechts von B positionieren, für $X_B > 50$ links von B. Nehmen wir an, die Partei B positioniere sich bei $X_B = 60$. Wenn sich A knapp links von B positioniert, erhält sie ca. 60% der Stimmen. Umgekehrt aber kann B kontern, indem sie sich jetzt ihrerseits links von A positioniert. Diese gegenseitige Unterbietung der Positionen findet erst dann ein Ende, wenn die Parteien beide bei der Position 50 angelangt sind. Denn der Prozess der gegenseitigen Annäherung findet offensichtlich dann zum Gleichgewicht, wenn es für A keinen Unterschied macht, ob er sich geringfügig links oder rechts von B positioniert. Dies ist aber genau dann der Fall, wenn gilt:

> **Formel**
>
> $X_B = 100 - X_B$, also wenn $X_B = 50$

Die Position in der Mitte der Wählerschaft, d.h. diejenige Position, die die Wählerschaft in zwei gleich große Hälften links und rechts davon zerlegt, wird als *Median* der Verteilung der Idealpunkte der Wähler bezeichnet. Der Wähler, der genau diese Position innehat, wird auch *Medianwähler* genannt. Allgemein gilt daher: *Wenn im eindimensionalen räumlichen Modell beide Parteien die Position des Medianwählers einnehmen, verschlechtert sich jede Partei, die einseitig von ihrer Position abweicht, wenn die andere gleichzeitig bei ihrer Position bleibt. Die Wahl der Position des Medianwählers ist für beide also die jeweils beste Antwort auf die Strategie der anderen Partei, die entsprechende Strategiekombination führt daher zu einem Nash-Gleichgewicht.* Dieser Zusammenhang wird als *Median-Voter-Theorem* bezeichnet. Das Median-Voter-Theorem ist eines der bekanntesten und einflussreichsten Gesetze der Politikwissenschaft und wurde von Duncan Black entwickelt.

Die große Aufmerksamkeit, die das Theorem erhalten hat, ist eine Folge davon, dass es in der Tat geeignet scheint, viele Beobachtungen, die ein interessierter Betrachter des politischen Betriebs machen kann, auf intuitiv einleuchtende Weise erklären zu können. Mit Hilfe des Median-Voter-Theorems lässt sich z.B. erklären, warum große Parteien fast immer in der Mitte des politischen Spektrums angesiedelt sind. „Wahlen werden in der Mitte gewonnen", dieser gerne von politischen Journalisten verbreitete Allgemeinplatz, kann ebenfalls als grobe Annäherung der Quintessenz des Median-Voter-Theorems angesehen werden. Das Median-Voter-Theorem erklärt also, warum sich die großen Volksparteien häufig programmatisch so sehr ähneln.

5. Nullsummenspiele – Spiele des reinen Konflikts

In einem zweistufigen Prozess, wie z.B. dem der amerikanischen Primaries und der anschließenden Präsidentenwahl, kann der Zusammenhang allerdings interessante kontraproduktive Effekte entwickeln. Innerhalb der Primaries setzen sich nämlich oft Kandidaten durch, die zwar die eigene Wählerschaft mobilisieren können, sich also z.B. in der Mitte des linken Lagers befinden, aber aus der Sicht der gesamten Wählerschaft zu radikal sind, um die nationalen Wahlen zu gewinnen. Ein Trauma dieser Art stellt zum Beispiel für die amerikanischen Demokraten die Kandidatur von McGovern in den 70er Jahren dar. Diesem gelang es mit seinen relativ linken Positionen die eigene Anhängerschaft mehr zu begeistern, als es vielen der Kandidaten zuvor oder danach gelungen ist. Aber bei der eigentlichen Präsidentschaftswahl 1972 unterlag er Nixon gnadenlos, der einen sogenannten „landslide-victory" (im Deutschen oft holprig mit „Erdrutschsieg" übersetzt) erringen konnte, als er mit 61% der Stimmen 520 der 538 Wahlmänner gewinnen konnte. Wie sehr dieses Trauma noch immer vorhanden ist, zeigte sich bei der Wahl von 2004. Als der radikale Linke Howard Dean bei den ersten Vorwahlen überraschend als Sieger hervorging und das berüchtigte „Momentum" ihn vom Außenseiter zum Favoriten katapultierte, scharte sich das Establishment der demokratischen Partei um den gemäßigten John Kerry, um der vermeintlich vorhersehbaren Niederlage mit einem zu radikalen Kandidaten zu entgehen. Was in diesem Fall letztlich dennoch nicht viel genützt hat.

5.3 Gemischte Strategien

Bisher sind wir immer davon ausgegangen, dass die Strategien, die einem Spieler zur Auswahl zur Verfügung stehen, sogenannte *reine Strategien* (pure strategies) sind. Unter einer reinen Strategie verstehen wir einen Plan, der für jede Entscheidungssituation, in der sich der Spieler wiederfinden wird, eine ganz bestimmte Handlungsoption vorschlägt. Bisher haben wir uns nur mit Spielen beschäftigt, bei denen jeder Spieler nur eine einzige Entscheidung zu treffen hat. Die reine Strategie besteht dann einfach nur aus der Wahl einer konkreten Handlungsoption, die dann als solche umgesetzt wird. Wird ein Nullsummenspiel nur mit reinen Strategien gespielt, so muss es nicht immer ein Gleichgewicht geben. Bekannte Beispiele hierfür sind Knobelspiele wie z.B. „Stein, Schere, Papier".

Abbildung 5.4: Stein, Schere, Papier

	Stein	Schere	Papier
Stein	0	1	-1
Schere	-1	0	1
Papier	1	-1	0

Spielt Spieler A z.B. „Stein", besteht die beste Antwort von Spieler B in „Papier". Die beste Antwort auf „Papier" aber wäre wiederum für A die Wahl der Handlungsoption „Schere". Darauf sollte B wiederum mit „Stein" antworten usw. Existiert kein Gleichgewicht kommt es also zu einem infiniten Regress der besten Antworten. Eine der Interpretationsmöglichkeiten eines Gleichgewichts besteht darin, dass es diese unendliche, zyklische Abfolge von besten Antworten abbricht, wenn es zu einer Konvergenz der gegenseitigen Erwartungen kommt. Im „Stein, Schere, Papier"-Spiel kann es hingegen nicht zu einer solchen Konvergenz kommen, denn wenn ich z.B. erwarte, dass mein Gegenspieler „Stein" spielt, sollte ich „Papier" wählen, um ihn zu schlagen. Antizipiert er aber meine Erwartung richtig, dass er „Stein" spielen würde, ebenso meine Antwort „Papier", dann wird er „Schere" wählen. In einem Gleichgewicht führt die Antizipation einer Erwartung hingegen dazu, dass man sie bestätigt. Kommen wir auf das „Battle of the Bismarck Sea"-Spiel zurück. Wenn Kenney erwartet, dass Imamura die Nordroute wählt und daraufhin seinerseits die Nordroute wählt, dann ist die Nordroute ihrerseits wieder die beste Antwort von Imamura auf Kenneys Wahl. (In diesem Fall wären beide Routen die besten Antworten.)

Existiert in einem Nullsummenspiel ein Gleichgewicht in reinen Strategien, dann ist, wie wir gesehen haben, die Handlungsfreiheit rationaler Spieler gewissermaßen beschränkt, denn ihre Wahl ist diejenige, die noch das Beste herausholt, was aus der jeweiligen Situation herauszuholen ist. Weicht ein Spieler von dieser Strategie ab, dann kann er sich nur verschlechtern. Da für jeden rationalen Spieler in diesem Fall die Strategiewahl des anderen vorauszusehen ist, gibt es keine echten Überraschungen, die Spieler sind ja auf ihre Maximin-Strategie, die einer reinen Strategie entspricht, gewissermaßen festgelegt.

Existiert in einem Nullsummenspiel hingegen kein Gleichgewicht in reinen Strategien, dann ist es offensichtlich sinnvoll, die Erwartungen des Gegenspielers zu unterlaufen. Wenn wir glauben, dass der Gegenspieler erwartet, dass wir „Stein" spielen, dann sollten wir gerade nicht „Stein" wählen. Bildet der Gegner hingegen die „richtigen" Erwartungen, d.h. diejenigen, denen unsere Handlungswahl dann auch tatsächlich entspricht, dann ist dies zu seinem Vorteil und unserem Nachteil. Wenn wir dem Gegenspieler irgendwelche Hinweise geben, die ihm helfen, diese „richtigen" Erwartungen zu bilden, so spielen wir zu unserem Schaden in seine Hände. Das Bemühen jedes Spielers in einem Nullsummenspiel, in dem es kein Gleichgewicht in reinen Strategien gibt, muss daher sein, dem Gegenspieler keinerlei Hinweise zu geben, die ihm helfen könnten, „richtige" Erwartungen zu bilden. Wir müssen uns so undurchschaubar wie möglich für den Gegenspieler machen. Die Verwirrung des Gegners ist offensichtlich dann auf die bestmögliche Weise gelungen, wenn wir erreicht haben, ihn indifferent zwischen seinen reinen Strategien zu machen. Denn wenn er mit einer bestimmten Strategie besser fährt als im Mittel mit allen anderen, dann erhält er mit dieser Strategie offensichtlich mehr als den Wert des Spiels, der ja das Ergebnis angibt, wenn alle ihre optimalen Strategien einsetzen. Die optimale Mischung der Strategien ist also diejenige, bei der der Gegner für jede von ihm gewählte reine Strategie denselben Erwartungswert erhält. Damit erhält er automatisch auch für jede gemischte Strategie seinerseits denselben Erwartungswert. Im Falle eines symmetrischen Nullsummenspiels wie „Stein-Schere-Papier", in der jede Option gleichberechtigt ist, da sie jeweils eine der beiden anderen Alternativen schlägt und gegen die andere unterliegt, ist offensichtlich eine Gleichverteilung der Wahrscheinlichkeiten, mit denen die einzelnen Strategien gewählt werden, optimal, im konkreten Fall also, wenn jede Strategie mit Wahrscheinlichkeit 1/3 gewählt wird. Dies wäre auch die Lösung, die intuitiv wohl den meisten einfallen würde. Das praktische Problem der Umsetzung besteht dann höchstens noch darin, einen „mentalen" Zufallsgenerator einzusetzen. Da dies vielen nur unzulänglich gelingt und sie mehr oder weniger unbewusst bestimmte Muster produzieren, kann es selbst bei Knobelspielen gewiefte Spieler geben, die hier systematisch gegen andere gewinnen, da sie diese besser durchschauen können. Ein literarisches Beispiel über einen derart begabten Straßenjungen findet sich z.B. in Edgar Allan Poes Erzählung *Der entwendete Brief* (Poe 1979: 179).

Formal lässt sich die Lösung finden, indem man die Erwartungswerte der drei reinen Strategien ausrechnet und gleichsetzt. Wenn z.B. der Spaltenspieler seine drei Strategien „Stein", „Schere" und „Papier" mit den Wahrscheinlichkeiten p, q und r mischt, dann berechnen sich für den Zeilenspieler die folgenden Erwartungswerte für die einzelnen Strategien:

Abbildung 5.5: Stein, Schere, Papier

	p	Q	R
	Stein	Schere	Papier
Stein	0	1	-1
Schere	-1	0	1
Papier	1	-1	0

Formel		
$E(Stein) = p*0+q*1+r(-1)$	=	q - r
$E(Schere) = p*(-1) + q*0 + r*1$	=	-p + r
$E(Papier) = p*1+q*(-1)+r*0$	=	p - q

Die Gleichungen erhält man, indem man die Erwartungswerte gleichsetzt. Dadurch erhält man zwei Gleichungen, die erste, indem man den Erwartungswert von „Stein" mit dem von „Schere" gleichsetzt, die zweite, indem man den Erwartungswert von „Stein" mit dem von „Papier" gleichsetzt. Durch die Gleichsetzung des Erwartungswerts von „Schere" mit dem von „Papier" käme allerdings keine neue Information hinzu, da diese Gleichung aus den beiden anderen abgeleitet werden könnte. Als dritte Gleichung kommt daher die Restriktion hinzu, dass sich die drei Wahrscheinlichkeiten auf 1 addieren müssen.

5.3 Gemischte Strategien

Formel				
I	E(Stein)=E(Schere)	→ q-r=-p+r	bzw.	p+q-2r=0
II	E(Stein)=E(Papier)	q-r=p-q	bzw.	-p+2q-r=0
III				p+q+r-1=0
Die Variable r kann auf folgende Weise eliminiert werden:				
I':I-2*II	p+q-2r-2(-p+2q-r)=0		bzw.	3p-3q=0
II':II+III	-p+2q-r+p+q+r-1=0		bzw.	3q-1=0

Aus Gleichung II' folgt q=1/3, aus Gleichung I' folgt p=q, also auch p=1/3, aus III folgt dann r=1/3.

Eine Variante von „Stein-Schere-Papier" besteht darin, dass man auch die Option „Brunnen" in das Spiel aufnimmt.

Abbildung 5.6: Stein, Schere, Papier, Brunnen

	Stein	Schere	Papier	Brunnen
Stein	0	1	-1	-1
Schere	-1	0	1	-1
Papier	1	-1	0	1
Brunnen	1	1	-1	0

Eine Gleichsetzung der Erwartungswerte der verschiedenen reinen Strategien würde hier allerdings nicht durchführbar sein. Wie leicht zu sehen ist, dominiert nämlich „Brunnen" die Strategie „Stein", da sie gegen „Schere" und „Papier" dieselben Ergebnisse erzielt, im direkten Vergleich aber „Brunnen" die Strategie „Stein" schlägt. Es ist daher gar nicht möglich, eine gemischte Strategie des Spaltenspielers zu finden, für die der Zeilenspieler zwischen „Stein" und „Brunnen" indifferent wird, außer „Stein" und „Brunnen" kommen in dieser gar nicht vor. Eliminiert man aber die Strategie „Stein" als wählbare Strategie, erhält man nichts anderes als die ursprüngliche Version, nur dass jetzt gewissermaßen „Stein" durch „Brunnen" ersetzt worden ist. Anders ausgedrückt: Die „Erweiterung" des Spiels um „Brunnen" ist spieltheoretisch eigentlich vollkommen sinnlos, in der Praxis kann es zu einem Vorteil gegen Spieler kommen, die eben nicht realisiert haben, dass „Stein" eine durch „Brunnen" dominierte Strategie ist und daher gar nicht mehr gewählt werden sollte.

Ich möchte nun kurz den allgemeinen Fall für gemischte Strategien behandeln, wenn beide Spieler jeweils über zwei Strategien verfügen.

5. Nullsummenspiele – Spiele des reinen Konflikts

Abbildung 5.7: Allgemeiner Fall für ein Gleichgewicht in gemischten Strategien bei zwei Spielern mit jeweils zwei Strategien

			p	q
			s_1	s_2
r		z_1	a	b
s		z_2	c	d

Der Spaltenspieler mischt also seine Strategien s_1 und s_2 dermaßen, dass der Zeilenspieler indifferent zwischen seinen reinen Strategien wird. Umgekehrt mischt der Zeilenspieler seine Strategien z_1 und z_2 so, dass der Spaltenspieler zwischen seinen reinen Strategien indifferent wird. Ich beginne mit der Bestimmung von p und q.

Formel

I $E(z_1) = E(z_2)$ → $p*a + q*b = p*c + q*d$ → $p*(a-c) + q*(b-d) = 0$

II $p + q = 1$ → $q = 1-p$

Durch Ersetzen von q in I erhält man:

$p*(a-c) + (1-p)*(b-d) = 0$

$p*(a-c-b+d) + (b-d) = 0$

$p = \dfrac{d-b}{a-c-b+d}$

$q = 1-p = \dfrac{a-c}{a-c-b+d}$

$\dfrac{p}{q} = \dfrac{d-b}{a-c}$

Analog lässt sich finden:

$\dfrac{r}{s} = \dfrac{d-c}{a-b}$

Was bedeutet dies? *Das Mischungsverhältnis der beiden Strategien ist invers proportional zu den (absoluten) Differenzen der Auszahlungen, die in Abhängigkeit von der Strategiewahl des Gegners entstehen.*

Machen wir es konkret an einem Beispiel. Der Schütze bei einem Elfmeter kann sich überlegen, ob er in die linke oder die rechte Ecke schießen will. Umgekehrt muss sich der Torwart gewissermaßen gleichzeitig festlegen, ob er in die linke oder rechte Ecke springen will. Wenn der Schütze in die linke Ecke schießt und der Torwart in die falsche springt, dann realisiert der Torschütze in 80% der Fälle ein Tor. Schießt er hingegen in die rechte Ecke und der Torwart reagiert falsch, kommt es nur in 60% der Fälle zu einem Tor. Antizipiert der Torwart die Ecke richtig, dann erzielt der Schütze, egal wohin er schießt, in 40% der Fälle ein Tor.

Abbildung 5.8: Allgemeiner Fall für ein Gleichgewicht in gemischten Strategien bei zwei Spielern mit jeweils zwei Strategien

			Torwart	
			p Links	q Rechts
Schütze	r	Links	40	80
	s	Rechts	60	40

Wir können die Analyse ganz klassisch im Sinne der „besten Antworten" durchgehen. In Abbildung 5.8. ist für jede reine Strategie des Torwarts der Erwartungswerts des Schützen für jedes Mischungsverhältnis seiner Strategien angegeben.

Abbildung 5.9: Erwartungswert des Schützen in Abhängigkeit der Antworten des Torwarts

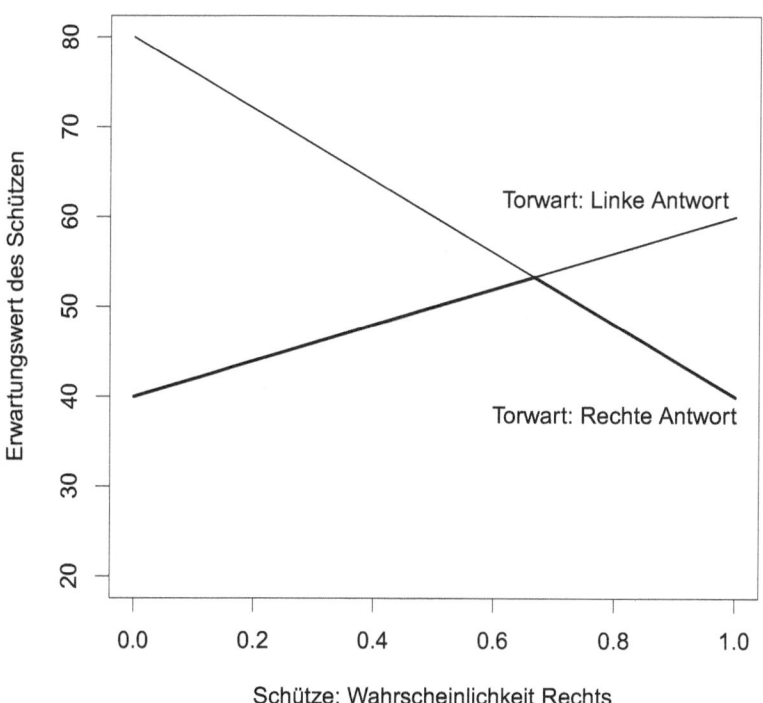

Wie unmittelbar zu erkennen ist, ist die beste Antwort des Torwarts „Links", solange der Schütze mit einer Wahrscheinlichkeit von weniger als 2/3 „Rechts" spielt. Der Erwartungswert für diese Antwort ist daher das Minimum, das sich der

Schütze sichern kann. Wählt der Schütze mit einer Wahrscheinlichkeit von mehr als 2/3 die Strategie „Rechts", ist die beste Antwort des Torwarts ebenfalls „Rechts". Der entsprechende Erwartungswert des Schützen ist demnach das Minimum, das dieser sich in jedem Fall sichern kann. Die Mischung von „Rechts"-„Links" mit den Wahrscheinlichkeiten 2/3 und 1/3 ist daher das größtmögliche Minimum, das sich der Schütze garantieren kann, falls der Torwart die optimale Antwort trifft. Diese Wahl ist daher die Wahl entsprechend der Maximin-Regel. Umgekehrt wählt der Torwart nach dem gleichen Kalkül seine optimale Mischung, bei der er „Links" mit Wahrscheinlichkeit 2/3 und „Rechts" mit Wahrscheinlichkeit 1/3 wählt. Das sich so ergebende Gleichgewicht in gemischten Strategien ist also ebenfalls ein Gleichgewicht im Sinne des Minimax-Theorems.

Tatsächlich besitzt jedes Spiel mindestens eine Nash-Gleichgewichtslösung. Existiert bei einem Nullsummenspiel kein Gleichgewicht in reinen Strategien, gibt es daher immer ein Gleichgewicht in gemischten Strategien. Diese Erkenntnis und der dazugehörige Beweis stellen den zweiten großen Beitrag dar, den John Nash für die Spieltheorie leistete.

Die „starke" Seite des Schützen ist offensichtlich, wenn er in die linke Ecke schießt. Intuitiv würde man daher vermuten, dass er demnach in seiner gemischten Strategie öfter diese auswählen sollte. Nach der obigen Formel aber verhält es sich genau umgekehrt. Da die Differenz der Ergebnisse bei „Links" mit 80-40 doppelt so hoch ausfällt wie die bei „Rechts" mit 60-40, sollte er „Links" zu „Rechts" im umgekehrten Verhältnis mischen, also „Links" mit Wahrscheinlichkeit 1/3 wählen und „Rechts" mit Wahrscheinlichkeit 2/3.

Dieses kontraintuitive Ergebnis verdient eine kurze, nähere Betrachtung. Nehmen wir an, der Schütze würde beide Strategien im Verhältnis 50:50 mischen. Dann beträgt der Erwartungswert des Torwarts bei „Links" 50 und bei „Rechts" 60. Da aus Sicht des Spaltenspielers eine niedrigere Auszahlung ja besser ist, ist der Torwart also nicht indifferent, sondern die Antwortstrategie „Links" ist besser als „Rechts". Solange eine Strategie im Mittel eine bessere Auszahlung erzielt, sollte sie permanent gewählt werden. Damit erhält der Schütze aber nur eine erwartete Auszahlung von 50, da er in der Hälfte der Fälle 40 und in der anderen Hälfte 60 erhält. Spielte er noch häufiger seine „starke" Strategie, dann würde es sich für den Torwart erst recht lohnen, grundsätzlich in die linke Ecke zu springen und der Erwartungswert des Schützen würde noch weiter absinken. Der Schütze muss also genau umgekehrt vorgehen. Er muss den Anteil seiner „schwachen" Strategie „Rechts" so sehr erhöhen, dass der Torwart nun auch gelegentlich in die rechte Ecke springt. Dies ist eben genau der Fall, wenn er das Mischungsverhältnis 1:2 für „Links" zu „Rechts" wählt, wenn er also „Links" mit Wahrscheinlichkeit 1/3 und „Rechts" mit Wahrscheinlichkeit 2/3 wählt. Der Erwartungswert des Torwarts ist dann für beide seiner Strategien gleich 53,33. Der Schütze muss also seine „starke" Strategie so selten einsetzen, dass der Torwart nicht automatisch die beste Antwort auf die „starke" Strategie wählt. Nur dann kann der Schütze zumindest gelegentlich mit seiner starken Strategie erfolgreich sein, nämlich dann, wenn er den Torwart auf dem falschen Konter erwischt.

Der Vorteil einer gemischten Strategie in einem Nullsummenspiel besteht also darin, den Gegner gelegentlich zu einer „falschen" Antwort zu verlocken, indem man ihm den Köder hinwirft, selbst ab und zu die „falsche" Strategie, also die, in der man eigentlich „schwächer" ist, auszuspielen. Eine Stärke kann nur dann in vollem Maße ausgespielt werden, wenn man gelegentlich darauf verzichtet, sie zu nutzen. Dies ist eines der interessantesten und aufschlussreichsten Ergebnisse aus der Spieltheorie in Bezug auf Nullsummenspiele. Es lässt sich auf realistische Szenarien anwenden. Da es beim Nullsummenspiel vor allem darauf ankommt, undurchschaubar zu sein, kann es interessanterweise für den Fall, dass es Spieler A gelingt, die Strategiewahl des Spielers B zu durchschauen, sogar sinnvoll sein, dies nicht erkennen zu lassen, um den Gegenspieler nicht zu einem Strategiewechsel zu veranlassen, bei dem er weniger „ausgebeutet" werden kann. In diesem Fall besitzt Spieler B also nicht die optimale Mischung seiner Strategie, dieser Vorteil darf aber von A nicht zu sehr ausgenutzt werden, um B auf diesen Defekt gar nicht erst aufmerksam zu machen. Das Wissen um die Schwächen des Gegners führt also dazu, diese *gerade nicht* in jeder Situation auszubeuten. Wenn eine Polizeistreife einen bevorzugten Drogenumschlagplatz kennt, sollte sie dort eben gerade nicht allzu häufig Razzien durchführen, damit dieser nicht „verbrannt" wird, was lediglich dazu führen würde, dass der Handel an einen anderen Ort ausweicht (Diese Überlegung gilt natürlich nur für den Fall, dass man nicht den „einen entscheidenden Schlag" führen kann.). Dies kann durchaus zu ethischen Problemen führen. So war den Engländern ab einem gewissen Zeitpunkt der deutsche Code „Enigma" bekannt, der vor allem im U-Boot-Krieg eine wichtige Rolle spielte. Offensichtlich ist es auf deutscher Seite aber niemals erkannt worden, dass der Grund für die sich häufenden militärischen Niederlagen schlicht darin bestehen könnte, dass der Gegner über alle eigenen Züge informiert war. Hätte man daher von Seiten der Alliierten konsequent alle Informationen umgesetzt, die ihnen zugänglich waren, wäre der Informationsvorteil wohl offensichtlich geworden. Die optimale Strategie bestand vermutlich daher darin, den Informationsvorteil zu nutzen, aber eben nicht zu offensichtlich werden zu lassen, dass man ihn besitzt.

Aufgaben

1. Beweisen Sie, warum in einem Nullsummenspiel, in dem es mehrere Gleichgewichte gibt, die Auszahlungen für die Spieler in jedem Gleichgewicht dieselben sein müssen.

2. Eines der berühmtesten Beispiele für ein Nullsummenspiel stammt aus von Neumanns und Morgensterns „Theory of Games and Economic Behavior" (1944: 176-178): Sherlock Holmes befindet sich auf der Flucht vor seinem Todfeind Moriarty. Er nimmt einen Zug von London nach Dover, um von dort zum Kontinent überzusetzen, womit er vor Moriarty in Sicherheit wäre. Im Zug sieht er, dass Moriarty auf dem Bahnsteig ist und ihn erkennt. Er weiß, dass Moriarty sich einen Sonderzug nehmen und ihn verfolgen wird. Die einzige Zwischenstation auf dem Weg nach Dover ist Canterbury. Steigen beide bei demselben Ort aus, dann bedeutet dies den sicheren Tod von Sherlock Holmes, was mit einer Auszahlung von -100 normiert werden soll.

5. Nullsummenspiele – Spiele des reinen Konflikts

Steigt Holmes in Dover aus, während Moriarty seinen Zug in Canterbury verlassen hat, kann Holmes seine Flucht erfolgreich bewerkstelligen, was einer Auszahlung von 50 für ihn gleichkommt. Steigt Holmes hingegen in Canterbury aus und Moriarty in Dover, dann ist alles Weitere offen, die entsprechende Auszahlung beträgt daher 0. Illustrieren Sie das Spiel in Matrixform und analysieren Sie es!

3. Finden Sie die Gleichgewichte für gemischte Strategien für die folgenden Spiele! Berechnen Sie den Wert des Spiels, d.h. die Auszahlungen der beiden Spieler, wenn beide ihre Gleichgewichtsstrategie verfolgen!

| | | Spaltenspieler ||
		Links	Rechts
Zeilenspieler	Oben	4	0
	Unten	2	3

| | | Spaltenspieler ||
		Links	Rechts
Zeilenspieler	Oben	5	10
	Unten	6	-4

4. Helen bietet Jakob die folgende Version des Spiels „Matching Pennies" an: „Jeder von uns beiden legt verdeckt ein 10-Cent Stück hin. Falls wir beide die Zahl legen, zahle ich dir 3 Euro. Falls wir beide das Tor legen, zahle ich dir einen Euro. Falls die beiden Seiten unterschiedlich sind, zahlst Du mir 2 Euro." Jakob denkt sich, dass die Wahrscheinlichkeit von „Beide Zahl" und „Beide Tor" jeweils ¼ ist, die Wahrscheinlichkeit von unterschiedlichen Seiten gleich 1/2. Er berechnet seinen Erwartungswert und findet, dass das Spiel fair ist. Warum kommt er auf diese Einschätzung? Hat er recht damit?

Weiterführende Literatur

Der Klassiker zur Theorie der Nullsummenspiele und der Entwicklung einer kardinalen Nutzentheorie ist von Neumanns und Morgensterns *Theory of Games and Economic Behavior* (1944). Anwenderfreundliche und kurze Einführungen dazu finden sich z.B. in Colmans *Game Theory & its Applications* (1999). Höchst informative und unterhaltsame Erzählungen der Anfänge der Spieltheorie finden sich in Sylvia Nasars Bigraphie über John Nash *A Beautiful Mind* (1999), deren

Verfilmung auf ärgerliche Weise das Niveau des Buches unterläuft, und in William Poundstones *Prisoner's Dilemma* (1992). Die Geschichte von RAND und ihrer Bedeutung für die strategische Planung des Kalten Kriegs wird bei Poundstone und in *The Wizards of Armageddon* von Fred Kaplan (1983) geschildert. Der Originalaufsatz von Hotelling zu räumlichen Modellen erschien 1929 unter dem Titel *Stability in Competition*. Das Median Voter-Theorem stammt von Duncan Black und wurde 1948 im *Journal of Political Economy* erstmals von ihm veröffentlicht. Der Klassiker hierzu ist aber sein 1958 erschienenes Buch *The Theory of Committees and Elections*. Eine übersichtsartige Darstellung über das räumliche Modell des Parteienwettbewerbs findet sich bei Behnke (2016). Analysen von Nullsummenspielen, die sich auf Sport beziehen, sind weit verbreitet. Eine Untersuchung auf das Schießen von Elfmetern findet sich bei Berger (2010).

6. Spiele mit „gemischten Motiven"

6.1 Das Gefangenendilemma

Der größte Anteil der gegenwärtigen Forschung zur Spieltheorie beschäftigt sich mit Spielen mit „gemischten Motiven", also mit Spielen, die weder Spiele des reinen Konflikts, wie Nullsummenspiele, noch Spiele reiner Koordination sind, bei denen die Interessen aller Spieler übereinstimmen. Es ist diese spezielle Spannung zwischen einem einerseits bestehenden partiellen Koordinationsinteresse der Spieler und ihren andererseits teilweise gegenläufigen Interessen, die den besonderen Reiz dieser Spiele und vor allem ihre Realitätsnähe ausmacht. Diese Spannung lässt sich häufig so interpretieren, dass ein übergeordnetes Koordinationsinteresse besteht, dessen Verwirklichung aber gleichzeitig durch nichtkonforme Partialinteressen der Spieler mehr oder weniger gefährdet ist.

Das bekannteste, geradezu berühmte dieser Spiele ist das *Gefangenendilemma* bzw. *Prisoners' Dilemma*, das inzwischen auch Eingang in das allgemeine Wissensrepertoire des gebildeten Bürgers gefunden hat. Allerdings ist hier zu bemerken, dass zwar die allgemeine Kenntnis, dass es so etwas wie ein Gefangenendilemma gibt und dass dieses in irgendeinem Sinn „schlecht" ist, verbreitet ist. Aber, wie sich bei genaueren Nachfragen, z.B. in einem Seminar, sehr schnell herausstellt, ist jedoch den allerwenigsten genau klar, worin denn der eigentliche Dilemmacharakter des Spiels besteht, ganz zu schweigen von den sonstigen, durchaus sehr feinen Nuancen des Spiels.

Die übliche Coverstory zur Illustration des Spiels stammt von Albert W. Tucker, der Mathematikprofessor in Princeton war und unter anderem John Nash bei seiner Doktorarbeit betreute und diesen dazu ermutigte, seine Erkenntnisse über das Gleichgewicht in Spielen zu veröffentlichen. Das eigentliche Spiel in seiner Grundstruktur allerdings wurde von Merrill Flood und Melvin Dresher entwickelt, die wie John von Neumann, John Nash, Kenneth Arrow und Thomas Schelling ebenfalls bei der RAND-Corporation beschäftigt waren und mit dem Spiel demonstrieren wollten, dass die Verfolgung individueller Rationalität zu einem Schaden für das Kollektiv führen könnte. Die bekannte Coverstory geht folgendermaßen: Zwei Gauner, die eines Bankraubs verdächtigt werden, werden geschnappt und zum Verhör einzeln dem Staatsanwalt vorgeführt, der ihnen jeweils das folgende Angebot macht: Wenn der Angeklagte auspackt, während sein Mitangeklagter nicht gesteht, kommt der Kronzeuge frei und sein Komplize erhält die vollen zehn Jahre, die der üblichen Strafe für das Delikt entsprechen. Sind beide geständig, erhalten sie deswegen mildernde Umstände und bekommen jeweils fünf Jahre Gefängnis als Strafe. Halten beide dicht, dann können sie zwar nicht des Bankraubs überführt werden, der Staatsanwalt kann sie aber wegen eines anderen, kleineren Delikts wie dem des illegalen Waffenbesitzes belangen, wobei in diesem Fall jeder der beiden eine Strafe von einem Jahr Gefängnis erhält. Das Spiel wird zwischen den beiden Gefangenen gespielt, der Staatsanwalt selbst ist keiner der Spieler, er setzt lediglich die Anreize. Die Auszahlungsmatrix lässt sich wie in Abbildung 6.1 darstellen. Da Gefängnisstrafen negativen Nutzen darstellen, werden sie mit einem negativen Vorzeichen versehen.

6. Spiele mit „gemischten Motiven"

Abbildung 6.1: Auszahlungsmatrix des Gefangenendilemmas

		Gauner B	
		Hält still	Gesteht
Gauner A	Hält still	-1, -1	-10, ⓪
	Gesteht	⓪, -10	⊖5, ⊖5

Bei der Analyse des Spiels richten wir unseren Blick als allererstes auf das Vorhandensein von dominanten Strategien. Es ist leicht zu erkennen, dass „Gestehen" eine dominante Strategie ist. Das heißt, unabhängig davon, wie sich der andere verhält, ist es günstiger zu gestehen. Sollte der andere „loyal" sein, dann lohnt es sich, ihn zu verpfeifen, da man dann sogar ganz straffrei davon kommt. Gesteht der andere und man hält dicht, dann erhält man die Höchststrafe von zehn Jahren, die im Englischen gelegentlich mit „S" für „Sucker's payoff" bezeichnet wird. Bevor man das Risiko eingeht, der „Sucker", also der Geleimte zu sein, sollte man ebenfalls dem Staatsanwalt das Verbrechen beichten.

Da beide Spieler die dominante Strategie „Gestehen" besitzen, ist die Kombination der beiden Strategien ein Nash-Gleichgewicht, wie auch die Beste-Antwort-Analyse offenbart. Soweit so gut bzw. aus Sicht der Angeklagten gar nicht gut. Denn das Ergebnis muss aus der Sicht der Spieler unbefriedigend sein, da sich *beide* besser stellen könnten, wenn sie jeweils „Still halten" gewählt hätten. Dies ist der Dilemmacharakter des Spiels. Wenn beide individuell ihre jeweiligen Interessen verfolgen, führt das im Endergebnis dazu, dass sich *jeder* Einzelne schlechter stellt, als es der Fall sein könnte. Das Absurde an diesem Ergebnis aber ist, dass sich die Spieler auch „kollektiv" besser stellen könnten, die Verbesserung des einen also nicht auf Kosten des anderen stattfinden müsste. Aus diesem Grund werden solche Situationen auch als *soziale Dilemmata* bezeichnet. Oft wird behauptet, das Gefangenendilemma stelle eine Situation dar, in der individuelle Rationalität zu einem „kollektiv irrationalen" Ergebnis führe. Diese oder ähnliche Formulierungen sind zwar sehr griffig und bringen sicherlich das offensichtliche Unbehagen am Ergebnis anschaulich auf den Punkt, sollten aber unterlassen werden, da innerhalb des Rational-Choice-Paradigmas so etwas wie eine „kollektive Rationalität" nicht existiert, da nur Individuen entscheiden und sich demnach mehr oder weniger rational verhalten können.

Dennoch ist es offensichtlich, dass das Ergebnis in dem Sinn unbefriedigend ist, dass es aus der „gesellschaftlichen Perspektive" betrachtet eindeutig ein unerwünschtes Ergebnis darstellt, wobei mit „Gesellschaft" hier die Gesellschaft der Spieler gemeint ist. Wir benötigen also ein Kriterium, mit dem wir die „gesellschaftliche Erwünschtheit" eines Zustands ausdrücken können. Dieses Kriterium ist das der sogenannten *Pareto-Effizienz* oder *Pareto-Optimalität*. Solange wir die Vorteile des einen nicht mit den Nachteilen des anderen verrechnen wollen, wie es z.B. im Utilitarismus der Fall ist, können wir zwei gesellschaftliche Zustände, bei denen sich die einen verbessern, während sich die anderen verschlechtern, nicht miteinander vergleichen. Das Paretokriterium liefert daher keine vollständige, sondern nur eine partielle Ordnung gesellschaftlicher Zustände. Denn bezüglich einiger Vergleiche ist es sehr wohl möglich, Aussagen zu machen. So ist ein Zustand, in dem sich jeder besser stellt als in einem anderen, offensichtlich diesem anderen Zustand vorzuziehen. Solange wir davon ausgehen, dass kein Neid existiert, ist auch ein Zustand vorzuziehen, in dem sich einige besser stellen, solange sich keine anderen Individuen dabei schlechter stellen. Ein Zustand heißt demnach *paretooptimal* oder *pareto-effizient*, wenn sich kein Individuum verbessern kann, ohne dass sich dabei ein anderes schlechter stellt. Ein Zustand A wird als *pareto-superior* gegenüber einem anderen Zustand B bezeichnet, wenn sich in A im Vergleich zu B mindestens ein Individuum besser stellt, ohne dass sich auch nur ein einziges Individuum schlechter stellt. Der Zustand B wird dann als *pareto-inferior* gegenüber A bezeichnet. A ist gegenüber B *strikt pareto superior*, wenn sich in A alle besser stellen als in B.

Wir können daher den Dilemmacharakter des Gefangenendilemmas auch so formulieren, dass er sich darin ausdrückt, dass ein Gleichgewicht, das durch zwei dominante Strategien zustande kommt, gleichzeitig ein pareto-inferiores Ergebnis darstellt. Tatsächlich aber ist es gar nicht notwendig, sich auf die „gesellschaftliche" Unerwünschtheit des Ergebnisses zu beziehen, um das, was uns so offensichtlich absurd an diesem Spiel vorkommt, klarer kenntlich zu machen. Denn das Paretokriterium liefert uns ja – wie schon erwähnt – nur eine partielle Ordnung, bei der die gesellschaftliche Überlegenheit eines Zustands darin besteht, für *jeden einzelnen* ein besseres Ergebnis zu sein. Es handelt sich also bei der sogenannten „kollektiven" Perspektive um ein sehr eingeschränktes Verständnis von Kollektiv, bei dem nicht nur kein Kollektiv als eigene Wesenseinheit besteht, sondern kollektive Verteilungen nur dann miteinander verglichen werden können, wenn sich ein Vorteil des Kollektivs – im Falle strikter Superiorität – auch als Vorteil jedes einzelnen im Kollektiv auswirkt. Das Dilemma im Gefangenendilemma besteht ja eben darin, dass aus der Sicht *jedes einzelnen* Spielers gilt, dass er sich schlechter stellt, wenn er seine dominante Strategie wählt, als wenn er sie nicht gewählt hätte. Die oft gemachte Beschreibung des Dilemmas in der Form „Individuelle Rationalität führt zu einem kollektiv irrationalen oder – präziser – kollektiv suboptimalen Ergebnis" trifft also eigentlich nicht den Wesenskern des Dilemmas. Vielmehr müsste man es so formulieren, dass die Anreizstruktur eines Gefangenendilemmas dazu führt, dass sich jeder in gewisser Weise im Ergebnis selbst schadet, wenn er stur nur seine eigenen Interessen verfolgt. Der Konflikt zwischen Individuum und Kollektiv besteht aber nicht darin, dass das kollektive „Interesse" dem individuellen untergeordnet wird oder gar die individuelle Rationalität die kollektive „Rationalität" konterkariert. Eine solche Sichtweise, die das Wohlergehen des Kollektivs als in irgendeiner Weise zu berücksichtigende Komponente bei der individuellen Handlungswahl betrachtet, würde dem Grundansatz des methodologischen Individualismus auch in normativer Weise widersprechen. In dieser normativen Perspektive verkörpert sich im methodologischen Individualismus das urliberale Prinzip der Handlungsautonomie des Einzelnen.[7] Der Einzelne ist nicht per se dazu verpflichtet und kann nicht dazu verpflichtet werden, seine eigenen Interessen mit denen von anderen oder dem Kollektiv als Ganzem zu verrechnen. Der Konflikt zwischen Individuum und Kollektiv im Gefangenendilemma besteht eigentlich nur in Hinsicht auf die eigenen Interessen des Individuums, wobei sein eigenes Interesse an dem Ergebnis, das durch beidseitige Kooperation zu erzielen wäre, eben gleichförmig mit den Interessen der anderen und somit auch mit dem „kollektiven Gesamtinteresse" ist. Im Gefangenendilemma steht das Individuum eben sich selbst im Weg bzw. einer effizienten Verfolgung seiner Interessen. Wir würden es ja keineswegs als absurd oder widersprüchlich empfinden, wenn das Individuum zur Durchsetzung eines eigenen kleinen Vorteils dem anderen Spieler gewaltigen Schaden zufügen würde, unabhängig davon, wie ein solches Verhalten möglicherweise moralisch zu bewerten wäre. Aber im Gefangenendilemma schadet das Individuum eben *sowohl dem anderen als auch sich selbst.*

Das Gefangenendilemma ist eine paradigmatische Konfliktsituation, die auf alle möglichen Beispiele angewandt werden kann. Es empfiehlt sich daher eine allgemeinere Darstellungsform. Man kann die beiden zur Verfügung stehenden Strategien auch einfach als die „kooperative" und die „nicht-kooperative" bzw. „defektierende" Strategie bezeichnen. Dabei beziehen sich die Begriffe „kooperativ" und „defektierend" immer auf die Situation zwischen den Spielern. In der klassischen Schilderung des Gefangenendilemmas defektiert ein Spieler, wenn er mit dem Staatsanwalt kooperiert. Das Spiel wird aber ja nicht mit dem Staatsanwalt gespielt, sondern mit dem Mitgefangenen. Insofern ist auch das, was für die Spieler ihr Dilemma ausmacht, aus der Sicht des Staats oder der Gesamtgesellschaft in diesem Fall durchaus erwünscht. Denn die mangelnde Fähigkeit der Gefangenen, ihre Interessen durchzusetzen, sorgt dafür, dass die Interessen des Staates und der Gesellschaft gewahrt werden. Insofern handelt es sich bei der Kronzeugenregelung aus Sicht der Strafverfolgung um ein gelungenes Design eines *Mechanismus*, gerade *weil* er dazu führt, dass die Gefangenen untereinander defektieren und dadurch das Interesse des Staates und der Gesellschaft befördert wird.

Für die allgemeine Analyse des Spiels ist es hinreichend, die verschiedenen Auszahlungen der Spieler lediglich in der Rangordnung korrekt darzustellen. Im einfachsten Fall ist es daher üblich, die Auszahlungen mit den Werten 4, 3, 2 und 1

---

[7] Um hier auf mögliche Missverständnisse hinzuweisen: Dies heißt nicht, dass die Präferenzen des Individuums ausschließlich auf die eigenen Interessen hin ausgerichtet sein sollen oder gar müssen. In der individuellen Präferenzordnung können sehr wohl altruistische und am Gemeinwohl orientierte Motive vorhanden sein und es mag auch gute normative Gründe geben, dass sie vorhanden sein *sollten*.

zu versehen.[8] Diese können für die meisten Darstellungen sowohl als kardinale Nutzenwerte als auch als Rangwerte in der Präferenzordnung betrachtet werden, wobei ein höherer Wert in diesem Fall einen Platz weiter vorne in der Rangordnung bedeutet. Ein höherer Wert ist also besser. Die allgemeine Darstellungsform des Gefangenendilemmas sieht dann folgendermaßen aus:

Abbildung 6.2: Generelle Auszahlungsmatrix des Gefangenendilemmas

		Spaltenspieler	
		kooperiert	defektiert
Zeilenspieler	kooperiert	3, 3	1, 4
	defektiert	4, 1	2, 2

Das Prisoners' Dilemma findet unter anderem Anwendung in der Ökonomie zur Erklärung des Verhaltens von Oligopolisten, in der Internationalen Politiktheorie zur Erklärung von Rüstungswettläufen, in der Umweltökonomik zur Erklärung von Luftverschmutzung und auf vielen anderen Feldern. Warum diese weite Verbreitung des Prisoners' Dilemma, warum seine so große Beliebtheit zur Illustration brisanter Probleme? Offensichtlich, weil die Struktur des Spiels Charakteristika und Eigenschaften entspricht, wie sie auch in den betreffenden Problembereichen vorhanden sind. Die Struktur des Wettrüstens z.B. scheint in augenscheinlicher Weise der des Prisoners' Dilemmas zu entsprechen. Für beide Staaten, die sich in einem Rüstungswettlauf befinden, wäre es ohne Zweifel besser, sie könnten ihre Rüstungsausgaben einsparen (kooperative Strategie) und auf andere Bereiche verwenden. Unabhängig vom Verhalten des anderen Staates aber ist es in jedem Fall besser, sich durch Vor- bzw. Nachrüstung (defektierende Strategie) militärische Vorteile zu verschaffen bzw. Nachteile auszugleichen, wodurch die berühmte Rüstungsspirale in Gang gesetzt wird. Der auf den ersten Blick mit Recht sogenannte „Rüstungswahnsinn" erweist sich mit Hilfe der spieltheoretischen Analyse als nahezu unentrinnbare Konsequenz aus strikt rationalen Erwägungen der einzelnen Beteiligten. Die Verwendung des Spiels zur Illustration des Prozesses des Wettrüstens erhöht unser *Verständnis* davon, da es geeignet scheint, dessen Mechanik aufzuzeigen. Von einer *Erklärung* im streng wissenschaftlichen Sinn kann jedoch nicht gesprochen werden, da nicht eindeutig bewiesen werden kann, dass die Struktur des Wettrüstens tatsächlich analog zu der des Prisoners' Dilemma ist. Unsere Intuition *scheint* die Übertragung in diesen Bereich zu rechtfertigen, das Spiel fungiert daher mehr im Sinne einer Metapher als einer tatsächlichen Erklärung.

So offenkundig wie die Absurdität des Ergebnisses an sich, scheint die sich daraus ergebende „Lösung". Wenn alle sich besser stellen würden, wenn sie die Strategie der Kooperation wählen, dann sollten sie es auch tun und – wie Optimisten und Anhänger einer pragmatischen Vernunft glauben – dann werden sie es auch tun.

---

8 Gelegentlich werden auch die Nutzenwerte 3, 2 ,1 und 0 angewandt. Ebenfalls üblich ist die Kennzeichnung der Auszahlungen als Rangzahlen der Nutzenwerte. In diesem Fall wäre 1 das Beste und 4 das schlechteste Ergebnis. Man muss also vor der Analyse eines Spiels sorgsam darauf achten, in welcher Weise die angegebenen Auszahlungen zu interpretieren sind.

In der Tat, wenn es darum ginge, dass sich beide Spieler im Sinne einer Verhandlungssituation darauf einigen müssten, welches der beiden Ergebnisse, gemeinsame Kooperation oder gemeinsame Defektion, sie verwirklichen sollten, dann gäbe es wohl keinerlei Zweifel, dass das pareto-effiziente Ergebnis verwirklicht wird. Das Problem entsteht in der Realität jedoch dadurch, dass allein eine Einigung auf ein Ergebnis nicht dessen Durchsetzung garantiert. Nur weil ein bestimmtes Ergebnis „vernünftig" ist und alle wissen, dass es „vernünftig" ist, bedeutet dies noch lange nicht, dass alle bestrebt sein werden, dieses Ergebnis herbeizuführen. Denn die Handlungsanreize, denen sich der Einzelne gegenüber sieht, sind gerade nicht dazu angetan, ihn dazu zu motivieren, seinen Beitrag zur Herbeiführung des „vernünftigen" Ergebnisses zu leisten.

6.2 Das Gefangenendilemma und vertragstheoretische Begründungen des Staates

Eine der berühmtesten und ältesten Verwendungen eines spieltheoretischen Arguments, wenn auch noch ohne präzise formale Darstellung, die genau diesen Aspekt aufgreift, ist die Schilderung des Naturzustands bei Thomas Hobbes in seinem 1651 erschienenen *Leviathan*. Im (fiktiven) Naturzustand befinden sich alle Individuen in einem „Krieg aller gegen alle", bei dem jeder seinen eigenen Vorteil ohne jegliche Rücksichtnahme auf die anderen durchzusetzen versucht. „Der Mensch ist des Menschen Wolf", wie Hobbes diesen Naturzustand beschreibt. Jeder Einzelne sieht sich in diesem Naturzustand in einem Status der permanenten Unsicherheit, in dem sein Besitz und Leben durch die anderen gefährdet ist. In dieser Situation erkennen die Menschen aufgrund der ihnen gegebenen Vernunft, dass sie sich alle besser stellen könnten, wenn sie sich an gewisse Regeln halten würden, die von Hobbes die „natürlichen Gesetze" genannt werden. Im Gegensatz zum Naturrecht handelt es sich hierbei nicht um vorgegebene oder von Gott erlassene Gesetze, sondern um Regeln des Zusammenlebens, deren Sinnhaftigkeit jeder Einzelne durch vernünftiges Nachdenken erkennen kann. Diese natürlichen Gesetze enthalten Verhaltensregeln wie „Suche Frieden und halte ihn ein!", „Verträge sind zu halten!" oder „Handelt anderen gegenüber so, wie Ihr von Ihnen behandelt werden wollt!". Der letzte Grundsatz wird häufig auch als *Goldene Regel* bezeichnet, bekannter noch in der umgangssprachlichen Form „Was Du nicht willst, dass Dir man tu', das füg' auch keinem andern zu!". Wichtig an den Hobbes'schen Formulierungen dieser Regeln, die noch etwas differenzierter sind, ist, dass diese Regeln konditional sind. Man ist nach Hobbes' Ansicht nur zu ihrer Einhaltung verpflichtet, solange man berechtigte Hoffnung hegen kann, dass diese Regeln auch von anderen eingehalten werden.

Das Problem, wie es von Hobbes geschildert wird, besteht nun darin, dass es für jeden Einzelnen einen Anreiz gibt, sich nicht an die natürlichen Gesetze zu halten. Dies gilt insbesondere gerade dann, wenn sich die anderen daran halten. Es wird daher immer Einzelne geben, die die natürlichen Gesetze nicht einhalten. Diese Schilderung des Naturzustands ist der eines Prisoners' Dilemmas offensichtlich sehr ähnlich und wird in der Literatur daher gerne auch so dargestellt. Dies übersieht allerdings die Subtilität der Hobbes'schen Argumentation. Tatsächlich wird aus seiner Sicht nur ein „Narr" glauben, die natürlichen Gesetze zum eigenen Vorteil missachten zu können. Der normale, d.h. vernünftige Mensch würde nach Hobbes' Ansicht keineswegs die natürlichen Gesetze verletzen, da er aber mit dem Auftreten der erwähnten „Narren" rechnen muss, kann er nicht mehr mit der allgemeinen Einhaltung der natürlichen Gesetze rechnen, wodurch er auch nicht mehr zu ihrer Befolgung verpflichtet ist, da diese Verpflichtung – wie erwähnt – eben konditional ist. Obwohl die allgemeine Einhaltung der natürlichen Gesetze also gegenüber dem Naturzustand einen pareto-superioren Zustand darstellen würde, da sich ja jeder dabei besser stellen würde, wird es nicht dazu kommen. Der einzige Ausweg für Hobbes aus diesem Dilemma besteht in der Errichtung einer externen Instanz, dem sogenannten *Leviathan*, der alle Gewaltmittel erhält und die Einhaltung der natürlichen Gesetze erzwingen kann.[9]

In der Hobbes'schen Tradition befindet sich auch die Naturzustandsbeschreibung von James Buchanan in *The Limits of Liberty*. Buchanan spricht anstatt von natürlichen Gesetzen von Rechten der Individuen, zu deren Anerkennung sich die Einzelnen in einer Art freiwilligem Vertrag verpflichten (oder eben auch nicht). Die Buchanan'sche Beschreibung des Naturzustands entspricht ebenfalls einem Prisoners' Dilemma.

Abbildung 6.3: Buchanans Beschreibung des Naturzustands

		B	
		Respektiert Rechte	Respektiert keine Rechte
A	Respektiert Rechte	19, 7	3, 11
	Respektiert keine Rechte	22, 1	9, 2

Die besondere Brisanz bei Buchanan besteht darin, dass es sich, wie man erkennen kann, um ein asymmetrisches Spiel handelt. Dennoch haben beide Spieler eindeutig eine dominante Strategie, die in der Nichtrespektierung von Rechten besteht. Diese asymmetrische Situation lässt sich darstellen als Konflikt zwischen zwei verschiedenen Gruppen, die man „die Angreifer" und „die Verteidiger" nennen kann. Die Verteidiger sind die eigentlichen Produzenten, sie sind z.B. Bauern, die – wie im Film „Die glorreichen Sieben" – von den Angreifern, einer Horde wilder Banditen, regelmäßig um einen Großteil ihrer Ernte gebracht werden. Der „Vertrag", der bei Buchanan geschlossen wird, ist ein sogenannter Abrüstungsvertrag, der darin besteht, dass sich die Bauern mehr oder weniger „freiwillig" zur Tributzahlung an die Angreifer verpflichten. Auf diese Weise können beide Seiten Kosten sparen, die sie ansonsten in Angriffswaffen und Verteidigungsanlagen stecken würden. So kann insgesamt mehr verteilt werden, wenn diese „Rechtsordnung" anerkannt

---

9 Der Leviathan kann aber keinesfalls dazu verpflichtet oder gar gezwungen werden, die Einhaltung der natürlichen Gesetze zu gewährleisten. Denn dies würde bedeuten, dass der Leviathan seinerseits durch eine externe Gewalt zu etwas gezwungen werden könnte, was offensichtlich einen Widerspruch darstellt. Die Bürger können nach Hobbes allerdings berechtigte Hoffnungen haben, dass der Leviathan aus Eigennutz eine Art von stabiler Rechtsordnung herstellen wird, um seine eigenen Einnahmen aus der Staatstätigkeit zu maximieren.

wird. In diesem „Rechtszustand" würden sich nun beide Parteien besser stellen als im ursprünglichen Naturzustand.

6.3 Die Problematik der Bereitstellung öffentlicher Güter

Die Garantie einer Rechtsordnung kann als eine spezielle Art eines sogenannten *öffentlichen Gutes* betrachtet werden. Öffentliche Güter sind im Wesentlichen durch zwei Kriterien gekennzeichnet, dem der *Nicht-Ausschließbarkeit* und dem der *Nicht-Rivalität des Konsums*. Mit Nicht-Ausschließbarkeit soll ausgedrückt werden, dass ein öffentliches Gut, wenn es einmal bereit gestellt ist, von jedem in Anspruch genommen werden kann, da der Zugang zu diesem nicht verweigert werden kann bzw. die Kontrolle des Zugangs nur unter prohibitiv hohen Kosten verwirklicht werden könnte. Niemand kann von der Nutzung dieses Gutes ausgeschlossen werden, unabhängig von dem Beitrag, den man zur Bereitstellung geleistet hat. Mit Nicht-Rivalität des Konsums wiederum ist gemeint, dass der Nutzen, den dieses Gut einem Individuum spendet, nicht dadurch beeinträchtigt wird, dass es auch von anderen genutzt wird. Öffentliche Güter – im Gegensatz zu privaten Konsumgütern – „verbrauchen" sich nicht. Klassische öffentliche Güter im erwähnten Sinn sind demnach z.B. eine saubere Umwelt, der offene Badestrand, aber eben auch die rechtliche und wirtschaftliche Infrastruktur innerhalb eines Landes.

Der Beitrag kann entweder positiver Natur sein, in dem Sinn, dass er zur Herstellung eines öffentlichen Gutes verwendet wird, er kann aber auch negativer Natur sein. In diesem Fall verzichtet der Beitragsleister auf gewisse Handlungen, um ein öffentliches Gut zu erhalten. Diese Sorte von Problemen wird mit dem Begriff der „Tragik der Allmende" verknüpft. Allmendegüter sind gemeinschaftlich bewirtschaftete oder „verwaltete" Güter wie z.B. eine Gemeindewiese, auf der die Kühe aller Bauern der Gemeinde weiden dürfen. Jeder einzelne Bauer hat den individuellen Anreiz, eine Kuh mehr auf die Weide zu stellen. Falls sich aber alle so verhalten, dann führt dies dazu, dass die Wiese überweidet wird und alle Kühe unter Unterernährung leiden, keine Milch mehr geben oder im schlimmsten Fall sogar sterben.

Insbesondere die Nicht-Ausschließbarkeit stellt ein Problem für die Anreizstruktur zur freiwilligen individuellen Bereitstellung eines öffentlichen Gutes dar. Da ja unabhängig vom eigenen Beitrag niemand von der Nutzung des öffentlichen Gutes ausgeschlossen werden kann, ist es offensichtlich verlockend, die Kosten der Bereitstellung anderen zu überlassen und als *Trittbrettfahrer* das von anderen geschaffene öffentliche Gut mit zu genießen. Die Entscheidung, ob man sich an der Bereitstellung eines öffentlichen Gutes beteiligen will, wird nach dem Rational-Choice Ansatz unter rein individuellen Gesichtspunkten getroffen. Der Akteur erhält aus der Bereitstellung eines öffentlichen Gutes einen Benefit, hat aber andererseits für einen eigenen Beitrag bestimmte Kosten aufzubringen. Für die folgende kurze Analyse setzen wir die Höhe der Kosten für einen individuellen Beitrag auf c, die Steigerung des Benefits, die durch einen individuellen Beitrag erzielt wird, soll mit b bezeichnet werden. Dieser Benefit fällt wegen der Nicht-Rivalität des

Konsums für alle in gleicher Höhe an. Die Zuordnung von Kosten und Benefits zu den einzelnen Akteuren wird durch Indizes deutlich gemacht. Der Einfachheit halber nehmen wir für die paradigmatische Analyse eines Gefangenendilemmas als Schilderung der Situation der Bereitstellung eines öffentlichen Gutes die generelle Auszahlungsmatrix aus Abbildung 6.2, wobei hier zum Zweck der einfacheren Interpretation die Auszahlungen als kardinale Nutzen interpretiert werden sollen.

Abbildung 6.4: Das Gefangenendilemma als Öffentliches Gut- Problem

		Spaltenspieler	
		Beitrag	Kein Beitrag
Zeilenspieler	Beitrag	3, 3	1, 4
	Kein Beitrag	4, 1	2, 2

Die kooperative Strategie entspricht jetzt der Bereitschaft, einen Beitrag zu leisten, die defektierende Strategie der Beitragsverweigerung. Der Status Quo vor der Bereitstellung des öffentlichen Gutes ist die rechte untere Zelle der Matrix, bei der jeder der beiden Spieler einen Nutzen von 2 Einheiten erhält. Leistet nun z.B. der Zeilenspieler einen Beitrag, so finden wir uns nun in der rechten oberen Zelle wieder. Der Nutzen des Zeilenspielers ist auf 1 Einheit gesunken, der des Spaltenspielers jedoch auf 4 gestiegen. Da der Spaltenspieler als Trittbrettfahrer den Nutzen in vollem Umfang konsumieren kann, ohne irgendwelche Kosten aufzubringen, entspricht der Benefit des ersten Beitrags offensichtlich 2 Nutzeneinheiten, der Differenz von 4 und 2. Da aber der Zeilenspieler diesen Benefit natürlich ebenfalls erfährt, müssen die Kosten eines Beitrags 3 Nutzeneinheiten entsprechen, denn die Nettonutzenveränderung entspricht ja dem Verlust einer Nutzeneinheit.[10] Leistet nun der Spaltenspieler den zweiten Beitrag, so lässt sich in analoger Weise leicht feststellen, dass auch beim zweiten Beitrag der Benefit einem Nutzen von 2 Einheiten entspricht und die Kosten 3 Nutzeneinheiten entsprechen. Für jeden einzelnen Beitrag gilt also, dass seine Kosten immer den Nutzen übersteigen. Daher wird es niemals zur Bereitstellung eines öffentlichen Gutes aufgrund von individuellen Entscheidungen kommen, wenn die Situation der eines Gefangenendilemmas entspricht. Öffentliche Güter sind in diesem Fall im wörtlichen Sinne „öffentliche" Güter, da sie aus den angeführten Gründen durch die Öffentlichkeit, also den Staat, bereitgestellt werden müssen.

6.4 Das Chicken-Game

Ein weiteres paradigmatisches Spiel ist das sogenannte Chicken-Game. Die bekannte Coverstory ist hier die von zwei Jugendlichen, die eine Art von „Mutprobe" durchführen. Beide fahren mit einem Auto aufeinander zu, wer ausweicht, ist das „Chicken", also der Feigling. Eine etwas abgewandelte Version kommt in dem

---

10 Um die Analyse zu vereinfachen, gehen wir von der Homogenität aller Spieler aus.

6. Spiele mit „gemischten Motiven"

James-Dean-Film „... denn sie wissen nicht, was sie tun"[11] von Nicholas Ray vor, in dem die beiden Jugendlichen auf einen Abhang zurasen. Der Feigling ist hier derjenige, der als erster aus dem Auto springt. Im Sinne der ursprünglichen Version findet ein Chicken-Game in dem Kevin-Bacon-Film „Footloose" statt, allerdings mit einer Art von Traktoren.

Die Auszahlungsmatrix in einem Chicken-Game ist in Abbildung 6.5 dargestellt. Die „kooperative" Strategie entspricht in der Coverstory dem Ausweichen. Verhalten sich beide nicht-kooperativ, erhalten sie ihr schlechtestes Ergebnis, das in diesem Fall womöglich gar den Tod bedeuten könnte, zumindest aber einen schweren Schaden. Die Auszahlungsmatrix ist der des Gefangenendilemmas nicht ganz unähnlich und kann aus dieser erschaffen werden, indem man einfach die Nutzenwerte „1" und „2" vertauscht.

Abbildung 6.5: Generelle Auszahlungsmatrix eines Chicken-Game

		Spaltenspieler	
		kooperiert	defektiert
Zeilenspieler	kooperiert	3, 3	2, 4
	defektiert	4, 2	1, 1

Im Chicken-Game gibt es keine dominanten Strategien. Die Suche nach besten Antworten enthüllt aber, dass es zwei Gleichgewichte gibt, in der Zelle links unten und in der Zelle rechts oben. Ein Gleichgewicht besteht also in der Kombination einer kooperativen mit einer defektierenden Strategie. Anders ausgedrückt: Einer der beiden muss bereit sein, zu kooperieren, d.h. den „Feigling" zu geben, um zu verhindern, dass es zur Katastrophe kommt. Beide Gleichgewichte entsprechen pareto-effizienten Zuständen.

Es gibt beim Chicken-Game ein gemeinsames Interesse, das Allerschlimmste zu verhindern. Dieser Zustand, der der Zelle rechts unten entspricht, also der Defektion beider Spieler, ist pareto-inferior gegenüber jedem anderen Ergebnis. Man könnte es auch so ausdrücken, dass ein gemeinsames Koordinationsinteresse dahingehend besteht, ein bestimmtes Ergebnis auf jeden Fall zu vermeiden. Eine gegenseitige Kooperation ist allerdings kein stabiler Zustand, da jeder der beiden Spieler ein Interesse daran hätte, sich durch einseitige Defektion zu verbessern. Die Realisierung eines der beiden Gleichgewichte ist also durchaus eine realistische Lösung eines Chicken-Dilemmas, ein Problem besteht aber in der Selektion des Gleichgewichts, da es ja zwei mögliche Gleichgewichte gibt. Während es beim reinen Koordinationsspiel wie z.B. dem Rendezvous-Spiel für keinen der Spieler darauf ankam, welches der verfügbaren Gleichgewichte realisiert wird, Hauptsache *irgendeines* der Gleichgewichtsergebnisse wird umgesetzt, gibt es hier zwischen den beiden Spielern konfligierende Interessen, welches der beiden Gleichgewichte realisiert werden soll. Jeder der beiden Spieler würde es einerseits bevorzu-

---

11 Ein vielsagendes Beispiel für die weitgehend sinnfreien und auch schon wieder verräterischen deutschen Übersetzungen amerikanischer Filmtitel der 50er und 60er Jahre. Im Original hieß der Film „Rebel without a cause".

gen, wenn der andere kooperiert. Er ist aber andererseits bereit, es notfalls auch selbst zu tun, bevor es zum schlimmsten Fall kommt, der dann eintreten würde, wenn keiner kooperiert. Hier gibt es verschiedene Möglichkeiten der Spieler zu versuchen durch sogenannte *strategische Züge*, die dem eigentlichen Spiel vorgeschaltet werden, das für sie günstigere Ergebnis durchzusetzen. Eine erfolgversprechende Strategie besteht hier z.B. in einer *Selbstbindung*, durch die sich der Spieler auf die Wahl einer bestimmten Strategie festlegt. Ein bekanntes Beispiel für eine solche Selbstbindungsstrategie bestünde beim Chicken-Rennen z.B. darin, dass einer der beiden Fahrer sein Lenkrad abmontieren und gut sichtbar zum Fenster hinauswerfen könnte.[12] Damit ist es ihm gar nicht mehr möglich, etwas anderes als seine defektierende Strategie zu verfolgen, was den zweiten Spieler zwangsläufig dazu verleiten muss, zähneknirschend den „Feigling" zu geben und zu kooperieren. Auch der Erwerb einer bestimmten Art von Reputation, z.B. als „tough guy", der niemals ausweicht und „lieber ein toter Held als ein lebender Feigling" sein will, kann hilfreich dafür sein, das aus der eigenen Sicht bessere Gleichgewicht zu verwirklichen. Allerdings wird bei beiden Lösungsmöglichkeiten streng genommen nicht mehr nur das Chicken-Game gespielt, sondern dieses ist in ein zweistufiges Spiel eingebettet bzw. wird das ursprüngliche Spiel durch diese strategischen Züge in ein anderes Spiel transformiert. Der „tough guy" z.B. verfügt offensichtlich über eine andere Auszahlungsstruktur, die für ihn die defektierende Strategie sogar zur dominanten Strategie macht. Genauer gesagt hat sich der „tough guy" zumindest glaubwürdig die Reputation erworben, diese Auszahlungsstruktur zu besitzen, ob dies den wahren Umständen entspricht oder nur eine geschickte und erfolgreiche Täuschung des Spielers darstellt, ist unerheblich, solange sie vom Gegenspieler geglaubt wird. Denn die dominierte Strategie der Kooperation des „tough guy" muss für diesen als potenziell mögliche Strategie eliminiert werden, sodass dem Gegenspieler nur noch übrig bleibt, das innerhalb der dominanten Strategie des „tough guy" bestmögliche Ergebnis zu erzielen, was eben in der Kooperation besteht. Wir werden an späterer Stelle auf die Feinheiten von strategischen Zügen noch genauer eingehen und diese auch formal korrekt darstellen. An dieser Stelle soll es bei der eher intuitiven Darstellung bleiben.

Auch das Chicken-Game eignet sich sehr gut zur Darstellung der Bereitstellung von öffentlichen Gütern. Wir verwenden zur Illustration wieder das Modell mit Benefits und Kosten. Der Ausgangspunkt, der Status Quo, ist wie gehabt der Zustand beidseitiger Defektion, wenn also keiner der beiden einen Beitrag zur Herstellung des Gutes leistet. Nehmen wir an, der erste Beitrag wird vom Zeilenspieler geleistet, sodass wir uns vom Status Quo ausgehend von rechts unten in die Zelle rechts oben bewegen. Der Benefit dieses Beitrags für beide Spieler entspricht dann offensichtlich 3 Nutzeneinheiten, denn dies ist der Nutzenzuwachs des passiven Spaltenspielers, der ja wegen des Kriteriums der Nicht-Ausschließbarkeit von der Bereitstellung des öffentlichen Gutes genauso profitiert wie der Zeilenspieler. Außerdem gilt wegen der Nicht-Rivalität des Konsums, dass beide im selben Umfang von dem Gut profitieren, da die Nutzenausschüttungen durch das Gut nicht

---

[12] Dieser „Lösungsvorschlag" stammt von Herman Kahn und war offensichtlich in der Zeit, in der er vorgeschlagen wurde, also in den 50ern, technisch möglich.

von der Anzahl der Nutzer beeinflusst werden. Da der Zeilenspieler aber nur einen Nettozuwachs von einer Nutzeneinheit erfährt, müssen die Kosten offensichtlich 2 Nutzeneinheiten entsprochen haben. Würde nun auch noch der Spaltenspieler einen Beitrag leisten, dann erhöht sich der Nutzen des Zeilenspielers von 2 auf 3 Einheiten, der Benefit des zweiten Beitrags beträgt also für alle offensichtlich nur noch eine Nutzeneinheit. Da sich die Benefits des Spaltenspielers demnach zuerst einmal ebenfalls von 4 auf 5 erhöhen müssen, er aber bei einer Endausschüttung von 3 landet, müssen für ihn die Kosten wieder 2 Einheiten betragen haben.

Im Gefangenendilemma kam es zu keiner Bereitstellung des öffentlichen Gutes, da auf jeder Stufe der Beitragsleistung die Kosten für die Individuen höher ausfallen als die dadurch bewirkten Nutzenauszahlungen. Im Falle des Chicken-Games fallen für die ersten Beiträge selbst für die Beitragsleister die Benefits höher aus als die Kosten, allerdings nehmen die Benefits der Beiträge immer mehr ab, je höher das schon erreichte Niveau des öffentlichen Gutes ist, sodass schließlich die individuellen Kosten die individuellen Nutzen übertreffen. Es kommt also zu einer partiellen Bereitstellung des öffentlichen Gutes durch die „ersten" Beitragsleister. Dann gibt es allerdings für weitere Spieler keinen Anreiz mehr, ebenfalls einen Beitrag zu leisten. Während es beim Gefangenendilemma bei keinem der Spieler zu einer Beitragsleistung kommt und daher auch niemand von Trittbrettfahrern ausgebeutet wird, gibt es bei Situationen, die dem Chicken-Dilemma entsprechen, einige Spieler, die mehr oder weniger widerstrebend einen Beitrag leisten, während andere als Trittbrettfahrer mitreisen.

Der „Verlierer" im Chicken-Dilemma, also derjenige, der durch seine Kooperation zur Verwirklichung des von ihm weniger geschätzten Gleichgewichts beiträgt, ist häufig derjenige mit den schwächsten Nerven, der also am schnellsten durch den Zustand, der durch die gegenseitige Nichtkooperation entsteht, nervös wird und diesen zu verhindern sucht. Nehmen wir das Beispiel des öffentlichen Gutes des geputzten Badezimmers in einer WG. Der schlechteste Zustand für jeden besteht darin, dass keiner das Bad putzt. Im Zweifelsfall würde daher jeder lieber selbst das Bad putzen, wenn es sonst keiner macht. Aber jedem Einzelnen ist es lieber, der andere putzt das Bad und nicht er. Wer in dieser Situation als erster das ungeputzte Badezimmer nicht mehr ertragen kann, wird nolens volens zum „heroischen Bereitsteller" des Kollektivguts, wenn er Putzlappen und Eimer in die Hand nimmt. Gewiefte WG-Bewohner sollten daher bei der Aufnahme eines neuen Mitbewohners darauf achten, dass dieser oder diese eine möglichst geringe Schmutztoleranz aufweist, zumindest eine geringere als sie selbst.

„Heroische Bereitsteller" von Kollektivgütern müssen allerdings nicht immer Helden wider Willen sein. In gewisser Weise als Gegenstück des „tough guy" existiert der aufrichtige heroische Bereitsteller von Kollektivgütern, für den es sogar eine dominante Strategie darstellt, zu kooperieren, also jemand, der in jedem Fall bereit ist, das Kollektivgut im Alleingang bereitzustellen. Im Extremfall ist es dem heroischen Bereitsteller sogar lieber, durch sein Opfer das öffentliche Gut herzustellen, als wenn dies durch den anderen bewerkstelligt würde. Mancur Olson spricht von „privilegierten Gruppen", wenn sie ein solches Mitglied unter sich haben. Ein schönes Beispiel hierfür stellt der legendäre Milliardär Howard Hughes dar, von Leonardo di Caprio in Scorseses Film „Aviator" verkörpert. In den 60er-Jahren kaufte Hughes die meisten Casinos in Las Vegas auf[13] und verschanzte sich selbst in einem seiner Hotels vor der Öffentlichkeit und vor allem vor Bakterien, vor denen er eine tödliche Angst hatte.[14] Howard Hughes war außerdem ein großer Filmfan, unter anderem hatte er in den 30er und 40er-Jahren die Filmfirma RKO besessen und als Produzent und Regisseur den Billy the Kid-Film „The Outlaw" gedreht, der wegen seiner (für die damalige Zeit) freizügigen Szenen und sexuellen Anspielungen jahrelang zensiert war. Da er nicht mehr an die Öffentlichkeit ging, konnte Hughes seiner Filmliebhaberei nur noch im TV nachgehen. Um Las Vegas herum gab es aber keinen Sender, der die Filme, die er mochte, ausstrahlte. Also kaufte Hughes einfach einen eigenen TV-Sender und sorgte dafür, dass dieser nachts die Filme ausstrahlte, die ihm persönlich gefielen. Da die Programme frei empfänglich waren, waren die Einwohner von Las Vegas also die Mitglieder einer privilegierten Gruppe, die von einem exzentrischen Milliardär in die Lage versetzt wurden, ein hochwertiges Filmprogramm kostenfrei im Fernsehen betrachten zu können.

6.5 Das Assurance-Game

Das Assurance-Game wurde von Amartya Sen entwickelt. Es ist strukturell sehr verwandt mit dem sogenannten *Hirschjagd-* bzw. (Stag Hunt)-Spiel, das in Anlehnung an ein Gleichnis von Rousseau benannt ist. Bei der Hirschjagd gibt es einen Jäger und einen Treiber, die sich verabreden, gemeinsam einen Hirsch zu jagen. Der Jäger wartet am Waldrand, dem Treiber hingegen fällt die Aufgabe zu, den Hirsch aufzuscheuchen und dem Jäger zuzutreiben. Während der Treiber jedoch noch auf den Hirsch wartet, läuft ihm ein Hase über den Weg. Wenn der Treiber der spontanen, kurzfristigen Versuchung nachläuft, den Hasen zu jagen, verhindert er damit den gemeinsamen Erfolg für sich und den Jäger, obwohl auch der Treiber die Erlegung des Hirsches höher bewertet als den Hasen.

Die übliche Darstellung des Assurance-Games sieht folgendermaßen aus:

Abbildung 6.6: Generelle Auszahlungsmatrix eines Assurance-Game

		Spaltenspieler	
		kooperiert	defektiert
Zeilenspieler	kooperiert	4, 4	1, 3
	defektiert	3, 1	2, 2

---

13 Unter anderem das legendäre *Sands*, in dem Frank Sinatra und das sogenannte *Rat Pack* aufgetreten waren und in dem auch der originale „Ocean's 11"-Film mit Frank Sinatra (zu Deutsch „Frankie und seine Spießgesellen") gedreht worden ist.
14 Der paranoide zurückgezogene Milliardär im James Bond Film *Diamantenfieber* ist ebenso eine Anspielung auf Howard Hughes wie Mr. Burns in der Casino-Folge der Simpsons. Dort spielt Burns auch mit einem Modellflugzeug, eine Anspielung auf die *Spruce Goose*, einen von Hughes während des 2. Weltkriegs entwickelten Truppentransporter aus Holz, der allerdings lediglich einmal zu einem kurzen Testflug von 1,5 km abhob.

Es gibt keine dominanten Strategien, die Wahl der optimalen Strategie ist kontingent. Defektiert der andere Spieler, sollte man auch defektieren, kooperiert der andere, sollte man mit Kooperation antworten. Es gibt daher zwei Gleichgewichte, eines, das aus beidseitiger Defektion und eines, das aus beidseitiger Kooperation besteht. Ähnlich wie in dem Koordinationsspiel in Abbildung 4.2 und 4.3 scheint aber die Auswahl auf den ersten Blick unproblematisch, da das eine Gleichgewicht gegenüber dem anderen pareto-superior ist, was auch als *Auszahlungsdominanz* (payoff dominance) bezeichnet wird. Da es ein Gleichgewicht gibt, bei dem beide ihre bestmöglichen Auszahlungen überhaupt erhalten, scheint es selbstverständlich, dass sich dieses auch einstellen sollte. Doch diese Sichtweise erweist sich bei eingehenderer Untersuchung als zu naiv. Die Spieltheoretiker John Harsanyi und Reinhard Selten haben gezeigt, dass diese Art von Spiel doch deutlich komplexer ist, als es den Anschein haben mag und Brian Skyrms wiederum hat nicht unüberzeugend argumentiert, dass dieses Spiel in mancher Hinsicht als treffendere Beschreibung der Fallstricke des Gesellschaftsvertrags dienen könnte als das Gefangenendilemma.

Es mag im Assurance-Game spontan „dumm" sein zu defektieren, da man ja eigentlich bestrebt sein sollte, das pareto-superiore Gleichgewicht zu verwirklichen. Wenn ein Spieler aber erwartet, dass der andere „dumm" ist, dann sollte er ebenfalls defektieren. Wenn jeder vom anderen erwartet, dass er defektiert, aus welchen Gründen auch immer, dann ist diese Kombination ein Gleichgewicht. Denn einerseits sind die gewählten Strategien die besten Antworten auf die erwartete Strategie des Gegenübers, andererseits sind sie auch die jeweils vom Gegner erwarteten Strategien. Die erwartete gegnerische Strategie stellt ihrerseits eine beste Antwort auf die eigene gewählte Strategie dar. Das pareto-inferiore Gleichgewicht ist also weniger unplausibel und damit sein Zustandekommen weniger unwahrscheinlich, als es zuerst den Anschein haben mag. Insbesondere wenn irgendeine Art von Unsicherheit besteht, ob der Gegenspieler die eigentlich „bessere" Strategie, also die Kooperation, wählt, kann das pareto-inferiore Gleichgewicht sogar unter gewissen Umständen dem pareto-superioren vorzuziehen sein. Nehmen wir an, die Auszahlungen wären in kardinalen Nutzeneinheiten die folgenden:

Abbildung 6.7: Assurance-Game mit risikodominantem pareto-inferioren Gleichgewicht

		Spaltenspieler	
		kooperiert	defektiert
Zeilenspieler	kooperiert	10, 10	1, 9
	defektiert	9, 1	8, 8

Da sich an der Rangfolge der Auszahlungen in den Zellen für die einzelnen Spieler nichts geändert hat, handelt es sich weiterhin um die Struktur eines Assurance-Games. Aber es ist sofort erkennbar, dass die Strategie der Defektion in dieser Darstellung bedeutend an Attraktivität gewonnen hat, obwohl damit das bestmögliche Ergebnis nicht mehr zustande kommen kann. Denn wenn der andere Spieler

„fälschlicherweise" die defektierende Strategie wählt, obwohl er „eigentlich" die kooperative wählen sollte, fällt man von den sicheren 8, die man hätte, wenn man ebenfalls defektiert, auf eine magere Nutzeneinheit zurück, wenn man einseitig kooperiert.

Es lassen sich mehrere Gründe vorstellen, warum möglicherweise gute Gründe bestehen können, unsicher darüber zu sein, dass der Gegenspieler die kooperative Strategie wählt. Zum einen könnte Unklarheit darüber bestehen, ob die Struktur des Spiels tatsächlich gemeinsames Wissen darstellt. Vielleicht weiß der andere Spieler ja gar nicht, dass man ein Assurance-Game spielt? Oder er weiß dies zwar sehr wohl, kann sich aber nicht sicher sein, dass man selbst weiß, dass man ein Assurance-Game spielt. Womöglich aber hat der Gegenspieler auch eine Art von „Rationalitätsdefekt", wie es z.B. auch der Fall beim Hobbes'schen Narren ist. Auch die Hirschjagdgeschichte von Rousseau legt ja nahe, dass man zumindest damit rechnen muss, dass andere aus purer Unvernunft die Möglichkeit gemeinsamer Gewinne ungenutzt verstreichen lassen. Oder der andere ist zwar gewillt, die kooperative Strategie zu wählen, wählt aber die Strategie mit *zitternder Hand* (trembling hand), sodass nicht hundertprozentig sicher ist, dass sich seine Handlungsabsicht auch in der entsprechenden Handlungswahl niederschlägt. All dies lässt eine gewisse Portion Skepsis über die Rationalität des Gegenübers durchaus als vernünftig erscheinen, vernünftig ganz im klassischen Sinne der Aufklärung verstanden, als ein Ausdruck des *common sense*.

Wenn also zumindest eine gewisse Unsicherheit über die absolute Rationalität des Gegenübers berechtigt erscheint, dann erkennt jeder Spieler, dass er durch die Wahl der kooperativen Strategie viel verlieren, aber nur wenig gewinnen kann. Er verliert durch seine einseitige Vorleistung der Kooperation, wenn diese nicht erwidert wird, 7 Nutzeneinheiten im Vergleich zu den sicheren 8 Nutzeneinheiten, die er mindestens erhält, wenn er die defektive Strategie spielt, kann aber im Vergleich dazu bestenfalls 2 Nutzeneinheiten hinzugewinnen, wenn der andere Spieler ebenfalls kooperiert. Das pareto-inferiore Gleichgewicht bei beidseitiger Defektion wird daher als *risikodominant* gegenüber dem pareto-superioren Gleichgewicht bei beidseitiger Kooperation bezeichnet, da die dazugehörige Strategiewahl mit einem offensichtlich deutlich niedrigeren Risiko im Falle des Scheiterns, also der „falschen" Antwort des Gegenspielers, verbunden ist.

Das Konzept der Risikodominanz lässt sich sehr leicht intuitiv veranschaulichen. Das Gleichgewicht der beidseitigen Defektion ist zwar pareto-inferior, hat aber die erfreuliche Eigenschaft, dass sich ein Spieler sogar verbessert, wenn der andere Spieler nicht mit seiner Gleichgewichtsstrategie antwortet, in diesem Fall erhält der Spieler ja statt 8 Nutzeneinheiten sogar 9. Umgekehrt gilt für das pareto-superiore Gleichgewicht beidseitiger Kooperation, dass sich ein Spieler dramatisch verschlechtert, wenn der andere Spieler nicht ebenfalls mit seiner Gleichgewichtsstrategie antwortet, nämlich von 10 auf 1 Nutzeneinheit. Das pareto-inferiore Gleichgewicht enthält offensichtlich keinerlei Risiko, außer dem, dass man sich unerwartet verbessern könnte. Das pareto-superiore Gleichgewicht hingegen beinhaltet das Risiko einer dramatischen Verschlechterung. Wenn nun die mit den jeweiligen Gleichgewichtsstrategien verbundenen Verlustrisiken im Verhältnis zu den dort erzielten Auszahlungen im Vergleich zu einem anderen Gleichgewicht sehr ungünstig ausfallen, dann wird das erste Gleichgewicht durch das zweite risiko-dominiert.

Allerdings gilt es bei der Abwägung des Risikos, nicht nur die möglichen Verluste, sondern auch die Wahrscheinlichkeiten, mit denen sie auftreten, zu berücksichtigen. Als risikodominant wird ein Gleichgewicht daher gegenüber einem anderen bezeichnet, wenn der Erwartungswert der entsprechenden Gleichgewichtsstrategie höher ausfällt als der Erwartungswert der anderen Gleichgewichtsstrategie, wenn man davon ausgeht, dass der Gegenspieler seine Strategien alle mit derselben Wahrscheinlichkeit wählt. Wenn bei nur zwei vorhandenen Strategien der Zeilenspieler z.B. davon ausgeht, dass der Spaltenspieler „Kooperation" und „Defektion" jeweils mit Wahrscheinlichkeit 1/2 wählt, dann beträgt der Erwartungswert der kooperativen Strategie nur 5 1/2 im Vergleich zum Erwartungsnutzen von 8 1/2 bei der Wahl der defektierenden Strategie. Die Annahme der Gleichverteilung der Wahrscheinlichkeiten bei vollständiger Unsicherheit hinsichtlich der Absichten des Gegners entspricht dem Laplace'schen *Prinzip des unzureichenden Grundes*, wonach die Wahrscheinlichkeit von Ereignissen als gleichverteilt anzunehmen ist, wenn keine plausiblen Gründe angegeben werden können, warum das eine Ereignis eher als das andere eintreten sollte.

Die Laplace'sche Regel des unzureichenden Grundes ist nur eine sehr grobe Heuristik angesichts vollkommener Ignoranz. In der Realität werden sich bestimmte Erwartungen hinsichtlich der Strategiewahl des Gegners herausbilden, die nicht unbedingt eine Gleichverteilung der Wahrscheinlichkeiten, mit denen er seine Strategien wählt, nahelegen. Nur weil man die risiko-dominante Gleichgewichtsstrategie wählen sollte, wenn man von einer Strategiemischung des anderen Spielers mit gleichen Wahrscheinlichkeiten ausgeht, heißt das ja nicht, dass man grundsätzlich diese Strategie wählen sollte. Womöglich gibt es ja gute Gründe, eine von der Gleichverteilung abweichende Wahrscheinlichkeitsverteilung zu erwarten. Es ist daher sinnvoll, die Mindestwahrscheinlichkeit auszurechnen, mit der der Gegenspieler die kooperative Strategie wählen muss, damit man selbst das Risiko der Wahl der kooperativen Strategie eingeht. Dies ist sehr einfach zu bewerkstelligen. Die Wahrscheinlichkeit, mit der der Gegenspieler die kooperative Strategie wählt, soll gleich p gesetzt werden. Dann gilt:

Formel
$E(K) = p*10 + (1-p)*1$
$E(D) = p*9 + (1-p)*8$
$\Rightarrow$
$E(K) > E(D) \Leftrightarrow p > \frac{7}{8}$

Ein Spieler sollte im obigen Beispiel also mindestens mit der Wahrscheinlichkeit von 7/8 davon ausgehen, dass der andere Spieler kooperiert, damit für ihn das Risiko der Kooperation hinnehmbar wird.

Auch das Assurance-Game kann als sinnvolle Beschreibung der Anreizsituation für bestimmte Situationen dienen, in denen es um die Bereitstellung eines öffentlichen Gutes geht. Der Vergleichbarkeit mit den Analysen beim Gefangenendilemma und beim Chicken-Game wegen gehe ich dabei von den Auszahlungen in Abbildung 6.6 aus. Die Benefits des ersten Beitrags entsprechen dann offensichtlich einer Nutzeneinheit, die Kosten der Bereitstellung 2 Nutzeneinheiten. Die Benefits des zweiten Beitrags betragen 3 Nutzeneinheiten bei konstanten Kosten von 2 Nutzeneinheiten. In gewisser Weise handelt es sich also um die Umkehrung der Situation beim Chicken-Game. Die Benefits nehmen mit steigendem Umfang der schon geleisteten Beiträge zu. Während die ersten Beiträge jedoch noch mehr Kosten als Nutzen verursachen, übertreffen bei weiteren Beiträgen die zusätzlich erzielten Benefits die notwendigen Kosten. Bei Assurance-Games kommt es daher mit hoher Wahrscheinlichkeit zu einer vollständigen Beteiligung von allen, solange nur die kritische Schwelle durch einige mutige Avantgardisten überschritten wird, für die die Kosten noch die Benefits übersteigen. Ein passendes Beispiel hierfür sind z.B. die Bürgerrechtsbewegung in den 60er Jahren in den USA oder der Freiheitskampf der Inder unter Mahatma Gandhi. Während die ersten Aktivisten noch mit sehr hohen Kosten zu rechnen haben bzw. damit, dass die Kosten die Benefits deutlich übersteigen, können sie dennoch eine Dynamik in Gang setzen, die letztendlich dazu führt, dass weitere Aktivisten auf den Zug aufspringen, wenn die Risiken bzw. Kosten im Vergleich zu den Benefits so gering ausfallen, dass es sich auch aus der individuellen Perspektive lohnt, sich an der Bewegung zu beteiligen.

Eine zweite Version des Assurance Games betont noch mehr, dass erst alle einen Beitrag geleistet haben müssen, bevor irgendwelche Benefits zu verzeichnen sind.

Abbildung 6.8: Variante des Assurance-Game

		Spaltenspieler kooperiert	defektiert
Zeilenspieler	kooperiert	3, 3	1, 2
	defektiert	2, 1	2, 2

Eine anschauliche Metapher für diese Assurance-Game-Struktur bei der Bereitstellung eines öffentlichen Gutes ist z.B. die Eimerkette beim Löschen eines Feuers. Nur wenn jeder Einzelne seinen Beitrag leistet, kann die Aufgabe erfüllt werden. Auch das Graben eines gemeinsamen Wasserkanals oder einer Zufahrtsstraße, bei der jeder seinen Teil beiträgt, können als Beispiele fungieren.

Allerdings muss dabei gewährleistet sein, dass der Beitrag eines jeden Einzelnen in dieser Form auch nur von ihm vollbracht werden kann, sodass sich keiner vor seinen Pflichten drücken kann in der Hoffnung, dass jemand anderes sie für ihn übernehmen wird. Spezialisierung der benötigten Tätigkeiten kann hier ein geeignetes Abwehrmittel gegen das Trittbrettfahrertum sein. Bei der arbeitsteiligen, spezialisierten Produktion eines Gutes profitiert jeder, wenn alle ihren Beitrag bringen und es ist für jeden sinnvoll, seinen Beitrag zu leisten, wenn die anderen ihn bringen. Drückebergertum ist nicht zu befürchten, da das Fehlen einer Teilleistung wegen ihrer Unersetzbarkeit das Projekt als Ganzes gefährden würde, womit sich auch der potenzielle Drückeberger selber schaden würde.

Die Unersetzbarkeit des eigenen Beitrags ist auch häufig in besonderen Krisen gegeben, in denen im wörtlichen Sinn die Kooperation jedes Einzelnen unverzichtbar ist. Krisen haben daher das Potenzial, den Produktionskontext eines öffentlichen Guts in die Form eines Assurance-Games umzuwandeln und damit einen hohen Grad der Beteiligung und Kooperation zu befördern.

Güter, deren Produktion davon abhängig ist, dass jeder seinen Beitrag leistet, werden daher auch als *Weakest-Link-Goods* bezeichnet, da die Gesamtleistung nur so gut ist wie der Beitrag dessen, der den geringsten Beitrag leistet. Ein treffendes Beispiel im Bereich globaler öffentlicher Güter sind Impfaktionen zur Ausrottung einer bestimmten Krankheit, die nur erfolgreich sein können, wenn sie von allen Ländern durchgeführt werden.

6.6 Der Nutzen von Matrixspielen zur Darstellung der Öffentliches Gut-Problematik

In der folgenden Tabelle sind die Benefit-Kosten-Analysen für die drei Spiele, die geeignet sind, um die Bereitstellung von öffentlichen Gütern zu modellieren, noch einmal übersichtsweise zusammengestellt.

Tabelle 6.1: Benefit-Kosten-Analyse bei der Bereitstellung öffentlicher Güter

	Gefangenendilemma	Chicken-Game	Assurance-Game
1. Beitrag	b=2 c=3 b<c	b=3 c=2 b>c	b=1 c=2 b<c
2. Beitrag	b=2 c=3 b<c	b=1 c=2 b<c	b=3 c=2 b>c
Individuelle Bilanz, wenn alle Beitrag leisten würden = b_1+b_2-c	+1 (wird nicht realisiert)	+2 (wird nicht realisiert)	+2 (wird realisiert)
Individuelle Bilanz im Gleichgewicht	0	+1 für Beitragsleister +3 für Trittbrettfahrer	+2

Im Fall des Gefangenendilemmas kommt es zu keinen Beitragsleistungen, da für jedes Individuum die Kosten des Beitrags immer den Nutzen übersteigen. Aus gesellschaftlicher Perspektive ist dies insofern ein soziales Dilemma, weil der Beitrag ja für jedes Mitglied der Gesellschaft einen Nutzen stiftet, der sich aber in der Anreizstruktur des Individuums nicht wiederfindet. Die kollektive Benefitsteigerung eines Beitrags beträgt hier 4 Nutzeneinheiten, während die Kosten nur 3 betragen. Die Verengung auf die individuelle Situation verhindert hier also die Realisierung gesellschaftlicher Gewinne.

Beim Chicken-Game gibt es so etwas wie abnehmende Grenzerträge der Produktionsfunktion. D.h. für jede investierte Einheit an Kosten fällt der dadurch produzierte Benefit immer geringer aus. Während der erste Beitrag einen gesellschaftlichen Nutzenzuwachs von 4 Einheiten spendet, wird durch den zweiten Beitrag gar nichts mehr hinzugewonnen. Der zweite Beitrag sorgt lediglich für eine durch den Beitrag bewirkte Umverteilung, allerdings zu Ungunsten des Beitragsleistenden, sodass für diesen kein Anreiz besteht, ebendiese Umverteilung auf seine eigenen Kosten zu bewirken. Während das Gefangenendilemma zu einer ineffizienten Lösung führt, da mögliche gesellschaftliche Wohlfahrtsgewinne nicht realisiert werden, werden im Chicken-Game diese Gewinne zwar realisiert, sie führen aber zu einem Gerechtigkeitsproblem, da die Gewinne zwischen den einzelnen Akteuren sehr ungleich verteilt sind.

Die Lösung im Assurance-Game ist hingegen sowohl effizient als auch gerecht, da sie dafür sorgt, dass jeder seinen Beitrag leistet. Der Grund hierfür ist, dass es zunehmende Grenzerträge der Produktion gibt, d.h. die für jede Kosteneinheit erwirtschafteten Erträge nehmen mit jedem weiteren Beitrag zu. Damit es hier nicht nur zur Verwirklichung der Effizienz, sondern auch der Gerechtigkeit kommt, muss aber Vorsorge geleistet werden, dass die Beiträge der einzelnen Akteure auch nur von diesen erbracht und nicht durch Beiträge anderer Akteure substituiert werden können.

Es tritt klar zutage, dass das Assurance-Game am besten geeignet ist, die Bereitstellung eines öffentlichen Gutes aus privater Initiative heraus zu gewährleisten. Entspricht die Situation hingegen einem Gefangenendilemma kommt es zu gar keinen Beiträgen, entspricht sie einem Chicken-Dilemma kommt es zu einer teilweisen Bereitstellung, wobei diejenigen, die keine Beiträge leisten, als Trittbrettfahrer die Beitragsleister ausbeuten. Wann immer möglich, ist es daher ratsam, die Anreizsituation im Sinne eines Assurance-Games zu gestalten.

6.7 Die Struktur von Matrixspielen

Das Gefangenendilemma, das Chicken-Game und das Assurance-Game zählen nicht aus Zufall zu den bekanntesten Spielen. Ihre Relevanz geht weit über die des Problems hinaus, das jeweils in der Coverstory geschildert wird, die ihnen ihren Namen gegeben hat. Das Interessante an diesen Spielen ist ihre paradigmatische Struktur, d.h. sie sind lediglich prototypische bzw. idealtypische Repräsentanten der Struktur eines Spiels, es ist aber ebendiese Struktur, die diese Spiele interessant macht. Im Falle des Gefangenendilemmas zeigt sich diese Struktur z.B. in dem Umstand, dass sich aus der Kombination zweier dominanter Strategien ein Gleichgewicht ergibt, das pareto-inferior zu einem anderen möglichen Ergebnis ist. Man muss bei der Interpretation eines Spiels also immer die strukturelle Komponente von der inhaltlichen trennen. Das Wesen eines prototypischen Spiels besteht typischerweise darin, dass die ihm innewohnende Struktur auf vielerlei Weise inhaltlich gefüllt werden kann. Die strukturelle Komponente eines Spiels ist unabhängig von der inhaltlichen Anwendung, die ihr übergestülpt wird, es spielt daher unter anderem in dieser Hinsicht keine Rolle, wie die Strategien selbst, also die Zeilen und die Spalten der Auszahlungsmatrix, benannt werden. Wenn sich für viele Spiele wie z.B. das Gefangenendilemma, das Chicken-Game und das Assurance-Game sinnvolle Anwendungen finden lassen, bei denen die eine Strategie als eine „kooperative" und die andere als eine „defektierende" bezeichnet werden kann, dann heißt dies lediglich, dass interaktive Entscheidungsstrukturen, bei denen die einzelnen Handlungsoptionen sinnvoll als „kooperativ" bzw. „defektierend" interpretiert werden können, gut durch diese Spiel modelliert werden können. Aus diesem Grund lassen sich diese Spiele eben auch gut auf Probleme der Bereitstellung von Kollektivgütern anwenden. Der theoretische Wert und die theoretische Fruchtbarkeit dieser Spiele bestehen darin, dass sie zur Analyse solcher theoretisch interessanten Fragestellungen angewandt werden können. Die ureigene spieltheoretische Analyse selbst aber ist von diesen inhaltlichen Übertragungen unabhängig, sie stellt den formalen und mathematischen Kern der Spieltheorie dar. Die formale Eigenschaft des Gefangenendilemmas, dass die beidseitige Wahl dominanter Strategien ein pareto-inferiores Gleichgewicht hervorbringt, ist unabhängig von der inhaltlichen Anwendung auf bestimmte Probleme, auch wenn sie dadurch für viele erst ihre eigentliche Relevanz erhält. Es verhält sich hier nicht anders als mit anderen mathematischen Strukturen. Man kann sich mit gleichseitigen Dreiecken und Rechtecken unter rein theoretischen, mathematischen Aspekten beschäftigen, sie können aber eben auch zur praktischen Messung der Flächen von Äckern angewandt werden. Die mathematischen Eigenschaften des Rechtecks ändern sich nicht, weil sie in der Praxis angewandt werden, es sind aber die mathematischen Eigenschaften, die sie in der Praxis anwendbar machen. Es ist ja gerade diese Doppelbödigkeit der Mathematik, die ihre Faszination ausmacht, dass etwas, was theoretisch als reines Gedankengebäude entsteht, dennoch auf die Praxis angewandt werden kann.

Hätten die Benennungen der Strategien in einem Zweipersonenspiel wie z.B. „kooperativ" und „defektierend" eine inhaltliche Bedeutung in sich selbst, sodass sie nicht mit beliebigen Namen versehen werden dürfen, dann gibt es insgesamt 576 mögliche Spiele, solange wir die Auszahlungen nur als ordinale Nutzen darstellen, also lediglich in eine Rangordung von 4 bis 1 bringen wollen. Denn für jede Reihenfolge der Belegung der vier Zellen von links oben nach rechts unten mit Positionszahlen gibt es 4! (gesprochen 4 Fakultät = 4*3*2*1), also 24, Permutationen, von denen jede mit jeder des anderen Spielers kombiniert werden kann.

Betrachten wir hingegen lediglich die Struktur des Spiels, sind also die inhaltlichen Benennungen der Zeilen und Spalten bedeutungslos, dann können diese miteinander vertauscht werden, ohne dass sich an der essentiellen Struktur des Spiels etwas ändert. Die „inhaltliche" Bedeutung einer Strategie ergibt sich dann ausschließlich aus den durch sie in der Interaktion mit anderen Strategien hervorgebrachten Ergebnissen. Welche die erste und welche die zweite Zeile des Zeilenspielers ist, ist unerheblich, genauso spielt es keine Rolle, welche der Strategien des Spaltenspielers in der ersten und welche in der zweiten Spalte steht. Es verbleibt daher erst einmal nur ein Viertel der oben genannten Spiele übrig, also 144, die sich strukturell unterscheiden. Des Weiteren können wir, ohne dass sich die Grundstruktur des Spiels ändert, nicht nur die Strategien eines bestimmten Spielers austauschen, sondern auch die Spieler selbst. Denn es ist ja offensichtlich beliebig, welchen Spieler wir in der Matrixdarstellung zum Zeilen- und welchen wir zum Spaltenspieler machen. Damit halbiert sich die Anzahl der strukturell unterschiedlichen Spiele auf 72.

6.8 Harmoniespiel

Im Folgenden werden drei weitere Spiele vorgestellt, die üblicherweise im Kontext der Bereitstellung öffentlicher Güter diskutiert werden. Daher erhalten die Strategien wie üblich die Namen „C" für Kooperation und „D" für Defektion. Im spieltheoretischen Sinne handelt es sich dabei um strukturell eher uninteressante Spiele. Solche Spiele sind aber oft mehr oder weniger maßgeschneiderte Lösungen zur Beschreibung spezifischer Problemkonstellationen, z.B. im Bereich der internationalen Beziehungen oder bei der Bereitstellung von öffentlichen Gütern. Die Analyse dieser Spiele kann also nicht zur Entwicklung spieltheoretisch interessanter Konzepte führen, sie eignet sich nichtsdestotrotz dazu, die Anwendungsmöglichkeiten spieltheoretischer Modellierung zu illustrieren.

Das „unproblematischste" und trivialste dieser Spiele ist das *Harmoniespiel*. In diesem Fall ist für beide Spieler die kooperative Strategie die dominante Strategie. Demnach gibt es ein Nash-Gleichgewicht, bei dem beide Spieler kooperieren, das zudem für beide Spieler zur bestmöglichen Auszahlung führt. Es gibt in diesem Fall nicht einmal irgendeine Form eines Koordinationsproblems, da ja jeder der beiden Spieler nur seine dominante Strategie spielen muss, damit das sowohl individuell als auch kollektiv beste Ergebnis zustande kommt. Es gibt nicht nur keinen Konflikt, es ist aufgrund der Struktur des Spiels darüber hinaus regelrecht ausgeschlossen, dass es zu Problemen bei der Kommunikation oder Koordination kommen könnte, sodass sich trotz des „besten" gegenseitigen Willens womöglich negative Ergebnisse einstellen könnten, die „eigentlich" keiner gewollt hat. Das „gute" Ergebnis setzt sich unabhängig von dem Willen Einzelner durch, ein für die Gemeinschaft „gutes" Ergebnis erzielen zu wollen.

Abbildung 6.9: Generelle Auszahlungsmatrix des Spiels Harmonie

	C	D
C	4, 4	2, 3
D	3, 2	1, 1

6. Spiele mit „gemischten Motiven"

6.9 Rambo-Spiele

Interessanter als das Harmoniespiel, da ein gewisses Konfliktpotenzial enthaltend, sind hingegen sogenannte *Rambo*-Spiele. Die klassische Form eines Rambo-Spiels ist in der folgenden Abbildung zu sehen.

Abbildung 6.10: Generelle Auszahlungsmatrix des Rambo-Spiels

	C	D
C	4, 2	2, 4
D	3, 1	1, 3

Beide Spieler besitzen eine dominante Strategie, allerdings ist die dominante Strategie des Zeilenspielers die der Kooperation, die des Spaltenspielers die der Defektion. Entscheidend ist, dass das Spiel daher nicht symmetrisch ist. Das sich ergebende einzige Nash-Gleichgewicht, der Zeilenspieler kooperiert, der Spaltenspieler defektiert, enthält demnach unterschiedliche Auszahlungen für die beiden Spieler. Während der Spaltenspieler sein bestes Ergebnis verwirklichen kann, erhält der Zeilenspieler lediglich sein zweitschlechtestes. Anders ausgedrückt: Während der Zeilenspieler das Pech hat, *innerhalb* der dominanten Strategie des Spaltenspielers nur zwischen seinen zwei schlechtesten Ergebnissen wählen zu können, befindet sich der Spaltenspieler in der glücklichen Situation, dass unter den beiden Ergebnissen, zwischen denen er *innerhalb* der dominanten Strategie des Zeilenspielers zu wählen hat, auch sein bestes Ergebnis enthalten ist.

Die Asymmetrie der Auszahlungen in Rambo-Spielen ist häufig damit zu erklären, dass die Handlungen der beiden Spieler unterschiedlich große Konsequenzen für die Beteiligten haben. Derjenige, dessen kooperative Strategie die dominante ist, ist gleichzeitig derjenige, dessen Handlungen größere Konsequenzen für die Beteiligten bzw. die Welt als Ganzes haben, aber eben auch für den Spieler selbst. Dies führt zu asymmetrischen Ausbeutungspotenzialen. Der Zeilenspieler würde es zwar grundsätzlich bevorzugen, wenn der Spaltenspieler auch seinen Beitrag leistet, aber selbst dann würde er seinen eigenen Beitrag noch zusätzlich beisteuern, da er sich so noch einmal verbessern könnte. Es gibt also für den Zeilenspieler keine Situation, in der er überhaupt die Möglichkeit hätte, den Trittbrettfahrer auf Kosten des Spaltenspielers zu geben, da er sich damit auch selbst schädigen würde. Umgekehrt besitzt aber der Spaltenspieler dieses Ausbeutungspotenzial und für ihn ist es sehr wohl attraktiv, als Trittbrettfahrer auf Kosten des anderen zu leben, d.h. diesen das öffentliche Gut bereitstellen zu lassen und selbst den Beitrag zu verweigern.

Situationen dieser Art treten z.B. auf, wenn das betreffende öffentliche Gut nur dann zustande kommt, wenn der mächtige und einflussreiche Zeilenspieler seinen Beitrag leistet, eine Beteiligung des Spaltenspielers aber im Wesentlichen nur noch für die interne Verteilung der Kosten Relevanz besitzt, weniger aber für die Bereitstellung des Gutes an sich. Außerdem fällt der Schaden bei Nichtbereitstellung des Gutes für den Zeilenspieler wesentlich dramatischer aus als für den Spaltenspieler.

Leisten beide keinen Beitrag, erhält der Zeilenspieler nämlich sein schlechtestes Ergebnis, während der Spaltenspieler in der obigen Darstellung immer noch sein zweitbestes Ergebnis erzielt. Allerdings kann man sich auch andere Strukturen des Spiels vorstellen, die man immer noch als Variante des Rambo-Spiels bezeichnen würde. Betrachten wir die allgemeine Auszahlungsmatrix in Abbildung 6.11.

Abbildung 6.11: Allgemeine Auszahlungsmatrix

	s_1	s_2
z_1	a_{11}, b_{11}	a_{12}, b_{12}
z_2	a_{21}, b_{21}	a_{22}, b_{22}

Dann können wir ein Rambo-Spiel als ein Spiel definieren, bei dem die folgenden Bedingungen erfüllt sind:

Formel

$a_{11} > a_{21}$, $a_{12} > a_{22}$ (z_1 ist dominante Strategie) UND

$b_{12} = \max(b_{11}, b_{12}, b_{21}, b_{22})$, $a_{11} > a_{12}$

ODER

$b_{12} > b_{11}$, $b_{22} > b_{21}$ (s_2 ist dominante Strategie) UND

$b_{12} = \max(b_{11}, b_{12}, b_{21}, b_{22})$, $a_{11} > a_{12} > a_{22}$

In der ersten Variante besitzt der eine Spieler eine dominante Strategie, innerhalb derer der andere Spieler sein bestmögliches Ergebnis verwirklichen kann. Das dabei verwirklichte Gleichgewicht gewährt aber dem ersten Spieler lediglich das schlechtere Ergebnis innerhalb seiner dominanten Strategie.

Von einem Rambo-Spiel kann man aber auch sprechen, wenn der eine Spieler als dominante Strategie die „defektierende" Strategie besitzt, der Gegenspieler aber mit seiner besten Antwort auf diese dominante Strategie für sich selbst lediglich sein schlechtestmögliches Ergebnis verhindern und nicht sein bestes Ergebnis verwirklichen kann, dem Spieler mit der dominanten Strategie aber zu seinem besten Ergebnis verhilft. Diese Variante ist z.B. dann gegeben, wenn der Zeilenspieler die Auszahlungen analog eines Chicken-Game erhält, während der Spaltenspieler Auszahlungen analog zum Gefangenendilemma erhält. Das Ergebnis ist, obwohl der Zeilenspieler jetzt nicht mehr die dominante Strategie „Kooperation" besitzt, dasselbe wie in der ersten Variante des Rambo-Spiels, der eine Spieler „kooperiert", der andere Spieler „defektiert".

Abbildung 6.12: Zweite Variante des Rambo-Spiels

	C	D
C	3, 3	2, 4
D	4, 1	1, 2

6. Spiele mit „gemischten Motiven"

Ein typisches Beispiel für ein Rambo-Spiel wäre z.B. eine Situation, in der zwei Staaten über den Abbau von Handelsbeschränkungen entscheiden müssen. Nehmen wir z.B. an, die USA seien der einflussreiche Zeilenspieler und Japan der Spaltenspieler. Die Situation soll ungefähr die historischen Gegebenheiten in den ersten beiden Jahrzenten nach dem zweiten Weltkrieg widerspiegeln. In diesem Fall wäre Freihandel die dominante Strategie der USA, da sie als starkes Importland vom Freihandel insofern profitieren, als er bestimmte Produkte für die eigene Bevölkerung billiger macht, die eigene Industrie aber so stark ist, dass sie durch die ausländische Konkurrenz nicht entscheidend beeinträchtigt wird. Aber natürlich wäre es für die USA noch besser, in Bezug auf den Export, wenn auch Japan keine Handelsbeschränkungen erließe. Für Japan aber ist es attraktiver, auf den Freihandel zu verzichten, um so die einheimische Wirtschaft zu protegieren. Das Problem für die USA besteht darin, dass sie als großer und mächtiger Spieler die Weltwirtschaft stärker prägen. Eine restriktive Politik der USA hätte für die Weltwirtschaft – und damit auch wieder für die eigene – dramatischere Konsequenzen als eine restriktive Politik seitens Japans.

Wegen einer Konstellation wie der eben geschilderten oder ähnlichen, zu deren Illustration das Rambo-Spiel oft herangezogen wird, wird es auch als Metapher der „Ausbeutung des Großen durch den Kleinen" verwandt. Man könnte auch vom Superhelden-Dilemma sprechen. Diese – man denke an mitunter widerwillige Superhelden wie Batman, Spiderman und Superman – sehnen sich oft nach einem einfachen, normalen Leben, sind aber aufgrund ihrer Superkräfte die einzigen, die die Welt in der jeweiligen Krise retten können. Also treten sie mehr oder weniger widerwillig den Kampf mit den Jokern oder Lex Luthers dieser Welt an.

Das Rambo-Spiel entspricht einer Situation, in der das öffentliche Gut durch einen „single best effort" einer Seite bereitgestellt wird und in der Regel diese Seite auch die einzige ist, die überhaupt zu dieser Anstrengung in der Lage ist. Im Zusammenhang mit sogenannten *globalen öffentlichen Gütern* tritt dieses Phänomen z.B. häufig in Bezug auf militärische bzw. technologische Kapazitäten auf, die nur ein Staat oder nur eine kleine Gruppe von Staaten besitzt. Sollte tatsächlich einmal der berühmte Asteroid auf die Erde zurasen, der bei einer Kollision das Ende der Menschheit auslösen würde, dann haben – wie z.B. im Film „Armageddon" – vermutlich nur die USA, wenn denn überhaupt eine Nation, die technischen Möglichkeiten die Katastrophe aufzuhalten.[15] Diese Aufgabe ist eine, die von ihnen gelöst werden muss, weil sie eben nur von ihnen gelöst werden kann. Da die USA diese Anstrengung auf jeden Fall aber auch schon allein aus Eigeninteresse unternehmen werden, ist es den übrigen Ländern freiwillig überlassen, ob sie sich zumindest an den Kosten der Aktion beteiligen.

Realistischer als eine Bedrohung aus dem Weltall sind militärische Interventionen des Westens wie in Afghanistan oder Irak. Unabhängig davon, wie man den Sinn dieser Interventionen beurteilen mag, ist es offensichtlich, dass sie nur mit dominanter Beteiligung und unter Führung der USA unternommen werden können.

---

15 Im ebenfalls im Jahr 1998 erschienenen „Deep Impact" ist es ein Team aus Amerikanern und Russen, die zur Rettung der Welt aufbrechen.

Und in gewisser Weise ist der Eindruck ja oft vorhanden, dass auch die USA ihre Situation so wahrnehmen, durch die eigene Stärke erpressbar zu sein und dazu verdammt, für die anderen die Kohlen aus dem Feuer zu holen, die sich dann im Gegenzug auch noch weigern, sich an den Kosten dieser Aktionen in angemessener Weise zu beteiligen.

Sowohl die Darstellung der ersten Variante des Rambo-Spiels in Abbildung 6.10 als auch die der zweiten Variante in Abbildung 6.12 erinnern teilweise an die Grundsituation des Chicken-Game, da das Gleichgewicht aus der Kombination einer „kooperierenden" und einer „defektierenden" Strategie zu bestehen scheint. Der Unterschied besteht eigentlich nur darin, dass das Problem der Gleichgewichtsselektion durch die Struktur des Spiels „gelöst" wird, indem eine der beiden Strategien zu einer dominanten Strategie gemacht wird, sodass der „kooperierende" Spieler gar nicht anders kann als zu kooperieren, wenn er sich selbst dabei nicht schaden will. Im Gegensatz zum Chicken-Game hat der zur Kooperation verdammte Spieler nicht die Hoffnung, dass er den anderen bzw. dessen Kooperationsbereitschaft überhaupt ausbeuten könnte. Das Beispiel mit Howard Hughes und der von ihm errichteten Fernsehstation entspricht in Wirklichkeit wohl eher einem „single best effort" bzw. einem „Rambo-Spiel", da vermutlich nur der Milliardär in der Lage war, dieses Gut bereit zu stellen. Ob eine bestimmte Situation daher eher als Chicken-Game oder vielleicht nicht doch eher als Rambo-Spiel dargestellt werden sollte, hängt von der Interpretation der empirischen Gegebenheiten ab. Die Auszahlungsmatrix eines Spiels ist in der Regel immer eine angenommene, die entweder durch plausible Überlegungen oder empirische Kenntnisse gestützt wird. Die Analyse selbst aber ist immer kontingent in Bezug auf diese Annahmen. Die spieltheoretische Analyse kann also selbst durchaus korrekt sein, aber zu unsinnigen Ergebnissen führen, weil die angenommene Struktur des Spiels empirisch gesehen unsinnig war.

Im Rambo-Spiel schafft Stärke gewissermaßen „Verantwortung", der man sich nicht entziehen kann. Allerdings geschieht die Ausübung dieser „Verantwortung" hier auch immer im eigenen Interesse, denn wenn Superman die Welt nicht retten würde, müsste auch seine geliebte Lois Lane daran glauben. Dies zeigt aber natürlich, dass die Interpretation des Spiels als „Ausbeutung der Starken durch die Schwachen" unsinnig ist. Denn wenn eine Aktion von einer Partei auch schon allein aus eigenem Interesse unternommen wird, ist nicht zu erkennen, inwiefern diese Partei durch andere ausgebeutet werden kann. Wir würden uns auch schwer damit tun, ernsthaft zu glauben, dass der Milliardär Howard Hughes durch normale Arbeiter und Angestellte, die in Las Vegas wohnten, „ausgebeutet" wurde. Die „moralische" Empörung über die Beitragsverweigerer entsteht offensichtlich aus der Intuition einer Art von reziprokem Gerechtigkeitsverständnisses, d.h. aus der Annahme, dass jemand, der von den Taten eines Anderen profitiert, sich diesem in irgendeiner Weise erkenntlich zu zeigen habe. Doch inwiefern eine Strategie überhaupt als „kooperativ" zu kennzeichnen ist, die zuerst einmal darauf abzielt, den eigenen Vorteil zu verwirklichen, ist doch sehr fragwürdig. Denn das reziproke Gerechtigkeitsverständnis setzt in der Regel voraus, dass die freundlichen Taten womöglich zwar ohne Einfordern des Empfängers stattfinden, aber tatsächlich ein echtes Opfer des Gebenden darstellen und von diesem mit dem Motiv unternommen werden, dem anderen zu helfen. Darüber hinaus ist es auch keineswegs ausgeschlossen, dass der starke und mächtige Kooperierer sogar selbst am meisten von der eigenen Bereitstellung des öffentlichen Gutes profitiert, auch wenn er es natürlich immer begrüßen würde, wenn sich andere ebenfalls an den Kosten seiner Aktion beteiligen würden. D.h. die zweitschlechteste Auszahlung des Zeilenspielers in Abbildung 6.10 kann absolut einen größeren Unterschied zum schlechtesten Zustand bedeuten als den zwischen dem besten Ergebnis des Spaltenspielers und seinem schlechtesten.

6.10 Das Blockadespiel

Noch offensichtlicher als im Rambo-Spiel ist die problematische Verwendung von Namen für Strategien wie „kooperativ" und „defektiv" im sogenannten *Blockadespiel*. Hier besitzen beide Spieler eine dominante Strategie, die in der Nicht-Bereitstellung, also der Defektion, besteht. Jeder würde bevorzugen, wenn das Gut alleine von der anderen Seite bereitgestellt würde, aber aus individueller Sicht ist es immer besser, sich selbst nicht zu beteiligen. D.h. im Blockadespiel ist es einem Spieler sogar lieber, wenn gar kein Beitrag geleistet wird, als wenn beide ihren Beitrag beisteuern.

Ein Verhalten, das, wenn es von beiden praktiziert wird, ein Ergebnis hervorbringt, das von allen als schlechter empfunden wird, als wenn sie dieses Verhalten nicht an den Tag gelegt hätten, kann allerdings intuitiv nur schwerlich mit dem Konzept von „Kooperation" in Einklang gebracht werden.

Unabhängig von der nicht sehr glücklichen Benennung der Strategien aber kann man sich sehr wohl Situationen vorstellen, die dieser Struktur entsprechen. Das Spiel wird in der Theorie der Internationalen Beziehungen zur Illustration unilateraler Bestrebungen angewandt, in der die einzelnen Akteure (Staaten) kein Interesse an Harmonisierung und Kooperation haben, da sie dadurch nichts gewinnen können. „Kooperation" ist daher in diesem Zusammenhang weniger als Beitrag zur Herstellung eines gemeinsamen Gutes zu verstehen, von dem alle profitieren, sondern mehr im Sinne einer Verpflichtung zu bestimmten Leistungen bzw. der Akzeptanz bestimmter Restriktionen des eigenen Handelns.

Abbildung 6.13: Generelle Auszahlungsmatrix des Blockadespiels

	C	D
C	2, 2	1, 4
D	4, 1	3, 3

6.11 Kampf der Geschlechter

Das Spiel *Kampf der Geschlechter* (Battle of Sexes) ist neben dem Gefangenendilemma, dem Chicken-Game und dem Assurance-Game eines der paradigmatischen Nichtnullsummenspiele. Wie die meisten anderen bekannten Spiele hat es seinen Namen der mit ihm verbundenen Coverstory zu verdanken. Diese mag zwar womöglich inzwischen nicht mehr ganz zeitgemäß sein, da das Spiel aber unter diesem Namen bekannt ist, ist es allein aus historischen Gründen angemessen, diese mit der Beschreibung der Struktur des Spiels wiederzugeben. Ein Mann und seine Frau besitzen jeweils eine sogenannte *lexikalische Präferenzordnung*. D.h. ihre Präferenzen über verschiedene Handlungsoptionen ergeben sich nach dem Grad, inwiefern diese ihnen helfen, bestimmte Ziele zu verwirklichen, wobei diese Ziele in einer Hierarchie geordnet sind. Ein Mittel, das bei einem übergeordneten Ziel besser abschneidet als ein anderes, ist diesem unbedingt vorzuziehen. Unterschiede bei einem bestimmten Kriterium wirken sich also erst dann in Bezug auf die Präferenzen aus, wenn die beiden zum Vergleich stehenden Mittel bzw. Handlungsoptionen hinsichtlich jedem hierarchisch höher stehenden Kriterium jeweils dieselbe Ausprägung besitzen. Im Falle des Geschlechterkampfspiels gibt es ein Problem zu lösen und zwei Ziele, die beide Akteure bei der Lösung dieses Problems verfolgen. Das zu lösende Problem besteht in der Wahl der Abendunterhaltung, wobei einerseits ein Besuch im Theater und andererseits ein Boxkampf zur Auswahl stehen. Die beiden Ziele bestehen darin, erstens: etwas gemeinsam zu unternehmen, zweitens: möglichst die Abendunterhaltung auszusuchen, die den eigenen Vorlieben stärker entgegenkommt, wobei der Mann den Boxkampf dem Theater und die Frau das Theater dem Boxkampf vorziehen würde.[16] Das hierarchisch höherstehende Ziel ist das der gemeinsamen Unternehmung. Beide ziehen es also vor etwas gemeinsam zu unternehmen als getrennt ihren Abendvergnügungen nachzugehen, unabhängig davon, zu welchem Vergnügen sie sich entscheiden. Innerhalb dieses übergeordneten Ziels aber würde es jeder der beiden vorziehen, wenn man die Veranstaltung besuchen würde, die einem selbst besser gefällt. Die Auszahlungsmatrix kann also auf folgende Weise dargestellt werden:

Abbildung 6.14: Generelle Auszahlungsmatrix des Spiels Kampf der Geschlechter

		Frau Theater	Boxkampf
Mann	Theater	3, 4	1, 1
	Boxkampf	2, 2	4, 3

Es gibt keine dominante Strategie in diesem Spiel. Es gibt zwei Gleichgewichte, nämlich Theater-Theater und Boxkampf-Boxkampf. Beide Gleichgewichte sind jedem Nicht-Gleichgewichtspunkt gegenüber pareto-superior. Aber beide Gleichgewichte sind pareto-effizient. Nach keinem der bisher eingeführten Kriterien lässt sich, ähnlich wie beim Chicken-Game, eines der beiden Gleichgewichte als herausgehoben kennzeichnen.

---

16 Diese stereotype Darstellung von Geschlechterrollen sowie der Name des Spiels sind dem Geist der 60er Jahre geschuldet. Manche Autoren verwenden daher inzwischen eine Version des Spiels, die stärker auf politische Korrektheit achtet. Da das Spiel aber in diesem Kontext und unter diesem Namen bekannt geworden ist, halte ich an der etwas vorurteilsbeladenen Form der Darstellung fest.

6. Spiele mit „gemischten Motiven"

Der Grundcharakter des Spiels besteht darin, dass es ein übergeordnetes Interesse gibt, die Handlungen zu koordinieren, dass es aber innerhalb der möglichen Koordinationspunkte Interessensunterschiede gibt, die ein gewisses Konfliktpotenzial im Rahmen des übergeordneten Kooperations- bzw. Koordinationsinteresses erzeugen. Beide möchten in erster Linie etwas mit dem Partner gemeinsam unternehmen, aber beide haben verschiedene Präferenzen dahingehend, *was* sie gemeinsam unternehmen sollten.

Die pragmatischen, lebensweltlichen Lösungen, die die Spieler finden, um ihr bevorzugtes Gleichgewicht durchzusetzen, bestehen – ähnlich wie beim Chicken-Game – in Selbstbindung und dem Vortäuschen einer anderen Präferenzordnung als der eigentlichen, um den anderen zum Einlenken zu bewegen. Da es sich beim Kampf der Geschlechter vorwiegend um ein Koordinationsspiel handelt, kann Kommunikation in Bezug auf die Verwirklichung des Koordinationsinteresses hilfreich sein, während sie in Bezug auf die Konfliktlinie – wie üblicherweise sonst auch – wenig ausrichten kann. Die geschickte Selbstbindungsstrategie besteht daher darin, eine Kommunikation hinsichtlich des Koordinationsinteresses zu organisieren, sie dann aber abzubrechen, bevor sie in die Untiefen der unterschiedlichen präferentiellen Schwerpunktsetzungen versinkt. Mann oder Frau hinterlässt also dem Partner eine Nachricht auf der Mailbox „Bis heute Abend im Theater/ beim Boxkampf" und sorgt dann für die eigene kommunikative Unerreichbarkeit: „Muss jetzt Schluss machen, der Akku ist fast leer." Bei der Vortäuschung „falscher" Präferenzen könnte der Mann z.B. den Anschein erwecken, dass der Besuch moderner Theateraufführungen bei ihm im gleichen Maß geradezu „physisches Leiden" hervorrufe, wie es dem früheren Bundespräsidenten Christian Wulff angesichts der nicht vorhandenen „Unbefangenheit" seines Vorgängers Johannes Rau widerfuhr. Noch geschickter wäre es womöglich zu versuchen, die Präferenzen des anderen zu ändern: „Ich freu mich ja schon so auf den Boxkampf, obwohl ich danach immer tagelang keine Lust mehr auf Sex habe. Aber das ist es ja auch wert." Unabhängig davon, ob man „falsche" eigene Präferenzen vortäuscht oder die Präferenzen des anderen zu ändern versucht: ist dies erfolgreich, dann ist das Spiel, das dann gespielt würde, eben nicht mehr das ursprüngliche Kampf-der-Geschlechter-Spiel, sondern ein anderes.

Das Spiel eignet sich im politischen oder wirtschaftlichen Kontext gut zur Illustration von Standardisierungsproblemen. Wenn zwei Länder, die vorher unterschiedliche Standards, z.B. bezüglich des Links- bzw. Rechtsverkehrs, hatten, sich auf einen gemeinsamen Standard einigen, so hat das Land, auf dessen Standard man sich einigt, einen Vorteil, während für das Land, das seinen Standard anpassen muss, oft enorme Anpassungskosten anfallen.

Aufgaben

1. Zeigen Sie die Auszahlungsmatrix eines „modifizierten Chicken-Game", in dem einer der beiden Spieler über die Reputation verfügt, ein „tough guy" zu sein, auf!
2. Zeigen Sie die Auszahlungsmatrix, wenn einer der Spieler ein „heroischer Bereitsteller" des Kollektivguts ist!
3. Die Spieltheorie hat inzwischen eine große Anhängerschaft unter Evolutionsbiologen gefunden. Dies ist vor allem darauf zurückzuführen, dass in der Biologie eine eindeutige „Nutzenfunktion" für Lebewesen existiert, nämlich in Form der Anzahl der generierten Nachkommen, die die eigenen Gene weiterverbreiten. Daher sind Elterntiere am Überleben ihrer Nachkommen interessiert und an allen Maßnahmen, die die Überlebenswahrscheinlichkeit erhöhen. Inwieweit stellt daher Brutpflege ein kollektives Gut für die Zweiergruppe der Eltern dar? Erläutern Sie dies anhand der charakteristischen Eigenschaften von kollektiven Gütern! Durch welche Art von Spielen kann diese Art eines kollektiven Gutes wohl am besten modelliert werden? Was folgt daraus für die Entscheidung, welcher der beiden Elternteile die Brutpflege übernimmt, bzw. warum ist es bei bestimmten Fischarten (Stichling) der Vater, bei an Land lebenden Tieren dagegen überwiegend die Mutter?
4. Eine „Lösung" des Prisoner's Dilemma, die von James Coleman vorgeschlagen wurde, besteht darin, dass sich die Spieler gegenseitig ihre jeweiligen Handlungsrechte übertragen, d.h. der erste Spieler entscheidet über die vom zweiten Spieler zu wählende Handlung und umgekehrt. Stellen Sie das so entstandene neue Spiel dar und diskutieren Sie es!
5. Es ist möglich, Ausgangsspiele bzw. deren Payoffmatrix durch Transformationen in neue Spiele zu verwandeln. Eine solche Transformation soll eine neue Nutzenfunktion konstruieren, bei der die Payoffs die Summe aus dem ursprünglichen Payoff und der Differenz des Payoffs des einen Spielers und des Payoffs des anderen Spielers sind [Bsp.: Sind in einer Zelle der Matrix die ursprünglichen Payoffs z.B. 8 und 5, so betragen die transformierten Payoffs 11=8+(8-5) und 2=5+(5-8)]. Eine solche Transformation verwandelt ein Spiel, in dem die Spieler ausschließlich an ihrem eigenen Ergebnis interessiert sind, in ein Spiel, in dem die Spieler überdies Nutzen daraus ziehen, besser gestellt zu sein als ihr Mitspieler, bzw. „Scham" empfinden, wenn sie schlechter gestellt sind. Transformiert man ein Prisoners' Dilemma auf diese Weise, so bleibt es ein PD. Warum ist dies der Fall und was geschieht, wenn man diese Transformation bei einem Chicken-Dilemma vornimmt, das folgende Auszahlungen hat?

3,3	2,5
5,2	1,1

6. Zwei Firmen bilden auf dem Markt für ein bestimmtes Gut ein Duopol, d.h. sie sind die einzigen Anbieter für dieses Gut. Die Nachfrage ist eine Funktion des Preises, d.h. je höher der Preis, desto niedriger die Nachfrage. Der Ein-

fachheit halber sei angenommen, die Nachfragefunktion sei linear, N=a-b*P. Die Herstellungskosten seien der Einfachheit halber auf Null gesetzt. Welchen Preis sollten die Unternehmer festsetzen, wenn sie ihren gemeinsamen Gewinn maximieren wollen? Wie werden sich die einzelnen Unternehmer in einer Konkurrenzsituation tatsächlich verhalten, d.h. wenn die Kunden immer zu dem Unternehmer mit dem niedrigeren Preis gehen? Was ist die Konsequenz aus diesem Verhalten? Welchem Typ von Spiel entspricht diese Situation? Durch welche zusätzlichen Bedingungen könnte ein anderes Ergebnis entstehen, bei dem sich die Unternehmer nicht so sehr gegenseitig schaden?

Weiterführende Literatur

Die Geschichte des Prisoners' Dilemmas und der RAND-Corporation ist in Poundstone (1993) dargestellt. Eine kritische Diskussion des Gefangenendilemmas als Darstellung des Hobbes'schen Naturzustands findet sich bei Taylor (1987) und vor allem bei Hampton (1986), die sehr ausführlich auf alternative Darstellungen, d.h. in Form anderer Spiele eingeht. Skyrms (2004) liefert eine sehr eindrucksvolle Schilderung des Naturzustands als Hirschjagd-Spiel, die das Thema unter vielen verschiedenen Aspekten behandelt. Auf die Problematik von sozialen Dilemmata wie dem Gefangenendilemma und anderen geht Diekmann (2009) sehr ausführlich ein.

Die Verwendung von Spielen wie dem Gefangenendilemma, dem Chicken-Game und dem Assurance-Game zur Illustration spezifischer Probleme der Bereitstellung öffentlicher Güter wird in Taylor (1987) überzeugend und differenziert demonstriert. Der klassische Text zur „Tragik der Allmende" ist Hardin (1968). Die Verallgemeinerung dieser Problematik auf Spiele mit vielen Teilnehmern wird in Schilderungen, die sich mit dem Zustandekommen sogenannter Collective-Action befassen, vorgenommen. Der Klassiker hierzu ist „Die Logik des kollektiven Handelns" von Mancur Olson (1968). Eine wesentlich ausdifferenziertere Darstellung dazu, bei der formalen Gestaltung angelehnt an grundlegende Arbeiten von Thomas Schelling (1978) in „Micromotives and Macrobehavior", findet sich in Hardin (1988). Eine aufschlussreiche und informative praxisbezogene Anwendung liefert Chong (1991), der Collective-Action-Probleme anhand der amerikanischen Bürgerbewegung analysiert. Mit der Bereitstellung von „Global Public Goods" beschäftigt sich Barrett (2007), in dem auch insbesondere „single best effort" und „weakest link" Güter diskutiert werden. Ebenfalls auf internationale Formen der Kooperation und Zusammenarbeit konzentrieren sich die Analysen des „situationsstrukturellen Ansatzes" von Michale Zürn (1992) bzw. des „akteurzentrierten Institutionalismus" von Fritz Scharpf (2000). Holzinger (2003) liefert eine sehr fundierte Analyse über die Problematik der Bereitstellung öffentlicher Güter im Umweltbereich, die den Nutzen von Matrixspielen zur Illustrierung dieser Problematik diskutiert. Der besondere Reiz dieser Untersuchung besteht darin, dass Holzinger, in Anlehnung an Aggarwal und Dupont (1999), eine generalisierte Darstellung der Matrixspiele verwendet.

7. Sequentielle Spiele

7.1 Die extensive Darstellungsform

Bisher haben wir ausschließlich simultane Spiele bzw. – präziser – Spiele mit simultan stattfindenden Zügen behandelt, bei denen beide Spieler ihre Züge gleichzeitig vornehmen oder zumindest im gegenseitigen Unwissen über den Zug des Gegenspielers, was für die Entscheidungssituation gleichbedeutend damit ist, dass die Spieler ihre Entscheidungen gleichzeitig treffen würden. Für die Darstellung simultaner Spiele eignet sich daher die Matrixform besonders gut, da sie eine Art von Symmetrie zwischen Zeilen- und Spaltenspieler widerspiegelt. Für die Matrixdarstellung ist es aber unerheblich, welcher der beiden Spieler der Zeilen- und welcher der Spaltenspieler ist, oder – anders ausgedrückt – bei der Analyse eines simultanen Spiels kann man die Matrix transponieren, d.h. Zeilen mit Spalten vertauschen, ohne dass sich dadurch an den substanziellen Ergebnissen der Untersuchung etwas ändert. Die Matrixform der Darstellung eines simultanen Spiels wird als *strategische Form* bezeichnet. Von John von Neumann wurde für diese Art der Darstellung auch der Begriff der *Normalform* eingeführt.

Bei vielen informalen Analysen bzw. der Diskussion diverser Lösungskonzepte haben wir aber gelegentlich schon auf Aspekte zurückgegriffen, die eine zeitliche Abfolge der Spielzüge zumindest suggerieren. So scheint beim Chicken-Dilemma, besonders wenn man es mit der Coverstory des Autorennens verbindet, der Eindruck naheliegend, dass einer der beiden Spieler als „Erster" nachgibt, womit das Problem der Gleichgewichtsselektion gelöst wäre.

Viele Spiele werden aber auch ganz real als sequentielle Abfolge von einzelnen Zügen gespielt, so z.B. die bekannten Brettspiele wie Mühle, Dame, Schach und Go. Für solche Spiele benötigen wir eine andere Art der Darstellung, die die zeitliche Abfolge der Spielzüge der einzelnen Spieler widerspiegelt. Tatsächlich haben wir diese Form der Darstellung schon bei der Erörterung der Entscheidungstheorie kennengelernt, als wir den „Zug der Natur", der den Zustand der Welt bestimmte, ja ebenfalls als eine Art von Zug eines Spielers, in diesem Fall der Natur, modelliert haben. Auch für die Darstellung sequentieller Spiele eignet sich die dort schon verwandte Baumstruktur. In der Spieltheorie wird diese Form der Darstellung auch als *extensive Form* eines Spiels bezeichnet. Das „sequentielle Chicken-Game" lässt sich dann darstellen wie in Abbildung 7.1. Der Begriff „sequentielles Chicken-Game" steht hier in Anführungszeichen, weil das sequentielle Chicken-Game natürlich kein Chicken-Game im ursprünglichen Sinn mehr ist.

7. Sequentielle Spiele

Abbildung 7.1: Extensive Darstellung des „sequentiellen Chicken-Game"

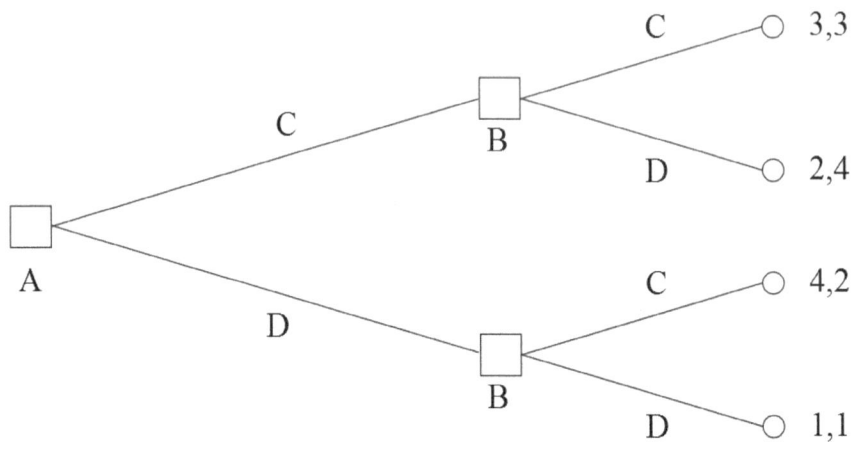

Die extensive Darstellungsform besteht aus *Knoten* und *Zweigen*. Die Knoten verkörpern die Spieler und werden häufig, wie auch hier, als Kästchen dargestellt. Es gibt *Entscheidungsknoten* und den *Endknoten*. Endknoten stellen das Ende einer Sequenz von Entscheidungen dar, hier wird demnach das Ergebnis des Spiels, das sich aus der entsprechenden Sequenz von Handlungen ergeben hat, aufgeführt. Die Reihenfolge, in der die einzelnen Auszahlungen aufgeführt werden, entspricht hierbei in der Regel der Reihenfolge, in der die beteiligten Spieler im Verlauf des Spiels zum Zug kommen. In diesem Falle steht also die Auszahlung von A an erster Stelle und an zweiter Stelle kommt die von B. Der *Anfangsknoten* bezeichnet den ersten Zug, der im Spiel gemacht wird. Die Zweige des Spielbaums stellen die Entscheidungen der Spieler an einem Entscheidungsknoten dar. D.h. aus jedem Entscheidungsknoten müssen mindestens zwei Zweige folgen, da sonst keine Entscheidung getroffen würde und der ursprüngliche Handlungszweig einfach fortgeführt werden könnte. Jeder Entscheidungsknoten ist eindeutig determiniert durch die entsprechende Folge von Handlungen, die genau zu der Entscheidungssituation geführt haben, die durch den Entscheidungsknoten verkörpert wird. Von jedem Entscheidungsknoten führen also mehrere Zweige weg, aber es gibt immer nur einen Zweig, der zu ihm hinführt.

7.2 Rückwärtsinduktion

Das „sequentielle Chicken-Game" ist nicht eine äquivalente Darstellung des originalen Chicken-Game in der Normalform, denn die Art und Weise, das Spiel zu spielen, ändert sich offensichtlich fundamental, wenn bekannt ist, wer als erster seinen Spielzug festlegen darf. Solange alle Spieler rational spielen, kann der erste Spieler bei der Wahl seines Zugs vorausdenken, was der zweite Spieler darauf antworten wird. Wenn der zweite Spieler seine beste Antwort auf den ersten Zug wählt, wovon der erste Spieler ausgehen kann, dann wird er von den zwei Handlungsoptionen, die er zur Verfügung hat, diejenige wählen, bei der er besser abschneidet, und die andere Handlungsoption als nicht ernsthaft erwägenswerte Alternative aus seinem relevanten Handlungsrepertoire in dieser Situation streichen. Diese Streichung der nicht zu erwägenden Handlungsoptionen wird als *Beschneiden* (Pruning) des Spielbaums bezeichnet.

Abbildung 7.2: Extensive Darstellung des „sequentiellen Chicken-Game", Beschneiden des Spielbaums

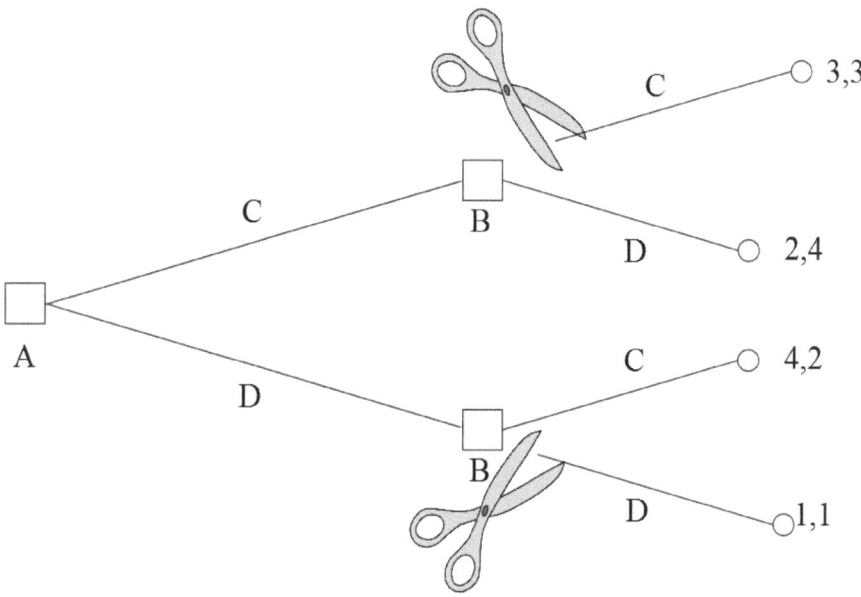

Wenn der erste Spieler, also Spieler A, sich für die Strategie C entscheidet, dann hat B die Wahl, ebenfalls C zu wählen, womit er eine Auszahlung von 3 Nutzeneinheiten erhielte, oder er wählt die defektierende Strategie D, die ihm eine Auszahlung von 4 Nutzeneinheiten sichert. Also wird B mit der defektierenden Strategie antworten, wenn A mit Kooperation beginnt und der Spielbaum kann um die kooperierende Strategie von B, als Zweig nach der Kooperation von A, beschnitten werden. Wenn A hingegen im ersten Zug selbst die defektierende Strategie wählen sollte, dann wird B mit der kooperativen Strategie antworten, da er dann immer noch 2 Nutzeneinheiten erhält, im Gegensatz zum schlechtestmöglichen Ergebnis von einer Nutzeneinheit, das er bekommen würde, wenn er auf die Defektion des Anfangsspielers ebenfalls mit Defektion antworten würde. Auf der unteren Seite wird der Spielbaum daher um die defektierende Strategie von B gestutzt. Der sich so ergebende beschnittene Spielbaum sieht dann aus wie in Abbildung 7.3. dargestellt.

7. Sequentielle Spiele

Abbildung 7.3: Beschnittener Spielbaum des „sequentiellen Chicken-Game"

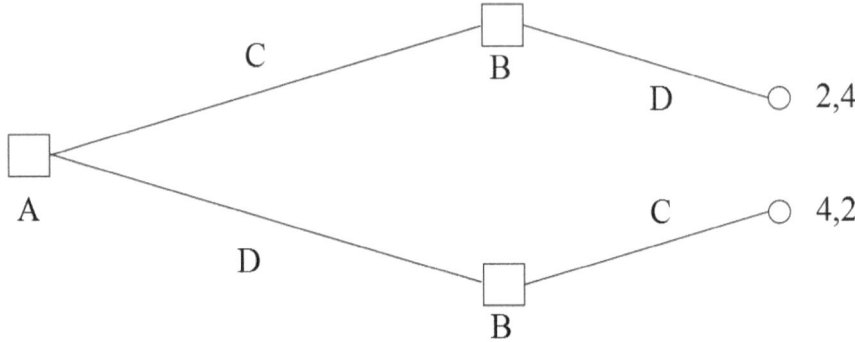

Der zusammengeschnittene Spielbaum hat sich auf diese Weise für A auf ein reines Entscheidungsproblem reduziert. Er kann jede seiner Entscheidungen am Anfangsknoten bis zu einem eindeutig determinierten Endknoten fortführen. Die letzten Zweige, die aus den Entscheidungsknoten von B ragen, sind vollkommen irrelevant geworden, sie dienen nur noch als Verlängerung der ursprünglichen Zweige, die aus dem Anfangsknoten entsprießen. Wir hätten auch die letzten Zweige einfach kappen können und die Entscheidungsknoten von B einfach durch die entsprechenden Endknoten ersetzen können, zu denen sie zwangsläufig führen würden.

Abbildung 7.4: Auf Entscheidung von Erstspieler reduziertes „sequentielles Chicken-Game"

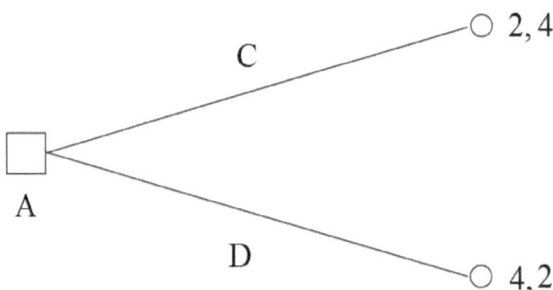

Das sequentielle Chicken-Game reduziert sich also letztlich auf eine Entscheidung des Spielers A, welches der beiden Gleichgewichte er mit dem ersten Zug realisieren möchte. Natürlich wird er dann das aus seiner Sicht günstigere Gleichgewicht realisieren.

Das Vorausdenken der Züge des Gegners kann dargestellt werden, indem man – wie eben gemacht – die Züge, die nicht in Frage kommen, streicht. Man kann auch umgekehrt die Züge, die als einzige ernsthaft in Erwägung zu ziehende übrigbleiben, positiv hervorheben. Die weiter verbreitete Methode ist letztere, auch wenn die erste in gewisser Weise anschaulicher ist, da sie die „Reduktion" des Spiels direkt graphisch umsetzt. Die positive Hervorhebung aber ist sparsamer, da es so möglich ist, in einer Darstellung gleichzeitig das Originalspiel und das auf die rational in Frage kommenden Züge reduzierte Spiel abzubilden. Die positive Hervorhebung kann geschehen, indem man die entsprechenden Zweige des Spielbaums dicker zeichnet, als Pfeil zeichnet, oder einen zweiten parallelen Zweig hinzufügt. Ich verwende die letzte Methode.

Abbildung 7.5: Extensive Darstellung des „sequentiellen Chicken-Game"

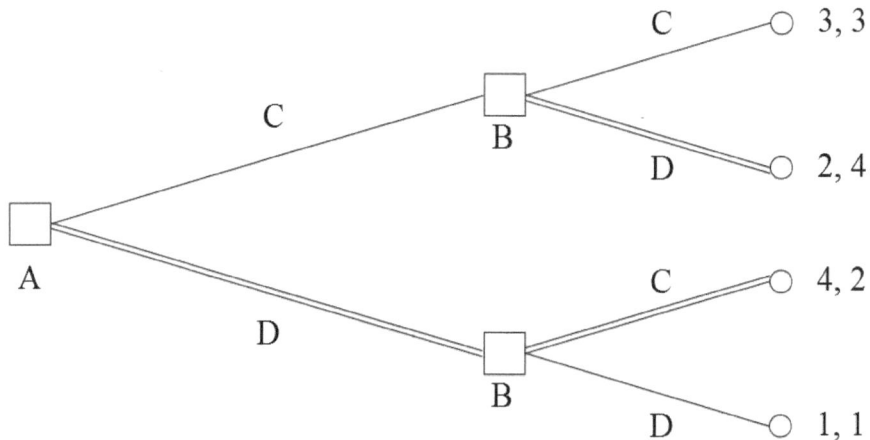

Um auf diese Weise zu ermitteln, wie das Spiel gespielt werden wird, muss man sich einfach nur entlang der doppelten Zweige bewegen. Die Lösung des Spiels besteht darin, dass der erste Spieler die defektierende Strategie spielt und so den zweiten Spieler zur Kooperation nötigt. Keiner von beiden könnte sich verbessern, wenn der andere bei seiner Wahl bleibt. Für Spieler A ist dies offensichtlich, weil er sein bestmögliches Ergebnis überhaupt erhält. Wenn Spieler A aber D wählt, würde sich Spieler B nur verschlechtern, wenn er daraufhin nicht mit der kooperativen Handlungsoption antworten würde. Das mit dieser Methode gefundene Ergebnis ist also offensichtlich ein Gleichgewicht.

Da die Methode darauf beruht, vorauszusehen, was der Spieler auf die eigenen Züge antworten wird, entwickelt man das Spiel gewissermaßen von hinten nach vorne bzw. denkt der Spieler, der über die Wahl des ersten Zuges grübelt, den Spielverlauf „vom Ende her", eine Fähigkeit, die ja auch gerne unserer Kanzlerin nachgesagt wird. Diese Methode, den potenziellen Spielverlauf von hinten nach vorne zu entwickeln, wird daher auch als *Rückwärtsinduktion* (backward induction) bezeichnet.

Jede durch Rückwärtsinduktion gefundene Lösung des Spiels ist auch ein Nash-Gleichgewicht. Umgekehrt gilt allerdings keineswegs, dass jedes Gleichgewicht auch durch Rückwärtsinduktion gefunden werden kann, denn oft ist ja die Rückwärtsinduktion gar nicht anwendbar, weil beide Spieler ihre Züge gleichzeitig wählen. Gleichgewichte, die durch Rückwärtsinduktion gefunden werden, sind also eine Untergruppe aller Gleichgewichte. Tatsächlich gehören sie zu sogenannten *teilspielperfekten* (subgame-perfect) Gleichgewichten, auf die wir weiter unten noch genauer eingehen werden.

Spielern strategischer Brettspiele wie z.B. Schach ist die Methode der Rückwärtsinduktion sehr vertraut: „Wenn ich meinen Springer auf dieses Feld setze, dann wird er seinen Läufer auf dieses Feld setzen usw.". Tatsächlich kann man auf diese Art sogar beweisen, *dass* es beim Schach eine optimale Strategie gibt. Das Problem besteht lediglich darin, dass weder der beste Schachspieler der Welt noch ein Computer derzeit in der Lage sind, sie herauszufinden, da die Anzahl sämtlicher möglichen Spielverläufe eines Schachspiels, die hierfür berechnet werden müssten, die Rechenkapazitäten jedes Computers überfordern.[17]

7.3 Vorteil des ersten bzw. des zweiten Zuges

Offensichtlich ist das sequentielle Chicken-Game nicht eine äquivalente Darstellung des originalen Chicken-Game in der Normalform, denn die Art und Weise, das Spiel zu spielen, ändert sich fundamental, wenn bekannt ist, wer als erster seinen Spielzug festlegen darf. Während es beim normalen Chicken-Game zwei Gleichgewichte gibt, führt die Rückwärtsinduktion zu nur einem Gleichgewicht, das demjenigen der beiden im ursprünglichen Spiel entspricht, das vom Spieler mit dem ersten Zug bevorzugt wird. In einem solchen Fall sprechen wir vom *Vorteil des ersten Zuges* (first mover advantage). Im sequentiell gespielten Knobelspiel wie „Stein, Schere, Papier" hingegen gäbe es einen *Vorteil des zweiten Zuges* (second mover advantage). Natürlich wäre in diesem Fall das Spiel witzlos, weil der zweite Spieler einfach immer die Handlungsoption wählt, mit der er die vom ersten Spieler gewählte schlagen würde, also „Stein" bei „Schere", „Papier" bei „Stein" und „Schere" bei „Papier". Gewiefte Spieler aber zeichnen sich vermutlich genau dadurch aus, dass sie beim Knobeln gewissermaßen ein Spiel mit sequentiellen statt mit simultanen Zügen spielen. Im einfachsten Fall könnte es sich um simplen Betrug handeln, indem man tatsächlich seine Entscheidung kurz nach dem anderen trifft, ohne dies offen erkennbar zu machen. Aber auch, wenn man den Gegner „durchschaut", also aufgrund welcher Art von psychologischem Wissen auch immer voraussehen kann, welche Option dieser wählen wird, spielt man in gewisser Weise als Zweiter und das Spiel ist aus der Sicht des „zweiten Spielers" dann ein Spiel mit sequentiellen Zügen. Tatsächlich war dies auch das Geheimnis des in Kapitel 5.3 erwähnten Straßenjungen bei Edgar Allan Poe. Dieser konnte sich in die Gegenspieler hineinversetzen, indem er ihre Gesichtszüge imitierte, und so treffsicher erraten, welche Option sie wählen würden. Es ist an dieser Stelle müßig, darüber zu streiten, ob eine solche Methode in der Realität funktionieren könnte. Entscheidend ist, dass jede Methode, bei der es einem gelingt, sich so in den Gegenspieler hineinzuversetzen, dass man seine Züge voraussehen

---

[17] Die vorhandenen Schachprogramme berechnen daher lediglich eine begrenzte Anzahl von Zügen voraus. Das entscheidende Problem besteht darin, die „Stärke" eines Zwischenstands zu evaluieren, um zu bewerten, ob sich die Situation des Spielers nach diesen Zügen relativ verbessert hat oder nicht.

kann, das „simultan" gespielte Spiel in Wirklichkeit zu einem Spiel mit sequentiellen Zügen macht bzw. zu einem Ergebnis führt, als ob das Spiel sequentiell gespielt würde.

7.4 Extensive und strategische Darstellungsform

Die extensive Form der Darstellung ist in vielerlei Hinsicht hilfreich. Oft entspricht sie eher dem Verständnis davon, wie ein Spiel tatsächlich gespielt wird und es gibt einige spezielle Analyseschritte, die nur möglich sind, wenn man die zeitliche Abfolge der Züge der Spieler spezifizieren kann, so wie das Finden von Gleichgewichten mit Hilfe der Rückwärtsinduktion. Für viele Analysezwecke aber stellen die extensive und die strategische Form der Darstellung mehr oder weniger äquivalente Abbildungen dar. D.h. jede strategische Form eines Spiels kann in eine extensive übertragen werden und umgekehrt.

Wie könnte man nun ein Spiel, bei dem beide Spieler tatsächlich gleichzeitig entscheiden, in extensiver Form darstellen? Wie wir schon erwähnt haben, heißt gleichzeitig in diesem Fall ja nur, dass jeder der Spieler seine Strategie in Unwissenheit über die Wahl des Gegenspielers auswählt. Dies muss nicht im wörtlichen Sinn bedeuten, dass die Handlungen tatsächlich gleichzeitig erfolgen. Auch wenn die Handlung dessen, der „tatsächlich" in der zeitlichen Reihenfolge seine Handlungswahl als erster trifft, dem zweiten nicht bekannt ist, spielen beide das Spiel so, *als ob* sie ihre Züge gleichzeitig auswählen würden. Wir benötigen also lediglich eine Art der grafischen Kennzeichnung, die diese Unwissenheit des zweiten Spielers, an welchem der Entscheidungsknoten, zu denen er durch die Wahl des ersten Spielers hingeführt werden kann, er sich tatsächlich befindet. In Kapitel 2 wurden sowohl das entsprechende Konzept als auch eine Möglichkeit seiner grafischen Umsetzung vorgestellt. Dabei handelt es sich um das Konzept des sogenannten *Informationsbezirks* (information set). Ein Informationsbezirk beinhaltet die Menge an Entscheidungsknoten, zwischen denen ein Akteur in einer bestimmten Entscheidungssituation nicht unterscheiden kann, d.h. der Akteur weiß in dieser Situation nicht, an welchem der im Informationsbezirk enthaltenen Entscheidungsknoten er sich befindet. Informationsbezirke, die nur einen einzigen Entscheidungsknoten enthalten, werden als *einelementige Informationsbezirke* (singletons) bezeichnet. Das Konzept der Informationsbezirke dient der Kennzeichnung eines bestimmten Informationsdefizits bzw. einer bestimmten Art von Unsicherheit. Diese Unsicherheit besteht in der Ignoranz der Züge der anderen Spieler. Da durch diese Züge der Zustand der Welt generiert wird, der mit den Handlungen des Spielers interagiert, entsteht so die grundlegende Unsicherheit über den vorliegenden Zustand der Welt.

Ein Spieler, der, wenn er mit seinem Zug an der Reihe ist, alle vorhergehenden Züge kennt, besitzt *perfekte Information*. Anders ausgedrückt: Die Spieler in einem Spiel besitzen perfekte Information, wenn alle Informationsbezirke einelementig, also Singletons, sind. Sind umgekehrt bestimmte Züge des Gegenspielers nicht bekannt, dann liegt *imperfekte Information* vor. Viele Spiele erhalten ihren eigentlichen Reiz erst durch das Vorliegen von imperfekter Information. Wie wir schon gesehen haben, wäre z.B. Stein, Schere, Papier ein ausgesprochen langweiliges Spiel, wenn es mit perfekter Information gespielt würde. Spiele, bei denen perfekte Information vorliegt, sind im Prinzip durch Rückwärtsinduktion eindeutig lösbar. D.h. allerdings natürlich nicht, dass es in der Praxis auch möglich ist, sie zu lösen. So liegt bei komplexen Brettspielen wie Schach oder Go durchaus perfekte Information vor, da ja einem Spieler, wenn er mit seinem Zug an der Reihe ist, durchaus alle vorhergehenden Züge immer bekannt sind. Dennoch sind diese Spiele zu komplex, als dass sie in der Praxis mit Rückwärtsinduktion gelöst werden könnten. Brillante Spieler zeichnen sich hierbei dadurch aus, dass sie die kognitiven Fähigkeiten besitzen, eine Partialstrategie für die nächsten anstehenden Züge zu entwickeln, die vermutlich eine gute Approximation an den entsprechenden Ausschnitt der optimalen Strategie, die theoretisch durch Rückwärtsinduktion gefunden werden könnte, darstellt.

Das Konzept der perfekten Information darf nicht mit dem der vollständigen Information verwechselt werden. Vollständige Information besagt ja lediglich, dass wir wissen, welches Spiel gespielt wird. Das Spiel, das gespielt wird, kann aber natürlich eines mit imperfekter Information sein. Spielen beide z.B. *Stein, Schere, Papier*, dann verfügen sie über vollständige Information, wenn sie beide die Regeln kennen, wobei es dann eben einen Teil der Regeln ausmacht, dass dieses Spiel mit imperfekter Information gespielt wird. Alles andere wäre ja offensichtlich witzlos.

Wenn wir nun z.B. in einem Chicken-Game die Gleichzeitigkeit der Züge dadurch darstellen, dass wir zwar einerseits eine extensive Darstellungsform nehmen, andererseits aber die Entscheidungsknoten des „zweiten" Spielers zu einem Informationsbezirk zusammenfassen, dann erhalten wir eine Darstellung des Spiels wie in Abbildung 7.6.

Abbildung 7.6: Extensive Darstellung des Chicken-Game mit Informationsbezirk

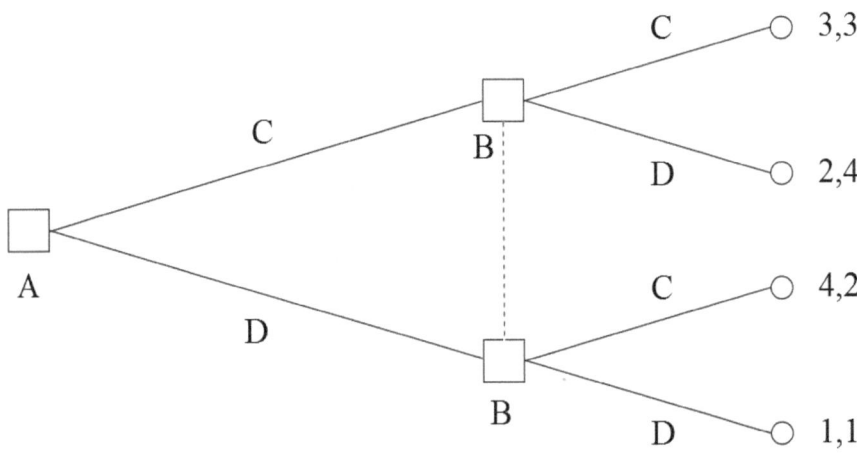

Diese Darstellung ist analytisch äquivalent zur originalen Darstellung des Chicken-Game in der Matrixform. Man muss hier sehr vorsichtig sein, die extensive

Darstellung des Chicken-Game in Abbildung 7.6 nicht mit der sequentiellen Form des Chicken-Game in Abbildung 7.1 (in seiner extensiven Darstellung) zu verwechseln. Es handelt sich bei den beiden Darstellungen um verschiedene Spiele. Trotz der extensiven Darstellung lässt sich nämlich das Spiel in Abbildung 7.6 genauso wenig durch Rückwärtsinduktion lösen, wie wenn das Spiel von vornherein in der Matrixdarstellung präsentiert worden wäre. Hier gibt es wieder die zwei ursprünglichen Gleichgewichte in C-D und D-C. Allerdings sind sie in der extensiven Darstellung schwerer zu finden. Beide Darstellungsformen haben also ihre spezifischen Vorteile zum Auffinden bestimmter Gleichgewichte.

Es ist relativ einfach, ein Spiel von der Normalform in die extensive Form zu übertragen. Man muss dabei nur die Entscheidungen, die für den anderen unsichtbar sind, dadurch kenntlich machen, dass man die sich aus diesen Entscheidungen ergebenden Entscheidungsknoten des anderen Spielers zu einem Informationsbezirk zusammenfasst. Wie aber geht man umgekehrt vor, also wenn man eine extensive Darstellung in die Normalform überführen will?

Hierfür ist es notwendig, sich an dieser Stelle genauer damit auseinanderzusetzen, was wir unter einer *Strategie* zu verstehen haben, als wir dies bisher getan haben. In der zweidimensionalen Matrixformdarstellung eines Spiels mit zwei Spielern wird jede Strategie des Spielers durch eine Zeile oder eine Spalte verkörpert. D.h. in einem Spiel wählt jeder Spieler *genau eine* Strategie und *nur eine* Strategie für ein Spiel. Eine Strategie legt sämtliche Entscheidungen fest, mit denen ein Spieler sich im Laufe eines Spiels konfrontiert sieht. *Eine Strategie ist ein Plan, der für jeden Informationsbezirk eines Spielers angibt, wie er sich an dieser Stelle im Spiel verhalten soll.* Wenn der Spieler sich einmal für eine Strategie entschieden hat, ist damit sein gesamtes Verhalten im Verlauf des Spiels bestimmt. Ein Spieler könnte gewissermaßen seine Strategie in irgendeiner Form fixieren, z.B. schriftlich in Form einer Beschreibung oder in Form eines Computerprogramms, und sich anschließend entfernen und einen Agenten damit beauftragen, das Spiel entsprechend dem Plan für ihn weiterzuspielen.

Als konkretes Beispiel dient wieder das „sequentielle Chicken-Game", das hier noch einmal in Abbildung 7.7 dargestellt ist.

7. Sequentielle Spiele

Abbildung 7.7: Extensive Darstellung des „sequenziellen Chicken-Game"

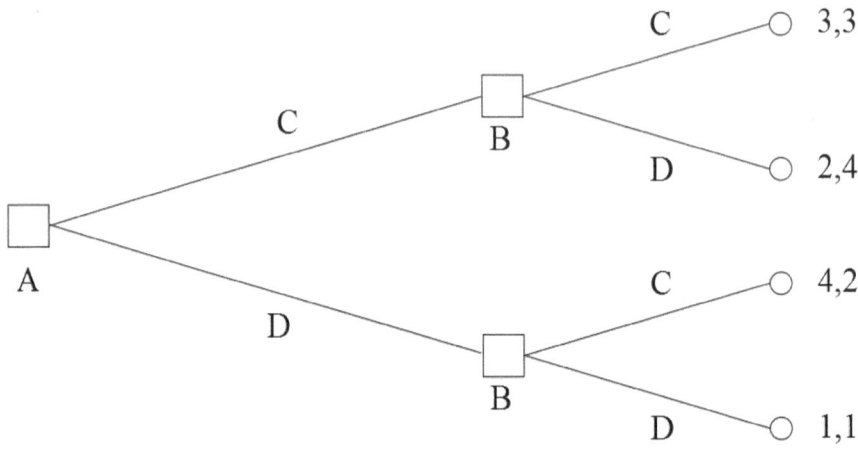

Eine Strategie legt für jeden Informationsbezirk fest, wie sich ein Spieler verhalten soll. Da hier alle Informationsbezirke Singletons sind, vereinfacht sich die Situation und ein Spieler muss für die Festlegung einer Strategie nur für jeden Entscheidungsknoten bestimmen, wie er sich dort verhalten will. Spieler A besitzt nur einen Entscheidungsknoten, an dem er zwei Handlungsoptionen besitzt, nämlich „C" und „D". Daher sind diese beiden Handlungsoptionen auch schon identisch mit der Anzahl seiner Strategien. Etwas komplizierter ist es in Bezug auf B, da der zweite Spieler im Laufe des Spiels an zwei Entscheidungsknoten gelangen kann, an denen er Entscheidungen zu treffen hat. Sowohl beim oberen als auch am unteren Entscheidungsknoten kann sich B ebenfalls jeweils für „C" oder „D" entscheiden. Die Anzahl seiner möglichen Strategien ergibt sich als Anzahl aller Kombinationen seiner Handlungsmöglichkeiten an den beiden Entscheidungsknoten. Spieler B verfügt daher über die vier Strategien „CC", „CD", „DC" und „DD". Die Strategie „CD" z.B. ist so zu lesen: Wenn Du Dich am oberen Entscheidungsknoten befindest, wähle C, wenn Du Dich am unteren Entscheidungsknoten befindest, wähle D. Da der Entscheidungsknoten, an dem sich B befindet, eindeutig durch die vorhergehenden Entscheidungen determiniert ist, in diesem Fall ausschließlich durch die Strategiewahl von A, ließe sich die Strategie auch so formulieren: Antworte auf C mit C und auf D mit D. Die Strategie „CC" wiederum ist gleichbedeutend mit: Antworte immer mit C. Die Strategie „DC" wiederum kann übersetzt werden als: Antworte auf C mit D und auf D mit C.

Die Anzahl der Strategien eines Spielers entspricht dem Produkt aus den jeweiligen Anzahlen von Handlungsoptionen, die er an den verschiedenen Informationsbezirken besitzt. Hätte B z.B. am oberen Entscheidungsknoten über drei Handlungsoptionen verfügt und am unteren über vier, so hätten sich zwölf mögliche Strategien ergeben.

Im sequentiellen Chicken-Game verfügt der erste Spieler also über zwei Strategien und der zweite über vier. Die Darstellung in Matrixform sieht daher folgendermaßen aus:

Abbildung 7.8: Darstellung des „sequentiellen Chicken-Game" in Matrixform

		Spieler B			
		CC	CD	DC	DD
Spieler A	C	3, 3	③, 3	2, ④	②, ④
	D	④, ②	1, 1	④, ②	1, 1

Um die Auszahlungen in den Zellen zu bestimmen, genügt es für die erste Zeile, bezüglich der Strategien von B nur auf die erste Stelle ihrer Bezeichnung zu sehen, da diese die Antwort auf die Strategie „C" von A angibt. Für die Auszahlungen der zweiten Zeile sind nur die zweiten Stellen in der Bezeichnung der Strategie von B relevant. Die Beste-Antworten-Analyse ergibt allerdings zwei Gleichgewichte. Das erste ist D-DC, das dem Gleichgewicht entspricht, das wir auch mit der Rückwärtsinduktion gefunden haben. Es existiert allerdings noch ein zweites Gleichgewicht, in dem sich A für „D" entscheidet und B für die Strategie „Immer C" bzw. „CC". Allerdings wird die Strategie „CC" von B durch die Strategie „DC" schwach dominiert. Streichen wir die dominierte Strategie „CC" als nicht relevante Alternative, erhalten wir das Gleichgewicht D-DC, das uns aus der Rückwärtsinduktion bekannt ist. Dennoch sollten wir nicht einfach unterschlagen, dass D-CC sehr wohl auch ein Gleichgewicht darstellt. Mit Hilfe des Dominanzkriteriums haben wir lediglich das Problem der Gleichgewichtsselektion gelöst, wir haben das Gleichgewicht aber keineswegs seines Status' als Gleichgewicht beraubt. Solange Spieler A tatsächlich die Strategie „D" wählt, ist die Strategie „CC" von B auch nicht schlechter als „DC". Lediglich für den Fall, dass A nicht „D" wählen würde, beraubte sich B mit „CC" der Möglichkeit, die Strategiewahl von A auszubeuten.

7.5 Teilspielperfekte Gleichgewichte

Je nach Darstellung eines Spiels, entweder in der extensiven Form oder der Normalform, lernen wir bestimmte Aspekte des Spiels kennen. Vor allem weisen Gleichgewichte, die in der extensiven Form mit Hilfe der Rückwärtsinduktion gefunden worden sind, ganz bestimmte, besondere Eigenschaften auf. Um die Unterschiede zwischen den beiden Darstellungsformen noch klarer herauszustellen bzw. um die Besonderheit der durch Rückwärtsinduktion gefundenen Gleichgewichte besser zu veranschaulichen, ist das Konzept sogenannter *Teilspiele* (subgames) von

7. Sequentielle Spiele

elementarer Bedeutung, das von Reinhard Selten eingeführt worden ist und diesem zu einem Nobelpreis verholfen hat, den er zusammen mit John Nash und John Harsanyi erhielt.

Ein Teilspiel ist ein Teil des ursprünglichen, ganzen Spielbaums, der an einem bestimmten Entscheidungsknoten beginnt, diesen also als Anfangsknoten besitzt. Teilspiele können daher nur mit Entscheidungsknoten beginnen, die einem einelementigen Informationsbezirk entsprechen. Ein Spiel besitzt daher so viele Teilspiele, wie es einelementige Informationsbezirke bzw. Singletons aufweist. Das „sequentielle Chicken-Game" besitzt daher drei Teilspiele: die beiden Teilspiele, die die zwei Entscheidungsknoten von B als Anfangsknoten haben und das Teilspiel, das den Entscheidungsknoten von A als Teilspiel besitzt und daher mit dem Gesamtspiel identisch ist.

Ein *teilspielperfektes Gleichgewicht* ist eine Kombination von Strategien der beiden Spieler, sodass an jedem Entscheidungsknoten des Spiels, unabhängig davon, ob dieser selbst auf dem Gleichgewichtspfad liegt oder nicht, die von den jeweiligen Strategien ab diesem Punkt vorgesehenen Züge die optimalen Entscheidungen der Spieler an diesem Punkt darstellen. Etwas einfacher ausgedrückt: Ein teilspielperfektes Gleichgewicht verlangt von den Spielern die Wahl einer Strategie, die auch in jedem Teilspiel zu einem Gleichgewicht führen würde bzw. dort die optimale Entscheidung darstellt. Ein durch Rückwärtsinduktion gefundenes Gleichgewicht ist daher immer teilspielperfekt, aber nicht jedes teilspielperfekte Gleichgewicht lässt sich ohne Weiteres durch Rückwärtsinduktion finden, da Teilspiele durchaus auch Informationsbezirke mit mehr als einem Element enthalten können.

Abbildung 7.9: Teilspiele des „sequenziellen Chicken-Game"

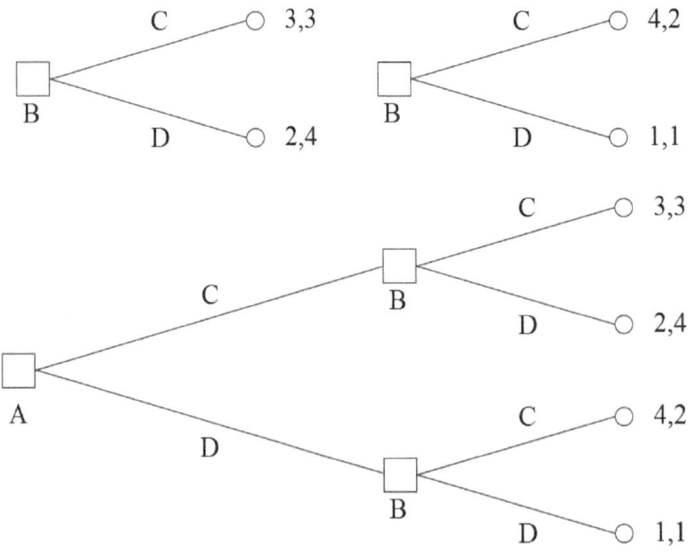

7.5 Teilspielperfekte Gleichgewichte

Kommen wir zurück zur Analyse der beiden Gleichgewichte der Matrixdarstellung in Abbildung 7.8. Wie man nun feststellen kann, ist das Gleichgewicht D-DC teilspielperfekt, während das zweite Gleichgewicht D-CC nicht teilspielperfekt ist. Denn würde Spieler A von seiner Gleichgewichtsstrategie abweichen und C wählen, dann wäre hier die beste Antwort von B der Zug „D" und nicht „C". Die Stärke des teilspielperfekten Gleichgewichts D-DC besteht also darin, dass es für B auch dann die optimale Antwort enthält, wenn A von seiner Gleichgewichtsstrategie D abweicht, obwohl es zu dieser Abweichung erst gar nicht kommen dürfte, wenn sich A rational verhalten würde. Ein teilspielperfektes Gleichgewicht verspricht insofern besonders stabil zu sein, da es sich durch irrationale Züge bzw. „Rationalitätsfehler" von einem der Spieler nicht erschüttern lässt. Denn auch wenn dem einen Spieler ein solcher Fehler unterlaufen würde, so wären die Antworten, die der andere Spieler nun entsprechend seiner Strategie gibt, diejenigen, die er auch dann geben würde, wenn er von vornherein mit einer Strategie des Gegners gerechnet hätte, die ihn an diese Stelle führen würde. Ein Spieler mit einer teilspielperfekten Strategie lässt sich insofern nicht unter Druck setzen, auf eine irrationale Strategie seinerseits mit einer irrationalen Strategie zu antworten.

So überzeugend und „stark" das Konzept von teilspielperfekten Gleichgewichten, die von Selten anfangs auch einfach nur als „perfekte Gleichgewichte" bezeichnet wurden (ein Begriff, der inzwischen einer anderen Sorte von Gleichgewichten vorbehalten ist), auch erscheinen mag, in der Realität können nicht-teilspielperfekte Gleichgewichte durchaus auftreten, allerdings sind sie oft mit dem Makel eines Mangels an Glaubwürdigkeit behaftet.

Ein interessantes und aufschlussreiches Spiel, um diese Problematik noch einmal vertieft zu erörtern, ist das *Abschreckungsspiel* (deterrence game). Dieses existiert in mehreren Nuancen, gelegentlich wird auch das Chicken-Game als Illustration einer Abschreckungssituation verstanden, eine paradigmatische Version davon ist jedenfalls in Abbildung 7.10 zu sehen. Das Spiel kann als eine Darstellung der Abschreckungslogik verstanden werden, wie sie ungefähr im Zeitraum der 60er Jahre während des Kalten Krieges galt. Es soll nicht behauptet werden, dass dies die reale Situation in den 60ern war, aber zumindest kommt diese Darstellung der Situation, wie sie sich für einige Analysten damals darstellte, in den Grundzügen wohl sehr nahe.

Abbildung 7.10: „Unglaubwürdige Drohung" im Abschreckungsspiel

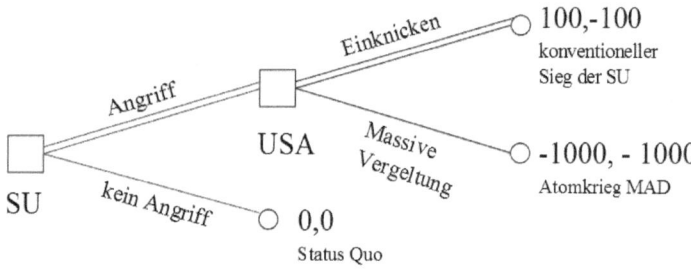

131

7. Sequentielle Spiele

Im Wesentlichen verfolgten die USA damals eine Politik der *massiven Vergeltung* (massive retaliation), die nach dem Scheitern der sogenannten *Containment-Politik* im Koreakrieg in den 50ern Jahren entwickelt worden war. Containment sah den Einsatz von konventionellen Waffen und Truppen als Antwort auf einen konventionellen Angriff der Gegenseite vor und hatte als vorrangiges Ziel vor allem die Wiederherstellung des Status Quo. Tatsächlich gelang es den USA im Koreakrieg dieses Ziel zu erreichen, allerdings nur unter sehr hohen Kosten. Die Logik der Containment-Politik sah vor, den militärischen Vorteil über die Wiederherstellung des Status Quo hinaus nicht zu nutzen. Es sollte dem Gegner lediglich signalisiert werden, dass er durch einen Angriff „nichts zu gewinnen hatte". Das Problem bestand aber darin, dass die „Bestrafung" eines Angriffs durch Wiederherstellung des Status Quo dem Angegriffenen bzw. der Ordnungsmacht, die dem Angegriffenen zu Hilfe eilte, extrem hohe Kosten auferlegte, die womöglich sogar höher sein konnten als die, die dem Angreifer durch das Zurückdrängen desselben auferlegt wurden. So einleuchtend dieses von George F. Kennan entwickelte Konzept in der Theorie auch war, es erwies sich als politisch nicht durchsetzbar. Massive Vergeltung machte sich hingegen das atomare Monopol der USA (weniger in Bezug auf die Bomben selbst, als vielmehr in Bezug auf die Trägersysteme) zunutze und drohte nun, auf einen konventionellen Angriff mit dem massiven Einsatz von Atombomben zu antworten. Eine solche extreme Bestrafung sollte überzeugend abschreckend wirken und besaß zudem den nicht unwichtigen Vorteil, im Verhältnis zu Containment eine sehr billige – zumindest im monetären Sinne – Lösung des Abschreckungsproblems zu sein. Allerdings änderte sich diese Situation mit dem sogenannten *Sputnik Schock*[18] grundlegend, als die Sowjetunion am 4. Oktober 1957 den ersten Satelliten in die Umlaufbahn schoss und damit unter Beweis stellte, dass sie nun ebenfalls Trägersysteme besaß, die nukleare Bomben mehr oder weniger überall hin in die Welt transportieren konnten. Die sich aus dieser Situation entwickelnde Abschreckungsideologie wurde sinnigerweise mit dem Akronym MAD als *Mutual assured destruction* bezeichnet, also als eine Sicherheit, die darin bestand, dass man sich gegenseitig auslöschen konnte. Allerdings hatte MAD, bei allem Charme, den es für superrationale Theoretiker des Kalten Kriegs besaß, einen kleinen und nicht unerheblichen Schönheitsfehler: es war unglaubwürdig.

---

18 Der „Schock" bestand für die Amerikaner in der Erkenntnis, dass die Sowjets ihnen in einem wichtigen Technologiebereich, dem der Raketenforschung, offensichtlich überlegen waren. Aus dieser merkwürdigen psychologischen Melange aus Schockstarre und gekränkter Eitelkeit lassen sich dann auch solche Phänomene erklären wie das, dass der amerikanische Pianist Van Cliburn 1958 in New York mit einer Konfettiparade gefeiert wurde, nachdem er den ersten in Moskau ausgerichteten Tschaikowski-Wettbewerb im Fach Klavier gewonnen hatte. Wie sehr der Amerikaner, der einen russischen Komponisten besser interpretieren konnte als die Russen selbst, zu einer Legende der 60er wurde, zeigt sich unter anderem daran, dass er als eine der Celebrities vorkommt, die in einer Show in George Cukors Film von 1960 „Let's make love" mit Marilyn Monroe und Yves Montand parodiert werden. Im von Frankie Vaughan und Marilyn Monroe gesungenen Begleitsong „Specialization" heißt es dazu: „Van Cliburn caused us a high burn. While we were blushin' Some Russian gave him the prize." Seine Aufnahme des ersten Klavierkonzerts von Tschaikowski verkaufte sich 1961 mehr als eine Million Mal. 2003 wurde ihm von George W. Bush die Freiheitsmedaille verliehen, die höchste zivile Auszeichnung der USA.

7.5 Teilspielperfekte Gleichgewichte

Im in Abbildung 7.10 dargestellten Spiel verhält es sich folgendermaßen: Die SU stellt den „ersten" Spieler dar[19] und kann sich zwischen der Beibehaltung des Status Quo oder einem kleinen konventionellen Angriff auf ein mit den USA befreundetes Land entscheiden. Im Falle eines Angriffs kann die USA auf zweierlei Weise antworten. Im ersten Fall vergilt sie entsprechend der von ihr vertretenen Abschreckungstheorie mit Atomwaffen, was wiederum zu einem Gegenschlag der Sowjetunion führen würde und so zu einem für beide wahrlich katastrophalen Ergebnis. Oder die USA „knickt ein", um dieses apokalyptische Risiko zu vermeiden. Wie sich leicht erkennen lässt, entspricht dies genau dem durch Rückwärtsinduktion gefundenen Gleichgewichtspfad. Vor die Wahl gestellt, wie sie auf einen begrenzten konventionellen Angriff der Sowjetunion antworten sollte, ist das „Einknicken" die beste Antwort der USA. Da nun die Sowjetunion dies ihrerseits voraussehen kann, ist der Angriff die beste vorwegnehmende „Antwort" auf die antizipierte Entscheidung der USA.

Betrachten wir allerdings nun die Matrixdarstellung des Spiels, dann erkennen wir, dass es neben diesem teilspielperfekten Gleichgewicht tatsächlich noch ein weiteres gibt.

Abbildung 7.11: Darstellung des Abschreckungsspiels in Matrixform

		USA Einknicken	USA Vergeltung
SU	Kein Angriff	0, 0	(0), (0)
SU	Angriff	(100), (-100)	-1000, -1000

Neben dem teilspielperfekten Gleichgewicht Angriff-Einknicken existiert das zweite nicht-teilspielperfekte Gleichgewicht Kein Angriff-Vergeltung. Auch hier ist allerdings die Strategie, die vom zweiten Spieler, den USA, in diesem Gleichgewicht gewählt wird, die Vergeltung, eine von der anderen Strategie schwach dominierte Strategie. Nach dem Dominanzkriterium würden die Sowjetunion nur noch ihre beste Antwort auf die schwach dominante Strategie der USA, Einknicken, überlegen, was eben im Ergebnis wieder zu dem teilspielperfekten Gleichgewicht Angriff-Einknicken führen würde.

---

[19] Offensichtlich war es für westliche Analytiker des Kalten Krieges selbstverständlich, dass ein „echter" aggressiver Akt grundsätzlich von dieser Seite ausgehen würde. Zwar wurden in Zeiten des Kalten Kriegs auch diverse Szenarien, die einen Erstschlag der USA vorsahen, erwogen, im Gegensatz zu der ursprünglichen Aggressivität der Sowjetunion, waren solche Szenarien aber lediglich als vorausschauende „Prävention" anzusehen.

In der Realität allerdings scheint sich die nicht-teilspielperfekte Lösung durchaus „bewährt" zu haben, d.h. im Großen und Ganzen gab es – zumindest seit den 70ern – keine größeren militärischen Konflikte mehr zwischen der Sowjetunion und den USA. Ob dies aber tatsächlich von der vom Westen propagierten Abschreckungspolitik, dem sogenannten „Gleichgewicht des Schreckens", abhing oder doch nicht eher von einem allgemeinen Trend hin zu einer Entspannungspolitik, muss Spekulation bleiben und sei dahingestellt. In jedem Fall ist festzuhalten, dass ihre Abschreckungsdoktrin die USA in ein Rationalitäts- bzw. besser Irrationalitätsdilemma führte, da diese Doktrin vorsah, auf bestimmte Handlungen der Sowjetunion auf irrationale Weise zu antworten. Die Drohung, auf einen begrenzten konventionellen Angriff tatsächlich mit dem Einsatz von Atomwaffen zu antworten, war unglaubwürdig. Wie zu sehen ist, können solche *unglaubwürdigen Drohungen* (incredible threats) sehr wohl Bestandteil eines Gleichgewichts sein, aber eben nicht eines teilspielperfekten Gleichgewichts. Die besondere, vermutete Stabilität von teilspielperfekten Gleichgewichten verdankt sich eben genau dieser Eigenschaft, unglaubwürdige Drohungen nicht zu beinhalten. In den 50ern und 60ern Jahren realisierte sich daher weitgehend das teilspielperfekte Gleichgewicht, bekannt geworden unter dem Namen *Salami-Taktik*. Die Salami-Taktik bestand in einer scheibchenweisen Schwächung des Gegners, indem man ihm militärische und politisch-strategische Nadelstiche versetzte, die ihn einerseits zwar schmerzten, andererseits aber nicht gravierend genug waren, um ihn zu einer harschen Reaktion zu verleiten. Die Niederschlagung der Aufstände in der DDR 1953 und Ungarn 1956 und vor allem die des Prager Frühlings 1968 sind die herausragenden Beispiele für diese Art von Politik. Die westliche Strategie, die sich aus der Erfahrung des Rationalitätsdilemmas der massiven Vergeltung herausentwickelte, war die Strategie der *flexible response*, die einerseits auf jeden Angriff angemessen reagieren sollte, andererseits bei jeder Reaktion ein Eskalationsrisiko beinhaltete, das die Abschreckung aufrechterhalten sollte. Die Strategie der flexible response wurde in annähernd dieser Form bis zum Ende des Kalten Krieges von Seiten der westlichen Verbündeten beibehalten.

7.6 Die Bedeutung von Commitments

Unglaubwürdige Drohungen bzw. Drohungen überhaupt sind eine Unterklasse von Handlungen, deren Effekt darin besteht, dass sich der Akteur damit auf eine andere, zeitlich später erfolgende Handlung festlegt. Allerdings sind diese *Festlegungen* (commitments) in der Regel an bestimmte Bedingungen geknüpft, d.h. sie sind konditional. Die zwei wichtigsten Formen dieser Festlegungen sind Drohungen und Versprechen. Die Bedingung, die erfüllt sein muss, ist wiederum eine Handlung, die vom Adressaten, an den sich die Drohung bzw. das Versprechen richtet, ausgeführt werden muss bzw. nicht ausgeführt werden soll. Das Commitment kann daher als Abschreckung (deterrence) oder als Druck, Verführung oder Verleitung (compellence) fungieren. Üblicherweise sind Drohungen eher dazu gedacht, andere von gewissen Handlungen abzuschrecken, während mit Versprechen beabsichtigt wird, den anderen zu einer bestimmten Handlung zu bewegen. Diese Verbindung muss aber nicht zwangsläufig in dieser Form auftreten. Eltern

7.6 Die Bedeutung von Commitments

können z.B. ihren Kindern eine Belohnung versprechen, wenn sie ihr Zimmer aufräumen oder gute Noten schreiben, oder sie können ihnen mit gewissen Sanktionen drohen, die erfolgen, wenn die Kinder diese Handlungen nicht vollziehen bzw. Erfolge nicht vorweisen können.

Häufig sind Versprechungen und Drohungen mit Opfern derjenigen verbunden, die sie in Aussicht stellen, d.h. für den Fall, dass sie ihre Versprechen bzw. Drohungen einlösen müssen. Wäre dies nicht der Fall, dann müssten die entsprechenden Handlungen erst gar nicht versprochen bzw. angedroht werden. Etwas zu versprechen, was man sowieso gerne machen würde, ist offensichtlich kein besonders starker zusätzlicher Anreiz. Das Grundproblem von Versprechen und Drohungen besteht daher darin, dass diese immer mit einem Glaubwürdigkeitsproblem verbunden sind, da ihre Umsetzung ja demjenigen, der die Drohung ausgestoßen oder das Versprechen gemacht hat, einen mehr oder weniger großen Nachteil zufügt. Eine – zugegeben drastische – Illustration ist das Verhältnis zwischen Kidnapper und Opfer, wie es von Thomas Schelling in *Strategy of Conflict* geschildert worden ist. Dieses Kidnapper-Spiel kann man auf folgende Weise darstellen:

Abbildung 7.12: Unglaubwürdige Versprechen im Kidnapper-Spiel

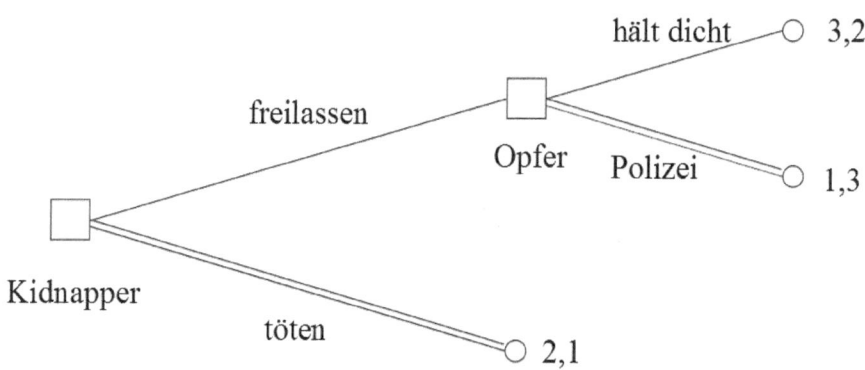

Vorausgesetzt wird dabei, dass das Opfer die Identität des Kidnappers kennt oder über sonstige Informationen verfügt, die es wahrscheinlich machen würden, dass der Kidnapper gefasst wird, wenn das Opfer seine Informationen der Polizei mitteilt. Für den Kidnapper ist es das beste Ergebnis, wenn er, nachdem er das Lösegeld erhalten hat, das Opfer freilässt und dieses ihn nicht verrät. Das schlechteste Ergebnis für den Kidnapper besteht darin, dass er gefasst wird, nachdem das Opfer ihn bei der Polizei verraten hat. Das beste Ergebnis für das Opfer wiederum besteht darin, dass es freigelassen wird und der Kidnapper von der Polizei gefasst wird, da es dann sogar das Lösegeld zurück erhält. Das schlechteste Ergebnis aus Sicht des Opfers ist natürlich, dass der Kidnapper es töten könnte. Löst man das Spiel mit Hilfe der Rückwärtsinduktion, dann ist klar, dass das Opfer, wenn es freigelassen wird, natürlich zur Polizei gehen wird. Damit aber hat der Kidnapper seinerseits nur noch die Wahl, entweder das Opfer zu töten oder sich von der Polizei fassen zu lassen. Das Ergebnis des Spiels besteht daher in der Strategiekombi-

7. Sequentielle Spiele

nation „Töten-Zur Polizei gehen". Dieses Gleichgewicht ist teilspielperfekt und es ist das einzige Gleichgewicht überhaupt. Allerdings ist dieses Gleichgewicht pareto-inferior gegenüber der Strategiekombination Freilassen-Dichthalten. Beide würden dieses Ergebnis gegenüber dem, was sich ansonsten einstellen wird, vorziehen, es gibt aber innerhalb des Kontexts, wie er durch die Struktur des Spiels gezeichnet ist, keine Möglichkeit dorthin zu gelangen.

Natürlich wird das Opfer in dieser Situation dem Entführer versprechen, ihn auf keinen Fall zu verraten, wenn er es freilässt. Aber das Dilemma besteht darin, dass der Entführer dem Opfer nicht glauben kann, da er weiß, dass das Opfer kein Interesse daran hat, sein Versprechen auch einzuhalten. Das aus der Sicht aller Beteiligten wünschenswerte Ergebnis kann nicht verwirklicht werden, da das Opfer genauso wenig in der Lage ist, ein glaubwürdiges Versprechen abzugeben wie die USA, dass sie im Abschreckungsspiel tatsächlich massiv vergelten würden, wenn die Sowjetunion einen begrenzten konventionellen Angriff auf ein befreundetes Land unternimmt.

Die Kunst des Commitments besteht darin, solche Versprechen oder Drohungen glaubwürdig zu machen. Hierzu bedient sich der Akteur sogenannter *strategischer Züge* (strategic moves). Dies sind Züge, die das danach ablaufende Teilspiel gegenüber dem ursprünglichen Spiel verändern. Strategische Züge sind also Züge, die dem „eigentlichen" Spiel vorgeschaltet sind und dadurch, dass sie ausgeführt werden, die Struktur des „eigentlichen" Spiels verwandeln und dieses in ein Spiel transformieren, für das andere Lösungen existieren. Die sich nun neu eröffnenden Lösungen sind für den Spieler, der den strategischen Zug unternimmt, gegenüber denen im „eigentlichen" Spiel von Vorteil. Im Wesentlichen gibt es zwei Arten von strategischen Zügen: solche, mit denen sich ein Akteur seine eigene Handlungsfreiheit beschränkt, d.h. mit denen er sich gewisse Handlungsmöglichkeiten selbst unmöglich macht, und solche, mit denen der Akteur die Auszahlungsmatrix verändert.

Die Beschränkung der eigenen Handlungsfreiheit wird im Deutschen oft auch als Selbstbindung bezeichnet. Um z.B. das Problem der unglaubwürdigen Drohung im Abschreckungsspiel zu beseitigen, müssten die USA sich dahingehend selbst binden, dass sie, im Falle eines Angriffs der Sowjetunion, gar keine andere Möglichkeit als die der massiven Vergeltung besitzen. Dies erfordert natürlich letztlich die Aufgabe der souveränen Entscheidung und die Bindung an eine Art von Mechanismus, der unabhängig von einem abläuft und – einmal in Gang gesetzt – auch nicht mehr aufgehalten werden kann. Im Falle der Abschreckungstheorie wurde ein solcher Mechanismus tatsächlich in Form einer sogenannten *Doomsday Machine*, übersetzt am besten wohl mit Weltvernichtungsmaschine, diskutiert. Die (rein theoretischen) Überlegungen hierzu wurden von Herman Kahn formuliert. Die Doomsday Machine spielt auch eine entscheidende Rolle in Stanley Kubricks Film „Dr. Strangelove. Or: How I learned to stop worrying and love the bomb", dem wohl immer noch besten Film, der jemals über den Irrwitz des Kalten Kriegs gedreht wurde. Im Film wird die Doomsday Machine automatisch ausgelöst, so-

7.6 Die Bedeutung von Commitments

bald irgendwo auf der Welt eine nukleare Bombe detoniert,[20] und setzt dann ihrerseits eine Kette von Nuklearexplosionen in Gang, die die Erde für die nächsten Jahrhunderte unbewohnbar machen. Ironischerweise besitzen im Film die Russen die Doomsday Machine, weniger ironisch ist allerdings, dass sie die Welt darüber nicht informiert haben, was diese nun an den Rand des Abgrunds führt, da ein paranoider Luftwaffengeneral seiner Bomberflotte den Befehl zum Angriff auf die Sowjetunion gegeben und die Regierung Probleme hat, den illegitim ausgelösten Angriffsbefehl rückgängig zu machen.

Die Selbstbindung durch eine Vorabfestlegung auf bestimmte Züge, die später im Spiel auftreten, wirkt also ganz analog zur Technik des Beschneidens des Spielbaums. Bestimmte Zweige, die bestimmte Handlungen repräsentieren, werden entfernt, da die entsprechenden Handlungen gar nicht mehr gewählt werden können. Ein Commitment zu einem automatisch ausgelösten massiven Vergeltungsschlag lässt sich dann als erster Zuge im folgenden Spiel darstellen. Man beachte, dass die Auszahlungen an den Endknoten nun die Auszahlungen der USA enthalten, da diese jetzt den ersten Zug ausführen.

Abbildung 7.13: Abschreckungsspiel mit Commitment

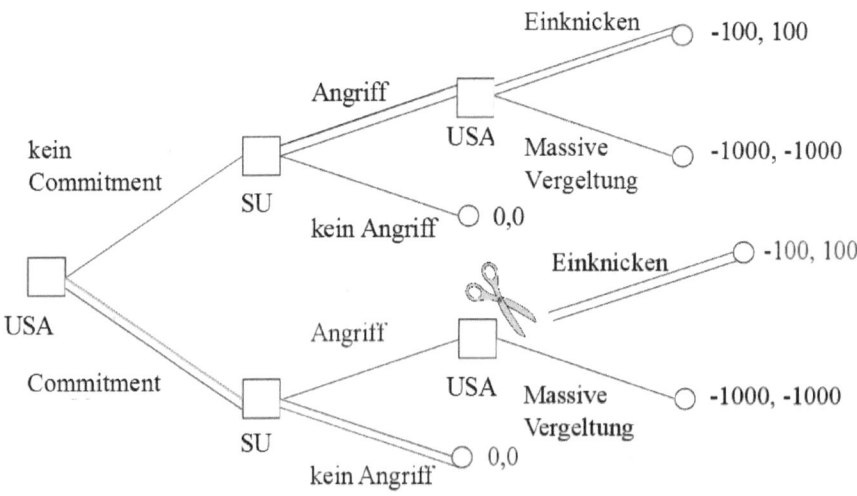

Die Entscheidung der USA im ersten Zug besteht also darin, entweder keine Vorabfestlegung vorzunehmen, was nichts anderes heißt, als dass das ursprüngliche Spiel gespielt wird, mit dem Ergebnis des für die USA ungünstigen Gleichgewichts „Angriff der SU und Einknicken der USA". Wenn sich die USA hingegen durch

---

20 Der Sinn der Doomsday Machine bestand genau genommen in der Abschreckung vor dem Einsatz sogenannter taktischer Atomwaffen, die gegen militärische Ziele wie Panzerarmeen, Bodentruppen oder Flughäfen eingesetzt wurden. Die Doomsday Machine setzt dann den Einsatz sogenannter strategischer Atomwaffen in Gang. Diese sind reine Vergeltungsinstrumente und sind auf die Großstädte der Gegner gerichtet. Der Einsatz von taktischen Atomwaffen wurde von den Theoretikern als im Prinzip begrenzbar angesehen und zählte aus deren Sicht nicht zur eigentlichen nuklearen Abschreckung.

ein entsprechendes Commitment selbst der Möglichkeit berauben, bei einem Angriff der SU einknicken zu können, dann ist „Kein Angriff" jetzt die beste Wahl der Sowjetunion, d.h. es bleibt beim Erhalt des von den USA gewünschten Status Quo.

Die zweite Klasse von strategischen Zügen besteht in der Abänderung der Auszahlungsmatrix des Spiels durch entsprechende Commitments im Vorfeld. Wie schon bei der Diskussion des Chicken-Games erläutert, kann das entsprechende Commitment z.B. im Aufbau einer Reputation liegen, lieber ein toter Held als ein lebender Feigling zu sein. Es genügt womöglich auch schon, vor dem Rennen derart stark damit zu prahlen, dass man auf keinen Fall nachgeben wird, dass dadurch der Preis des Nachgebens so erhöht wird, dass man es sich eigentlich nicht mehr leisten kann. Das Spiel kann dann folgendermaßen dargestellt werden.

Abbildung 7.14: Generelle Auszahlungsmatrix eines Chicken-Game

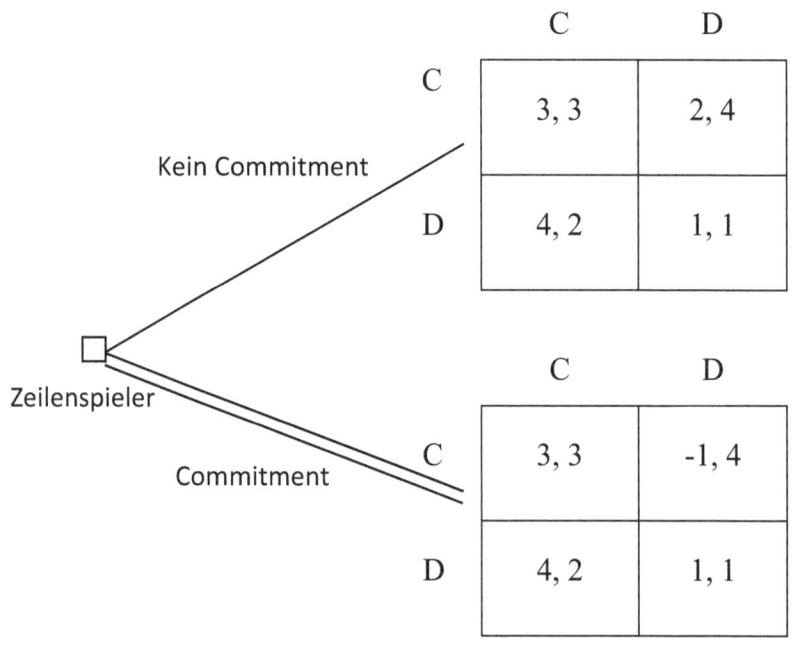

Das durch das Commitment veränderte Spiel enthält nun eine dominante Strategie, nämlich die Defektion, wodurch sich der Spieler, der das Commitment abgibt, das bessere der beiden Gleichgewicht im ursprünglichen Chicken-Game garantieren kann.

Versprechen und Drohungen müssen wegen ihres internen Glaubwürdigkeitsproblems oft mit zusätzlichen Mechanismen unterlegt werden, damit ihre Durchführung für den Fall, dass der Adressat sich nicht in der gewünschten Weise verhält, glaubwürdig ist. Im Falle des Abschreckungsspiels kann dieser Mechanismus so

7.6 Die Bedeutung von Commitments

etwas wie die Doomsday Machine sein. Im Falle des Kidnapper-Spiels schlägt Schelling vor, dass das Opfer sich selbst die Option nehmen könnte, zur Polizei zugehen, indem es sich freiwillig durch den Entführer erpressbar macht, z.B. indem es von den illegalen Konten in der Schweiz erzählt. Das funktioniert natürlich allerdings nur, wenn der Schaden, der durch die Enthüllung dieses „schmutzigen Geheimnisses" des Opfers entsteht, größer ist als der, der dem Opfer entsteht, wenn sich der Entführer mit dem Lösegeld aus dem Staub macht. Besitzt das Opfer kein solches „schmutziges Geheimnis" bzw. die berühmte „Leiche im Keller", dann muss es sich womöglich in Gegenwart des Entführers eine machen.

Eine klassische Form eines Commitments als flankierende Maßnahme zur Untermauerung der Glaubwürdigkeit eines Versprechens stellt das Pfand dar. Man denke hier an „Verträge" wie Nichtangriffspakte zwischen zwei mittelalterlichen Herrschern. Da hier keine externe Instanz, die die Einhaltung von Vereinbarungen erzwingen kann, existiert, befinden sich die Herrscher gewissermaßen weiterhin im Hobbes'schen Naturzustand. Der Austausch der Lieblingstöchter als Pfand kann daher die Glaubwürdigkeit der Abmachung beträchtlich erhöhen. (Nur sollte man sich dann auch sicher sein, dass es sich wirklich um die Lieblingstochter des jeweiligen Herrschers handelt.)

Versprechen und Drohungen besitzen zwei Aspekte. Der eine besteht in der puren Information über die Art der positiven oder negativen Sanktion, die verhängt werden soll. Um deren Glaubwürdigkeit zu gewährleisten, müssen rein „informative" Versprechen bzw. Drohungen dann eben durch entsprechende Commitments flankiert werden. Der zweite Aspekt von Versprechen und Drohungen besteht allerdings darin, dass sie selbst es sind, die die eigentlichen Commitments im engeren Sinn darstellen bzw. mit einem Commitment unauflöslich verknüpft sein müssen. Diese Commitments müssen so beschaffen sein, dass man nicht ungestraft seine Versprechen brechen oder seine Drohungen nicht wahrmachen kann. Das Versprechen bzw. die Drohung *selbst*, als spezifischer Handlungsakt, binden dann die Akteure. Eine Kultur, in der jemand „sein Gesicht verliert", wenn er seine Versprechen nicht hält, treibt die Kosten für ein nicht eingehaltenes Versprechen so hoch, dass sie höher ausfallen, als die der Umsetzung des Versprechens. Dasselbe kann für Drohungen gelten. Eine Drohung sollte daher immer mit Vorsicht eingesetzt werden, denn die Kosten, die Drohung nicht umzusetzen, können im Sinne eines Glaubwürdigkeitsverlusts so hoch sein, dass man es sich gar nicht erlauben kann, die Drohung nicht umzusetzen. Im schlimmsten Fall aber sind dann die Kosten der Umsetzung womöglich sogar höher als der Schaden, den man mit der Drohung ursprünglich abwenden wollte. Das Ausmaß der angedrohten Sanktion muss daher zwar hoch genug sein, um die Abschreckung wirksam zu machen, sollte aber gleichzeitig so niedrig sein, dass die Sanktion für den Fall des Versagens der Abschreckung noch eine angemessene Vergeltung darstellt und mit nicht-prohibitiven Kosten umgesetzt werden kann. In einer Simpsons-Folge z.B. unterläuft Homer tatsächlich der strategische Fehler, eine unangemessen hohe Strafe für ein Vergehen von Bart zu verhängen, nämlich das Verbot, den neuen „Itchy & Scratchy"-Film anzusehen. Obwohl er selbst darunter leidet, dass Bart den Film nicht sehen kann, ist es ihm nicht möglich, die Strafe abzumildern oder zurückzunehmen, will er nicht endgültig seine Autorität bei Bart verspielen. (Auch wenn Simpsons-Kenner natürlich wissen, dass es in dieser spezifischen Vater-Sohn-Beziehung eigentlich nichts mehr zu verspielen gibt.)

Wenn der Bruch von Versprechen so hohe interne Kosten nach sich zieht, dass er auf jeden Fall vermieden werden muss, dann kann mit dieser Art von Commitment womöglich sogar ein Problem im Sinne des Gefangenendilemmas gelöst werden. Nicht immer muss gelten, dass Worte Schall und Rauch sind bzw. „cheap talk" darstellen. Handelte es sich z.B. bei den beiden Bankräubern um zwei Nonnen, die mit dem erbeuteten Geld die kirchlich geführte Kita im Ruhrgebiet für Halbwaisenkinder, deren Väter unter Tage gearbeitet haben und an Staublunge gestorben sind, retten wollen, die ansonsten den staatlichen Kürzungen zum Opfer fiele, und versprechen sich diese beiden Nonnen „bei Gott", dass sie sich nicht gegenseitig verraten werden, dann gibt es gute Gründe zu vermuten, dass die Kombination der beiden kooperativen Strategien tatsächlich als Ergebnis zustande kommt. Nur ist das dann gespielte Spiel eben kein Gefangenendilemma mehr, sondern wurde durch dieses Commitment in ein Spiel transformiert, in dem vermutlich die kooperative Strategie sogar dominant ist, also ein Harmoniespiel.

In der Alltagswelt sind Commitments sicherlich eines der wichtigsten Mittel, mit denen Dilemmasituationen, die in bestimmten Spielen auftauchen, gelöst werden.

Aufgaben

1. Stellen Sie das „sequentielle Gefangenendilemma" und das sequentielle Versicherungsspiel dar! Analysieren Sie die Spiele! Gibt es dabei einen Vorteil des Spielers mit dem ersten Zug?

2. In einer Szene in Woody Allens Manhattan Murder Mystery befinden sich Woody Allen und Diane Keaton bei einem Hockeyspiel im Madison Square Garden. Offensichtlich missfällt ihr diese Art der Unterhaltung und er sagt zu ihr: „Erinnere Dich daran, was wir ausgemacht haben. Du bleibst hier bei mir während des ganzen Hockeyspiels und nächste Woche gehe ich mit Dir in die Oper und bleibe bis zum Ende". Später im Film sehen wir sie aus der Met, auf einen verlassenen Lincoln Center Square gehen. Drinnen spielt immer noch die Musik und Diane Keaton ist erkennbar aufgebracht: „Was ist mit unserer Abmachung? Ich bin bis zum Ende des Hockeyspiels geblieben und Du hast versprochen, bis zum Ende der Oper zu bleiben." Allen antwortet: „Du weißt, ich kann nicht zuviel von Wagner ertragen. Nach dem Ende des ersten Aktes verspürte ich das drängende Bedürfnis Polen zu überfallen." Welches Spiel haben die beiden gespielt und welche Strategien bzw. strategischen Züge haben die Spieler gewählt?

3. Im Vorfeld der Bundespräsidentenwahl 2012 hatten die drei Regierungsparteien CDU, CSU und FDP die klare Präferenz, sich auf einen gemeinsamen Kandidaten zu einigen. Dabei lehnte die FDP die von der Union vorgeschlagenen Kandidaten aber genauso ab wie umgekehrt die CDU den von der FDP unterstützten Joachim Gauck. Ohne eine Einigung innerhalb der Koalition abzuwarten trat die FDP an die Öffentlichkeit mit der Nachricht, dass sie Joachim Gauck in der Bundesversammlung wählen würden. Joachim Gauck war bei der letzten Wahl schon der Kandidat der Oppositionsparteien

SPD und Grüne gewesen und es war klar, dass ein Bündnis aus SPD, Grüne und FDP den Kandidaten Gauck auch ohne die Unterstützung der Union in der Bundesversammlung durchbringen konnten. Skizzieren Sie das Spiel, das hier innerhalb der Regierungskoalition aus CDU/CSU und FDP gespielt worden ist!

4. Lösen Sie das untenstehende Tausendfüßler-Spiel mit Backwards-Induction und interpretieren Sie das Ergebnis!

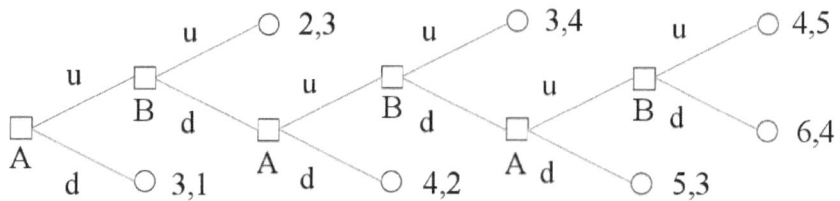

5. Stellen Sie sich vor, dass einem Regierungschef für einen Abstimmungserfolg in der Länderkammer noch die Stimmen zweier weiterer Länder fehlen! Drei Länder sind noch nicht eindeutig festgelegt und kommen daher als potentielle Stimmenlieferanten in Frage. Scheitert der Regierungschef mit seiner Vorlage, wird nachverhandelt und alle drei Länder können für sich zusätzlich 12 Milliarden Euro aushandeln, die sie gleichmäßig unter sich verteilen. Der Regierungschef versucht seinerseits, die Länder auf seine Seite zu ziehen, indem er ihnen für den Fall der Unterstützung 10 Milliarden Euro an Zuwendungen verspricht, die wiederum zu gleichen Teilen an die Länder vergeben werden, die der Vorlage zustimmen. Stimmt nur ein einziges Land zu, dann scheitert die Vorlage und dieses Land erleidet dabei einen Reputationsverlust im eigenen „Lager", den es nur mit Public-Relations-Aktivitäten in Höhe von 100 Millionen Euro wiedergutmachen kann. Stellen Sie diese Situation für den Fall dar, dass die Länder hintereinander und offen ihre Stimme abgeben. Welches Verhalten ist dabei jeweils von den Ländern zu erwarten? Verändert sich ihr Verhalten, wenn die Abstimmung gleichzeitig und geheim vorgenommen wird?

6. Lösen Sie das untenstehende Spiel in seiner extensiven Form mit Backwards-Induction. Zeigen Sie die strategische Darstellungsform des Spiels! Welche Unterschiede ergeben sich bezüglich der Lösungen der beiden Darstellungsformen? Warum treten diese Unterschiede auf?

7. Sequentielle Spiele

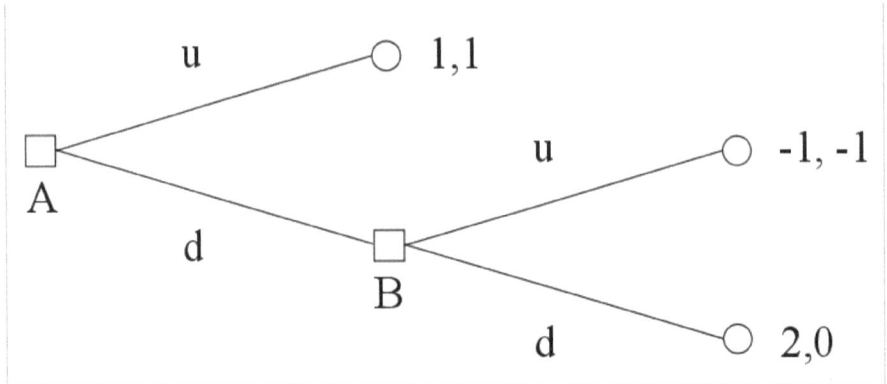

Weiterführende Literatur

Eine gute Einführung zu strategischen Zügen findet sich in Dixit et al. (2013). Auf die Unterschiede von extensiver und strategischer Form geht Morrow (1994) ein, hier werden auch die Konzepte der Rückwärtsinduktion und der teilspielperfekten Gleichgewichte diskutiert sowie das Phänomen unglaubwürdiger Drohungen. Das Konzept teilspielperfekter Gleichgewichte stammt wie andere Verfeinerungen des Gleichgewichtskonzepts von Harsanyi und Selten (1988). Klassische Arbeiten zu Commitments stammen vor allem von Thomas Schelling, so auch das Kidnapper-Spiel, das in *The Strategy of Conflict* (1960: 43ff.) vorkommt.

8. Wiederholte Spiele

8.1 Externe und interne spieltheoretische Lösungen sozialer Dilemmata

Soziale Dilemmata wie das Gefangenendilemma zählen zu den bekanntesten und am meisten erforschten Teilbereichen der Spieltheorie. Sie können prinzipiell auf zweierlei Weise gelöst werden. Zum einen kann man durch die Etablierung von Sanktionsmechanismen die Struktur des Spiels so verändern, dass der Dilemmacharakter verschwindet. Diese Sanktionen können externer oder interner Natur sein. Mit externen Sanktionen wird z.B. gearbeitet, wenn man in einem Gefangenendilemma Bestrafungen für die Wahl der defektiven Strategie einführt, die diese unattraktiv machen. Damit wird die kooperative Strategie womöglich sogar zur dominanten Strategie. Dem Typus dieser Lösungsart entspricht die Einführung des Staates als Instanz, die den Dilemmacharakter bei der Bereitstellung öffentlicher Güter auflösen soll, indem er das kooperative Verhalten gewissermaßen erzwingt. Dies gibt das essentielle Wesen all der vertragstheoretischen Konstruktionen im Sinne von Hobbes, Buchanan und Nozick wieder, um stellvertretend nur einige zu nennen. Natürlich können solche Dilemmata auch umgekehrt durch die Einführung von Belohnungen für das sozial erwünschte Verhalten gelöst werden.

In beiden Fällen entsteht allerdings ein neues Kooperationsdilemma zweiter Ordnung. Denn die positiven oder negativen Sanktionen bedürfen zu ihrer effektiven Verhängung einer Institution, die ihrerseits finanziert oder sonstwie durch das kooperative Verhalten der Gruppenmitglieder gestützt werden muss. Die Errichtung dieser Sanktionsmechanismen aber stellt ebenfalls die Bereitstellung eines öffentlichen Gutes dar. Elinor Ostrom hat in ihrer einflussreichen Studie zu sogenannten „common pool ressources", wie gemeinsamen Fischgründen oder der Allmende-Dorfweide, in ihrem Buch „Governing the commons" viele der Überwachungs- und Sanktionierungsmechanismen beschrieben, wie sie in der Praxis oft sogar ohne die Etablierung einer expliziten staatlichen Instanz installiert werden. Diese nichtstaatlichen Institutionen sind allerdings – wenn auch eher in einem nichtformellen Sinne – verfasst, z.B. in Form von Tradition oder allgemein anerkannten Konventionen. Jedenfalls werden in den beschriebenen Fällen Kooperationsprobleme, wie sie für soziale Dilemmata typisch sind, beseitigt, indem man die Anreizstruktur verändert.

Sanktionen können allerdings nicht nur externer Art, sondern auch interner Art sein. Damit ist gemeint, dass bestimmte Handlungen eine Art von „psychischen" Kosten verursachen können, wenn die Verrichtung der Handlung an sich unangenehme Gefühle verursacht. Diese Kosten können vor allem in Form eines „schlechten Gewissens" auftreten, weil man weiß, dass die begangene Handlung „nicht richtig" ist. Die Etablierung moralischer Normen, die von den Personen einer Gesellschaft internalisiert werden, kann daher ebenfalls zur Lösung von Kooperationsproblemen beitragen, wenn das Verweigern der Kooperation als „unanständig" betrachtet wird, etwas, „das man nicht macht". Die Entstehung solcher Normen wird dann häufig im Rahmen sogenannter evolutionärer Modelle erklärt, die davon ausgehen, dass das Vorhandensein der Normen einen Überlebensvorteil

8. Wiederholte Spiele

für die Mitglieder einer sozialen Gruppe darstellen kann.[21] Die Moral ist in diesem Sinne weniger eine „List der Schwachen", wie es Nietzsche einmal ausgedrückt hat, als vielmehr ein „Trick" der Natur, der die Individuen über die interne Steuerung durch ein „Gewissen" dazu anhält, die Handlungen zu treffen, mit denen spontanen Versuchungen widerstanden wird und die im „eigentlichen", d.h. langfristigen Interesse der Handelnden liegen. Auf die evolutionäre Spieltheorie gehe ich in einem späteren Kapitel noch genauer ein.

Aber genauso wie externe Sanktionen verhindern interne Sanktionsmechanismen, wie ein Gewissen oder internalisierte soziale Normen, bestimmte sozial unerwünschte Handlungen, indem sie die Auszahlungen so verändern, dass diese Handlungen unattraktiv werden. Damit aber ist das Spiel, das gespielt wird, nicht mehr identisch mit dem ursprünglichen Spiel. Die Lösung ist daher auch keine Lösung des Spiels selbst, bzw. des durch das Spiel aufgeworfenen Kooperationsproblems, sondern die Lösung besteht in der Transformation des ursprünglichen Spiels in ein neues Spiel, das hinsichtlich der Kooperationsproblematik harmlos ist.

Eine andere Lösung des Kooperationsproblems besteht in der Annahme, dass die Spiele, die als Einzelspiele, sogenannte „One-Shot-Games", problematisch sind, durch das wiederholte Spielen entschärft werden können. Dass sich die ursprüngliche Kooperationsproblematik bei einem wiederholten Spiel auflöst und Kooperation sich ohne Schwierigkeiten als die angemessene Strategiewahl durchsetzt, war von Anbeginn der Spieltheorie implizites Wissen der Spieltheoretiker, weshalb dieser Zusammenhang auch als „Folk-Theorem" bezeichnet wird. Die zugrundeliegende Intuition ist offensichtlich und leicht nachvollziehbar. Wenn die defektierende Strategie dadurch bestraft werden kann, dass man bei zukünftigen Begegnungen aufgrund der schlechten Erfahrungen die Kooperation verweigert – und man begegnet sich im Leben eben tatsächlich häufig nicht nur einmal –, dann wirkt diese Androhung des Entzugs der Verwirklichung zukünftiger gemeinsamer Kooperationsgewinne auch nicht anders als eine unmittelbar nach der Defektion verhängte direkte Sanktion. Genauso argumentierte schon David Hume in seinem bahnbrechenden Wert „A Treatise of human nature", das neben Hobbes' Leviathan als der zweite Klassiker der politischen Theorie gelten kann, in dem spieltheoretische Argumentationsmuster verwendet werden. Die von Hume geschilderte Entscheidungssituation bezieht sich auf zwei Farmer, die sich gegenseitig bei der Ernte helfen. Das potenzielle Dilemma entsteht dadurch, dass die Hilfe in zeitlicher Abfolge passiert. Nehmen wir an, die beiden Farmer haben auf ihren Feldern verschiedene Früchte angebaut, deren Ernte hintereinander erfolgt. Dann hilft zuerst Farmer A dem Farmer B, danach Farmer B Farmer A. A tritt also in Vorleistung, im Vertrauen darauf, dass B seinen Teil einbringt. Die zugrundeliegende Vertrauensproblematik ist daher sehr ähnlich zu einem Spiel wie dem „Kidnapper-Spiel" in Abbildung 7.12, zumindest wäre sie das, wenn das Spiel nur einmal gespielt würde, wenn es sich also um ein sogenanntes „One Shot Game" handelte. Dann bestünde für B natürlich die bessere Option darin, seine Hilfe A gegenüber

---

21 Diese Theorie der sogenannten Gruppenselektion ist unter Evolutionstheoretikern allerdings nicht unumstritten.

zu verweigern, wenn er an der Reihe wäre, weil er die Früchte der Hilfe von A ja schon genossen hat. Der entscheidende Unterschied aber besteht nun darin, dass B im nächsten Jahr bei der nächsten anfallenden Ernte wieder auf die Hilfe von A angewiesen sein wird. Da es nicht sehr wahrscheinlich ist, dass ihm A wieder helfen wird, wenn er seine Hilfe dieses Jahr verweigern würde, ist es das pure Eigeninteresse, das B dazu veranlasst, A in diesem Jahr zu helfen, um die Verwirklichung zukünftiger gemeinsamer Kooperationsgewinne nicht zu gefährden.

8.2 Das iterierte Gefangenendilemma

Der im vorigen Abschnitt angesprochene Grundgedanke kann nun verallgemeinert werden. Dabei beziehe ich mich im Folgenden bei dem Basisspiel wieder auf das bekannte Gefangenendilemma. Für die folgende Analyse soll hier allerdings zusätzlich von der Annahme ausgegangen werden, dass die Auszahlungen kardinalen Nutzenwerten entsprechen. Diese Annahme ist für die Analyse des simplen Gefangenendilemmas nicht notwendig, hier aber elementar, da es ja um die „Verrechnung" zukünftiger Verluste mit gegenwärtigen Gewinnen geht. Die Auszahlungen sollen, um die generelle Gültigkeit der folgenden Ausführungen zu demonstrieren, mit Platzhaltern für die kardinalen Nutzenwerte dargestellt werden.

Abbildung 8.1: Generelle Auszahlungsmatrix des Gefangenendilemmas

		Spaltenspieler	
		kooperiert	Defektiert
Zeilenspieler	kooperiert	R, R	S, T
	defektiert	T, S	P, P

Die kardinalen Nutzenwerte können dabei frei gesetzt werden, wobei zwei Restriktionen gelten. Die erste Restriktion besteht in der ordinalen Rangfolge der Nutzenwerte, die das Gefangenendilemma ja erst definiert: Die Strategiekombination D-C muss also z.B. für den Defektierer seine höchste Auszahlung bereitstellen, für den Kooperierer die niedrigste etc. Um ein Gefangenendilemma im Sinne der klassischen Definition handelt es sich, wenn gilt: $T>R>P>S$

Da das Gefangenendilemma in der Regel unter dem Aspekt analysiert wird, dass gemeinsame Kooperation erwünscht ist, auch wenn sie sich im One-Shot-Game nicht durchsetzen kann, können die Abkürzungen für die Auszahlungen auch inhaltlich gedeutet werden, wie es in englischsprachigen Publikationen auch verbreitet ist. Die Auszahlung „T" steht daher für „Temptation", d.h. für die Versuchung, den anderen Spieler auszubeuten, indem man seine Kooperation mit Defektion vergilt. „S" steht für „Sucker's Payoff", also für die Auszahlung, die der „Dummkopf" oder „Blödmann" erhält, der in naivem Vertrauen darauf, dass der andere der Versuchung widerstehen kann, ihn hereinzulegen, diesem die Gelegenheit dazu gibt. „R" steht für „Reward", also für die Belohnung, die den beiden zusteht, wenn sie der Versuchung, sich auf Kosten des anderen Vorteile zu verschaffen, erfolgreich widerstehen. „P" ist hingegen das „Punishment", die Strafe,

8. Wiederholte Spiele

die sie in Form entgehender gemeinsamer Kooperationsgewinne für ihr fehlendes Vertrauen zu zahlen haben.[22]

Des Weiteren soll für die zukünftigen Analysen angenommen werden, dass die durchschnittliche Auszahlung aus der Kombination D-C und C-D für jeden der beiden Spieler niedriger ausfällt als diejenige, die er bei beidseitiger Kooperation, also C-C, erhält. Formal:

> **Formel**
>
> $$R > \frac{T + S}{2}$$

Als nächstes sollen nun Gründe dafür, dass Kooperation in diesem Fall eine erfolgreiche Strategie ist, aufgeführt werden. Allerdings bezieht sich hier die Strategie nicht auf die Kooperation bzw. Defektion in einem Zug. Wie im vorhergehenden Kapitel erwähnt, handelt es sich bei einer Strategie um einen vollständigen Plan, der für jede im Laufe eines Spiels auftretende Entscheidungssituation festlegt, wie der Spieler sich in dieser Situation verhalten sollte. Da es sich bei einem wiederholten Spiel, manchmal auch als Supergame bzw. Superspiel bezeichnet, um eine sequentielle Abfolge vieler One-Shot-Games handelt, muss daher eine Strategie eine Sequenz von Entscheidungen festlegen, die für die Sequenz der Basisspiele festlegt, wie man sich dort verhält.

Es lassen sich zwei Arten solcher Strategien unterscheiden: Unbedingte bzw. Nicht-konditionale Strategien und bedingte bzw. konditionale Strategien. Unbedingte Strategien legen die Antworten für alle Einzelspiele vorab fest, sie reagieren daher nicht auf die Ergebnisse der in Form der vorhergehenden Spiele gemachten Erfahrungen. In einer unbedingten Strategie wird also die Sequenz der Entscheidungen in den Einzelspielen vor Beginn explizit festgesetzt. Prinzipiell kann sie daher jede Sequenz aus „C" und „D" sein. Da aber ein Wechsel der Einzelantworten ohne erkennbare Gründe eher willkürlich ist, gibt es eigentlich nur zwei in sich konsistente unbedingte Strategien, nämlich „Immer C", also unbedingte Kooperation, und „Immer D", also unbedingte Defektion.

Konditionale bzw. bedingte Strategien hingegen sind nicht explizit festgelegt, die spezifischen Antworten in den Einzelspielen werden flexibel in Abhängigkeit vom Verlauf der vorherigen Spiele, insbesondere natürlich der Strategiewahl des Gegenspielers, festgesetzt. Konditionale Strategien werden also in Form von Regeln formuliert, die die konkreten Antworten in den Einzelspielen aus den vorherigen Spielverläufen ableiten lassen. Die Antwort im ersten Spiel allerdings muss natür-

---

[22] Die Benennung der Strategien ist streng genommen nicht konsistent. Denn wenn es erwünscht und in welchem Sinne auch immer „richtig" wäre zu kooperieren, was ja die Bezeichnungen „R" und „P" nahelegen, dann ist es natürlich unfair, den einseitigen Kooperierer als „Sucker" zu bezeichnen, denn tatsächlich ist er ja derjenige, der sich richtig und, wie wir sehen werden, sogar rational verhält. Allerdings ist die Konnotation von „Sucker" wohl durchaus vielschichtig. Auch im Deutschen gibt es ja eine ähnliche Bedeutungsdifferenzierung: Derjenige, der in einer Transaktion der „Dumme" im Sinne von „der Geschädigte" ist, muss sich deshalb keineswegs dumm verhalten haben. In jedem Fall sind aber die Benennungen, trotz ihrer nicht hundertprozentigen Konsistenz, illustrativ und eine gute Gedächtnisstütze, weswegen sie auch hier verwendet werden.

8.2 Das iterierte Gefangenendilemma

lich unbedingt sein, da hier ja noch keine Antworten vorliegen. Eine Strategie, die mit Kooperation beginnt, wird als *freundlich* bezeichnet, eine Strategie, die im ersten Spiel den Zug „Defektion" wählt, als *unfreundlich*. Konditionale Strategien lassen sich weiter danach unterteilen, wie sie auf die Züge des Gegenspielers in den vorhergehenden Zügen reagieren. Strategien, die auf Defektion des Gegenspielers in einem oder mehreren der vorhergehenden Spiele ihrerseits mit Defektion reagieren und den Gegenspieler so für sein unkooperatives Verhalten sanktionieren, werden als *vergeltend* bezeichnet. Eine bekannte freundliche und zugleich vergeltende Strategie ist z.B. „Ewige Vergeltung", bei der der Spieler mit Kooperation beginnt, aber nach einer Defektion des anderen Spielers zur Defektion umschaltet und dort auch für alle weiteren Spiele verharrt. Der Nachteil einer solchen Strategie ist offensichtlich: Kommt man einmal vom Pfad der gegenseitigen Kooperation ab, ist die Möglichkeit der Realisierung gemeinsamer Kooperationsgewinne unwiderruflich für immer verloren. *Verzeihende* Strategien sind daher gewissermaßen die Umkehrung vergeltender Strategien, sie schalten von Defektion auf Kooperation um, wenn der Gegenspieler nach anfänglicher Defektion wieder zur Kooperation zurückgekehrt ist. Weitere bekannte konditionale Strategien sind z.B. TIT-FOR-TAT und TAT-FOR-TIT. Beide Strategien sind vergeltend und verzeihend, während aber TIT-FOT-TAT freundlich, also mit Kooperation, beginnt, ist der erste Zug bei TAT-FOR-TIT Defektion.

Aus jeder Kombination zweier Strategien lassen sich dann zwei Sequenzen von Einzelentscheidungen für die Basisspiele konstruieren, die aus der Interaktion der beiden Strategien entstehen. Folgende Muster sind unter anderem möglich:

Unbedingte Kooperation	K K K K K K K ...
Unbedingte Kooperation	K K K K K K K ...
Unbedingte Kooperation	K K K K K K K ...
Unbedingte Defektion	D D D D D D D ...
Unbedingte Kooperation	K K K K K K K ...
Ewige Vergeltung	K K K K K K K ...
Unbedingte Defektion	D D D D D D D ...
Ewige Vergeltung	K D D D D D D ...
Unbedingte Defektion	D D D D D D D ...
TIT-FOR-TAT	K D D D D D D ...
Unbedingte Defektion	D D D D D D D ...
TAT-FOR-TIT	D D D D D D D ...
Unbedingte Kooperation	K K K K K K K K ...
TIT-FOR-TAT	K K K K K K K K ...
Unbedingte Kooperation	K K K K K K K K ...
TAT-FOR-TIT	D K K K K K K K ...
TIT-FOR-TAT	K K K K K K K K ...
TIT-FOR-TAT	K K K K K K K K ...

8. Wiederholte Spiele

| TIT-FOR-TAT | K D K D K D K D ... |
| TAT-FOR-TIT | D K D K D K D K ... |

| TAT-FOR-TIT | D D D D D D D D ... |
| TAT-FOR-TIT | D D D D D D D D ... |

Das Ziel der Lösung des Kooperationsdilemmas durch Wiederholung des Basisspiels besteht darin, einen Anreizmechanismus zu schaffen, der Kooperation belohnt. Innerhalb dieses Anreizmechanismus gibt es bestrafende und belohnende Elemente, die im Sinne des Entzugs oder der Ermöglichung zukünftiger gemeinsamer Kooperationsgewinne wirken. Damit der Anreizmechanismus aber überhaupt in dieser Richtung seine Wirkung entfalten kann, müssen zukünftige entgangene Gewinne offensichtlich schwer genug wiegen, um die Erzielung kurzfristiger Gewinne durch unkooperatives Verhalten in der Gegenwart unattraktiv zu machen. Zukünftige Auszahlungen müssen also mit den gegenwärtigen verrechnet werden können und das Gewicht zukünftiger Auszahlungen im Verhältnis zu gegenwärtigen muss groß genug sein, damit die Verheißung zukünftiger Kooperation ihre volle Wirkung entfalten kann. Der Spieltheoretiker Robert Axelrod drückte es sehr anschaulich so aus: „Der Schatten der Zukunft muss hinreichend groß sein."

Im Extremfall könnte man überhaupt keinen Unterschied zwischen zukünftigen und gegenwärtigen Auszahlungen machen und sie einfach aufaddieren. Der lebensweltlichen Erfahrung allerdings entspricht es, dass zukünftige Auszahlungen gegenüber gegenwärtigen abgewertet werden müssen. Dafür lassen sich mehrere gute Gründe anführen, z.B. das Risiko zukünftige Auszahlungen nicht mehr genießen zu können, weil bis dahin das Geld nichts mehr wert sein könnte bzw. man selbst vielleicht sogar tot sein könnte. Ein anderes Argument entspricht dem einer Entschädigung, die für das Opfer eines Gratifikationsaufschubs geleistet werden muss. Denn unmittelbarer gegenwärtiger Genuss ist immer größer als zukünftiger, der lediglich in Aussicht gestellt wird. Verzichtet man auf diesen unmittelbaren Genuss, dann muss als Entschädigung dafür der zukünftige Genuss entsprechend höher ausfallen. 100 Euro, die ich in einem Jahr erhalte, sind also weniger wert als 100 Euro, die ich sofort bekomme. Diese Argumente werden auch in der Zinstheorie verwendet, sie begründen die Notwendigkeit von Zinsen. Ich bin nur dann bereit, auf sofortige 100 Euro zu verzichten bzw. sie in eine Sache zu investieren, wenn ich dafür nach einem Jahr mehr zurückbekomme. Nehmen wir an, der Zinssatz beträgt 10%, dann sind 100 Euro in der Gegenwart so viel wert wie 110 Euro in einem Jahr oder 121 Euro in zwei Jahren. Derselbe Betrag von 100 Euro ist aber, wenn er erst in einem Jahr ausgezahlt wird, in der Gegenwart nur $100 * \frac{100}{110} = 90{,}9$ Euro wert, denn aus diesen 90,9 Euro würden bei einem Zinssatz von 10% in einem Jahr 100 Euro. Der Gegenwartswert eines Betrags von 100 Euro in zwei Jahren beträgt entsprechend nur $100 * \left(\frac{100}{110}\right)^2 = 82{,}64$ Euro.

Für die Ermittlung des Gegenwartswerts einer Investition müssen also die zukünftigen Erträge entsprechend abgezinst bzw. diskontiert werden. Als *Diskontfaktor* wird der Faktor bezeichnet, mit dem die gegenwärtige Auszahlung multipliziert wird, um die Abwertung des Wertes der Auszahlung pro Zeiteinheit auszudrücken. Der Diskontfaktor ist daher eine Zahl, die kleiner als 1 ist. Der Gegenwartswert einer Auszahlung in zwei Zeiteinheiten entspricht dann der Auszahlung, multipliziert mit dem zum Quadrat erhobenen Diskontfaktor etc. Für die Analyse von iterierten Spielen gehen wir davon aus, dass die Abfolge der Einzelspiele immer im Abstand einer Zeiteinheit erfolgt. Erhält also ein Spieler im ersten Spiel die Auszahlung a_1, im zweiten die Auszahlung a_2 usw. und wird der Diskontfaktor mit d bezeichnet, dann ist der Wert des iterierten Spiels bis zum n-ten Spiel demnach:

> **Formel**
>
> $W = a_1 + d*a_2 + d^2*a_3 + d^3*a_4 + \ldots + d^{n-1}*a_n$
>
> Seien alle Auszahlungen konstant mit dem Wert a, dann gilt:
>
> $W = a + d*a + d^2*a + d^3*a + \ldots + d^{n-1}*a$
>
> $= a(1 + d + d^2 + d^3 + \ldots + d^{n-1})$

Der Ausdruck in den Klammern ist eine sogenannte geometrische Reihe. Für d<1 konvergiert der Wert der Reihe für sehr große n gegen 1/(1-d). Der Wert des iterierten Spiels ist demnach:

> **Formel**
>
> $$W = \frac{a}{1-d}$$

Ist d also z.B. 0,9, dann beträgt der Gegenwartswert eines iterierten Spiels, bei dem man in jedem einzelnen Spiel die Auszahlung a erhält, 10a.

Nun können wir uns überlegen, ab wann es sinnvoll ist zu kooperieren. Gehen wir davon aus, dass der Spieler einem vergeltenden aber freundlichen Gegenspieler gegenüber steht, der die Strategie „Ewige Vergeltung" gewählt hat. Defektiert der Spieler im ersten Zug, dann kann er im ersten Spiel die Auszahlung T einstecken, erhält aber in allen folgenden Zügen nur noch P. Spielt er umgekehrt die kooperative Strategie, kann er in allen Spielen die Auszahlung R erhalten. Die Frage lautet also: Wie groß muss d sein, damit der Gewinn im ersten Spiel T-R, den der Spieler durch die Ausbeutung des Gegenspielers erzielen kann, nicht die Verluste R-P in allen folgenden Spielen aufwiegen kann. Die Rechnung ist einfach:

> **Formel**
>
> $E(K) = R + d*R + d^2*R + d^3*R + \ldots = R/(1-d)$
>
> $E(D) = T + d*P + d^2*P + d^3*P + \ldots = T + P*d/(1-d)$
>
> $E(K) > E(D) \Leftrightarrow d > \dfrac{T-R}{T-P}$

Je größer der Abstand von T zu R, also je größer der Gewinn durch Ausbeutung, desto größer muss d sein, desto gewichtiger müssen also die zukünftigen Auszahlungen sein, damit es rational ist, zu kooperieren. Sind z.B. T=4, R=3 und P=2,

8. Wiederholte Spiele

dann ist der kritische Wert von d=0,5. Ist hingegen T=10, R=3 und P=2, dann ist d=7/8.

Neben des hinreichend großen Schattens der Zukunft gibt es noch eine weitere Bedingung, die erfüllt sein muss, damit es zur dauerhaften gegenseitigen Kooperation kommen kann. Das letzte Spiel darf nämlich nicht bekannt sein, d.h. die Reihe der iterierten Spiele darf nicht auf eine bestimmte Anzahl beschränkt sein. Denn die Verführung zur Kooperation erfolgt ja immer aus Furcht, dass die Defektion in zukünftigen Spielen mit der gegenseitigen Defektion bestraft wird. Wenn es aber keine zukünftigen Spiele gibt, weil das gespielte Basisspiel das letzte ist, dann kann man dieses Spiel analog zu einem One-Shot-Game behandeln. Damit ist aber die Defektion wieder die dominante Strategie. Wenn aber sowieso klar ist, wie das letzte Spiel gespielt werden wird, mutiert das vorletzte Spiel gewissermaßen zum „letzten" Spiel, d.h. dem letzten Spiel, für das noch eine Entscheidung zu treffen ist. Da die Spielweise im letzten Spiel feststeht, kann die Aussicht auf dort zu erzielende Gewinne keinen Einfluss auf die Entscheidungen im vorletzten Spiel ausüben. Also ist auch im vorletzten Spiel die Defektion die dominante Strategie usw. Durch diese Form der Rückwärtsinduktion kann man also ableiten, dass, wenn das Ende der Reihe der Spiele bekannt ist, in allen Spielen die Defektion wieder die dominante Strategie ist bzw. jedes Spiel wieder wie ein One-Shot-Game gespielt wird. Das wiederholte Spiel weist dann keine eigenen Eigenschaften aus, es gibt eigentlich keine Strategie für das wiederholte Spiel, sondern nur eine Folge von separaten Strategien in Einzelspielen.

Damit die Wiederholung der Spiele also überhaupt einen Effekt ausüben kann, darf niemals von einem bestimmten Spiel bekannt sein, dass es das letzte Spiel ist.

Welche konkrete Strategie aber ist nun zu wählen? Die Vielzahl der möglichen Strategien in einem iterierten Spiel ist aus theoretischer Sicht nahezu unendlich, wenn auch die wenigsten dieser Strategien sinnvoll zu begründen wären. Um eine erste Intuition zu erhalten, wollen wir das Spiel so beschränken, dass die Spieler zwischen den drei Strategien der Unbedingten Kooperation, der Unbedingten Defektion und Tit-for-Tat wählen können. Es ergibt sich dann die entsprechende Auszahlungsmatrix in Abbildung 8.2.

Abbildung 8.2: Generelle Auszahlungsmatrix für iterierte Gefangenendilemmata

	Unbedingte Kooperation	Unbedingte Defektion	Tit-for-Tat
Unbedingte Kooperation	$R/(1-d)$, $R/(1-d)$	$S/(1-d)$, $T/(1-d)$	$R/(1-d)$, $R/(1-d)$
Unbedingte Defektion	$T/(1-d)$, $S/(1-d)$	$P/(1-d)$, $P/(1-d)$	$T+Pd/(1-d)$, $S+Pd/(1-d)$
Tit-for-Tat	$R/(1-d)$, $R/(1-d)$	$S+Pd/(1-d)$, $T+Pd/(1-d)$	$R/(1-d)$, $R/(1-d)$

Treffen zwei unbedingte Kooperierer aufeinander, dann erhalten sie in jedem Spiel die Auszahlung R. Der Wert der gesamten Auszahlung ist daher gleich der Summe aus R für das erste Spiel, d*R für das zweite, d^2R für das dritte etc. Entsprechend der Formel für die geometrische Reihe ergibt sich der Wert dieser Summe als R/(1-d), wenn d<1 ist. Trifft ein unbedingter Kooperierer auf einen Tit-for-Tat-Spieler, dann erhalten ebenfalls beide Spieler die Belohnung im Sinne des Betrags R für ihre Kooperationsbereitschaft in allen Spielen. Ein unbedingter Kooperierer, der auf einen unbedingten Defektierer trifft, erhält immer S, während sein Gegenspieler immer T erhält. Trifft ein unbedingter Defektierer hingegen auf einen Tit-for-Tat-Spieler, so kann er diesen nur im ersten Spiel ausbeuten, ab dem zweiten Spiel jedoch verharren beide in ewiger Defektion und erhalten ab diesem Spiel konstant die Auszahlung P für ein Einzelspiel, mit der entsprechenden Diskontierung für die zeitliche Entfernung, in der das jeweilige Spiel stattfinden wird.

Um das Beispiel konkreter zu machen, ersetzen wir die Auszahlungen T, R, P und S mit den entsprechenden Nutzenwerten aus der Standarddarstellung des Gefangenendilemmas, also 4, 3, 2 und 1, und setzen den Diskontfaktor auf 0,9. Damit erhalten wir die Auszahlungen in Abbildung 8.3.

Abbildung 8.3: Konkrete Auszahlungsmatrix für iteriertes Gefangenendilemma

	Unbedingte Kooperation	Unbedingte Defektion	Tit-for-Tat
Unbedingte Kooperation	30, 30	10, 40	30, 30
Unbedingte Defektion	40, 10	20, 20	22, 19
Tit-for-Tat	30, 30	19, 22	30, 30

Es gibt dabei zwei pareto-effiziente Ergebnisse, diejenigen mit 30-30, also denjenigen Strategiekombinationen, die zur ununterbrochenen Kooperation führen, und diejenigen mit 40-10 bzw. 10-40, also diejenigen Strategiekombinationen, in denen ein Spieler permanent durch den anderen ausgebeutet wird. Aber nur ein einziges Ergebnis stellt auch ein Gleichgewicht dar, nämlich die Kombination der beiden Strategien Tit-for-Tat, also das Ergebnis in der rechten, unteren Ecke der Matrix. Ist einer der beiden Spieler ein unbedingter Kooperierer, dann ist es für den anderen Spieler attraktiv, zur Strategie der unbedingten Defektion zu greifen. Das Problem des unbedingten Kooperierers besteht daher darin, dass er zwar mit anderen unbedingten Kooperierern oder einem Tit-for-Tat-Spieler das Zustandekommen kontinuierlicher Kooperation bewerkstelligen kann, dass er aber früher oder später auf einen unbedingten Defektierer treffen wird, der die Schwäche seiner „naiven" unbedingten Kooperationsbereitschaft ausnutzen wird. Ein Tit-for-Tat-Spieler hingegen ist durch einen unbedingten Defektierer nicht ausbeutbar, kann aber mit kooperationswilligen Gegenspielern die Möglichkeit gemeinsamer Kooperationsgewinne realisieren.

8.3 Die Evolution der Kooperation in Axelrods Computerturnieren

Die dynamische Struktur von iterierten Spielen legt eine evolutionstheoretische Perspektive der Interpretation nahe. Bestimmte Strategien können einen Anfangsvorteil erzielen, treten aber dann gegenüber anderen Strategien immer mehr ins Hintertreffen, erfolgreiche Strategien sind solche, die sich in dieser Form des Konkurrenzkampfs durchsetzen. Ganz analog zur Evolutionstheorie können Strategien, die an Gleichgewichten beteiligt sind, als solche interpretiert werden, die sich im Überlebenskampf gegen potenzielle Konkurrenten durchsetzen bzw. behaupten, da es nicht sinnvoll erscheint, sie durch andere zu ersetzen, die weniger erfolgreich, also weniger „fit" im Sinne der Evolutionstheorie sind, wobei eine „fitte" Strategie sich eben dadurch auszeichnet, dass sie an die Herausforderungen ihrer Umwelt besonders gut angepasst ist, oder – anders ausgedrückt – dass sie auf die Umwelt, die durch die gegnerischen Strategien dargestellt wird, die besten Anpassungsstrategien im Sinne bester Antworten parat hält.

Die evolutionäre Metapher findet sich wieder in den berühmten Computerturnieren, die von Robert Axelrod in den 1980ern durchgeführt wurden. Wie schon erwähnt ist es bei iterierten Spielen schwierig bis unmöglich, alle möglichen Strategien explizit aufzuzählen. Ähnlich wie beim Schach ist es daher nicht möglich, alle Strategien durchzuprüfen, um die absolut optimale Strategie zu finden. Aber wie beim Schach gibt es hier bestimmte Eigenschaften der Strategien, von denen man mit intuitiv einleuchtenden Gründen annehmen kann, dass sie diese Strategien erfolgreich machen. Ob diese Strategien dann tatsächlich gut sind, kann man anhand eines Praxistests feststellen, indem man diese Strategien sich an den Herausforderungen der Realität bewähren lässt, also in der Auseinandersetzung mit anderen Strategien.

Die ebenso einfache wie geniale Idee Axelrods bestand darin, diesen Praxistest in Form eines Computerturniers durchzuführen. Axelrod forderte hierzu namhafte Spieltheoretiker und Sozialwissenschaftler auf, ihm einen Strategievorschlag einzuschicken. Dieser wurde dann in ein entsprechendes Programm übergeführt. Insgesamt wurden 14 Programme eingereicht. Diese Programme traten paarweise gegeneinander an (auch gegen sich selbst). Jedes Spiel wurde über 200 Runden geführt. Die Punktgewinne in den einzelnen Spielen wurden aufaddiert, der Gesamtscore für eine bestimmte Strategie war dann der Mittelwert der in allen Paarvergleichen erzielten Punktwerte. Gewinner des Turniers wurde die vom Spieltheoretiker Anatol Rapoport eingereichte Tit-for-Tat-Strategie, die zudem die am wenigsten komplexe aller eingereichten Strategien war.

Die weitergehenden Analysen von Axelrod zeigten, dass die Strategien, die sich als besonders erfolgreich erwiesen, im Wesentlichen vier Eigenschaften aufwiesen. Sie waren freundlich, vergeltend, verzeihend und verständlich. Sie beginnen also kooperativ (freundlich), sie sanktionieren Defektion des anderen (vergeltend), sie kehren zur Kooperation zurück, wenn der andere einlenkt und nach einer Phase der Defektion seinerseits zur Kooperation zurückfindet (verzeihend). Damit Sanktionen allerdings wirken, muss die Sanktion auch als solche erkannt werden, also als die Bestrafung des eigenen Verhaltens, wenn man Defektion gewählt hat. Nur wenn die Defektion des Gegenspielers als Reaktion auf das eigene unkooperative Verhalten interpretiert werden kann und nicht als eine intrinsisch motivierte, autonome, böswillige Aktion, kann der Weg aus der Defektion zurück zur gemeinsamen Kooperation gefunden werden. Diese Eigenschaft einer Strategie, dass ihre regelgebundene Bedingtheit und im Idealfall die ihr zugrundeliegenden Regeln selbst erkannt werden können, wird als *Verständlichkeit* bezeichnet.

Wie schon in unserem einfachen, auf drei Strategien beschränkten Beispiel erkennbar, schneiden alle freundlichen Strategien untereinander gleich gut ab, so z.B. Unbedingte Kooperation oder Tit-for-Tat oder auch Ewige Vergeltung. Alle diese freundlichen Strategien befanden sich beim Turnier in der Spitzengruppe. Die Rangfolge unter den freundlichen Strategien wurde dann dadurch bestimmt, wie sie auf weitere dritte Strategien reagieren, die zwar ihrerseits keine echte Überlebenschance besitzen, aber als „Königsmacher" fungieren, indem sie die weniger „fitte" Spreu der freundlichen Strategien vom Weizen trennen. Wie wir schon gesehen haben, schaltet z.B. die Strategie der Unbedingten Defektion die Strategie der Unbedingten Kooperation als ernstzunehmende Option aus, da sie diese problemlos ausbeuten könnte. Nur vergeltende Strategien können sich also effektiv im Überlebenskampf behaupten. Nach Meinung des Spieltheoretikers Ken Binmore ist dies die wichtigste Eigenschaft erfolgreicher Strategien. Bei Axelrod hingegen sticht auch die Fähigkeit einer Strategie zu verzeihen als elementare Eigenschaft heraus. Hier bewirken dritte Strategien, die z.B. die Ausbeutbarkeit ihrer Gegner durch gelegentliche Versuche der Defektion im Sinne eines Trial and Error Verfahrens austesten wollen, die geringere Fitness von zu heftig vergeltenden Strategien wie „Ewige Vergeltung" im Gegensatz zu einer verzeihenden Strategie wie „Tit-for-Tat".

Nach dieser ersten Runde veranstaltete Axelrod eine zweite Runde, an der sich 63 Personen beteiligten. Die Ergebnisse und die daraus gefolgerten Interpretationen aus der ersten Runde waren dabei schon bekannt. Obwohl dementsprechend mehrere Strategien eingereicht wurden, die gezielt darauf angelegt waren, „Tit-for-Tat" zu schlagen, konnte „Tit-for-Tat" wieder als Sieger aus dem Turnier hervorgehen.

Allerdings hat „Tit-for-Tat" einen großen Nachteil: Die Strategie beruht darauf, dass die Aktionen des anderen Spielers richtig interpretiert werden. Berücksichtigt man eine gewisse Unsicherheit der Kommunikation, dann kann „Tit-for-Tat" durchaus zu sehr schlechten Ergebnissen führen. Tatsächlich ist es in der Realität nicht immer ganz einfach festzustellen, ob der Gegner kooperiert oder defektiert hat. Bei Abrüstungs- oder Rüstungskontrollverträgen ist beispielsweise die Frage der Überwachung der Einhaltung der Abmachung, die sogenannte Verifikation, ein nicht leicht zu lösendes Problem, da ja eine Partei, wenn sie betrügt, ein sehr starkes Interesse daran hat, genau dieses zu verbergen. Umgekehrt aber kann es, wenn die Gegenseite sehr misstrauisch ist, auch sehr schwierig sein, diese davon zu überzeugen, dass man die Verträge eingehalten hat. 1974 z.B. schlossen die USA und die UdSSR den sogenannten Threshold Test Ban Treaty, der die Obergrenze der Sprengkraft von unterirdischen Atombombentests auf 150 Kilotonnen TNT festlegte. Allerdings ist die Messung der Sprengkraft von Atombomben mit einem gewissen Messfehler versehen, sodass in einer Reihe von Bombentests mit genau 150kT Sprengkraft die gemessenen Werte sich in einer Normalverteilung um den wahren Wert bewegen würden, gelegentlich also auch über dem zulässigen Höchstwert liegen würden. Die beiden Parteien waren sich dieser technischen Problematik durchaus bewusst und einigten sich daher, ein bis zwei leichte Überschreitungen der gemessenen Werte gegenüber dem zulässigen Höchstwert nicht zwingend als Vertragsverletzung zu interpretieren, sondern darüber zu konsultieren. Inwiefern man also beispielsweise einen Messwert von 155 kT als Bruch des Vertrags oder als einen zulässigen Messfehler interpretierte, war daher eine Frage des Vertrauens und des Glaubens. Als Ronald Reagan in den 1980ern beschloss, die B52-Bomber aufzurüsten, begründete er dies unter anderem mit einem angeblichen Bruch des Vertrags durch die Sowjetunion.

Der Erfolg von „Tit-for-Tat" setzt jedoch voraus, dass die Aktionen der Spieler richtig erkannt werden, also eine Kooperation als Kooperation und eine Defektion als Defektion wahrgenommen wird. Nehmen wir z.B. an, dass eine Übertragungsfehlerquote von 5% besteht und beide Spieler „Tit-for-Tat" spielen. Beide beginnen also mit Kooperation und es ergibt sich eine Anfangssequenz gegenseitiger Kooperation.

Tabelle 8.1: Sequenz der Spielzüge zweier Tit-for-Tat-Spieler bei Übertragungsfehlern

Züge Spieler 1	K	K	K	K	K	D	K	D	K	D	D	...
Wahrgenommene Züge	"	"	"	D	"	"	"	"	D	"	"	...
Züge Spieler 2	K	K	K	K	D	K	D	K	D	D	D	...

Nehmen wir der Einfachheit halber an, dass nur die Züge von Spieler 1 gelegentlich falsch von Spieler 2 interpretiert werden. Dann kommt es früher oder später zur Fehlinterpretation eines in Wirklichkeit kooperativen Zuges als defektierend, der dann von Spieler 2 im nächsten Zug mit Defektion vergolten wird. Da Spieler 1 sich ja keiner Schuld bewusst ist, diese Defektion also eben nicht als Reaktion auf eigenes Fehlverhalten deuten kann, muss er diese Defektion als originäre Defektion des zweiten Spielers betrachten und wird daraufhin im nächsten Zug seinerseits mit Defektion antworten. Es pendelt sich daher für beide Spieler eine zwischen Kooperation und Defektion alternierende Sequenz der Strategien ein, wobei die Sequenz KDKD... des einen Spielers um eins gegenüber der des anderen versetzt ist, sodass es zu einer alternierenden Folge von Kooperation und Defektion kommt. Anders ausgedrückt: Es kommt zu einer Folge von Ausbeutungsverhältnissen, bei der jeder der Spieler abwechselnd jeweils Ausbeuter und Ausgebeuteter ist. Kommt es jetzt zu einer zweiten Missinterpretation des Zugs des einen Spielers durch den anderen, dann kommt es zu einer Folge beidseitiger Kooperation oder – im schlimmsten Fall – zu einer Folge beidseitiger Defektion. Diese setzen sich dann bis zum nächsten Interpretationsfehler fort. Eine alternierende Folge von Kooperation und Defektion wird also immer irgendwann durch eine konstante

Folge von Kooperation oder Defektion abgelöst, bis diese wieder durch eine alternierende Folge von Kooperation und Defektion abgelöst wird usw. Auf eine sehr lange Sicht betrachtet heißt dies nichts anderes, als dass jedes der vier Ergebnisse im Basisspiel durchschnittlich insgesamt ungefähr gleich oft auftritt.

Wenn solche Missverständnisse bei der Interpretation auftauchen, ist die voreilige Vergeltung offensichtlich von Nachteil. In so einem Fall erweist sich eine nachsichtigere Strategie, die nicht beim kleinsten Anzeichen einer Defektion sofort vergilt, als erfolgreicher. Eine solche im Vergleich zu Tit-for-Tat nachsichtigere Strategie ist z.B. Tit-for-two-Tats, die erst dann mit Defektion sanktioniert, wenn der Gegenspieler zweimal in Folge defektiert hat. Diese Strategie wurde in Axelrods Turnier vom Evolutionsbiologen Maynard Smith eingereicht, war aber dort nicht erfolgreich, weil sie gegenüber Strategien, die es auf gelegentliche Ausbeutung des Gegners anlegen, schwächer abschnitt als Tit-for-Tat.

Aufgaben

1. Erläutern Sie kurz das Konzept des Diskontfaktors in einem iterierten Spiel!
2. Nennen Sie die Bedingungen, die vorliegen müssen, damit es möglich ist, dass iterierte Spiele Gleichgewichte in (Meta-)Strategien hervorbringen, die für das einzelne Basisspiel andere Züge enthalten als sie die Spieler in One-Shot-Situationen wählen würden!
3. Nennen Sie die Eigenschaften, die eine erfolgreiche Strategie in iterierten Spielen auszeichnet!
4. Analysieren Sie das Supergame, dessen Basisspiel oder „constituent game" das Chicken-Game ist. Untersuchen Sie insbesondere, ob auch hier die Kombination zweier Tit-for-Tat-Strategien ein Nash-Equilibrium ist!

Weiterführende Literatur

Mit der Entstehung und der Funktion sozialer Normen zur Lösung von Kooperationsproblemen haben sich unter anderem Elster (1989) und Ullman-Margalit (1977) beschäftigt. Neben Hobbes der wichtigste Klassiker der Politischen Theorie, der spieltheoretische Argumente aufweist, ist *A Treatise of Human Nature* von David Hume (1978). In seinem Erntehilfebeispiel (Hume 1978: 520-521) spricht Hume das Problem des Vertrauens in einer PD-Situation an und bietet als Lösung des Vertrauensdilemmas eine auf rein egoistischen Motiven beruhende Kooperation an, die auf der Erwartung zukünftiger gemeinsam verwirklichbarer Kooperationsgewinne gründet. Axelrods berühmtes Computerturnier findet sich in seinem Buch *Die Evolution der Kooperation* (1987).

9. Rationalisierbarkeit und gemischte Strategien in Spielen mit gemischten Motiven

9.1 Eliminierung dominierter Strategien

Die Idee von realistischen Lösungen von Spielen besteht darin, möglichst wenige Anforderungen zu formulieren, denen ein Spiel genügen muss, damit es gelöst werden kann. Die bedeutendste Lösung von Spielen besteht im Konzept des Gleichgewichts, das insofern eine „Lösung" eines Spiels darstellt, als es „wahrscheinlich" ist, dass es das Ergebnis eines Spieles darstellt. Allerdings hängt die „Wahrscheinlichkeit" des Zustandekommens einer Gleichgewichtslösung, die ja nichts anderes als eine Kombination bestimmter Strategien ist, von der „Wahrscheinlichkeit" ab, mit denen diese Strategien gewählt werden. Je eher wir damit rechnen müssen, dass ein Spieler eine bestimmte Strategie spielt, desto höher die „Wahrscheinlichkeit". Was wir hier mit dem Begriff der „Wahrscheinlichkeit" eines Ereignisses bzw. einer Handlung bezeichnen, ist also das Ausmaß, in dem es uns gerechtfertigt erscheint, an das Eintreffen dieses Ereignisses bzw. die Wahl dieser Handlung zu glauben. Dies entspricht der Definition des subjektiven Wahrscheinlichkeitsbegriffs, wie er etwa in den Wahrscheinlichkeitstheorien von de Finetti, Ramsey oder Savage vorkommt, wobei Condorcet und Laplace zu den frühen Vorläufern der Vertreter eines solchen Wahrscheinlichkeitskonzepts zählen.

Wir müssen diesen Wahrscheinlichkeitsbegriff konzeptuell streng trennen von einem empiristischen bzw. frequentistischen oder einem theoretischen Wahrscheinlichkeitsbegriff im Sinne der Propensity-Theorie von Popper. Beim empiristischen Wahrscheinlichkeitsbegriff verfügen wir über den Wert der Wahrscheinlichkeit als Summe vieler Erfahrungen, während wir beim theoretischen Wahrscheinlichkeitsbegriff die Wahrscheinlichkeit aus den physikalischen Eigenschaften von Objekten ableiten können, so wie wir aus der Symmetrieeigenschaft eines Würfels folgern können, dass alle sechs Seiten mit derselben Wahrscheinlichkeit, also 1/6, auftreten müssen. Die Gründe, auf denen eine subjektive Wahrscheinlichkeit beruht, können zwar auch empirischer oder theoretischer Natur sein, sie können aber auch vollkommen anderen Ursprungs sein. Wer glaubt, dass aufgrund jahrtausendealter Prophezeiungen die Welt zu einem bestimmten Zeitpunkt untergehen wird, wird diesen Glauben weder auf konkrete Erfahrungen noch auf eine Theorie, zumindest keine, die im engeren Sinn als wissenschaftlich bezeichnet werden könnte, gründen können. Die Intensität dieses Glaubens muss davon allerdings keineswegs berührt sein.

Wenn wir in der Spieltheorie davon sprechen, dass eine Strategiewahl begründet werden kann, also nicht unplausibel erscheint, dann meinen wir damit, dass sie mit einer bestimmten Art von Gründen gerechtfertigt werden kann. Diese Gründe müssen ein *konsistentes System von Glaubensüberzeugungen* der beteiligten Akteure erzeugen. Die Gründe sollen keinerlei substanzieller Einschränkung unterliegen, außer einer einzigen, der der *Rationalität* der Handelnden. Wobei dies für manchen vermutlich die schwerwiegendste substanzielle Einschränkung überhaupt darstellt. Allerdings ist Rationalität hier eher in einem formalen Sinne zu verste-

9. Rationalisierbarkeit und gemischte Strategien in Spielen mit gemischten Motiven

hen, nämlich in dem einer prozeduralen Konsistenz. Mit rational ist hier einfach nur gemeint, dass ein Akteur niemals ein schlechteres Ergebnis einem besseren vorziehen würde. Allerdings entstehen die konsistenten Überzeugungssysteme nicht allein, weil die Akteure alle rational sind, sondern weil *die Rationalität aller beteiligten Akteure gemeinsames Wissen darstellt*. Damit ist gewährleistet, dass die Wahl einer bestimmten Strategie durch einen Akteur nicht einfach nur damit erklärt werden kann, dass dieser Akteur rational ist, sondern dass ebendiese Wahl vom Gegenspieler auch erwartet werden kann, da er weiß, dass sie die Wahl eines rationalen Akteurs darstellt und er mit einem rationalen Gegenspieler konfrontiert ist.

Strategien werden daher als *rationalisierbar* bezeichnet, wenn sie als plausible Wahl eines *rationalen Akteurs* angesehen und begründet werden können (und demnach vom Gegenspieler erwartet werden können). Gleichgewichte sind demnach rationalisierbar, wenn sie als Kombination rationalisierbarer Strategien zustande kommen.

Eine Strategie ist *nicht rationalisierbar*, wenn sie niemals eine beste Antwort auf irgendeine Strategie des gegnerischen Spielers darstellt. Eine solche Strategie würde von einem rationalen Spieler offensichtlich niemals gewählt, da es immer eine bessere Strategiewahl gäbe. Eine strikt dominante Strategie ist offensichtlich rationalisierbar, da sie für jede Strategie des anderen Spielers die beste Antwort enthält. Ein Gleichgewicht in dominanten Strategien, wie das des Gefangenendilemmas, ist daher ebenfalls rationalisierbar. Aber umgekehrt muss keineswegs gelten, dass eine rationalisierbare Strategie eine dominante Strategie ist bzw. ein rationalisierbares Gleichgewicht aus dominanten Strategien bestehen muss.

Strikt dominierte Strategien sind nicht rationalisierbar, da es sogar mindestens eine Strategie, nämlich die sie dominierende, gibt, die für jede Strategie des Gegners eine bessere Antwort enthält. Da aber die Rationalität der Spieler gemeinsames Wissen darstellt, weiß jeder Spieler, dass dominierte Strategien vom Gegner erst gar nicht gespielt werden. Er muss sie also nicht bei der Berechnung seiner besten Antwort berücksichtigen, sondern kann sich auf die Strategien beschränken, die ernsthaft in Frage kommen, also nicht dominiert werden. Dieser Prozess aber lässt sich iterieren. Wenn bestimmte dominierte Strategien von vornherein nicht berücksichtigt werden müssen, dann entsteht eine reduzierte Version der Auszahlungsmatrix, in der nun möglicherweise neue dominierte Strategien vorhanden sind, die ebenfalls gelöscht werden können. Dies soll an dem Beispiel in Abbildung 9.1 illustriert werden.

Abbildung 9.1: Iterierte Elimination strikt dominierter Strategien

	a	b	c
A	4,11	3,6	5,12
B	3,4	2,8	4,6
C	3,10	4,6	3,8

a)

	a	b	c
A	4,11	3,6	5,12
C	3,10	4,6	3,8

b)

	A	c
A	4,11	5,12
C	3,10	3,8

c)

	a	c
A	4,11	5,12

d)

	c
A	5,12

e)

In der Originalauszahlungsmatrix a) verfügt der Zeilenspieler über die Strategien A, B und C und der Spaltenspieler über die Strategien a, b und c. Im Ausgangsspiel wird B von A dominiert und kann daher eliminiert werden. So entsteht die reduzierte Auszahlungsmatrix in b). Dort wiederum wird nun b von c dominiert und kann also im zweiten Schritt eliminiert werden. Man beachte, dass b in der Originalauszahlungsmatrix noch nicht dominiert war. Im so weiter reduzierten Spiel in c) dominiert A die Strategie C, wodurch nur noch die Zeile A übrigbleibt, innerhalb der a von c dominiert wird, sodass am Ende des Eliminierungsprozesses die Zelle A,c übrigbleibt. Natürlich ist A,c auch ein Gleichgewicht in der Originalauszahlungsmatrix. Wenn die Gleichgewichtslösung eines Spiels durch die iterierte Anwendung des Dominanzkriteriums gefunden werden kann, wird dieses Spiel als *dominanz-lösbar* (dominance-solvable) bezeichnet.

Eine Strategiekombination, die in einem Spiel ein Nash-Gleichgewicht darstellt, das aus einem Originalspiel durch die wiederholte Streichung von dominierten Strategien zustande gekommen ist, muss auch im ursprünglichen Spiel ein Nash-Gleichgewicht gewesen sein. Denn wenn ich von einem reduzierten Spiel ausgehend neue Strategien hinzufüge, die von einer der schon vorhandenen dominiert werden, dann kann eine „beste Antwort" im reduzierten Spiel nicht dadurch schlechter werden bzw. eine Abweichung von der „besten Antwort" nicht zu einer Verbesserung führen, denn dann wäre die dominierte Strategie ja per definitionem keine dominierte Strategie.

Allerdings kann es passieren, dass ein oder mehrere Nash-Gleichgewichte des ursprünglichen Spiels durch die iterierte Streichung dominierter Strategien verloren gehen, wenn die dominierten Strategien nicht strikt dominiert werden. Es kann sogar passieren, dass das im Zuge der Streichung der dominierten Strategien verloren gegangene Gleichgewicht das einzige vorhandene war, wie in Abbildung 9.2

9. Rationalisierbarkeit und gemischte Strategien in Spielen mit gemischten Motiven

zu sehen ist. Im ursprünglichen Spiel gibt es ein Gleichgewicht bei A-a. Allerdings handelt es sich sowohl bei A als auch bei a um schwach dominierte Strategien. A wird von B schwach dominiert und a wird von b schwach dominiert. Streichen wir nun die beiden schwach dominierten Strategien, erhalten wir die reduzierte Form des Spiels in Abbildung 9.2 b). Dieses Spiel enthält aber kein Gleichgewicht mehr. Vor allem aus diesem Grund, dass Gleichgewichte, die als Strategiekombination schwach dominierte Strategien enthalten, im Prozess der Elimination verloren gehen können, beschränken sich viele Spieltheoretiker beim Eliminierungsprozess auf stark dominierte Strategien.

Abbildung 9.2: Iterierte Elimination schwach dominierter Strategien

	a	b	c
A	3,5	1,5	0,1
B	3,3	3,4	1,3
C	0,0	4,1	0,2

a)

	b	c
B	3,4	1,3
C	4,1	0,2

b)

Diese Vorgehensweise ist allerdings nicht so einsichtig zu begründen. Um das zu zeigen, versuche ich die Idee der „Rationalisierbarkeit" an einem Spiel zu illustrieren, das in Hinsicht auf das Dominanzkriterium unproblematisch ist, bei dem also nur stark dominierte Strategien eliminiert werden.

Abbildung 9.3: Iterierte Elimination stark dominierter Strategien

	a	b	c
A	2,4	1,5	0,1
B	3,3	5,4	0,3
C	0,0	4,1	2,2

a)

	b	c
B	5,4	0,3
C	4,1	2,2

b)

In Abbildung 9.3 wird ebenfalls das Ausgangsspiel in a) durch die Streichung der beiden strikt dominierten Strategien A und a in das Spiel in b) übergeführt. Allerdings existieren hier im Gegensatz zu dem Spiel in Abbildung 9.2 zwei Gleichgewichte im Originalspiel in B-b und C-c, die auch noch im reduzierten Spiel existieren, das nach der Eliminierung der strikt dominierten Strategien übrig bleibt. Da aber weder B noch b, C oder c dominante Strategien sind, erfolgt keine weitere Reduktion des Spiels. Sowohl die Strategien B und C des Zeilenspielers als auch die Strategien b und c des Spaltenspielers sind also rationalisierbar. D.h. auch alle daraus entstehenden vier Strategiekombinationen sind grundsätzlich rationalisierbar, obwohl nur zwei davon, nämlich B-b und C-c, ein Gleichgewicht darstellen. Je nachdem, ob der Zeilenspieler erwartet, dass der Spaltenspieler b oder c spielt, ist seine beste Antwort B oder C. D.h. beide Strategien können prinzipiell die richtige Antwort auf die Strategie des Gegners darstellen, *wenn der Gegner denn auch die erwartete Strategie spielt.* Wenn aber die Antizipation der gegnerischen Strategie falsch ist, dann führt die entsprechende „falsche" Antwort, die ja die richtige bei der fälschlicherweise angenommenen Strategie gewesen wäre, zu einer Strategiekombination, die rationalisierbar ist, aber eben kein Nash-Gleichgewicht darstellt. Nehmen wir an, der Zeilenspieler ist der festen Überzeugung – aus welchen Gründen auch immer – dass der Spaltenspieler die Strategie c spielen wird, dann ist seine beste Antwort die Wahl der Strategie C. Wenn die Überzeugung aber falsch war in dem Sinn, dass der Spaltenspieler tatsächlich eine andere als die erwartete Strategie wählt, nämlich b, dann kommt es zu der Nicht-Gleichgewicht-Strategiekombination C-b. Umgekehrt hatte dann offenbar auch der Spaltenspieler die falsche Erwartung, dass der Zeilenspieler B spielen würde, da er ja b als seine vermeintlich beste Antwort gewählt hat. Die so zustande gekommene Strategiekombination C-b stellt zwar kein Gleichgewicht dar, ist aber die Kombination aus rationalen, im Sinne von „besten", Antworten auf falsch antizipierte Strategien des anderen Spielers. Die Strategiekombination C-b ist also in keiner Hinsicht weniger rational als eine der beiden Gleichgewichtskombinationen. Nur weil ein Gleichgewicht möglich ist, heißt dies keineswegs, dass es auch realisiert wird. Die entscheidende Eigenschaft einer Strategiekombination, die ein Gleichgewicht bildet, ist also nicht unbedingt, dass diese a priori eine höhere Verwirklichungschance hat, sondern dass sie sich genau dann verwirklicht, wenn die gegenseitig antizipierten Strategien dann auch jeweils den tatsächlich gewählten Strategien entsprechen. Die vier rationalisierbaren Strategiekombinationen sind demnach diejenigen, die sich grundsätzlich als rationale Handlungswahlen begründen lassen, unabhängig davon, ob die Erwartungen der Akteure berechtigt oder falsch sind.

Damit sind wir aber wieder bei der Ausgangsfrage, ob denn die Wahl einer schwach dominierten Strategie tatsächlich rationalisierbar ist. Unter reinen Rationalitätsgesichtspunkten ist nämlich nicht einzusehen, warum ein Spieler auch eine schwach dominierte Strategie überhaupt jemals ernsthaft erwägen sollte. Unter diesem Gesichtspunkt scheint die iterierte Elimination schwach dominierter Strategien durchaus eine rationale Vorgehensweise zu sein, auch wenn dadurch bestimmte Gleichgewichte verloren gehen. Diese Gleichgewichte stellen zwar Strategiekombinationen dar, von denen ausgehend im Sinne der Definition des Gleichgewichtskonzepts keiner der Spieler einen Anreiz besitzt, von seiner gewählten Strategie abzuweichen, aber die Strategien, die kombiniert werden, sind dennoch Strategien, die ein rationaler Spieler von vornherein kaum erwägen würde, da es ja mindestens eine andere Strategie für ihn gäbe, unter der er sich auf keinen Fall schlechter und in mindestens einem Fall besser stellen würde.

9.2 Gemischte Gleichgewichte in Spielen mit gemischten Motiven

Das Konzept der Rationalisierbarkeit ist hilfreich, indem es den Begriff des Gleichgewichts problematisiert, insbesondere, indem es verdeutlicht, dass bei genauerer Untersuchung nicht mehr so ganz eindeutig klar ist, inwiefern Gleichgewichte die „Lösung" eines Spiels darstellen. Ich möchte es zur Verdeutlichung noch etwas anders formulieren: Gleichgewichte werden als Lösungen von Spielen empfunden, in dem Sinn, dass sie die Kombinationen von Strategien darstellen, die als rationale, ja – mehr noch – „vernünftige" Antworten auf ein Entscheidungsproblem, wie es durch die Beschreibung des Spiels skizziert wird, gelten können. Ob eine bestimmte Strategie die „beste Antwort" auf die Strategie des Gegenspielers darstellt, hängt davon ab, welche Strategie dieser tatsächlich gewählt hat, und insofern häufig mehr oder weniger vom Zufall. Ob eine bestimmte Strategie hingegen eine „beste Antwort" auf die durch das Spiel als Ganzes verkörperte Problemsituation darstellt, ist von solchen Zufälligkeiten unabhängig. Rationalisierbare Strategien sind in diesem Sinn beste Antworten auf die durch das Spiel als Ganzes verkörperte Problemsituation, ob sie darüber hinaus beste Antworten auf die konkreten Strategien des Gegners darstellen und somit zur Bildung eines Gleichgewichts beitragen, ist letztlich häufig einfach nur eine Frage von Glück oder Pech.

Spiele verlangen im Gegensatz zu reinen Entscheidungssituationen von den Akteuren ja strategische Entscheidungen, also Entscheidungen, die berücksichtigen, dass ihre Entscheidungen mit denen der anderen interagieren und das Ergebnis eine Folge dieser Interaktion darstellt. Die typische Überlegung eines Spielers vor seiner Strategiewahl sieht daher folgendermaßen aus: Nehmen wir an, ich wähle Handlung h_1. Wenn mein Gegenspieler glaubt, dass ich h_1 wähle, dann wird er h_2 wählen. Wenn er aber h_2 wählt, dann sollte ich mit h_3 antworten. Seine beste Antwort auf h_3 wäre dann h_4 etc. Gleichgewichte, so wird es häufig beschrieben, sind dann Kombinationen von Strategien bzw. Handlungen, die diesen Zyklus von Überlegungen abbrechen. Genauer müsste man wohl sagen, dass Gleichgewichte Kombinationen von Handlungen darstellen, die innerhalb des Zyklus als stationäres Ergebnis immer wieder reproduziert werden. Im Sinne der obigen Beschreibung handelt es sich bei der Kombination von h_1 und h_2 um ein Gleichgewicht, wenn h_3 und h_4 diese lediglich reproduzieren, wenn also h_3 identisch mit h_1 und h_4 identisch mit h_2 ist.

Nehmen wir das Beispiel des „Kampf der Geschlechter"-Spiels. Wenn ich beschließe ins Theater zu gehen, des Weiteren davon ausgehe, dass der andere richtig vermutet, dass ich ins Theater gehe, dann wird der andere ebenfalls ins Theater gehen, was bedeutet, dass mein Entschluss, ins Theater zu gehen, „richtig" ist in dem Sinn, dass ich dann tatsächlich ins Theater gehen sollte. Analog aber ließe sich ein solcher stationäre Ergebnisse reproduzierender Zyklus genauso für die Handlungswahl „Boxen" konstruieren. Welcher dieser beiden in sich selbst konsistenten Überlegungszyklen, die aber zu verschiedenen Handlungswahlen führen, gewählt wird, ist aber willkürlich und hängt lediglich von der beliebigen Wahl des ersten Elements dieses Zyklus ab.

Ein Gleichgewicht kommt tatsächlich zustande, wenn die Überlegungszyklen beider Spieler sich in einem Element überschneiden. Wenn etwa beide ihren Überlegungszyklus mit der Annahme beginnen: „Wenn ich beschließe ins Theater zu gehen …", dann ist jeweils das zweite Element des Zyklus, also die antizipierte Antwort des Gegenspielers das erste Element des Zyklus des anderen. Wenn aber der Zyklus des einen mit „Wenn ich beschließe ins Theater zu gehen …" beginnt, der des anderen jedoch mit „Wenn ich beschließe, zum Boxen zu gehen…", dann wird es zu keiner Verwirklichung eines Gleichgewichts kommen.

Ein Nash-Gleichgewicht, das ja in den gegenseitig „besten Antworten" besteht, kommt nur dann zustande, wenn die Strategien, auf die geantwortet wird, von vornherein richtig antizipiert werden. Es gibt keinen Grund, von der Strategiewahl im Nash-Gleichgewicht abzuweichen, aber es gibt unglücklicherweise oft eben auch keinen triftigen Grund, erst einmal dorthin zu kommen.

Das Problem der womöglich falschen Antizipation ist natürlich vor allem dann virulent, wenn es mehrere Gleichgewichte gibt. Daher die mannigfaltigen Arbeiten, namentlich von Selten und Harsanyi, über Kriterien der Gleichgewichtsauswahl, die ja nichts anderes zum Ziel hat, als bestimmte Strategien derart auszuzeichnen, dass sie betreffende Antizipationen als naheliegender und angemessener erscheinen als solche, die sich auf andere Strategien beziehen. Selektionskriterien wie Auszahlungsdominanz oder Risikodominanz sind dabei aus der Struktur des Spiels selbst konstruierbar und solange in dieser Hinsicht gemeinsames Wissen vorliegt, können sie theoretisch funktionieren. Was aber, wenn das Spiel ganz und gar symmetrisch ist und auch die Gleichgewichte zueinander symmetrisch sind, wie es etwa bei reinen Koordinationsspielen wie dem Rendezvous-Spiel oder dem „Kampf der Geschlechter"-Spiel der Fall ist? Hier ist das Problem der Selektion nicht lösbar, wenn nicht auf Konzepte wie Focal Points oder Selbstbindung bzw. Commitments zurückgegriffen wird, die entweder „außerhalb" des Spiels liegen, wie kulturell abhängige Focal Points, oder das ursprüngliche Spiel in ein anderes einbetten, wie es bei Commitments in der Regel der Fall ist.

Nehmen wir aber an, dass alle diese „Lösungsmöglichkeiten" für das Problem der Gleichgewichtsselektion nicht vorhanden sind, z.B. wie in einem Rendezvous-Spiel wie in Abbildung 9.4. Wenn es keinerlei Hinweise gibt, begründete Erwartungen hinsichtlich der Strategiewahl des anderen Spielers zu bilden, dann ist die Wahl des einen Ortes offensichtlich so gut wie die des anderen, jeder der beiden Spieler ist also indifferent zwischen den beiden Handlungsoptionen bzw. die subjektiven Wahrscheinlichkeiten, mit denen er erwartet, dass der Gegenspieler seine jeweiligen Strategien spielt, sind so beschaffen, dass er zwischen seinen eigenen beiden Strategien indifferent wird. Dies heißt natürlich nichts anderes, als dass die subjektiven Wahrscheinlichkeiten, mit denen der andere Spieler aus seiner Sicht den einen oder den anderen Ort wählt, jeweils ½, also gleich, sind.

9. Rationalisierbarkeit und gemischte Strategien in Spielen mit gemischten Motiven

Abbildung 9.4: Rendezvous-Spiel

	A	B
A	1,1	0,0
B	0,0	1,1

Wegen der absoluten Symmetrie des Spiels muss aber die gemischte Gleichgewichtsstrategie des einen auch die gemischte Gleichgewichtsstrategie des anderen sein. Dass es sich bei der Kombination der beiden gemischten Strategien, in der man beide Orte jeweils mit ½ wählt, tatsächlich um ein Gleichgewicht handelt, folgt aus dem Umstand, dass in diesem Fall keiner der beiden sich durch ein anderes Mischungsverhältnis besser stellen kann, *solange der andere seines beibehält*. Dies folgt wiederum aus der Tatsache, dass jede gemischte Strategie denselben Erwartungswert produziert, wenn die reinen Strategien, aus denen sich die gemischte zusammensetzt, jeweils denselben Erwartungswert produzieren, was ja genau dann der Fall ist, wenn ein Spieler zwischen seinen beiden reinen Strategien indifferent ist.

Der Erwartungswert einer solchen gemischten Strategie ist dann, da ja jeder der beiden Spieler dieselbe Mischung anwendet, ½. D.h. der Erwartungswert der gemischten Strategien liegt unterhalb der Auszahlungen in den beiden Gleichgewichten in reinen Strategien. Aus diesem Grund scheint vielen Spieltheoretikern das Konzept gemischter Strategien außerhalb des Bereichs von Nullsummenspielen nicht sinnvoll anwendbar. Im Sinne der Payoff-Dominanz z.B. sind ja beide Gleichgewichte in reinen Strategien eindeutig vorzuziehen. Das Problem aber bleibt bestehen: Wie kommen wir zur Verwirklichung dieser Gleichgewichte? Im Falle von reinen Koordinationsspielen wie dem Rendezvous-Spiel mag das Problem der Gleichgewichtsselektion im besten Fall durch direkte Kommunikation zu lösen sein, die in diesem Fall garantieren könnte, dass die Antizipationen die „richtigen" sind, da ja hier – wie schon erwähnt – keinerlei Anreiz bestünde, eine in irgendeiner Weise irreführende Kommunikation zu führen. Aber schon in einem Spiel wie dem „Kampf der Geschlechter", in dem zwar ein überwiegendes Koordinationsinteresse besteht, innerhalb dessen aber ein Konflikt über den bevorzugten Koordinationspunkt existiert, ist Kommunikation nicht mehr hilfreich, da jeder der beiden Spieler in diesem Fall ein Interesse daran hat, „falsche" Präferenzen vorzuspiegeln. Kommunikation wird dann wieder zu „cheap talk", da beispielsweise die Bekundung der festen Absicht, „ins Theater zu gehen, egal was du machst", nicht unbedingt glaubwürdig ist, da jeder der beiden weiß, dass ein strategisches Interesse an der Bekundung solcher Absichten besteht, selbst wenn diese Absichten selbst so gar nicht bestehen sollten.

Eine etwas vereinfachte Darstellung des „Kampf der Geschlechter"-Spiels sieht folgendermaßen aus:

Abbildung 9.5: Einfache Version des „Kampf der Geschlechter"-Spiels

	A	B
A	2,1	0,0
B	0,0	1,2

Die beiden Spieler würden sich gerne auf ein Gleichgewicht einigen können, aber es gibt unterschiedliche Interessen dahingehend, welches der beiden Gleichgewichte, A-A oder B-B, es sein sollte. Allerdings sollten die Spieler jetzt ihre Strategien aufgrund der vorherrschenden Unsicherheit nicht einfach im gleichen Verhältnis mischen, da die potenziellen Gewinne bzw. Verluste sich in den verschiedenen Strategien unterscheiden. Die Wahrscheinlichkeitsverteilung für die gemischte Strategie entspricht für den Zeilenspieler einem Mischungsverhältnis von 2/3 zu 1/3, mit dem er seine Strategien A und B mischt. Damit wird der Spaltenspieler zwischen seinen Strategien indifferent, da er bei der Wahl beider Strategien einen Erwartungswert von 2/3 erhält. Der Spaltenspieler wiederum mischt seine Strategien A und B im Verhältnis 1/3 zu 2/3. Da der Erwartungswert jedes Spielers dann für jede reine Strategie 2/3 beträgt, ist dies auch der Erwartungswert für jede gemischte Strategie.

Dennoch: Wie plausibel ist eine solche gemischte Strategie? Im Falle von Nullsummenspielen besteht ja aus Ansicht jedes Spielers ein klarer Anreiz, den Gegenspieler indifferent zwischen seinen Strategien zu machen, weil jeder realisierbare Vorteil, den er dem Gegner überlässt, ein Nachteil für ihn selbst ist. Die beiden Gleichgewichte in reinen Strategien sind aber gegenüber dem Gleichgewicht in gemischten Strategien pareto-superior, d.h. sie sind effizient im Sinne des Pareto-Kriteriums, während das Gleichgewicht in den gemischten Strategien noch die Möglichkeit gemeinsamer Gewinne übrig lässt. Allerdings sind diese Gewinne nur verwirklichbar, indem wir eine asymmetrische Strategiekombination zulassen, denn beispielsweise im Gleichgewicht A-A wählt der Zeilenspieler die Strategie, die für ihn im besten Fall sein bestes Ergebnis erzielt, während der Spaltenspieler die schlechtere seiner beiden Gleichgewichtsstrategien wählt. Eine symmetrische Lösung besteht dann darin, dass der Zeilenspieler seine bevorzugte Strategie A mit derselben Wahrscheinlichkeit p wählt, mit der der Spaltenspieler seine bevorzugte Strategie B wählt. Der Erwartungswert über alle vier Zellen hinweg ist dann für den Zeilenspieler:

Formel

$p*(1-p)*2+p*p*0+(1-p)*(1-p)*0+(1-p)*p*1 = p*(1-p)(2+1) = p*(1-p)*3$.

Wie leicht zu verifizieren ist, wird dieser Ausdruck maximiert, wenn beide Strategien mit der Wahrscheinlichkeit ½ gewählt würden. Allerdings wären die Spieler dann nicht indifferent zwischen ihren Strategien. Der Erwartungswert des Zeilen-

9. Rationalisierbarkeit und gemischte Strategien in Spielen mit gemischten Motiven

spielers für A läge bei 1, der für B nur bei 0,5. Der Zeilenspieler sollte also den Anteil, mit dem er A spielt, erhöhen, während der Spaltenspieler den Anteil, mit dem er B spielen sollte, erhöhen sollte. Damit verringern zwar beide ihren Erwartungswert, aber dennoch besteht für jeden ein Rationalitätsdruck in diese Richtung zu gehen, denn, wenn der andere bei seinem Mischungsverhältnis bliebe, würde er sich dadurch ja verbessern. Wir haben also innerhalb des „Kampf der Geschlechter"-Spiels bezüglich der gemischten Strategien eine Dynamik, die vollkommen derjenigen eines Gefangenendilemmas entspricht. Die Anpassung der Mischung wird eben erst dann zum Ende kommen, wenn die Mischungsverhältnisse von 2/3 zu 1/3 erreicht sind. Das gemischte Gleichgewicht ist das einzige mögliche Gleichgewicht, das als die Kombination symmetrischer Strategien zustande kommt. Solange die beiden Spieler ihre Situation als ganz und gar symmetrisch ansehen und jedes Signal, jedes Commitment der anderen Seite nur als Bestätigung der Gleichartigkeit ihrer Situation betrachten („Ich an seiner Stelle hätte ganz genau so gehandelt." Und in diesem Fall *sind* sie jeweils an der Stelle des anderen!), ist das Gleichgewicht in den gemischten Strategien das einzige, das diese Symmetrie aufnimmt. Die Verwirklichung eines der beiden pareto-superioren Gleichgewichte im „Kampf der Geschlechter"-Spiel ist erst dann möglich, wenn mindestens einer der beiden Spieler von einer tatsächlich bestehenden Asymmetrie der Situation ausgeht, und zwar in der Regel derjenige, der „nachgibt", weil er davon ausgeht, dass der andere wirklich tougher oder rücksichtsloser ist als er selbst.

Gleichgewichte in gemischten Strategien sind also auch in Nicht-Nullsummenspielen keineswegs so unsinnig, wie es vielleicht auf den ersten Blick erscheinen mag. Allerdings ändert sich die Logik ihrer Interpretation. Während bei Nullsummenspielen die geschickte Mischung der Strategien den Zweck hat, den Gegenspieler indifferent zwischen seinen Strategien zu machen, um ihm keinen Vorteil zu belassen, drückt die Mischung der Strategien in einem Nicht-Nullsummenspiel die grundsätzliche Unsicherheit aus, die ein Spieler hinsichtlich der Strategiewahl seines Gegners empfindet, unabhängig davon, ob er davon ausgeht, dass der Gegner das Ziel verfolgt, ihm zu schaden oder sogar Ziele verwirklichen möchte, die mit den eigenen konform gingen. Denn solange es mehrere Gleichgewichte gibt, von denen sich kein einzelnes durch besondere, herausgehobene Eigenschaften abhebt, bleibt grundsätzlich immer eine gewisse Unsicherheit darüber bestehen, welche seiner rationalisierbaren Strategien der andere Spieler auswählen wird.

Aufgaben

1. Finden Sie das Gleichgewicht in gemischten Strategien für das Chicken-Game und interpretieren Sie es!
2. Analysieren Sie das Spiel „Burning Money", das eine Variante des „Kampf der Geschlechter"-Spiels in Abbildung 9.5 ist! Einer der beiden Spieler hat die Möglichkeit, „vor" dem eigentlichen Spiel eine Nutzeneinheit zu verbrennen, um damit ein bestimmtes Commitment abzugeben. Diese Einheit wird ihm von allen seinen Nutzenauszahlungen im eigentlichen, folgenden Kernspiel abgezogen. Dieses Commitment ist sichtbar, d.h. der andere Spieler kennt es, wenn er über die Wahl seines Zugs nachdenkt. Schreiben Sie die extensive und die strategische Form des Spiels auf! Finden Sie die Nash-Gleichgewichte in reinen Strategien und das in gemischten! Führen Sie dann die Prozedur der iterierten Elimination von dominierten Strategien durch! Was ergibt sich daraus?

Weiterführende Literatur

Die Vorgehensweise der Streichung dominierter Strategien wird kurz und präzise bei Binmore (2007: 41f.) beschrieben. Die klassischen Aufsätze zu dem Konzept der Rationalisierbarkeit von Strategien sind Bernheim (1984) und Pearce (1984). Eine einfache Beschreibung des Konzepts findet sich bei Morrow (1994: 98ff.). Anspruchsvoller und formaler wird das Konzept bei Fudenberg und Tirole (1991: 50ff.) beschrieben, die auch darauf eingehen, dass Rationalisierbarkeit ein deutlich komplexeres Konzept wird, wenn mehr als zwei Spieler involviert sind. Eine kritische Darstellung, inwieweit Gleichgewichte in gemischten Strategien bei Nicht-Nullsummenspielen sinnvoll interpretiert werden können, findet sich bei Dixit et al. (2013).

10. Bayesianische Gleichgewichte

10.1 Spiele unter unvollständiger Information

Unsicherheit ist ein elementarer Bestandteil von Entscheidungen und Spielen. Existiert keine Unsicherheit, können Entscheidungen unmittelbar getroffen werden, indem die nutzenmaximierende Handlungsoption gewählt wird und Spiele durch Rückwärtsinduktion eindeutig gelöst werden. Bisher haben wir bei Spielen lediglich die Art von Unsicherheit behandelt, die bei imperfekter Information auftritt, also, wenn man die Züge des Gegenspielers nicht kennt. In der Alltagswelt allerdings begegnet man wohl noch häufiger einer anderen Spielart von Unsicherheit, nämlich der Unsicherheit darüber, welches Spiel man denn eigentlich spielt bzw. gegen was für eine Art von Gegenspieler. Bisher sind wir immer davon ausgegangen, dass vollständige Information vorliegt, also die Struktur des Spiels und vor allem die Auszahlungsmatrix, in der sich diese widerspiegelt, allgemein bekannt – also gemeinsames Wissen – sind. Wir haben im Abschnitt über Commitments schon gesehen, dass es für einen Spieler beim Chicken-Game sinnvoll sein kann, sich eine Reputation als „tough guy" zu erwerben, die darin besteht, eine Präferenzordnung zu besitzen, in der die defektive Strategie dominant ist, bei der man also „lieber ein toter Held als ein lebender Feigling" ist. Wenn das Commitment „echt" ist, dann heißt dies, dass der Gegenspieler tatsächlich diese Präferenzordnung besitzt, d.h. dass der Gegenspieler durch das Commitment tatsächlich seine eigenen Präferenzen geändert *hat*, sodass nun ein anderes Spiel als das ursprüngliche Chicken-Game gespielt *wird*. Da es aus Sicht des Spielers mit dem Commitment aber vorteilhaft ist, wenn der andere *glaubt*, dass sich seine Präferenzen geändert haben, kann es sein, dass er uns dies nur glauben machen will und seine Präferenzen in Wirklichkeit immer noch dieselben sind wie zuvor. Wenn wir uns in einem Chicken-Game einem „tough guy" gegenübersehen, dann besteht unser Problem häufig darin, dass wir eben nicht sicher sind, ob er tatsächlich ein „tough guy" ist. Genauso konnte sich der mittelalterliche Herrscher in einem Pfandspiel mit gegenseitiger Bereitstellung von Geißeln oft auch nicht hinreichend sicher sein, ob denn die vom Erzfeind als Unterpfand geschickte Geißel tatsächlich die Lieblingstochter des Gegners ist oder nicht das wenig geliebte Kind oder gar – im Fall einer echten Täuschung – irgendeine Person, die ihm als Tochter des gegnerischen Königs untergeschoben wird. All diesen Fällen ist gemeinsam, dass mindestens einer der Spieler sich nicht über die Präferenzen des Gegenspielers sicher ist. In solchen Fällen sprechen wir von *Spielen mit unvollständiger Information*. Allerdings können wir ein Spiel, dessen Auszahlungsmatrix nicht bekannt ist, offensichtlich nicht untersuchen. Für die praktische Analyse genügt es aber in der Regel, verschiedene *Typen* von Spielern mit entsprechenden prototypischen Präferenzordnungen anzunehmen. Im Falle des Chicken-Game können wir z.B. zwischen dem „normalen" Spieler, dessen schlimmstes Ergebnis die gemeinsame Defektion darstellt, und dem „tough guy" unterscheiden. Je nachdem, gegen welchen Typ man spielt, gibt es dann zweierlei Spiele, die jedes für sich genommen auf die klassische Weise gespielt werden könnten. Das Problem bestünde dann aber immer noch darin, dass wir nicht wüssten, welches der Spiele wir für die Analyse einer bestimmten Situation anwenden sollten. Vor allem aber sind wir daran interessiert, auch diese Form der Unsicherheit, die in der unvollständigen Information begründet ist, im Rahmen eines einzigen Spiels darzustellen, das diese Unsicherheit auf angemessene Weise darstellt. Der geniale Kniff, um die Unsicherheit über den Typus des Gegenspielers auszudrücken, besteht darin, die Wahl des Typen als einen Zufallszug der Natur darzustellen, der einem verborgen bleibt. Anders ausgedrückt: Die unvollständige Information, die sich in der Unsicherheit über den Spielertypus ausdrückt, wird in Form von imperfekter Information dargestellt. Der Urheber dieses genialen Kniffs war John Harsanyi.

Betrachten wir als Beispiel das „sequenzielle Chicken-Game" aus Abbildung 7.1 bzw. die Modifikation desselben, wenn der zweite Spieler ein „tough guy" ist. Der erste Spieler ist derjenige, der sich durch ein Commitment auf einen Spielzug festlegen kann, z.B. durch das bekannte Entfernen des Steuerrades, oder eben einfach tatsächlich als erster seine Strategie unverrückbar festzurrt. Im normalen sequenziellen Chicken-Game würde der erste Spieler natürlich die defektive Strategie wählen, da er damit den zweiten Spieler zur Wahl der kooperativen Strategie zwingt und so das für ihn bessere Gleichgewicht des ursprünglichen Chicken-Games verwirklichen kann. Spielt er das Spiel allerdings gegen einen „tough guy", dann führt die Wahl seiner defektiven Strategie zur Katastrophe, zumindest aus seiner Sicht, da der „tough guy" ebenfalls seine defektive Strategie wählen wird. Das Problem besteht darin, dass er eben nicht weiß, ob er gegen einen „normalen" Gegenspieler oder einen „tough guy" spielt, worüber durch einen Zufallszug der Natur vor Beginn des eigentlichen Spiels zwischen ihm und seinem Gegenspieler entschieden worden ist.

Abbildung 10.1: „Sequentielles" Chicken-Game mit unvollständiger Information über den Spielertypus des einen Spielers

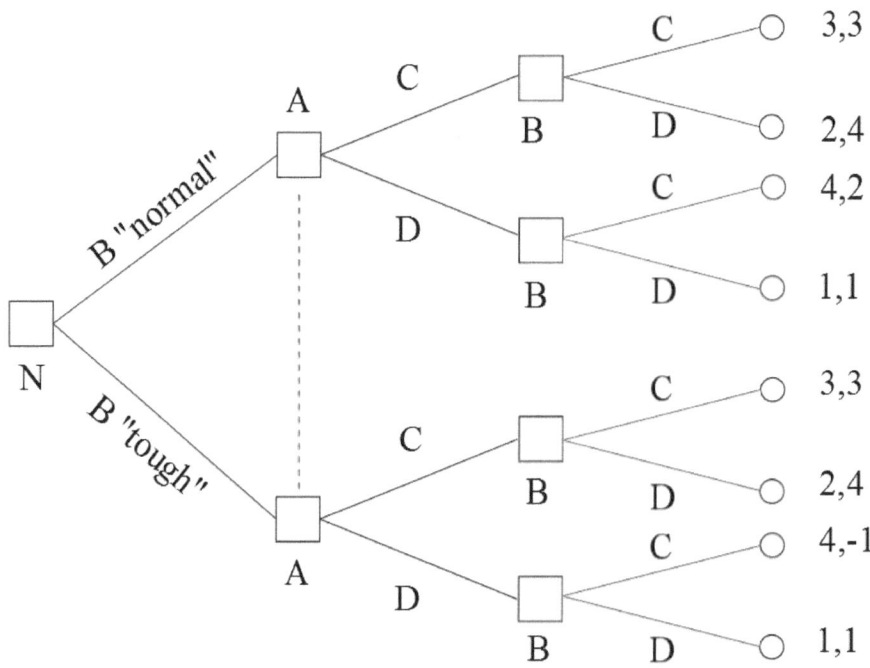

Wenn Spieler A seinen ersten Zug im eigentlichen Spiel spielt, weiß er nicht, an welchem der beiden Knoten in seinem Informationsbezirk er sich befindet. Wenn er sich am oberen Knoten befindet, spielt er gegen einen „normalen" B, bei dem er davon ausgehen kann, dass er auf die defektive Strategie von A mit Kooperation antwortet, sodass A sein bestes Ergebnis erzielen würde, wenn er mit Defektion beginnt. Befindet er sich aber am unteren Knoten, wird der „toughe" B-Spieler ebenfalls mit Defektion antworten und A erhält sein schlechtestes Ergebnis (und B nur sein zweitschlechtestes). Wenn A sich am unteren Knoten befindet, sollte er daher mit Kooperation beginnen, woraufhin B mit Defektion antworten würde, was A immerhin noch sein zweitschlechtestes Ergebnis garantieren würde. Je nachdem, an welchem Knoten er sich befindet, müsste A sich unterschiedlich entscheiden, während oben die optimale Strategie die defektierende wäre, bestünde sie am unteren Knoten in der kooperativen Strategie. Soweit scheint sich die Beschreibung der Unsicherheit nicht grundlegend zu unterscheiden von einer ganz normalen Entscheidung unter imperfekter Information, wenn man den Zug des Gegners nicht kennt. Hier ist der unbekannte Zug eben der eines dritten Spielers, nämlich der Natur.

Der Zug der Natur ist allerdings nur Spieler A unbekannt, Spieler B hingegen kennt ihn, denn der Zug der Natur besteht ja in gewisser Weise darin, Spieler B über seinen Typus aufzuklären. Spieler B existiert also gewissermaßen als eine Typenschablone, die durch den Zug der Natur mit einem konkreten Inhalt, dem Typ, gefüllt wird. Wir hätten die Struktur des Spiels genauso gut darstellen können, indem wir für die zwei Spielertypen von B zwei physisch verschiedene Personen nehmen, die verschiedene Spielertypen repräsentieren, sodass der „normale" bzw. nachgiebige Spieler durch B und der „toughe", bis zur Selbstvernichtung unbeirrbare Spieler durch C verkörpert würde. Der Zug der Natur besteht dann lediglich darin, festzulegen, gegen welchen der beiden Spieler A antritt. Die besondere Qualität einer Spieldarstellung wie der obigen besteht nun darin, die Unsicherheit über den Typ des Gegenspielers, also über seinen Charakter, seine Werte und damit seine Präferenzen, so darzustellen, als ob wir damit rechnen müssten, in ihm als einer physischen Person verschiedenen Personen als Typ zu begegnen. Tatsächlich neigen wir ja auch umgangssprachlich dazu, diese Unsicherheit auszudrücken, wenn wir davon sprechen, dass jemand „gar nicht er selbst" war oder wir „ihn nicht wiedererkannt" hätten, womit wir oft nicht nur physische Merkmale meinen. Diese Facettenhaftigkeit ein und derselben Person hat literarisch ihren berühmtesten Ausdruck in Stevensons „Der seltsame Fall des Dr. Jekyll and Mr. Hyde" gefunden. Allerdings unterscheiden sich Jekyll und Hyde auch physisch voneinander, sodass ein potenzieller Gegenspieler immer wüsste, mit wem von beiden er es zu tun hätte. Ganz im Gegenteil gehen die Personen in dieser Novelle ja sogar davon aus, dass es sich bei Jekyll und Hyde um zwei verschiedene Personen handelt. Bei dem uns interessierende Problem aber verhält es sich genau umgekehrt, wir haben es mit zwei Facetten derselben Person mit denselben äußeren Merkmalen zu tun, sodass wir uns nicht sicher sein können, welche der beiden Facetten der Person, d.h. welcher Typ, uns gegenüber steht. Die Situation gleicht also der einer berühmten Episode der zweiten Staffel der ursprünglichen Star-Trek-Serie mit dem Titel „Mirror, Mirror" (Ein Parallel-Universum). Durch einen Transporterfehler wird Captain James T. Kirk in ein sogenanntes Spiegeluniversum gebeamt, in dem es ebenfalls einen Kirk gibt, der ihm aber in all seinen Charaktereigenschaften diametral gegenüber steht. Im „richtigen" Universum hingegen schlüpft der Parallel-Kirk in die Rolle des echten Kirk. Wir können dieses Szenario problemlos direkt auf unser Spiel übertragen. Der besonnene, rationale, „echte" Kirk würde sich in einem Chicken-Game so verhalten wie der „normale" Spieler, der lieber im Zweifelsfall nachgibt. Der „toughe" Kirk des Paralleluniversums hingegen verkörpert eine archaische Kriegermentalität, in der man lieber ein toter Held als ein lebender Feigling ist. Spock könnte dann Spieler A sein. Er weiß Bescheid über den Schaden des Transportersystems und ist sich daher bewusst, dass er gegen einen der beiden Kirks spielt, aber er weiß nicht gegen welchen. Jeder der beiden Kirks aber weiß sehr wohl, ob er der zu seinem Universum passende oder der falsche ist.

Die in Abbildung 10.1 beschriebene Spielsituation ist daher eine der *asymmetrischen Information*. Bestimmte Information, nämlich die seines eigenen Typs, steht nur Spieler B zur Verfügung, während A nach dem Zug der Natur, der über den Spielertyp von B entscheidet, nicht weiß, ob er sich im oberen oder unteren Bereich des Spielbaums befindet. Der Informationsbezirk von A enthält daher zwei Entscheidungsknoten, die Informationsbezirke von B hingegen sind alle einelementig, da B die *private Information* hinsichtlich seines Spielertyps besitzt. Unter privater Information eines Spielers verstehen wir Information, die nur diesem Spieler zur Verfügung steht.

Da A einen Informationsbezirk mit zwei Elementen besitzt, kann das Spiel nicht mit Rückwärtsinduktion gelöst werden. Allerdings kann es mit Hilfe der Rückwärtsinduktion bedeutend vereinfacht werden, da B sich an jeder Stelle des Spiels bewusst ist, wo er steht. Der Spielbaum kann also ohne Verlust an Substanz um die letzten Spielzüge von B beschnitten werden.

Abbildung 10.2: „*Sequentielles" Chicken-Game mit unvollständiger Information über den Spielertypus des einen Spielers in der beschnittenen Form*

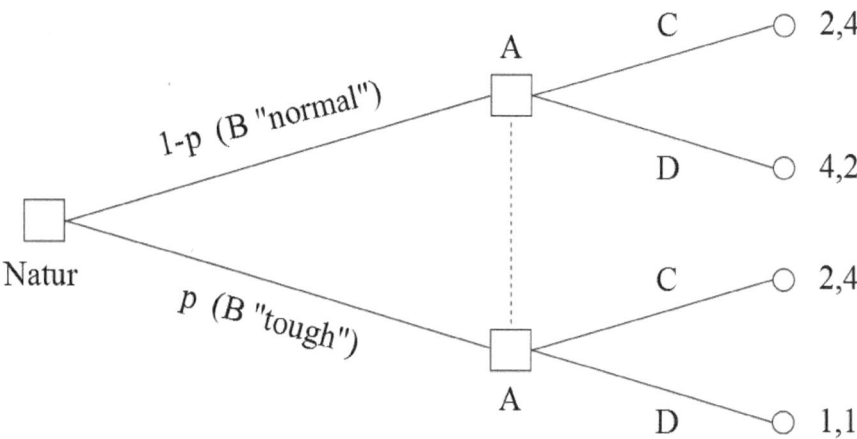

A weiß also, dass er, wenn er C spielt, immer die Auszahlung 2 erhalten wird, unabhängig vom Spielertyp von B. Entscheidet sich A hingegen für die Wahl der Strategie D, dann erhält er sein bestes Ergebnis, wenn B den „normalen" Spielertyp repräsentiert, aber sein schlechtestes Ergebnis, wenn B sich als „tougher" Spieler erweisen sollte.

Da der Zug der Natur nicht strategischer Natur ist, befindet sich A in einer simplen Entscheidungssituation unter Unsicherheit bzw. Risiko, wenn die Wahrscheinlichkeitsverteilung, mit der die Natur den Spieltyp von B bestimmt, bekannt sein sollte. Im Weiteren soll davon ausgegangen werden, dass die Wahrscheinlichkeitsverteilung über die Züge der Natur gemeinsames Wissen sind.

Für die folgenden Analysen gehen wir davon aus, dass jeder Spieler für jeden Informationsbezirk über eine Wahrscheinlichkeitsverteilung verfügt, die angibt, mit welcher Wahrscheinlichkeit er sich an welchem Knoten des Informationsbezirks befindet. Diese Wahrscheinlichkeiten sind subjektiver Natur und sind Ausdruck von Überzeugungen (beliefs), inwieweit damit zu rechnen ist, sich an dem einen oder anderen Knoten zu befinden. Des Weiteren soll angenommen werden, dass die Nutzenwerte kardinale Werte sind und der einer Von-Neumann-Morgenstern-Nutzenfunktion entsprechen. Wir können daher problemlos das Lösungskonzept der Maximierung des Erwartungsnutzens anwenden.

A berechnet also auf die übliche Weise den Erwartungswert des Nutzens für seine beiden Strategien und entscheidet sich für diejenige, die einen höheren Erwartungsnutzen besitzt. A entscheidet sich daher für C, wenn das Risiko, auf einen „toughen" Gegenspieler zu treffen, zu groß ist bzw. wenn gilt:

Formel
2> p*1 + (1-p)*4 bzw. p>2/3

Ist z.B. die bekannte Anfangsverteilung diejenige, dass „toughe" Spieler nur mit der Wahrscheinlichkeit von 0,25 auftreten, dann ist der Erwartungswert für Defektion gleich 0,25*1+0,75*4=3,25.

Noch besser für A wäre es natürlich, wenn er den Zug der Natur, also den Spielertyp von B, kennen würde. Dann könnte A seine optimale Strategie so wählen, dass sie jeweils der besten Antwort auf den jeweiligen Spielertyp entspricht. Wenn A z.B. wüsste, dass B ein „tougher" Spieler ist, würde A in diesen Fällen natürlich lieber die Strategie D wählen.

Mechanismen, die dazu dienen sollen, private Informationen anderer Spieler zu enthüllen, werden als *Screening* bzw. *Screening-Devices* bezeichnet, was man im Deutschen etwa als *Aufdeckungsmechanismen* oder Auswahlprüfung übersetzen könnte. Je nach Spielsituation aber kann es für den Spieler mit privater Information selbst von Interesse sein, seine private Information zu enthüllen. Im obigen Spiel hat ein „tougher" Spieler ja nur einen Vorteil davon, ein „tougher" Spieler zu sein, wenn der andere Spieler sich dessen bewusst ist und entsprechend vorsorglich einknickt. Umgekehrt gilt für den „normalen" Spieler, dass er seine private Information auf keinen Fall enthüllen möchte, denn nur, wenn Spieler A womöglich fälschlicherweise davon ausgehen könnte, dass er in Wirklichkeit ein „tougher" Spieler sei, kann er gelegentlich die besseren Auszahlungen erhalten, die eigentlich dem „toughen" Spieler vorbehalten sind. Um ihre private Information preiszugeben bzw. sie zu verschleiern, senden die entsprechenden Spieler sogenannte *Signale* aus.

Ich will das Konzept von Signalen am folgenden einfachen Beispiel erläutern: Nehmen wir an, in einem Hut befinden sich drei Karten. Eine Karte, die auf beiden Seiten rot ist, eine Karte, die auf beiden Seiten schwarz ist, und eine Karte, die auf einer Seite rot und auf der anderen schwarz ist. Es wird eine Karte aus dem Hut gezogen und auf den Tisch gelegt. Die Farbe der offen daliegenden Seite ist rot. Wie groß ist die Wahrscheinlichkeit, dass die andere Seite ebenfalls rot bzw. schwarz ist? Auf den ersten Blick könnte es scheinen, als ob beide Ereignisse mit derselben Wahrscheinlichkeit auftreten würden. Denn entweder handelt es sich bei der Karte um diejenige, die auf beiden Seiten rot ist, oder um diejenige, mit einer roten und einer schwarzen Seite. Die sogenannte a-priori-Wahrscheinlichkeit für jede Karte, gezogen zu werden, war aber dieselbe. Tatsächlich aber erhalten wir durch die Farbe ein informationshaltiges *Signal*, das uns hilft, eine bessere Einschätzung der Wahrscheinlichkeiten vorzunehmen. Denn die sogenannten *bedingten Wahrscheinlichkeiten*, mit denen die Oberseite einer Karte rot ist, sind keineswegs gleich. Bei der beidseitig roten Karte beträgt die bedingte Wahrscheinlichkeit offensichtlich 1, bei der gemischtfarbigen Karte jedoch nur ½. Daher ist die Wahrscheinlichkeit, wenn wir eine Karte mit einer roten Oberseite daliegen haben, doppelt so groß, dass es dabei um die beidseitig rote Karte handelt, wie die, dass es sich um die gemischtfarbige Karte handelt. Signale helfen also Unsicherheit zu vermindern und bessere Erwartungen über den „Signalgeber", in diesem Fall die Karte, zu bilden, wenn die Wahrscheinlichkeit, mit der das Signal ausgesendet wird, für verschiedene Typen von Signalgebern unterschiedlich ist. Die Wahrscheinlichkeit, mit der das Signal von einem bestimmten Typ ausgesandt wird, nennen wir eine *bedingte Wahrscheinlichkeit*, da sie die Wahrscheinlichkeit des Signals darstellt, unter der Bedingung, dass es sich beim Signalgeber um einen bestimmten Typ handelt. Eine bedingte Wahrscheinlichkeit ist also eine typ- oder gruppenspezifische Wahrscheinlichkeit für das Auftreten eines bestimmten Ereignisses oder Signals. Der Informationsgehalt eines Signals ist desto größer, je stärker sich die bedingten Wahrscheinlichkeiten der verschiedenen Typen unterscheiden. Wollen wir z.B. anhand bestimmter Signale eine Erwartung bilden, ob es sich beim Gegenspieler beim Chicken-Game um einen „normalen" Typ oder einen „tough guy" handelt, dann helfen rein verbale Signale vermutlich wenig weiter, denn einem Maulhelden fällt es nicht schwerer als einem wirklichen „tough guy", sich als hart auszugeben. Wenn sich der Gegenspieler jedoch vor Beginn des Spiels ohne mit der Wimper zu zucken, einen Nagel in die Hand schlägt, dann ist offensichtlich die Vermutung, dass wir es mit einem echten „tough guy" zu tun haben, sehr naheliegend oder zumindest mit einem Gegenspieler, der so „irre" ist, dass wir mit jeglicher Art von „irrationalem" Verhalten rechnen sollten.

Die Verlässlichkeit eines Signals besteht darin, dass es nur von bestimmten Gruppen ausgesandt werden kann, oder zumindest von diesen Gruppen mit einer deutlich höheren Wahrscheinlichkeit als von anderen Gruppen. Wenn die Aussendung eines Signals aber offensichtlich einen Vorteil bedeutet, denn sonst würde man das Signal ja nicht senden, dann würde im Prinzip eigentlich jede Gruppe genauso daran interessiert sein, das Signal aussenden zu können. Für diejenigen, die darauf verzichten, das Signal auszusenden, obwohl ihnen dadurch ein Nutzen entstehen würde, müssen also die Kosten des Signals höher sein als der dadurch vermittelte Nutzen. Nur kostspielig zu produzierende Signale können hilfreich sein. Signale, die willentlich und ohne nennenswerte Kosten produziert werden können, würden von jedem produziert und wären daher nicht in der Lage, zwischen den verschiedenen Typen zu diskriminieren. Es kostet den „normalen" Spielertyp eben ein wesentlich höheres Maß an Selbstüberwindung, sich selbst Schmerzen zuzufügen, indem man sich einen Nagel in die Hand rammt, als dem leicht irren „toughen" Typ.

Die Anpassung der Erwartungen über das Vorliegen bestimmter Typen von Signalgebern aufgrund des Empfangs bestimmter Signale, ist eine Form des sogenannten bayesianischen Updatings, das im nächsten Abschnitt näher erläutert werden soll.

10.2 Das Theorem von Bayes

Das Bayes'sche Theorem ist einer der faszinierendsten, aber auch einer der umstrittensten Sätze der Wahrscheinlichkeitstheorie. Das Theorem wurde nicht von seinem Entdecker selbst, Thomas Bayes, veröffentlicht, sondern 1761 von seinem Freund Richard Price aus seinem Nachlass. Die zögerliche Haltung von Bayes ist womöglich nicht zuletzt darauf zurückzuführen, dass auch er selbst den Anwendungsmöglichkeiten seines Theorems in einem weiten Sinn skeptisch gegenüber gestanden haben könnte. Laplace hat das Theorem vermutlich unabhängig von Bayes ebenfalls entdeckt, er ist jedenfalls wohl der wichtigste Verbreiter dieser Idee im 18. Jahrhundert gewesen, tatkräftig unterstützt von Condorcet, der seine Rolle als Sekretär der Akademie der Wissenschaften und Mitautor der *Enzyklopädie* von Diderot dafür nutzte, sich für die Verbreitung wichtiger mathematischer Ideen einzusetzen (neben denen von Laplace vor allem diejenigen von Euler).

Die formale Definition einer bedingten Wahrscheinlichkeit lautet folgendermaßen:

> **Formel**
>
> $$P(A|B) = \frac{P(A \cap B)}{P(B)}$$

Die Wahrscheinlichkeit, dass das Ereignis A unter der Bedingung B eintritt, ist gleich dem Quotienten aus der Wahrscheinlichkeit, dass sowohl A als auch B eintreten, und der Wahrscheinlichkeit von B. Einfacher an einem Beispiel ausgedrückt: Die Wahrscheinlichkeit, dass ein Arbeiterkind studiert (Ereignis STUDIUM unter der Bedingung ARBEITERKIND), entspricht dem Anteil der Arbeiterkinder, die studieren. Daraus lässt sich direkt ableiten, dass die Wahrscheinlichkeit $P(A \cap B)$ bzw. P(A UND B), also die Wahrscheinlichkeit, dass sowohl A als auch B vorliegen, gleich dem Produkt aus P(A) und der bedingten Wahrscheinlichkeit P(B|A) ist. Die Wahrscheinlichkeit dafür, dass beim Würfeln eine Zahl herauskommt, die kleiner als 4 und ungerade ist, ist das Produkt aus ½ (P(Augenzahl<4)) und 2/3, denn 2 der 3 Augenzahlen, die kleiner als 4 sind, sind ungerade. Das Ergebnis ist also 1/3. Es gibt ja nur 2 der möglichen 6 Augenzahlen, 1 und 3, die die beiden Bedingungen erfüllen.

Da die Wahrscheinlichkeit von P(A UND B) aber genauso als das Produkt aus der bedingten Wahrscheinlichkeiten P(B|A) und P(A) ausgedrückt werden kann wie als das Produkt aus P(A|B) und P(B), ergibt sich durch simples Einsetzen der Satz von Bayes.

> **Formel**
>
> $$P(A|B) = \frac{P(B|A) * P(A)}{P(B)}$$

Die fundamentale Bedeutung des Theorems von Bayes liegt darin begründet, dass mit ihm sogenannte *inverse Wahrscheinlichkeiten* ermittelt werden können. Denn wenn z.B. P(B|A) die Wahrscheinlichkeit angibt, mit der ein Ereignis B aufgrund des Vorliegens von A zu erwarten ist, dann kann man dies auch so interpretieren, dass A eine bestimmte Hypothese über die Wirklichkeit darstellt und B die Wahrscheinlichkeit einer bestimmten Beobachtung, wenn die Hypothese zutreffen würde. P(A|B) ist dann die Wahrscheinlichkeit, dass eine bestimmte Hypothese zutrifft, wenn wir die Beobachtung B gemacht haben. Üblicherweise wird dieser Zusammenhang mit dem berühmten Urnenmodell der Wahrscheinlichkeitstheorie illustriert. Nehmen wir an, wir haben zwei Urnen, in denen sich jeweils rote und schwarze Kugeln befinden, allerdings sind in jeder Urne die relativen Häufigkeiten von rot und schwarz unterschiedlich. In der ersten Urne befinden sich z.B. 50% rote und 50% schwarze Kugeln, in der zweiten z.B. 90% rote und 10% schwarze. Wenn wir nun eine der beiden Urnen zufällig auswählen und eine schwarze Kugel ziehen, mit welcher Wahrscheinlichkeit handelt es sich dann bei der Urne um die erste Urne? Wir können also aus den bedingten Wahrscheinlichkeiten, mit denen wir jeweils eine schwarze Kugel aus den beiden Urnen ziehen, auf die inverse Wahrscheinlichkeit schließen, also auf die Wahrscheinlichkeit, aus einer bestimmten der beiden Urnen gezogen zu haben.

Bayesianisches Updating kann so verstanden werden, dass die erwartete Wahrscheinlichkeit für ein bestimmtes Ereignis sich aufgrund einer bestimmten gemachten Beobachtung verändert. Noch deutlicher wird das, wenn man die Formel nur leicht anders formuliert.

> **Formel**
>
> $P(A|B) = P(A) * \dfrac{P(B|A)}{P(B)}$

P(A) ist die sogenannte a priori-Wahrscheinlichkeit, mit der das Ereignis A eintritt und P(A|B) die sogenannte a posteriori-Wahrscheinlichkeit für das Ereignis A, nachdem man die Beobachtung des Ereignisses B gemacht hat.

Ich will das Theorem nun an einem konkreten Beispiel vorstellen. Ein begeisterter Fan von H.G. Wells findet in dessen Nachlass die Pläne für eine Zeitmaschine. Er baut sie nach und stellt fest, dass sie tatsächlich funktioniert. Auf Grund eines kleinen handwerklichen Missgeschicks ist allerdings der Chronometer unzuverlässig, sodass nach einem ersten Versuch für unseren Zeitreisenden nicht klar ist, ob er in den 70ern des vorigen Jahrhunderts oder in der zweiten Dekade des dritten Jahrtausends, also in den 2010ern gelandet ist. Die Wahrscheinlichkeit, mit der er von der Zeitmaschine in eine der beiden Epochen geschickt worden ist, ist jeweils 1/2.

Zum Glück hat sich unser Zeitreisender zuvor gut über die vergangenen historischen Epochen informiert, wenn auch nur unter dem sehr eingeschränkten Blickwinkel der jeweils vorherrschenden Mode. So weiß der Zeitreisende, dass in den 70ern ca. 40 Prozent aller jungen Männer unter einer merkwürdigen modischen Verirrung gelitten und Schlaghosen getragen haben, in den 2010ern jedoch nur 10 Prozent. Tatsächlich trägt der erste junge Mann, dem unser Zeitreisender begegnet, Schlaghosen. Mit welcher Wahrscheinlichkeit befindet sich der Zeitreisende in welchem Jahrzehnt? Oder konkreter: Mit welcher Wahrscheinlichkeit ist er tat-

10. Bayesianische Gleichgewichte

sächlich in den 70ern gelandet? Wir suchen also die bedingte Wahrscheinlichkeit P(70er|Schlaghosen). Bekannt ist die a priori Wahrscheinlichkeit P(70er)=0,5 sowie die Wahrscheinlichkeit, mit der man überhaupt auf jemanden mit Schlaghosen trifft. Da beide Zeitalter mit derselben Wahrscheinlichkeit auftreten, ist diese Wahrscheinlichkeit einfach nur die gemittelte Wahrscheinlichkeit aus den beiden Zeitaltern, also 0,25. Allgemein gilt nach dem *Satz der totalen Wahrscheinlichkeit*: Ist eine Menge von k disjunkten Ereignissen A_i gegeben und B eine Teilmenge der Vereinigungsmenge aller A_i, sodass B nur eintritt, wenn ebenfalls eines der Ereignisse A_i gegeben ist, dann gilt:

Formel

$$P(B) = \sum_{i=1}^{k} P(B|A_i) * P(A_i)$$

Wir können also die Wahrscheinlichkeit von B berechnen, auch wenn wir nur die bedingten Wahrscheinlichkeiten kennen, mit denen B in bestimmten Kontexten auftritt, solange wir auch die Wahrscheinlichkeiten der Kontexte kennen.

Nach dem Satz von Bayes gilt nun:

Formel

$$P(70er|Schlaghosen) = P(70er) \frac{P(Schlaghosen|70er)}{P(Schlaghosen|70er)*P(70er) + P(Schlaghosen|2010er)*P(2010er)}$$

$$= 0,5 \frac{0,4}{0,4*0,5 + 0,1*0,5} = 0,5 \frac{0,4}{0,25} = 0,8$$

Der Mann befindet sich also mit der Wahrscheinlichkeit von 80% in den 70ern und einer Wahrscheinlichkeit von 20% in den 2010ern. Ohne seine Beobachtung des Manns mit den Schlaghosen hätte er nur auf Grund der Struktur der technischen Panne schätzen können, sich in einer der beiden Epochen mit der Wahrscheinlichkeit von 1/2 zu befinden.

Der Zeitreisende befindet sich mit einer viermal so großen Wahrscheinlichkeit in den 70ern wie in den 2010ern, da dort mit einer viermal so großen bedingten Wahrscheinlichkeit die aufgetretene Beobachtung der Schlaghosen auftritt und die a priori-Wahrscheinlichkeiten der beiden Zeitalter gleich war. Wenn jedoch die a priori Wahrscheinlichkeit für die 70er sehr klein gewesen wäre, z.B. 1%, dann hätte selbst die Beobachtung eines für die 2010er so ungewöhnlichen Ereignisses wie das Tragen von Schlaghosen, die bedingte Wahrscheinlichkeit, sich in den 70ern zu befinden, lediglich auf etwas weniger als 4% erhöhen können. Also selbst das Auftreten von Ereignissen, die vor einem bestimmten Hintergrund nur sehr unwahrscheinlich wären, muss nicht dazu führen, daran zu zweifeln, dass dieser Hintergrund gegeben ist, solange dieser Hintergrund um ein sehr großes Vielfaches wahrscheinlicher ist als alternative Hintergründe, selbst wenn diese das beobachtete kritische Ereignis mit einer wesentlich höheren Wahrscheinlichkeit hervorbringen würden. Die Wahrscheinlichkeit, dass man Aids hat, nachdem ein Aids-Test ein positives Ergebnis hervorgebracht hat, ist immer noch sehr gering, wenn die entsprechende a-priori Wahrscheinlichkeit, dass man Aids haben könnte, sehr gering ist. Treten allerdings Beobachtungen auf, die nur unter einer bestimmten Hintergrundbedingung auftreten können, dann ist es zwingend, dass dieser Hintergrund tatsächlich gegeben ist. Wäre es z.B. hundertprozentig sicher, dass Schlaghosen ausschließlich in den 70ern getragen worden sind, weil kein Mensch unter irgendwelchen Umständen, seien sie noch so abartig, auch nicht im Fasching oder als Scherz, außerhalb der 70er jemals Schlaghosen tragen würde oder getragen hätte, dann könnte man aus der Beobachtung eines Menschen mit Schlaghosen mit Sicherheit darauf schließen, sich in den 70ern zu befinden, völlig unabhängig von der a priori Wahrscheinlichkeit, mit der die Zeitmaschine einen in diese Zeit katapultiert hätte. Solche eindeutig diskriminierende Beobachtungen sind daher sehr wertvoll und informativ, wenn sie denn gemacht werden können.

10.3 Separierende Gleichgewichte

Spieler B kann in unserem Beispiel gewinnen, wenn er ein Signal aussendet, ein „tougher" typ zu sein und diesem Signal auch Glauben geschenkt wird. D.h. das Signal muss so beschaffen sein, dass es einen eindeutigen Rückschluss auf die Natur des Spielertyps zulässt. In einem solchen Fall sprechen wir von *separierenden Strategien* bezüglich der Signalgebung. Gleichgewichte, die sich aufgrund von separierenden Strategien des Signalgebers, der in einem Signalspiel auch *Sender* genannt wird, ergeben, werden entsprechend *separierende Gleichgewichte* genannt.

Mit Hilfe der eingeführten Begriffe ist es möglich, einen neuen Typ von Gleichgewicht zu definieren, der als *perfektes bayesianisches Gleichgewicht* (perfect Bayesian Equilibrium) bezeichnet wird. Bei einem perfekten bayesianischen Gleichgewicht sind folgende Bedingungen erfüllt:

1. Alle Spieler verfügen für jeden Informationsbezirk mit mehr als einem Knoten über eine subjektive Wahrscheinlichkeitsverteilung (beliefs), die angibt, mit welcher Wahrscheinlichkeit ein bestimmter Knoten derjenige ist, an dem man sich befindet.
2. Diese Wahrscheinlichkeitsverteilung wird aufgrund vorhandener Informationen, u.a. von beobachteten Signalen, die von anderen Spielern ausgesandt werden, nach dem Theorem von Bayes upgedatet.
3. Spieler verhalten sich bei ihren Entscheidungen rational, d.h. sie maximieren den Erwartungswert ihres Nutzens angesichts ihrer vorliegenden Überzeugungen (beliefs) und der erwarteten Gleichgewichtsstrategien ihrer Gegenspieler.

Um das Konzept eines perfekten bayesianischen Gleichgewichts anhand separierender Strategien näher zu erläutern, modifizieren wir das Spiel in Abbildung 10.2, indem wir für B einen zusätzlichen Signalzug einführen. Dieses Signal wird von B ausgesendet, bevor A seinen Zug wählt. Das entsprechende Spiel ist in Abbildung 10.3 dargestellt.

10. Bayesianische Gleichgewichte

Abbildung 10.3: „Sequentielles" Chicken-Game mit Signal von B

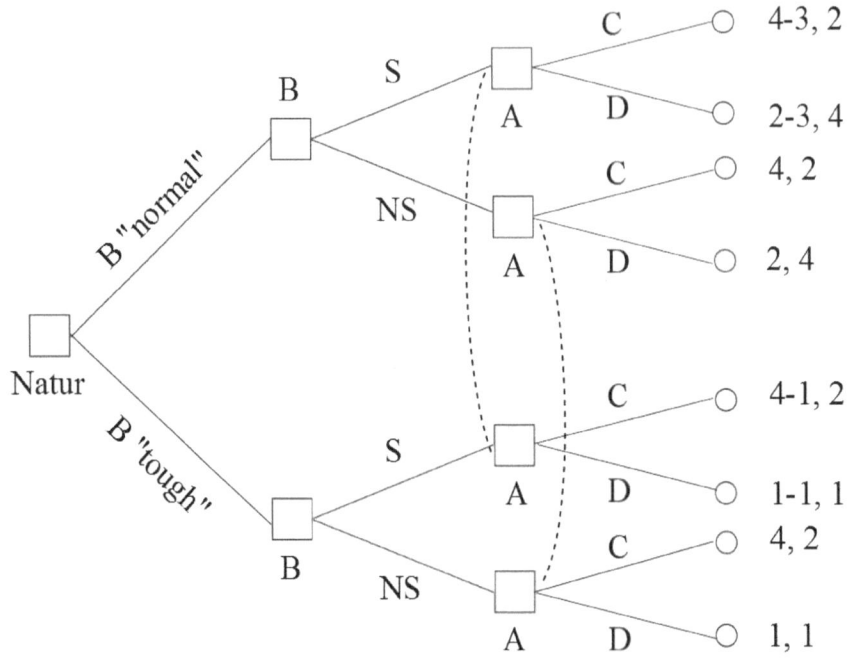

Wenn A am Zug ist, besitzt er zwar ein Signal von B, aber er kennt weiterhin nicht den Zug der Natur, also den Typ von B. A kann zwar erkennen, ob B ein Signal von „Toughness" aussendet, aber er kann daraus nicht zwingend schließen, welcher Typ dieses Signal aussendet. Im Idealfall führt das Signal zu einer eindeutigen Identifikation des Spieltyps, d.h. das Signal wirkt separierend. Die zugehörigen bedingten Wahrscheinlichkeiten sind demnach 1 oder 0. Denn nur ein „tougher" Spieler wird das Signal von „Toughness" aussenden und ein „normaler" bzw. nachgiebiger Spieler wird niemals dieses Signal aussenden. Wenn dem so ist, ist die optimale Strategie von A, dem *Empfänger* des Signals im Signalspiel, offensichtlich: „Wähle C, wenn du das Signal empfängst, und wähle D, wenn du kein Signal empfängst!" Denn wenn A das Signal empfängt, weiß er, dass er sich im unteren Bereich des Spielbaums befindet, also sich einem „toughen" Spieler gegenüber sieht. In diesem Fall aber sollte er C wählen, denn D würde zur beidseitigen Katastrophe führen.

Um ein Gleichgewicht handelt es sich aber nur dann, wenn B tatsächlich seine separierende Signalstrategie wählt, d.h. wenn er das Signal nur dann aussendet, wenn er tatsächlich „tough" ist. Um eine Gleichgewichtsstrategie handelt es sich bei der separierenden Strategie aber, im Sinne der besten gegenseitigen Antworten, wenn B diese Strategie wählen sollte, wenn A ebendie erwähnte kontingente Strategie wählt, also auf das Signal mit C antwortet, ansonsten aber mit D.

Da B grundsätzlich natürlich bevorzugen würde, dass A die Strategie C wählt, die dann von B ausgebeutet werden könnte, muss dies bedeuten, dass es für B einen Unterschied machen muss, dieses Signal auszusenden, je nachdem, ob er vom Typ „tough" oder „nachgiebig" ist. Dieser Unterschied schlägt sich in Abbildung 10.3 in den Kosten des Signals nieder. Für den „toughen" Spieler betragen die Kosten nur eine Nutzeneinheit, für den „nachgiebigen" Spieler hingegen 3 Nutzeneinheiten.

Wenn der Spieler B den Typ „tough" erhält und ein Signal sendet, erhält er aufgrund der Strategie von A die Auszahlung von 3 (4-1), während er, wenn er kein Signal senden würde, die Auszahlung 1 erhalten würde, da A ihn dann irrtümlicherweise für einen „weichen" Spieler halten würde und D wählen würde. Ist Spieler B hingegen der nachgiebige, „normale" Spielertyp, dann erhält er, wenn er ein Signal aussendet, nur eine Nutzeneinheit, jedoch 2 Nutzeneinheiten, wenn er die Strategie NS wählt. Zwar kann er A durch die Sendung eines Signals dazu bewegen, die kooperative Strategie C zu wählen, aber der ursprüngliche Nutzen von 4 wird durch die hohen Signalkosten von 3 Einheiten so stark reduziert, dass sich B besser gestellt hätte, wenn er von vornherein auf das Senden des Signals verzichtet hätte. Wie schon erwähnt, könnte das Signal von „Toughness" z.B. darin bestehen, sich einen Nagel in die Hand zu schlagen. Wenn die damit verbundenen Schmerzen für den „normalen" Spieler trotz des Sieges, der damit verbunden wäre, schlimmer sind, als eine Niederlage beim Chicken-Game, dann wird es sich für ihn eben nicht lohnen, dieses Signal überhaupt auszusenden.

Spieler B hat also als „beste Antwort" auf die Strategie von A: Gib ein Signal, wenn Du „tough" bist, und gib kein Signal, wenn Du „weich" bist. Wenn A also aus der Beobachtung eines Signals von „Toughness" seine beliefs derart bayesianisch updated, dass er nun davon ausgeht, dass er sich einem toughen Spieler gegenübersieht und dementsprechend die Strategie C wählt, ansonsten aber D, und B seinerseits als Antwort auf diese Strategie von A genau die Signalstrategie wählen würde, die A seinem Updatingprozess zugrundelegt, dann erhalten wir per definitionem ein separierendes, perfektes bayesianisches Gleichgewicht.

10.4 Gepoolte Gleichgewichte

Das separierende Gleichgewicht entsteht, weil die beiden Typen von B unterschiedliche Kosten für ihr Signal aufbringen müssen. Wir können diese Annahme jedoch auch fallen lassen und z.B. davon ausgehen, dass beide dieselben Kosten für das Signal aufbringen und diese relativ billig sind, nämlich jeweils eine Nutzeneinheit, wie es in Abbildung 10.4 dargestellt ist.[23] Da sich dann der „toughe" Spieler nicht mehr vom „weichen" absetzen kann, ergibt es keinen Sinn, hier die

---

[23] Es ist nicht zwangsläufig notwendig, dass die Signalkosten für die beiden Typen unterschiedlich hoch sein müssen, damit es zu separierenden Strategien kommt. Entscheidend ist lediglich, dass B als „normaler" Typ höhere Auszahlungen erhält, wenn er kein Signal sendet und A mit D antwortet, als wenn er ein Signal sendet, das von A mit C beantwortet wird, während dies für den „toughen" Spieler genau umgekehrt ist. Ausschlaggebend ist also jeweils das Verhältnis bzw. genauer die Differenz der Auszahlungen zwischen dem obersten und dem untersten Endknoten in der jeweiligen oberen bzw. unteren Hälfte des Spielbaums. Da die Strategiewahl D von A in der unteren Hälfte jeweils zu einer Auszahlung von 1, in der oberen jedoch

10. Bayesianische Gleichgewichte

Strategien zu separieren. Man spricht dann von einem *Pooling* der Strategien, wenn B für beide Typen dieselbe Strategie wählt. Pooling-Gleichgewichte sind Gleichgewichte, die entstehen, wenn der Sender seine Signalstrategien poolt, also ununterscheidbar macht.

Abbildung 10.4: „Sequentielles" Chicken-Game mit billigem Signal von B für beide Typen

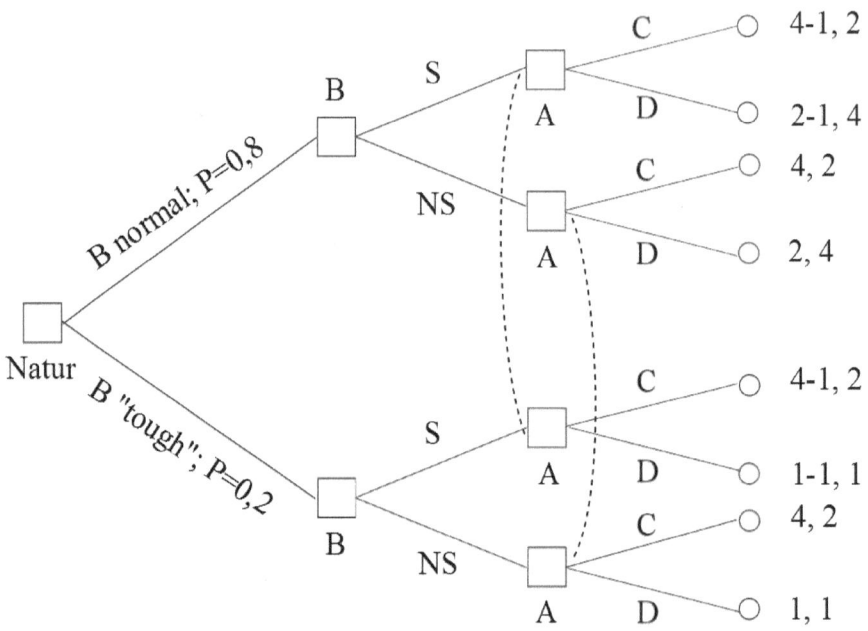

Nehmen wir an, die Pooling-Strategie von B sei NS, also die Entscheidung, kein Signal zu senden. Da beide Typen von B kein Signal aussenden, kann umgekehrt A keine Rückschlüsse auf den Typ von B ziehen, d.h. das Signal bzw. Nicht-Signal liefert keine Information, die für die Schätzung des Spielertyps hilfreich sein könnte. Da eine Strategie immer aus dem vollständigen Plan eines Spielers für alle Situationen, in die er geraten könnte, besteht, muss die Strategie A allerdings auch auf Signale reagieren, die im Sinne der Gleichgewichtsstrategie von B eigentlich gar nicht vorkommen könnten. In diesem Fall heißt dies, dass des Weiteren angenommen werden soll, dass A auch aus dem Vorliegen eines Signals keine Rückschlüsse über den Spielertyp ziehen könnte, dass also die bedingten Wahrschein-

---

zu einer Auszahlung von 2 führt, würden auch gleiche Signalkosten von z.B. 2,5 für beide Typen zu einem separierenden Gleichgewicht führen. Da das schlechte Ergebnis für den „toughen" Spieler, wenn also A die Strategie D wählt, schlimmer ausfällt als für den „normalen" Spieler, lohnt sich für ihn das Signal auch noch bei Kosten abzugeben, bei denen dies für den „weichen" Spieler nicht sinnvoll ist. Höhere Signalkosten des „normalen" Spielers erhöhen aber die Wahrscheinlichkeit, dass sich für diesen Spieler das Signal nicht auszahlt, während es für den „toughen" Spieler lukrativ ist, dieses Signal auszusenden.

lichkeiten, mit der jeder Spielertyp das „falsche" Signal (im Sinne der Gleichgewichtsstrategie) aussendet, ebenfalls als gleich angenommen werden sollen.

Da A also aus dem Signal bzw. dem Nichtvorhandensein des Signals keine Schlüsse für ein bayesianisches Updating ziehen kann, muss A für seine Strategiewahl von den a-priori Wahrscheinlichkeiten für das Vorliegen der Spielertypen ausgehen. Nehmen wir wieder an, dass die a-priori-Wahrscheinlichkeit, dass B „tough" ist, 0,2 beträgt. Dann gilt, dass A die Strategie D wählt, da sie den höheren Erwartungswert des Nutzens aufweist. Wenn aber A in jedem Fall D wählt, unabhängig vom Signal, das gegeben wird, dann sollte sich B in jedem Fall, d.h. für jeden Typ, die Kosten des Signals sparen. Die Signalstrategie von B besteht also aus einem Pooling der Strategie, kein Signal auszusenden.

10.5 Semiseparierende Gleichgewichte

Das bayesianische Updating funktioniert nach der folgenden Formel:

Formel
$P(A|B) = P(A) * \dfrac{P(B|A)}{P(B)}$

Sowohl bei separierenden als auch bei Pooling-Strategien des Senders ist das Updating sehr einfach durchzuführen und kann im Prinzip sogar intuitiv vorgenommen werden. Im Falle von separierenden Strategien des Senders gilt, dass das Signal eindeutig den Typ identifiziert, da der eine Typ dieses Signal immer aussendet und der andere nie. In der Formel wäre das so zu deuten, dass A das Ereignis darstellt, dass es sich bei dem Typus um den „toughen" Spieler handelt, während B das Signal für „Toughness" darstellt. Offensichtlich sind dann aber bei separierenden Strategien P(A) und P(B) gleich groß, da jeder „toughe" Spieler ein Signal von „Toughness" abgibt und nur ein „tougher" Spieler dieses Signal versendet. Die Formel für das Updating aber reduziert sich dann auf den folgenden Ausdruck:

Formel
$P(A|B) = P(B|A)$

Wenn die bedingte Wahrscheinlichkeit des Signals B unter dem Typ A gleich 1 ist und die bedingte Wahrscheinlichkeit von B unter Typ Nicht-A gleich 0, dann ist die bedingte Wahrscheinlichkeit von Typ A unter dem Signal B gleich 1.

Bei Pooling-Strategien wiederum gilt, dass das Signal keinerlei verwertbare Information enthält. D.h. nichts anderes, als dass die bedingten Wahrscheinlichkeiten $P(B|A)$ und $P(B|\bar{A})$ gleich sind und somit auch gleich P(B). Damit reduziert sich die Formel für bayesianisches Updating einfach auf:

Formel
$P(A|B) = P(A)$

10. Bayesianische Gleichgewichte

Die bisher behandelten Fälle von separierenden und Pooling-Strategien waren Spezialfälle bayesianischen Updatings, die besonders einfach zu handhaben sind. Komplizierter wird es offensichtlich, wenn die bedingten Wahrscheinlichkeiten des Signals unter den jeweiligen Typen weder gleich noch 1 und 0 sind, sondern zwei unterschiedliche Wahrscheinlichkeiten zwischen 0 und 1. Dazwischen liegt der Fall sogenannter *semiseparierender Strategien*. Hier gibt der eine Typ das Signal immer oder nie, also mit den bedingten Wahrscheinlichkeiten 1 oder 0, während der andere Typ das Signal mit einer bestimmten Wahrscheinlichkeit zwischen 0 und 1 sendet.

Gehen wir von folgendem Fall aus. Der „toughe" Typ sendet das Signal von Toughness immer, der „weiche" Typ hingegen mischt seine Signalstrategie so, dass er das Signal mit Wahrscheinlichkeit x aussendet. Umgekehrt mischt dann der Empfänger des Signals seine Strategien so, dass der „weiche" Typ indifferent wird zwischen seinen beiden Signalstrategien.

Wird kein Signal gesendet, kann der Empfänger A also mit Sicherheit davon ausgehen, dass es sich bei dem Sender um den „weichen" Typ von B handelt. Also wird A die Strategie D wählen, denn diese bringt ihm beim weichen Gegenspieler seine maximale Auszahlung.

Empfängt A hingegen ein Signal von B, dann muss er die Wahrscheinlichkeiten, um welchen Typ es sich beim Sender handelt, updaten. Im Folgenden gehe ich von den Auszahlungen in Abbildung 10.4 aus und von einer a-priori-Wahrscheinlichkeit von 0,2, dass B „tough" ist. Nach dem Satz der totalen Wahrscheinlichkeit beträgt die Wahrscheinlichkeit, dass A überhaupt ein Signal empfängt:

Formel
$P(S)=P(S|T=t)*P(T=t)+P(S|T=w)*P(T=w)$
$P(S)=1*0{,}2+x*0{,}8$
$\rightarrow$
$P(T=t|S)=P(T=t)\dfrac{P(S|T=t)}{P(S)}=\dfrac{0{,}2}{0{,}2+x*0{,}8}$

Wenn A ein Signal erhält, ist er sich also nicht sicher, welcher Typ dieses Signal aussendet, aber, wenn er die bedingten Wahrscheinlichkeiten kennt, mit denen die jeweiligen Typen das Signal aussenden, kann er entsprechend die inverse Wahrscheinlichkeiten für das Vorliegen der Typen berechnen. Damit A seine Strategien mischt, muss er indifferent werden zwischen C und dem Erwartungswert von D. Es gilt also:

Formel
$\dfrac{0{,}2}{0{,}2+x*0{,}8}1+\dfrac{0{,}8x}{0{,}2+x*0{,}8}4=2$

Die Lösung der Gleichung ergibt x=1/8. Der „weiche" Typ sendet also nur mit dieser Wahrscheinlichkeit ein Signal aus. Da der weiche Typ jedoch a priori mit einer Wahrscheinlichkeit von 0,8 auftritt, kommt es insgesamt mit einer Wahrscheinlichkeit von 0,1 zu einem Signal aus Richtung des „weichen" Typs und mit Wahrscheinlichkeit von 0,2 aus Richtung des „toughen" Typs, denn dieser sendet das Signal ja immer aus. Erhält A ein Signal, so stammt dieses entsprechend mit einer Wahrscheinlichkeit von 1/3 vom „weichen" Typ und mit der Wahrscheinlichkeit von 2/3 vom „toughen" Typ. Der Erwartungswert für D ist demnach 1/3*4+2/3*1=2. A wird also, soweit er ein Signal empfängt, indifferent zwischen den beiden Strategien C und D, wenn der Sender B das Signal mit Wahrscheinlichkeit 1 sendet, wenn er der „toughe" Typ ist, und mit Wahrscheinlichkeit 1/8, wenn er der „weiche" Typ ist.

Damit der „weiche" Typ von B aber überhaupt auf die Idee kommen kann, seine Strategien zu mischen, muss er durch die Strategienmischung von A indifferent gemacht werden zwischen den Strategien S und NS. Sendet der weiche Typ von B das Signal NS, dann erhält er mit Sicherheit die Auszahlung 2, denn da A ihn dann eindeutig als den weichen Typen identifizieren kann, wählt A in diesem Fall D. Die Wahrscheinlichkeit, mit der A nach Erhalt eines Signals S die Strategie C wählt, soll y sein. Dann gilt, dass der weiche Typ von B durch die Mischung von A indifferent zwischen S und NS gemacht wird, es gilt also:

> **Formel**
>
> $y*3 + (1 - y)*1 = 2$

Diese Gleichung ist erfüllt, wenn y=0,5. Die Strategie von A lautet also: Wähle D, wenn du kein Signal beobachtest und mische C und D jeweils mit Wahrscheinlichkeit 0,5, wenn du ein Signal erhältst. Was jetzt noch als letztes überprüft werden muss, ist, ob der „toughe" Typ von B tatsächlich immer S wählen würde. Bei NS erhält er mit Sicherheit die Auszahlung 1, entsprechend der eben formulierten Strategie von A. Sendet er das Signal S, erhält er mit Wahrscheinlichkeit 0,5 die Auszahlung 3 und mit derselben Wahrscheinlichkeit die Auszahlung 0, sein Erwartungswert ist also 1,5. Da dies höher ist als die Auszahlung, die er bei NS erhalten würde, wählt der „toughe" Typ also in der Tat immer S.

> **Aufgaben**
>
> 1. Versehen Sie die Auszahlungen in Abbildung 10.3 mit Platzhaltern und analysieren Sie den entsprechenden allgemeinen Fall, unter dem es zu einem separierenden Gleichgewicht bzw. einem Pooling-Gleichgewicht kommt.
> 2. Analysieren Sie die Spielshow-Aufgabe 6 im 3. Kapitel unter Zuhilfenahme des Theorems von Bayes!
> 3. Eine allgemeine Form des Spiels in Abbildung 7.12 ist das sogenannte Vertrauensspiel, wie es unten stehend dargestellt ist. Die kooperative Handlung C besteht darin, dass er dem anderen Spieler gegenüber Vertrauen zeigt, womit eine Handlung möglich wird, die für beide vorteilhaft ist. Allerdings hat der Vertrauensempfänger immer einen Anreiz, das in ihn gesetzte Vertrauen

zu missbrauchen. Symptomatisch für diese Konstellation sind sogenannte Prinzipal-Agenten-Situationen, in denen der Prinzipal einem Agenten eine Aufgabe überträgt.

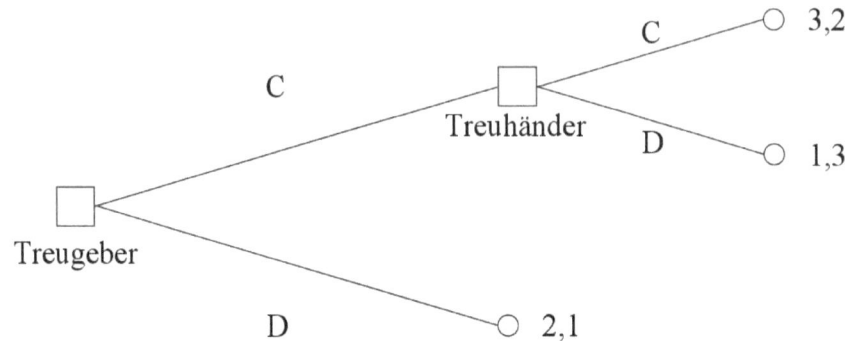

Lässt sich dieses Vertrauensdilemma durch geeignete Signale des Treuhänders lösen?

4. Eine typische Konstellation eines Prinzipal-Agenten-Schemas und damit ein Vertrauensspiel wie in Aufgabe 3 ist das Verhältnis zwischen Wähler und Abgeordnetem. Mit welcher Art von Screening-Mechanismus oder durch welche Art von Signalen könnte dieses Problem eventuell gelöst werden?

5. Wie sieht die Lösung für das Problem der Gleichgewichtsselektion in einem reinen Koordinationsspiel wie dem Rendezvous-Game mit Hilfe von Signalen aus?

6. Gibt es im in Abbildung 10.3 abgebildeten Spiel auch ein Gleichgewicht, in dem sowohl der Empfänger als auch der Sender mit allen Typen jeweils gemischte Strategien spielen? Wenn ja, beschreiben Sie ein solches Gleichgewicht!

Weiterführende Literatur

Die Idee, Spiele mit unvollständiger Information für die spieltheoretische Analyse in Spiele mit imperfekter Information zu transformieren, findet sich in Harsanyi (1967a,b,c). Ein Klassiker zu Spielen mit asymmetrischer Information und insbesondere von Signalspielen ist Spence (1974). Verständliche Einführungen zu Signalspielen finden sich in Dixit et al. (2013) und Gibbons (1992). Für den tieferen Einstieg empfiehlt sich Fudenberg/Tirole (1991). Mehr intuitiv ist die sehr anschauliche und erhellende Darstellung von Signalspielen bei Frank (1988). Formal etwas anspruchsvoller ist das Kapitel zu Signalspielen und Reputationsspielen bei Tadelis (2013). Anwendungsbeispiele von Signalspielen aus der Biologie finden sich bei Ridley (1994).

11. Experimentelle Spieltheorie

11.1 Spieltheorie und Sozialpsychologie

In den letzten Jahren hat sich ein Zweig der Spieltheorie rasant entwickelt, in dem es weniger um die ausgefuchste, formale Modellierung bestimmter Situationen geht als vielmehr um die Erklärung realen Verhaltens, d.h. von Verhalten, wie es in der Realität beobachtet wird. Die vorherrschende Form dieser empirischen Ausrichtung der Spieltheorie findet ihre Anwendung in der Durchführung von Experimenten, die spieltheoretisch „inspiriert" sind. Dabei wird die strategische Anreizsituation innerhalb eines Kontexts gewissermaßen als „Treatment" (vgl. Diekmann 2007, Behnke et al. 2010a) gesehen, als Stimulus, der einer bestimmten Gruppen von Probanden verabreicht wird. Die beobachteten Ergebnisse, also, wie die Probanden auf die ausgeübten Reize reagieren, werden dann in der Regel mit den spieltheoretischen Voraussagen verglichen. Spieltheorie wird so als Instrument der Theoriebildung eingesetzt, um theoretisch begründete Erwartungen zu formulieren, die dann anhand der Realität überprüft werden können.

Die experimentelle Spieltheorie ist in den letzten Jahren bzw. Jahrzehnten zu einem der vorherrschenden Zweige der Spieltheorie geworden, dies gilt sicherlich jedenfalls in Bezug auf die Anzahl der Publikationen (vgl. übersichtsweise Kagel/Roth 1995; Camerer 2003). Während die klassischen, experimentellen Anwendungen der Spieltheorie, wie sie auch schon in den 50er und 60er Jahren z.B. von Rapoport und Chammah (1965) betrieben wurden, sich vor allem auf die Verhaltensweisen an sich bezogen, beziehen neuere Ansätze explizit Erkenntnisse der psychologischen Forschung mit ein. Daher stellt die neue experimentelle Spieltheorie ein Untergebiet der sogenannten „Behavioral Economics" dar (vgl. Camerer et al. 2004; Bowles 2004).

Diese Anreicherung mit Erkenntnissen der Sozialpsychologie kann auf zweierlei Weise fruchtbar sein: Im einen Fall kann das psychologische Wissen als Vorwissen zur Formulierung der Annahmen eingehen, z.B. zur Konstruktion der Präferenzen oder der Form der Nutzenfunktion. Diese Methode hat durchaus Tradition. Man kann wohl mit einem gewissen Recht behaupten, dass auch die Stammväter der politischen Spieltheorie, Hobbes und Hume, ihre spieltheoretischen Modellierungen durchaus mit Zuhilfenahme solcher psychologischen Versatzstücke formuliert haben. Denn die Spieltheorie selbst kann bestenfalls Aussagen darüber machen, ob die Wahl bestimmter Mittel rational in dem Sinn ist, dass diese Mittel geeignet sind, um bestimmte Ziele zu erreichen. Über die Wahl der Ziele selbst kann sie und will sie hingegen keinerlei Aussagen machen. Die Spieltheorie ist daher keineswegs auf die Analyse des Verhaltens des sogenannten „homo oeconomicus" beschränkt, dem üblicherweise (nicht immer zu Recht) unterstellt wird, ein „egoistischer" Nutzenmaximierer zu sein und ausschließlich an materiellen Zielen interessiert zu sein. Wie sich die untersuchten Präferenzen, z.B. in einem Prisoner's Dilemma, konstituieren, ist für die Analyse selbst unerheblich. Die spieltheoretische Analyse selbst sagt lediglich etwas über das von einem rationalen Spieler erwartete Verhalten aus, *wenn seine Präferenzen die den situativen Anreizen innerhalb eines*

Prisoners' Dilemma entsprechenden wären. Welches Spiel tatsächlich gespielt wird, hängt daher von den Präferenzen der Spieler ab.

Der zweite Weg, sozialpsychologische Erkenntnisse für die Spieltheorie fruchtbar zu machen (oder umgekehrt), hat ebenfalls eine lang zurückreichende Tradition und besteht in der Konfrontation der Voraussagen, die mit Hilfe analytischer Modelle gewonnen wurden, mit der Wirklichkeit und der Erklärung der dabei beobachteten Abweichungen durch sozialpsychologische Variablen. Die mit Hilfe der spieltheoretischen Modellierung gewonnene Voraussage kann dann gewissermaßen als ein „baseline"-Modell betrachtet werden, als Folie, vor deren Hintergrund die tatsächlichen Beobachtungen interpretiert werden und im Abgleich mit welcher die Ergebnisse zu erklären sind. Verhält sich ein Spieler nicht, wie wir es in einem Prisoners' Dilemma erwarten würden, dann hat er entweder die Situation nicht als die erkannt, die sie ist, oder er befindet sich eben tatsächlich gar nicht in einem Prisoners' Dilemma. Wenn in solchen Fällen – dass die beteiligten Personen sich nicht verhalten, wie von der Spieltheorie „vorausgesagt" – geschlossen wird, dass die Spieltheorie offenbar unfähig sei, solches Verhalten zu modellieren und daher als Instrument zur Erklärung realistischen Verhaltens untauglich, dann wird übersehen, dass lediglich die konkrete Spezifizierung des spieltheoretischen Modells versagt hat, aber nicht die Spieltheorie selbst als Theorie und Toolbox zugleich, die solche Modellbildungen ermöglicht. Die empirische fruchtbar zu machende Seite der Spieltheorie besteht in ihrer Fähigkeit, die Theorieentwicklung eines bestimmten Verhaltens in bestimmten Kontexten systematisch voranzutreiben. Die Abweichungen des beobachteten Verhaltens vom idealisierten, spieltheoretisch vorausgesagten – denn jede Modellbildung, auch jede spieltheoretische, ist immer eine Idealisierung des untersuchten Gegenstandsbereichs – lenken dann den Fokus auf diejenigen Annahmen des Modells, die modifiziert werden müssen, damit die beobachteten Abweichungen innerhalb einer entsprechend modifizierten Theorie kohärent erklärt werden können.

11.2 Ultimatum- und Diktatorspiel

Neben dem unvermeidlichen Gefangenendilemma, das auch in der experimentellen Literatur zur Spieltheorie, vor allem in Form sogenannter „Public-Goods"-Spiele eine herausragende Rolle spielt, stehen vor allem Verhandlungsspiele im Fokus der experimentellen Spieltheorie, in denen bestimmte Güter, oft ein Geldbetrag, zwischen mehreren Akteuren aufzuteilen sind. Wie auch im Falle „empirisch" gespielter Gefangenendilemmata, widersprechen die Ergebnisse unzähliger Varianten von Verhandlungsspielen immer wieder den Hypothesen der klassischen Entscheidungstheorie (vgl. Roth 1995; Camerer 2003).

Der Klassiker in Verhandlungsspielen ist das Ultimatumspiel (Güth, Schmittberger und Schwarze 1982), das in Bezug auf Verteilungssituationen eine ähnlich paradigmatische Rolle spielt wie das Gefangenendilemma für die Analyse von Spielen mit gemischten Motiven. Im Ultimatumspiel sollen zwei Spieler einen bestimmten Geldbetrag G unter sich aufteilen. Wie bei dem Gefangenendilemma handelt es sich bei dem Ultimatumspiel in der klassischen Form, um ein One-Shot-Game, also um ein Spiel, das nur einmal gespielt wird. Dabei hat Spieler 1 das Vorschlagsrecht (Proposer) und unterbreitet Spieler 2 (Responder) ein Angebot, wie der Betrag aufgeteilt werden soll. Akzeptiert Spieler 2 den Vorschlag, dann wird der Betrag G entsprechend aufgeteilt. Lehnt er die Aufteilung ab, so bekommen beide Spieler nichts. Die Lösung dieses Spiels erscheint aus spieltheoretischer Sicht recht einfach und kann mit Hilfe von Rückwärtsinduktion ermittelt werden. Da der Responder jeden noch so kleinen Betrag akzeptieren wird, solange dieser immer noch besser als Null ist, wird ihm genau dieser, also der kleinstmögliche Betrag überhaupt, auch vom Proposer vorgeschlagen werden.

Entgegen den theoretischen Annahmen kommen die durchgeführten Experimente allerdings in der Regel zu einem Ergebnis, bei dem ungefähr zwei Drittel der Vorschläge in einer Größenordnung von 40-50% liegen (vgl. Camerer 2003 für einen Überblick). Nur die allerwenigsten Spieler erweisen sich als knallharte Nutzenmaximierer, wie sie von der Theorie vorausgesagt werden. Auch ein vom Autor mit Mitarbeitern durchgeführtes Experiment kommt zu diesem Ergebnis (Behnke et al. 2010b). Bei einem Ultimatumspiel, bei dem ein Betrag von 3€ zwischen den beiden Spielern aufzuteilen war, betrug in 57,4% der Fälle der vorgeschlagene Betrag genau die Hälfte.

Tabelle 11.1: Verteilung des vorgeschlagenen Betrags des Proposers für sich selbst

	Spieltyp		Gesamt
	Diktator	Ultimatum	
0,50	0,9%	-	0,5%
1,00	-	0,9%	0,5%
1,50	36,1%	57,4%	46,8%
1,60	3,7%	9,3%	6,5%
1,70	4,6%	11,1%	7,9%
1,80	3,7%	3,7%	3,7%
1,90	0,9%	2,8%	1,9%
2,00	21,3%	11,1%	16,2%
2,10	0,9%	-	0,5%
2,50	13,9%	3,7%	8,8%
2,70	1,9%	-	0,9%
3,00	12,0%	-	6,0%
Gesamt	100,0%	100,0%	100,0%
N	108	108	216
Mittelwert	1,97	1,64	1,81
Standardabw.	0,54	0,25	0,45

Die 50%-Lösung und die anderen Teilungsvorschläge, die sich in der Nähe der 50%-Lösung befinden, liegen in der Bandbreite dessen, was sich intuitiv als „fair" bezeichnen lässt bzw. von den meisten Menschen als „fair" empfunden wird. Darüber hinaus besitzt die 50%-Lösung eine ganz besondere Symmetrie, die sie ein-

11. Experimentelle Spieltheorie

zigartig macht und gegenüber allen anderen Lösungen hervorhebt. Insofern kann die 50%-Lösung auch als ein *Focal Point* im Sinne Schellings angesehen werden. Wäre die Aufgabenstellung, die die Teilnehmer zu bewältigen hätten, die, sich implizit auf eine bestimmte Lösung hin zu koordinieren, dann wäre die 50%-Lösung eine naheliegende Weise, das Problem zu bewältigen. Die Aufgabe ist aber kein Koordinationsproblem im engeren Sinne und es handelt sich auch nicht um ein Bargaining- bzw. Verhandlungsproblem im klassischen Sinn, da sich ja nicht beide auf ein gemeinsames von beiden akzeptiertes Ergebnis einigen müssen. Allerdings scheinen die Beteiligten das Spiel in gewisser Weise so zu spielen, *als ob* es sich um ein Koordinationsproblem bzw. eine klassische Verhandlungssituation handeln würde.

Das Ultimatumspiel hat seinen Namen davon, dass es dem Proposer durch den Besitz des Vorschlagsrechts gewissermaßen eine Art von Erpressungspotenzial gegenüber dem Responder einräumt. Wird das Spiel „rational" gespielt, dann hat der Responder nur die Wahl zwischen der Akzeptanz eines Angebots, das seine Ohnmacht gnadenlos ausnutzt, und der Zurückweisung dieses Angebots, womit er aber sich selbst schadet. Verhält sich der Responder als reiner Eigennutzmaximierer, dann würde er aber jedes noch so schlechte Angebot akzeptieren. Wenn aber der Responder, wenn er sich „rational" verhält, im Prinzip jedes von Null verschiedene Angebot annehmen würde und der Proposer dies seinerseits weiß, weil ja über die Struktur des Spiels gemeinsames Wissen vorliegt, dann sollte der Proposer offensichtlich das niedrigstmögliche Angebot machen. Warum kommt es in der Realität dennoch zu der „übertriebenen" Kooperationsbereitschaft, wie sie üblicherweise auftritt?

Abb. 11.1a und 11.1b: Verteilungen der Ergebnisse im Ultimatum- und Diktatorspiel

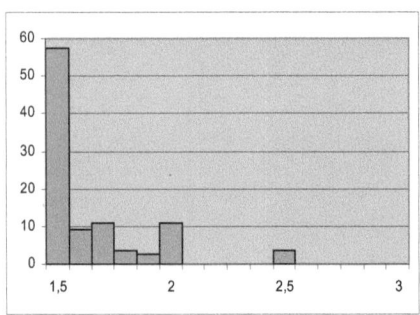
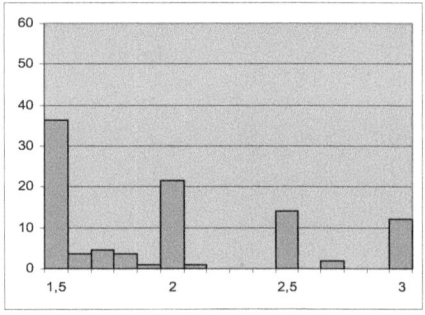

Es gibt zwei verschiedene Wege, dieses „überraschende" Verhalten zu erklären. Der erste besteht in der Annahme eines originären, in der Persönlichkeit des Proposers verankerten „taste for fairness" (van Dijk/Vermunt 2000: 1). D.h. der Proposer hat das Bedürfnis, bzw. fühlt sich verpflichtet, sich fair zu verhalten. In diesem Fall ist das Bedürfnis nach Fairness ein intrinsisches Motiv und demnach ein Bestandteil der Präferenzen der handelnden Personen. Unfaires Verhalten mag aus Sicht desjenigen, der sich so verhält, immaterielle Kosten in Form eines schlechten

Gewissens nach sich ziehen. Diese Kosten aber gehen ebenfalls in die Nutzenfunktion der Akteure ein.

Während in dem eben beschriebenen Fall das Entgegenkommen des Proposers einem genuinen, in der Person selbst vorhandenen Fairnessgefühl entspringt, ist die zweite Form der Erklärung wieder rein instrumentell, zumindest aus Sicht des Proposers. Denn wie in jedem Spiel muss der Proposer ja die Reaktion des Responders antizipieren und entsprechend seine eigene erste Aktion wählen. In dieser Abwägungssituation muss der Proposer damit rechnen, dass Angebote seinerseits, die als zu „unfair" empfunden werden könnten, zurückgewiesen werden könnten. Die Spielsituation ist dann sehr ähnlich zu den in Kapitel 7 beschriebenen, die „incredible threats" bzw. unglaubwürdige Versprechen enthielten. Auch dort war es ja so, dass die Antizipation irrationalen Verhaltens in einem Teilspiel zu einer Anfangsaktion führen kann, die dieses irrationale Verhalten antizipiert und entsprechend darauf (vorwegnehmend) „reagiert". Wenn aber der zweite Spieler durch seine glaubwürdige Zurschaustellung von Irrationalität den ersten Spieler dazu bewegen kann, auf ihn und seine Interessen einzugehen, dann ist die „Irrationalität" eigentlich gar nicht mehr so irrational, zumindest nicht, wenn man das Spiel als Ganzes betrachtet. Dabei ist es unerheblich, aus welchen Gründen der zweite Spieler im entsprechenden Teilspiel sich irrational verhält, also im Fall des Ultimatumsspiels das Angebot des Proposers zurückweist. Für den Proposer genügt es, damit rechnen zu müssen, dass der Responder so reagieren würde, um ihn zu einem kooperativeren Verhalten zu bewegen. Die Gründe der Ablehnung des Responders können genauso in einer ehrlichen Empörung über ein „unmoralisches" Angebot liegen wie in einer strategisch bedingten Androhung, d.h. einem Anreiz, zumindest den Anschein zu erwecken, als ob man womöglich ein Angebot ablehnen könnte, weil es zu schlecht ausfällt. Selbst wenn eine solche Ablehnung von „unanständigen" Angeboten rational nicht zu erklären wäre, so ist die Antizipation derselben sehr wohl vernünftig und ein präventives Unterlaufen der Gefahr solcher irrationaler Reaktionen durch im strengen Sinne des Spiels unangemessen großzügige Angebote seinerseits sehr wohl rational. Die hohe Zahl „fairer" Angebote lässt sich daher auch damit erklären, das Risiko einer Ablehnung zu minimieren (vgl. Güth/van Damme 1998).

Dasselbe Verhalten, der „faire" Teilungsvorschlag durch den Proposer, kann also auf zwei völlig unterschiedliche Untersachen zurückzuführen sein, auf ein intrinsisch vorhandenes starkes Gerechtigkeitsgefühl einerseits und auf die Furcht vor einem solchen Gerechtigkeitsgefühl beim anderen andererseits. Ein weiteres Experiment, das in der Lage ist, die beiden unterschiedlichen Motivationen für faires Verhalten voneinander zu trennen, ist das sogenannte Diktatorspiel (vgl. Roth 1995: 270), das im strengen Wortsinn eigentlich gar kein Spiel mehr ist. Der einzige, aber wichtige Unterschied vom Diktatorspiel zum Ultimatumspiel liegt in der Abwesenheit der Bestrafungsmöglichkeit – der Proposer bestimmt frei über die Aufteilung und der Responder muss diese annehmen ohne eine Reaktionsmöglichkeit zu besitzen. Wie in einem klassischen experimentellen Design hat man damit den Fairness-Effekt auf geschickte Weise isoliert (vgl. Forsythe et al. 1994), d.h. jetzt beobachtetes „faires" Verhalten muss auf intrinsischer Motivation beruhen, da ja keine Sanktionsmöglichkeit für „unfaires" Verhalten mehr besteht, und wird nicht mehr mit der Furcht vor Vergeltung unfairer Vorschläge konfundiert. Der rationale Eingennutzmaximierer sollte im Diktatorspiel alles für sich reklamieren, unterlässt er dies, so kann dies nur an einem originären „taste for fairness" liegen.

Wie die Ergebnisse in Tabelle 11.1a und die Abbildung 11.1b zeigen, streuen die Ergebnisse im Diktatorspiel stärker als im Ultimatumspiel, auch wenn das „faire" 50/50-Angebot weiterhin dominant bleibt. Obwohl die Situation es ohne Weiteres erlauben würde, sich den gesamten Betrag ohne Sanktionsrisiko selbst zuzuordnen, entscheidet sich immer noch mehr als ein Drittel der Proposer dafür, den Betrag „fair" aufzuteilen. Dies legt die Schlussfolgerung nahe, dass hier offensichtlich normative Vorstellungen maßgeblich das Verhalten des Spielers bestimmen (vgl. Bolton et al. 1998). Tatsächlich lässt sich ein gewisser Zusammenhang mit der Geltung bestimmter Werte und dem Teilungsverhalten im Ultimatum- und im Diktatorspiel nachweisen. Je wichtiger Werte wie „Gerechtigkeit" und „Respekt vor anderen" für den Proposer sind, desto gleichmäßiger fällt sein Teilungsvorschlag aus, je wichtiger der Wert „Unabhängigkeit", desto größer der Teil, den er sich selbst zuordnet. Außerdem gilt, dass das Teilungsverhältnis desto gleichmäßiger ausfällt, je stärker der Proposer davon überzeugt ist, dass „Gerechtigkeit" ein von allen geteilter Wert ist (Behnke et al. 2010). Allerdings fallen diese Effekte vor allem im Diktatorspiel an. Diktatorspiele bieten einen Freiraum zur Ausbeutung des anderen, der eben genutzt oder nicht genutzt werden kann. Die Effekte treten daher insbesondere beim Diktatorspiel auf, insofern sie zu einem Verzicht auf die Nutzung dieses Freiraums führen. Das Diktatorspiel ist daher „nicht nur in der Lage, den Effekt echter Fairness von dem taktisch begründeter Fairness zu isolieren, nein, es wirkt zudem wie ein Katalysator, der Effekte bestimmter Anreizstrukturen wie in einem Vergrößerungsglas prononcierter zum Ausdruck bringt" (Behnke 2012: 175).

Sowohl im Ultimatum- als auch im Diktatorspiel gibt es einen relativ hohen Anteil an fairen Proposern, der auf den ersten Blick im Widerspruch zu den Voraussagen der reinen Spieltheorie zu stehen scheint. Überraschend ist dieses Ergebnis allerdings wohl nur im Sinne einer reinen, spieltheoretischen Argumentation, die sich auf den homo oeconomicus bezieht. Wie Kritiker der Spieltheorie in solchen Fällen gerne anzumerken pflegen, sei dieses Ergebnis hingegen für den gesunden Menschenverstand bzw. für denjenigen, der sich diesen erfolgreich bewahrt hat, indem er jeder spieltheoretischen Versuchung aus dem Weg gegangen ist, alles andere als überraschend, sondern entspreche ja einfach nur den üblichen Lebenserfahrungen, dass Menschen sich in der Realität sehr häufig „altruistisch" verhielten. Doch diese Kritik ist zu kurz gesprungen. Denn man darf ja ebenso wenig übersehen, dass es einen ebenfalls nicht unerheblichen Teil der Probanden gibt, die sich mehr oder weniger so verhalten, wie von der spieltheoretischen Modellierung vorausgesagt. Kritiker, die jede Abweichung vom „normalen", altruistischen Verhalten als mehr oder weniger soziopathische Aberration ansehen, fühlen sich ebenfalls bestätigt durch die in der Tat brisanten Ergebnisse von Studien, die belegen, dass Studierenden der Wirtschaftswissenschaften in sogenannten Public-Goods-Spielen eine deutlich geringere Neigung zu kooperieren aufweisen (vgl.

Marwell/Ames 1981; Frank et al. 1993). Wodurch auch immer diese Unterschiede zustande gekommen sein mögen, ob durch Sozialisation im Laufe eines „unsozialen" Wirtschaftsstudiums oder durch Selbstselektion (diejenigen, die sich für ein Wirtschaftsstudium entscheiden, sind von vornherein weniger „sozial" eingestellt; vgl. Carter/Irons 1991) oder durch weitere Faktoren, es gibt diese Unterschiede und sie bedürfen einer Erklärung.

Die sozialpsychologische Erklärung mit zugrundeliegenden Unterschieden in den Wertestrukturen ist die unmittelbar empirizistische Variante. Stärker am ursprünglichen spieltheoretischen Modell ist die Lösung von Fehr und Schmidt (1999) orientiert, die annehmen, dass sich Fairness in erster Linie als „inequity aversion" interpretieren lässt. Die Nutzenfunktion der Akteure enthält dabei nicht nur die monetären Auszahlungen, sondern darüber hinaus wird der Nutzen ebenfalls durch Unterschiede in diesen Auszahlungen beeinflusst und fällt desto niedriger aus, je größer diese Unterschiede sind. Die „Fairness"-Konnotation geht so als Komponente in die Nutzenfunktion selbst ein. In diese modifizierte Nutzenfunktion geht also nur die Struktur des Ergebnisses selbst ein, es ist nicht von Bedeutung, wie dieses Ergebnis zustande kommt. Im Gegensatz zu Fehr und Schmidt entwickeln Falk und Fischbacher (2006) in Anlehnung an Rabin (1993) eine Fairnessvorstellung, die ebenso die Intention der Akteure berücksichtigt. Dabei lassen sie verschiedene Auszahlung danach bewerten, als wie „nett" (kind) sie von den Respondern wahrgenommen werden. Die „Nettigkeit" oder „Kindness" desselben Ergebnisses kann z.B. unterschiedlich bewertet werden, je nachdem, welche Alternativenmenge dem Proposer überhaupt zur Verfügung gestanden hat. Mit diesem Konzept ließe sich auch der erwähnte Befund erklären, dass Wirtschaftswissenschaftler weniger „fair" teilen. Ein Ökonom, der gelernt hat, wie man diese Art von Spielen „korrekt", d.h. im spieltheoretischen Sinn, zu spielen hat, kommt womöglich auch erst gar nicht auf die Idee, dass er „nett" spielt, da er das Spiel ja nur so spielt, wie man es eben spielt, wenn man es richtig verstanden hat. Zumindest solange er dieses Spiel mit anderen Ökonomen spielt, kann er sogar damit rechnen, dass diese seinen „unfairen" Teilungsvorschlag auch nicht als wenig „nett" einstufen werden, sondern lediglich als mehr oder weniger professionelles Verhalten. Wir kämen auch beim Schachspiel nicht auf die Idee, jemanden vorzuwerfen, dass er mit seinem Läufer die gegnerische Dame schlägt, wenn diese vom anderen Spieler zuvor durch Unachtsamkeit in Gefahr gebracht worden ist. So spielt man eben dieses Spiel. Die relevante Frage ist daher letztlich: Welches Spiel spielen wir eigentlich, d.h. welche Ziele verfolgen wir? Diese Ziele werden sich dann in der Präferenzstruktur der Spieler wiederfinden, die ihrerseits wieder das Spiel konstituieren. Wer das Ultimatumspiel wie ein Schachspiel als Spiel des reinen Konflikts spielt, bei dem es lediglich darum geht, zu gewinnen, wird sich gemäß den Vorhersagen der reinen Spieltheorie verhalten. Wenn es aber in realen Kontexten um reale Situationen geht, in denen Kooperation und Entgegenkommen möglich ist, auch wenn es auf Kosten eigener Interessen gehen mag, dann kommen oft Normen mit ins Spiel, die die Kooperation herbeiführen. „So macht man das in einer Herde", wie es in „Ice Age" heißt. Altruismus kann aus Sicht einer Gruppe durchaus eine Eigenschaft sein, die für die Gruppe als Ganzes positive Gewinne erzielt. Aus Sicht der Gruppe ist es daher gut, wenn die einzelnen Mitglieder die altruistische Norm so sehr verinnerlichen, dass sie ihr zuliebe sogar auf die Verwirklichung einseitiger Gewinne auf Kosten des anderen verzichten. Die Entwicklung reziproker Fairness kann unter diesen Umständen sogar einen evolutionären Vorteil bedeuten (vgl. Bowles/Gintis 2011).[24]

Man kann die Beobachtungen bei Ultimatum- und Diktatorspielen womöglich auch auf folgende Weise interpretieren: Welches Spiel entsprechend der vorherrschenden Normen gespielt werden sollte, hängt vom Kontext des Spiels ab, der im Sinne der sogenannten Framing-Theorie (Kahneman/Tversky 2000) den Rahmen absteckt, innerhalb dessen das Spiel gespielt wird. Bestimmte Eigenschaften des Spieldesigns geben Hinweise, wie die Situation angemessen zu definieren ist (vgl. Esser 1996). Je nach Definition werden dann sogenannte Schemata aktiviert, die dann unter bestimmten Umständen zur Aktivierung einer Haltung führen mögen, die durch Fairnesserwägungen geprägt ist, unter anderen Umständen wiederum nicht. Es wäre daher voreilig und falsch, aus den Ergebnissen von Public-Goods-Experimenten mit Wirtschaftswissenschaftlern zu schließen, dass diese auch in realen Situationen der sozialen Interaktion sich „unsozial" verhalten würden. Der Frame „Homo oeconomicus", der bei ihm offensichtlich aktiviert wird, wenn er an einem spieltheoretischen Experiment teilnimmt, das für ihn ein aus dem Studium bekanntes Setting darstellt, muss nicht der Frame sein, der aktiviert wird, wenn er mit anderen Mitgliedern der Gesellschaft interagiert.[25] Das Ultimatumspiel, genauso wie die Gefangenendilemmaspiele, die in Public-Goods-Experimenten gespielt werden, sind für die meisten Spieler keine wettbewerbsorientierten Spiele, sondern eine soziale Interaktion, die eine gemeinsame Erfahrung wiedergibt bzw. manchmal sogar erst ermöglicht. Ein Clubschachspieler, der gegen einen anderen Clubschachspieler spielt und einen verhängnisvollen Fehler begeht, der ihn die Dame kostet, hat schlecht gespielt. Fehler des Gegners nicht zu nutzen, wäre hier lediglich ein Zeichen von mangelndem Spielgeschick. Ein Vater hingegen, der mit seinem sechsjährigen Sohn „aus Spaß" Schach spielt und gnadenlos sofort jeden Fehler seines Sohnes zum eigenen Vorteil nutzt, würde hingegen ein äußerst befremdliches Verhalten an den Tag legen (So macht man das nicht in einer Herde bzw. einer Familie). In realen, sozialen Kontexten gilt es oft als „unanständig", das Ausbeutungspotenzial, das das Ultimatumspiel bietet, auch zu nutzen. Ein strategischer Zug, der aus einer bilateralen Verhandlungssituation die „Take it or leave it"-Situation eines Ultimatumsspiels macht, ist daher unter dem Aspekt der persönlichen Gewinnmaximierung rational, kann aber ebenso gegen die ungeschriebenen Regeln verstoßen, die in manchen Zusammenhängen als verbindlich angesehen werden.

Bei der Bundestagspräsidentenwahl von 2012 kam es zu einem bemerkenswerten Ultimatumspiel durch einen strategischen Zug des FDP-Vorsitzenden Philipp Rösler. Ohne seinen Koalitionspartner in Kenntnis gesetzt zu haben, drang er mit der

---

[24] Inwiefern die Evolutionstheorie die Selektion von Gruppen und nicht nur von Individuen begründen kann, darauf gehe ich im nächsten Kapitel ein.
[25] Allerdings ist es auch nicht auszuschließen, dass Frames, die im Studium einstudiert werden, grundsätzlich leichter zugänglich (Fazio 1989) werden und daher auch in studiumsfremden Situationen leichter aktiviert werden können.

Nachricht an die Öffentlichkeit, dass seine Partei bei der Wahl Joachim Gauck unterstützen würde, falls dieser noch einmal antreten sollte. Gauck war bei der vorherigen Wahl schon einmal als Kandidat (der Oppositionsparteien SPD und Grüne) angetreten und gescheitert. Durch sein Commitment für Gauck setzte Rösler sowohl die Oppositionsparteien SPD und Grüne unter Druck, ihren vormaligen Kandidaten erneut zu nominieren, als auch die CDU und deren Kanzlerin Angela Merkel. Obwohl diese zuvor klar signalisiert hatte, dass sie eine Kandidatur Gaucks nicht unterstützen wollte, sah sie sich nun gezwungen, die Kandidatur mitzutragen, um nicht eine sonst wahrscheinliche Schlappe mit einem anderen Kandidaten zu riskieren, und vor allem, um nicht einen offenen Zwist innerhalb der Regierungskoalition nach außen sichtbar zu machen. Auch wenn Rösler durch die öffentliche Demütigung der Kanzlerin scheinbar sein vordergründiges Ziel, die Nominierung Gaucks, erreicht hatte, so ist doch unzweifelhaft, dass er damit gegen informelle Konventionen verstoßen hat (So macht man das nicht in einer Koalition). Im Falle von formalisierten und fixierten Gruppen wie einer Koalition wäre darüber hinaus zu bedenken, dass es sich hierbei kaum um ein One-Shot-Game gehandelt hat, sondern um einen Typus von Entscheidungssituation, wie er innerhalb von Koalitionen immer wieder auftritt. „Man sieht sich im Leben immer zweimal", kommentierte unmissverständlich der CDU-Abgeordnete Wolfgang Bosbach das Vorgehen der FDP[26]. Ein anderes Ultimatumspiel spielte der Europäische Rat der Staats- und Regierungschefs im Sommer 2019, als er Ursula von der Leyen als Kommissionspräsidentin nominierte und damit das Europäische Parlament unter Druck setzte. Denn die Wahl unterlag zwar dem Parlament, eine Ablehnung Ursula von der Leyens aber hätte das Risiko einer Krise der EU nach sich gezogen. Entscheidend war jedoch, dass das Europäische Parlament davor einen großen strategischen Fehler begangen hatte, als es sich nicht auf einen der Spitzenkandidaten der Europawahl als „seinen" Kandidaten einigen konnte, somit den Vorteil des ersten Zuges verlor und diesen dem Europäischen Rat zuschusterte.

11.3 Der Unterschied zwischen den real gespielten Spielen und den verwendeten Modellen

In der Beschreibung der vorhergehenden Abschnitte hat sich eine Unschärfe eingeschlichen, die verantwortlich für viele Missverständnisse ist, der ich aber ebenfalls unterlegen bin, weil es schwierig ist, von diesen Sachverhalten zu sprechen, ohne sich dieser Unschärfe zu bedienen. Wenn wir von einem Ultimatumspiel oder einem Gefangenendilemma sprechen, dann tun wir dies in einem doppeldeutigen Sinn. Im engeren und spieltheoretisch korrekten Sinn sollten wir nur z.B. von einem Gefangenendilemma sprechen, wenn tatsächlich ein Gefangenendilemma vorliegt, d.h. auch aus Sicht der Spieler ein Gefangenendilemma gespielt wird.

---

[26] In einem Talkshowauftritt bei Markus Lanz hatte Rösler seinen Triumph gegenüber Merkel sogar öffentlich regelrecht zelebriert und sich nur wenig versteckt damit gebrüstet, die Kanzlerin über den Tisch gezogen zu haben. Das von Bosbach angedrohte Wiedersehen gab es dann vermutlich bei der Bundestagswahl 2013, als Merkel der FDP beschied, keine Zweitstimmenkampagne zu deren Gunsten zu unterstützen, da die FDP in den Umfragen doch so gut dastünde und darauf gar nicht angewiesen sei. Die FDP scheiterte 2013 zum ersten Mal an der 5%-Hürde, sie erhielt nur 4,8% der Zweitstimmen und war so nicht mehr im Bundestag vertreten.

Wenn dies tatsächlich der Fall ist, dann wäre es ausgesprochen merkwürdig, wenn sich die Spieler anders verhalten, als durch die Spieltheorie vorausgesagt. Die erwähnten Missverständnisse kommen dadurch zustande, dass wir den Begriff des Gefangenendilemmas auch zur Beschreibung einer prototypischen Anreizstruktur benutzen, bei der die Spieler eine bestimmte unterstellte Präferenzordnung, oft die eines homo oeconomicus, besitzen, die genau dieser Anreizstruktur entspricht. Wenn wir daher vom „Ausbeutungspotenzial" eines Gefangenendilemmas oder eines Ultimatumspiels sprechen, dann meinen wir damit die Möglichkeiten, die sich einem solchen prototypischen Spieler bieten, wenn er z.B. im Gefangenendilemma auf einen (unsinnigerweise?) kooperierenden Gegenspieler trifft oder im Ultimatumspiel auf einen rationalen Eigennutzmaximierer, bei dem er keine „irrationalen" Reaktionen auf ein niedriges Angebot erwarten muss. Nutzt er dieses Ausbeutungspotenzial nicht in „angemessener" Weise, dann ist er offensichtlich kein solch prototypischer Spieler, d.h. seine Präferenzordnung entspricht nicht der dem prototypischen Spieler unterstellten. Damit ist seine „Definition der Situation" eben auch nicht die, dass er ein Ultimatumspiel oder Gefangenendilemma spielt. Viele sogenannte „Lösungen" des Kooperationsdilemmas im Gefangenendilemma, die von dem bedeutenden Spieltheoretiker Ken Binmore (2007b) in seinem Buch „Playing for real" aufgezählt werden und etwas polemisch sogenannten „philosophischen" Lösungsvorschlägen zugerechnet werden, sind eben keine Lösungen des Gefangenendilemmas selbst, sondern transformieren das Ursprungsspiel in ein anderes, für das eine oft relativ einfache Lösung existiert. Wenn zwei Spieler in einem „Gefangenendilemma" kooperieren, dann haben sie keineswegs den goldenen Weg gefunden, wie man die fatale Anreizwirkung eines Gefangenendilemmas außer Kraft setzen kann, sondern sie kooperieren in einem Spiel, das aufgrund seiner externen Eigenschaften (wie der erwähnten Ausbeutungsmöglichkeit des Gegenspielers) von prototypischen Spielern als ein Gefangenendilemma gespielt würde, von ihnen aber offensichtlich gerade nicht als Gefangenendilemma gespielt wird. Wenn wir also beobachten, dass ein großer Teil der Proposer im „Ultimatumspiel" den „fairen" 50/50-Vorschlag anbietet, dann lautet die angemessene Frage nicht „Warum schlagen diese Personen im Ultimatumspiel eine 50/50-Lösung vor?" sondern „Welches Spiel spielen Personen, die in einem äußeren Setting, das von prototypischen Spielern als ein Ultimatumspiel gespielt würde, einen 50/50-Vorschlag äußern?". Wie man sieht, werden die Formulierungen sehr umständlich, wenn man jegliche Unschärfe und Ungenauigkeit vermeiden will. Es erleichtert die Sache ungemein, z.B. könnte ich dann auf die Anführungsstriche verzichten, in die ich im ersten Teil des vorherigen Satzes das ‚Ultimatumspiel' gesetzt habe, wenn wir den Begriff „Ultimatumspiel" nicht nur für das Spiel im spieltheoretischen Sinn verwenden, sondern auch für die Beschreibung des objektiv vorhandenen äußeren Settings im Sinne von „Zwei Spieler sollen einen Betrag X zwischen sich aufteilen. Der erste Spieler hat dabei das Vorschlagsrecht usw.", also der Regeln, nach denen das „Spiel" gespielt wird. Eine Äußerung wie „X% der Proposer schlagen im Ultimatumspiel eine 50/50-Teilung vor." bezieht sich dann nur auf die Beschreibung des äußeren Settings, also auf die Regeln des Spiels, während die spieltheoretische Analyse des „Ultimatumspiels" eben zugleich eine spieltheoretische Analyse des Ultimatumspiels[27] ist.

Der Nutzen der experimentellen Spieltheorie besteht nun gerade darin, dass sie in der Lage ist, den Unterschied zwischen einem Spiel in der spieltheoretischen Konzeption und dem Spiel, wie es wirklich gespielt wird, herauszustellen. Wenn beobachtete Abweichungen des realen Spiels vom prototypischen auf bestimmte Variablen zurückgeführt werden können, so heißt dies nicht zwangsläufig, dass wir letztlich das beobachtete Verhalten einfach „nur" sozialpsychologisch erklären, indem wir eine Korrelation bestimmter Teilungsverhältnisse mit bestimmten sozialpsychologischen Dispositionen aufzeigen. Oft messen wir diese ja auch gar nicht direkt, sondern nehmen lediglich an, dass bestimmte Faktoren des Settings diese sozialpsychologischen Dispositionen erst aktivieren. Die sozialpsychologische Komponente geht in diesem Fall nur indirekt in die Modellierung mit ein und nicht unmittelbar, wie es z.B. bei der Feststellung des Zusammenhangs mit bestimmten vorhandenen Wertestrukturen der Fall war.

Z.B. zeigt sich, dass es für das Teilungsverhalten nicht unerheblich ist, wie das Vorschlagsrecht zugeteilt wird. Wie die Rollen Proposer und Responder zugeordnet werden, hat Konsequenzen für das nachfolgende Verhalten. In unserem Experiment (Behnke et al. 2010) z.B. zeigte sich, dass der Proposer großzügiger war, insbesondere im Diktatorspiel, wenn das Vorschlagsrecht durch vorherige konsensuelle Einigung zwischen den beiden Probanden verteilt wurde als durch einen Zufallsmechanismus. Das Überlassen des Vorschlagsrechts schafft also eine Art von „Beißhemmung", das Ausbeutungspotenzial auf grobe Weise auszunutzen.

11.4 Verhandlungsspiele und das Konzept der Legitimation

Eines der wichtigsten und zentralen Probleme der Politischen und der Sozialtheorie stellt die Frage der Legitimation dar. Unter welchen Umständen sind wir bereit, den Anordnungen einer Instanz Gehorsam zu leisten oder sie zumindest ohne Widerspruch zu akzeptieren? Wann werden bestimmte Verteilungsergebnisse als „gerecht", weil „gerechtfertigt" empfunden? Auch hier können bestimmte Modifikationen des Ultimatum- und des Diktatorspiels interessante Einsichten vermitteln. Experimente von Hoffman, McCabe, Shachat und Smith (1994) und Kahneman et al. (1986) z.B. zeigten, dass es in der Tat zu ungleicheren Verteilungen kommt, wenn die Position des Proposers und der damit verbundene Vorteil „legitim", im Sinne eines erworbenen Verdienstes, ist.

Man kann das Konzept der Legitimation allerdings noch in anderer Form in Verteilungsspiele aufnehmen, nicht, indem man die Legitimation desjenigen, der die Verteilungsmacht besitzt, modelliert, sondern das unterschiedliche Ausmaß, in dem „legitime" Ansprüche auf das zu verteilende Gut selbst bestehen. Auch dies schließt an eine grundlegende Diskussion der politischen Philosophie an. Während libertäre Philosophen wie Nozick (1974) in der naturrechtlichen Tradition von

---

[27] Der Begriff steht jetzt ohne Anführungszeichen, da es sich um das Spiel selbst handelt, also um das Spiel, das wirklich gespielt wird, was offensichtlich dann in diesem Fall ein Ultimatumspiel ist.

11. Experimentelle Spieltheorie

Locke davon ausgehen, dass Eigentum als Folge einer bestimmten Form der Aneignung schon im vorstaatlichen Zustand existiert, entsteht nach Ansicht egalitärer Liberaler wie Murphy und Nagel (2002) Eigentum als Rechtstitel erst durch die allgemeine Akzeptanz einer Rechtsordnung, innerhalb derer Eigentum definiert ist. Üblicherweise fallen die Beträge, die im Ultimatum- oder Diktatorspiel zu verteilen sind, wie „Manna vom Himmel", d.h. der Ursprung dieser Beträge, die Weise, wie sie erwirtschaftet wurden, wird ignoriert. Doch wie eine als gerecht wahrgenommene Verteilung aussieht, kann z.b. nach Ansicht Nozicks nicht unabhängig von dem Prozess der Entstehung der zu verteilenden Güter beurteilt werden.

Das im Folgenden präsentierte Experiment stellt daher eine Modifikation des Ultimatum- und Diktatorspiels dar (Behnke 2012), indem die zu verteilenden Beträge zuvor durch entsprechende Leistungen der beiden Probanden in einem Wissensquiz „erwirtschaftet" worden waren. Den beiden Probanden wurde also vor der Durchführung des eigentlichen Spiels als Information mitgeteilt, dass z.B. insgesamt 13€ zu verteilen waren, von denen 10€ von Spieler A und 3€ von Spieler B aufgrund des Wissensquiz gewonnen worden sind. In Abbildung 11.2 sind die Anteile, die der Proposer sich zugeordnet hat, in Abhängigkeit vom Anteil, den er selbst aufgrund des Wissensquiz zum zu verteilenden Betrag beigesteuert hat, aufgeführt.

Abbildung 11.2: Streudiagramm des Anteils, den sich der Proposer zuweist, in Abhängigkeit von seinem ursprünglich erworbenen Anspruch

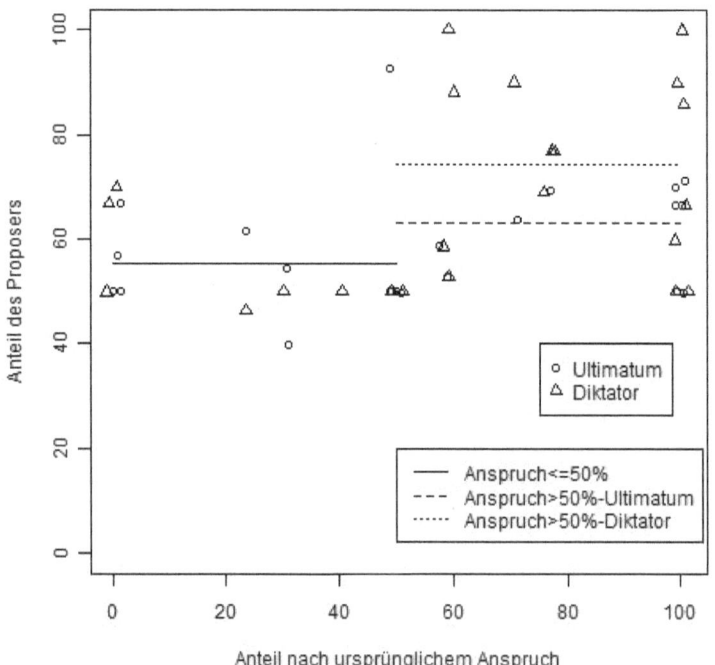

Beträgt der im Quiz erworbene Anteil des Proposers weniger als oder höchstens 50%, dann weist sich der Proposer im Mittel ungefähr 55% des zu verteilenden Betrags zu. Innerhalb dieses Bereichs gibt es keine erkennbaren und auffälligen Variationen der Beträge. Wenn also der Proposer selbst einen kleineren Teil als sein Gegenüber zum verteilenden Betrag beigesteuert hat, scheint er das „faire" 50:50-Aufteilungsverhältnis als „focal point" zu verwenden. Es liegt nahe, dies mit einer Form von reziproker Fairness zu erklären, d.h. der Proposer geht davon aus, dass er in einer solchen Situation den Bogen nicht überspannen sollte. Die Fairnesskonnotation der 50:50-Verteilung kann dann strategisch genutzt werden, um sich selbst einen Anteil zuzusichern, der über dem des selbstverdienten Anspruchs liegt. Dass es sich aber hier nicht nur um reziproke Fairness handelt, belegt der Umstand, dass diese Beobachtung auch für das Diktatorspiel gilt, obwohl hier ja bekanntermaßen der Proposer nicht befürchten muss, dass als unangemessen empfundene Vorschläge vom Responder zurückgewiesen werden. Ähnlich wie die Vergabe des Vorschlagsrechts aufgrund von konsensueller Einigung scheint also auch ein naturrechtlich begründeter Anspruch des Gegenübers auf das zu verteilende Gut dem Proposer eine bestimmte Beißhemmung aufzuerlegen, sodass der Freiraum des Diktatorspiels von ihm nicht in vollem Umfang genutzt wird.

Besteht jedoch ein ursprünglicher Anspruch von mehr als 50%, dann nutzt der Proposer diese Legitimation aufgrund des eigenen Leistungsanteils, um für sich selbst mehr zu beanspruchen. Im Ultimatumspiel verlangt der Proposer zusätzlich 8% des zu verteilenden Betrags, im Diktatorspiel kommen noch einmal 11%[28] hinzu, sodass die Proposer im Diktatorspiel, wenn sie einen größeren ursprünglichen Anspruch als 50% haben, im Schnitt immerhin annähernd drei Viertel für sich beanspruchen.

Wenn der Proposer also im vorhergehenden Quiz mehr als 50% des zu verteilenden Betrags gewonnen hat, scheint dies eine innere Loslösung von der 50:50-Norm zu bewirken. Die Grundhaltung eines „everyday libertarianism" (Murphy/Nagel 2002: 31), dass einem „moralisch" zusteht, was man sich erwirtschaftet bzw. worauf man als Erster einen Zugriff erlangt hat, öffnet moralische Spielräume, sodass die 50/50-Norm ihre Funktion als ethischer focal-point verliert. Interessanterweise wird diese Grundhaltung aber nur von denjenigen angewandt, die durch sie bevorzugt werden, weil sie ja tatsächlich einen größeren Anteil des zu verteilenden Betrags gewonnen haben. Die Beobachtung, dass sich die durch den Proposer vorgeschlagene Verteilung andererseits, wenn der Proposer nur einen geringeren Teil des Betrags beisteuert, keineswegs mehr an den ursprünglich erworbenen Ansprüchen orientiert, sondern hier wieder die 50/50-Norm vorherrschend ist, legt nahe, dass verteilungsrelevante Ideologien wie die libertäre strategisch genutzt werden, um eine Verteilung als gerechtfertigt und akzeptabel erscheinen zu lassen, die auch dem eigenen Vorteil dient. Wie immer ist hier vor allem das Verhalten der Probanden, die ein Diktatorspiel spielen, von größtem Interesse, denn diese unterliegen ja keinerlei externen Restriktionen. Dass hier die beobachteten Unterschiede zwischen denjenigen, die einen größeren und denjenigen, die nur

---

28 Wegen der relativ geringen Fallzahl (N=46) ist nur der Effekt bezüglich des Diktatorspiels auch statistisch signifikant auf dem 5%-Niveau.

einen kleineren ursprünglichen Anspruch auf den zu verteilenden Betrag anmelden können, so stark ausfallen, belegt, dass der Proposer offensichtlich auf eine innere Rechtfertigung für den von ihm gemachten Vorschlag angewiesen ist.

11.5 Der Nutzen experimenteller Spieltheorie für die Entwicklung von Theorien

Experimentelle Spieltheorie findet in der Schnittmenge zwischen reiner Spieltheorie und Sozialpsychologie statt. Durch die Ergebnisse experimenteller Spieltheorie wird offensichtlich, inwieweit und unter welchen Einschränkungen sich die Ergebnisse der reinen Spieltheorie, d.h. der rein spieltheoretischen Analyse auf die Realität übertragen lassen. Manche Kritiker neigen daher dazu, den Anteil der Spieltheorie selbst an diesen Untersuchungen herunterzuspielen und der Ansicht zuzuneigen, man könnte die entsprechenden Ergebnisse auch direkt innerhalb der üblichen sozialpsychologischen, empirischen Vorgehensweise erzielen, da es ja letztlich um nichts Anderes als die Feststellung von beobachteten Korrelationen z.B. zwischen Persönlichkeitseigenschaften und Verhalten ginge, moderiert durch intervenierende Variablen, die das Setting des Kontexts betreffen. Aber die beobachteten Unterschiede zwischen Diktator- und Ultimatumspiel ließen sich innerhalb eines rein sozialpsychologischen Ansatzes lediglich konstatieren, aber in keiner Weise erklären. Erst die spieltheoretisch inspirierte Analyse der spezifischen Anreizstrukturen in den beiden Spielen vermag hier eine entsprechende Erklärung zu liefern und somit einen Blick in die Black Box, die sich hinter den Korrelationen verbirgt, zu werfen.

Neben diesem substanziellen Beitrag der Spieltheorie zur Erklärung empirisch beobachteten Verhaltens ist aber vor allem der forschungsleitende und -strukturierende Aspekt der spieltheoretisch inspirierten Analyse hervorzuheben. Der große Fehler des induktiven Ansatzes des Begründers moderner, systematischer empirischer Forschung, Francis Bacon, wie er ihn im „Novum Organum" 1620 formulierte, bestand darin, davon auszugehen, dass sich die Erklärungen der Natur sozusagen durch die Masse der Beobachtungen von selbst aufdrängen würden, wenn das gesammelte Datenmaterial nur umfassend genug und systematisch organisiert wäre. Doch die Natur bzw. die empirisch beobachtete Welt spricht nicht von selbst zu uns, wir müssen uns ihr mit gezielten Fragen annähern, die wir dann mit den entsprechenden Beobachtungen zu beantworten suchen. Nicht einmal die systematische Organisation des Beobachtungsmaterials selbst ist möglich, ohne zuvor schon diese den Zugang zu den Daten strukturierenden Fragen formuliert zu haben. Anders ausgedrückt: Wir müssen uns dem Gegenstand, den wir erforschen wollen, immer unter dem Blickwinkel einer existierenden Theorie (mindestens immer einer Beobachtungstheorie) nähern, es gibt keinen theoriengebundenen Zugang zur Realität. Der Fortschritt der Forschung besteht in der Weiterentwicklung, Modifikation oder Verwerfung dieser den ursprünglichen Zugang strukturierenden Theorien (vgl. Popper 1989, 1994; Albert 1991; Lakatos/Musgrave 1970). Die Spieltheorie ist wie andere formale Theorien in ganz besonderem Maße geeignet, zur Entwicklung dieser Theorien beizutragen, die dann an der Realität weiterentwickelt werden können (Morton 2005). Die Spieltheorie stellt nicht nur eine analytische Toolbox zur Verfügung, sondern ist darüber hinaus eine schier unerschöpfliche Quelle zur Generierung von Fragestellungen und Hypothesen, die – empirisch untersucht – unser Wissen über die uns umgebende Welt und Gesellschaft zu erweitern helfen.

Weiterführende Literatur

Eine ausführliche Kompilation grundlegender spieltheoretischer Experimente findet sich in dem „Handbook of Experimental Economics" von Kagel und Roth (1995). Besonders interessant sind darunter die Teile über Public-Goods-Spiele von Ledyard und über Bargaining Experimente von Alvin Roth, in dem unter anderem die grundlegenden Ultimatum- und Diktatorexperimente dargestellt sind. Ein weiteres Standardwerk zur experimentellen Spieltheorie ist „Behavioral Game Theory" von Camerer (2003), in dem vor allem Ultimatum- und Diktatorspiele extensiv behandelt werden. Die besondere und weitreichende Bedeutung, die spieltheoretische Ergebnisse für die Sozialwissenschaften, insbesondere der Sozialtheorie haben, kommt in einem Übersichtsartikel von Diekmann (2008) in der Kölner Zeitschrift für Soziologie und Sozialpsychologie prägnant zur Geltung. Ein größeres Projekt, das Ultimatum- und Diktatorspiele in verschiedenen Kulturen durchführte, um die kulturelle Bedingtheit bestimmter Reaktionsmuster zu untersuchen, ist in „Foundations of Human Society" von Henrich und Mitautoren (2004) beschrieben. Diese Ergebnisse sind auch die maßgebliche Grundlage für die von Bowles und Gintis (2011) entwickelte Theorie, dass reziproke Fairness gewissermaßen ein universales Phänomen darstellt, das für die menschliche Spezies als Ganzes charakteristisch ist und durch kulturelle Bedingungen lediglich spezifische Modifikationen erfährt. Auch die „moral economy" von Bowles, die den Verhaltensdispositionen der Bürger wieder mehr Aufmerksamkeit schenkt als dem reinen Insitutionendesign, stützt sich auf derartige Experimente.

12. Evolutionäre Spieltheorie

12.1 Die Integration evolutionstheoretischer Konzepte in die Spieltheorie

Einer der interessantesten Zweige der Spieltheorie hat sich mit der sogenannten evolutionären Spieltheorie entwickelt. Dabei gibt es zwei verschiedene Wege, auf denen die Spieltheorie die Theorie der Evolution trifft. Der erste Weg ist abstrakter Natur, der zweite sehr konkret. Der erste Weg besteht in der Verwendung des konzeptuellen Apparats der Evolutionstheorie in der Spieltheorie, um bestimmte Phänomene zu erklären. Dies kann immer dann geschehen, wenn wir eine spezifische Dynamik, also eine Entwicklung spieltheoretisch erklären wollen. Denn die Evolutionstheorie ist längst zu einer Art von Metatheorie geworden, die sich als fruchtbares Modell zur Erklärung jeglicher Art von dynamischem Wandel erweist, weit über ihr ursprüngliches Anwendungsgebiet der Biologie hinaus. Die Theorie der Evolution ist zu einem allgemeinen Denkmodell geworden, wie es exemplarisch zum Beispiel im wunderbaren Buch von Manfred Eigen und Ruthild Winkler „Das Spiel. Naturgesetze steuern den Zufall" (1990) zum Ausdruck kommt. Dieses allgemeine Denkmodell lässt sich auf chemische, biologische und soziale Bereiche gleichermaßen anwenden, also auf alle Bereiche, in denen Veränderungen vorkommen, die als Anpassung an äußere Bedingungen interpretiert werden können. Der zweite Treffpunkt von Evolutionstheorie und Spieltheorie liegt im konkreten Bereich der Biologie. Hier hat sich die Spieltheorie als nützliches Instrument zur Beschreibung spezifischer evolutionärer Prozesse erwiesen. Die Befruchtung von Spiel- und Evolutionstheorie, die biologische Metapher sei hier erlaubt, ist also eine gegenseitige. Die Einführung von bestimmten Konzepten aus der Evolutionstheorie hat das spieltheoretische Spektrum beträchtlich erweitert, umgekehrt konnte mit Hilfe spieltheoretischer Argumente die biologische Evolutionstheorie auf bedeutende Weise weiterentwickelt werden.

Das Schlüsselkonzept der Evolutionstheorie ist das der Selektion bzw. das „Survival of the Fittest"-Prinzip, wie die Quintessenz von Darwins Theorie von Herbert Spencer auf den Punkt gebracht worden ist. Die Evolutionstheorie handelt von Populationen, deren Mitglieder in einer an Ressourcen knappen Umwelt im Wettstreit um eben diese Ressourcen liegen. Alle Mitglieder der Population haben das Bedürfnis, sich in Form von Kopien ihrer selbst zu vermehren bzw. zu replizieren. Da diese Replikationen aber Kosten im Sinne des Verbrauchs von Ressourcen verursachen und diese Ressourcen selbst ein knappes Gut darstellen, können sich nur diejenigen Mitglieder erfolgreich replizieren, die in der Lage sind, die entsprechenden Kosten aufzubringen bzw. sich einen Zugang zu den Ressourcen zu sichern. Der Evolutionsbiologe William Hamilton hat nun den nächsten Schritt gemacht, indem er die Definition der „Fitness" eines Populationsmitglieds auf die Fähigkeit eines Verhaltensmerkmals (behavioral trait) bezog, Replikationen zu erzeugen, die die nächste Generation von Individuen bilden. Das Ausmaß der Fitness ist dann direkt proportional zur Anzahl der Nachfahren der nächsten Generation, die genau dieses Verhaltensmerkmal bewahren und in der nächsten Generation zum Ausdruck bringen. Wenn das Verhaltensmerkmal A dazu führt, dass sein Träger (im Durchschnitt) eine doppelt so große Anzahl von Nachfahren produziert, die

12. Evolutionäre Spieltheorie

dieses Verhaltensmerkmal ebenfalls besitzen, wie die Träger von Verhaltensmerkmal B, dann besitzt A eine doppelt so große „Fitness" wie B.

Die Populationen, auf die wir uns beziehen und deren Mitglieder sich replizieren, können aus allen möglichen Arten von Individuen bestehen. Es kann sich dabei grundsätzlich um alles handeln, was sich selbst repliziert. Solche Einheiten werden daher auch als *Replikatoren* bezeichnet. Im klassischen evolutionstheoretischen Ansatz sind dies die Individuen oder die Spezies.[29] Für den einflussreichen Evolutionstheoretiker Richard Dawkins ist die wesentliche Einheit, an der die Evolution ansetzt, das Gen, das das Individuum gewissermaßen nur als Trägerhülle benutzt. Zumindest kann die evolutionäre Entwicklung und Verbreitung bestimmter Merkmale erfolgreich so erklärt werden, als ob sie im Gen verankert sei. Es ist nun ein Leichtes, auch Strategien als diejenigen Teile anzusehen, über die sich die Selektion der Träger vermittelt. Erfolgreiche Strategien sind solche, deren Träger, also diejenigen, die diese Strategie verwenden, eine höhere Reproduktionsrate als die anderer Strategien aufweisen. Erfolgreiche Strategien sind demnach solche, die besonders viele der zur Reproduktion benötigten Ressourcen gewinnen können. Die Verknüpfung einer Strategie mit ihrem Träger geschieht in der evolutionären Spieltheorie über die Gene. D.h. die Wahl einer bestimmten Handlung, einer bestimmten Strategie, wie wir sie bisher behandelt haben, wird nun als durch die genetische Disposition determiniert angenommen. So wie ein rationaler Akteur die Strategie wählt, die ihm im Schnitt die höchste Auszahlung bringt, so wird über den Evolutionsmechanismus die Auswahl desjenigen Gencodes bewirkt, der sich am erfolgreichsten repliziert. Die Replikationsrate ist also das Äquivalent zur Auszahlung und die Bandbreite der durch Mutation zur Verfügung gestellten Gencodes entspricht der Menge der Handlungsoptionen, denen sich ein Akteur im üblichen Spiel gegenübersieht. Nimmt man diese Art von „Übersetzungsarbeit" vor, dann lässt sich leicht erkennen, dass sich die Ergebnisse der Spieltheorie in die Sprache der Evolutionstheorie problemlos übertragen lassen und umgekehrt.

Auf diese Weise kann nun die Dynamik der Replikation errechnet werden. Am besten gehen wir hierfür wieder von den einfachen Basisspielen wie dem Gefangenendilemma und dem Assurance-Game aus. Wir betrachten hierfür die Spalten- bzw. Zeilenspieler als jeweilige Vertreter zweier Populationen. Die evolutionäre Selektion vollzieht sich also innerhalb dieser Gruppen. Für beide Populationen können wir dann den Anteil derjenigen Spieler angeben, die kooperieren. Der Anteil der Defektierer ist demnach die Restkategorie. Wir können nun den Verlauf einer spezifischen *Replikatordynamik* in einem zweidimensionalen Diagramm darstellen, indem wir den Anteil der Kooperierer der beiden Populationen als x- und y-Koordinaten einzeichnen, wie es in den Abbildungen 12.1 und 12.2 der Fall ist. Die Replikatordynamik besteht dann in einer geordneten Folge von Punkten in diesem Koordinatensystem, wobei jeder dieser Punkte eine „Generation" darstellt

---

[29] Hierüber wird in der Evolutionsbiologie ein erbitterter Streit geführt und die Evolutionsbiologen können auch entsprechend in zwei Lager aufgeteilt werden, je nachdem, ob sie glauben, dass die Einheit, auf der Selektionsmechanismus wirkt, die Individuen einer Spezies oder die Spezies selbst sind. Bei Darwin selbst finden sich Anklänge an beide Richtungen.

12.1 Die Integration evolutionstheoretischer Konzepte in die Spieltheorie

bzw. die Anteilswerte der Kooperierer und Defektierer in der jeweiligen Generation.

Jeder Pfad, der eine solche Dynamik der Replikation beschreibt, beginnt mit einem Startpunkt, z.B. mit dem Punkt rechts oben, der die Koordinatenwerte 0,99; 0,99 besitzt oder mit dem Punkt mit den Koordinaten 0,7; 0,6.

Abbildung 12.1: Replikatordynamik für das Gefangenendilemma

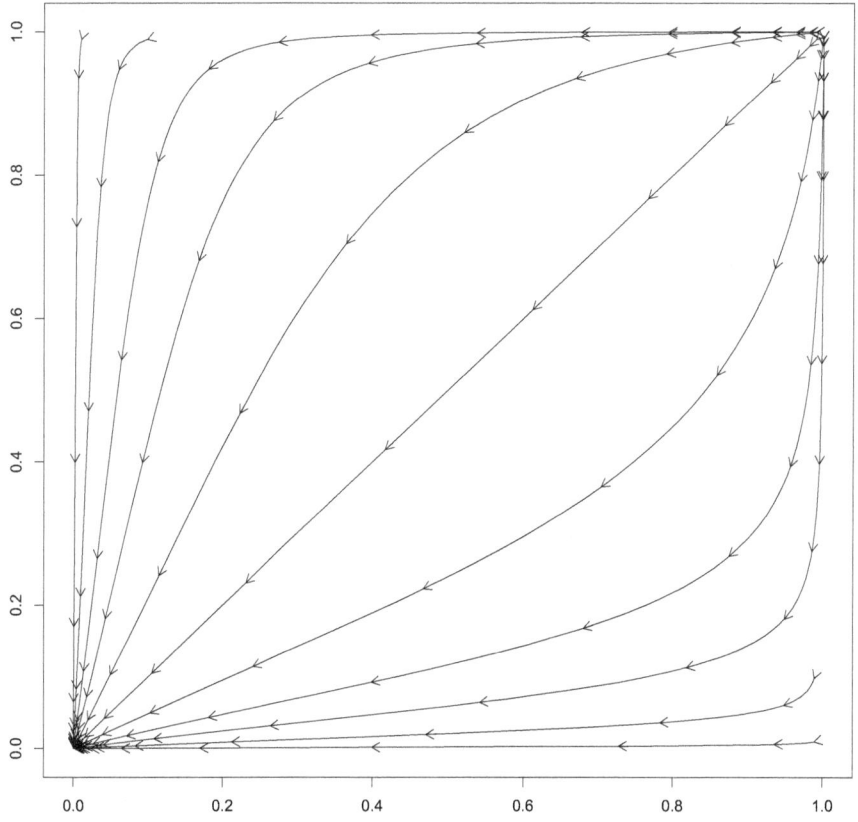

12. Evolutionäre Spieltheorie

Abbildung 12.2: Replikatordynamik für das Assurance-Game

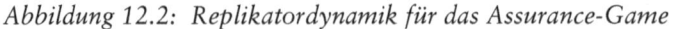

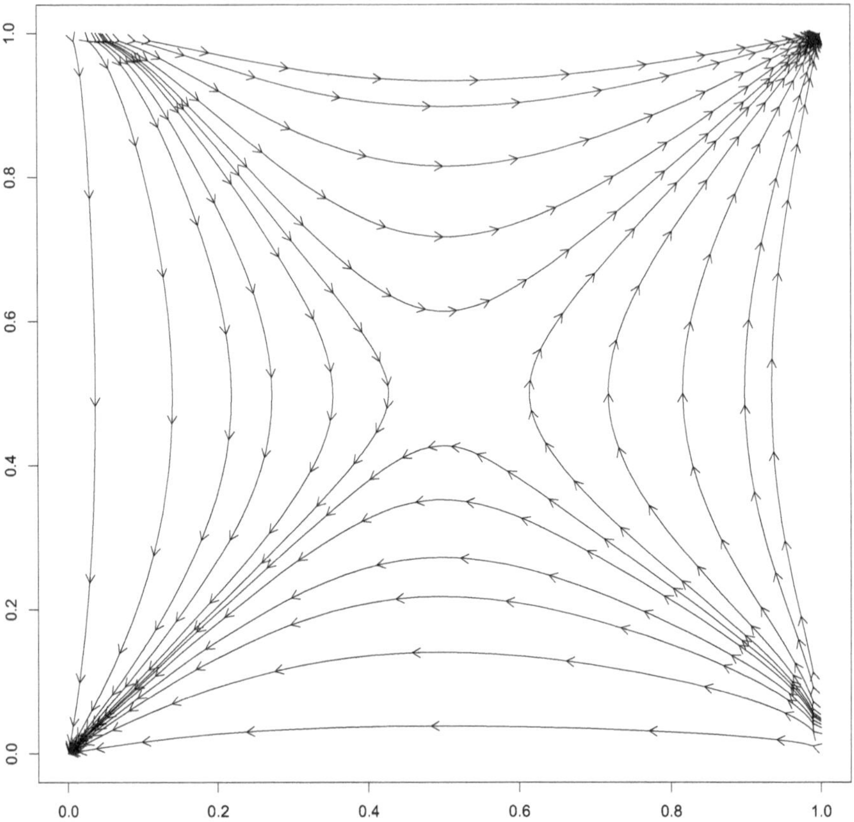

Die Werte 1 und 0 können natürlich nur als Grenzwerte vorkommen, nicht aber real, da dann eine ganze Population ja nur noch aus einem Typus bestehen würde. Die Reproduktionsraten der beiden Subpopulationen verhalten sich dann zueinander wie die Erwartungswert der Auszahlungen, die wiederum von der Zusammensetzung der zweiten Population zusammenhängen. Nehmen wir z.B. an, die Population S (für Spaltenspieler) besteht in der gegenwärtigen Generation aus 60% Kooperierern und 40% Defektierern. Dann beträgt der Erwartungswert für ein Mitglied der Population der Zeilenspieler für Kooperation 0,6*3 + 0,4*1=2,2 und der für Defektion 0,6*4+0,4*2=3,2. Ein Mitglied der Defektierer reproduziert sich also mit dem 1,45-fachen (3,2/2,2=1,45) eines Kooperierers. Nehmen wir weiterhin an, der derzeitige Anteil der Kooperierer in der Z-Population beträgt 70% und der der Defektierer 30% (der Startpunkt der Dynamik ist also 0,7; 0,6). Dann verhält sich die Anzahl der Kopien, die die Kooperierer in einem „Geburtenzyklus" produzieren, zu der der Defektierer wie (1*7)/(1,45*3)=1,6. Der Anteil der Kooperierer an den Kopien ist demnach 1,6/(1,6+1)=0,616 bzw. 61,6%. Nehmen wir des Weiteren an, es werden pro Reproduktionszyklus 10% der alten Generation durch Kopien ersetzt. Der Anteil der Kooperierer in der nächsten Generation in der Z-Population setzt sich dann zusammen aus der Summe der Überlebenden der letzten Generation (0,9*0,7=0,63) und der neugeborenen Kooperierer (0,1*0,616=0,062) und beträgt insgesamt 0,692 bzw. 69,2%. Der Anteil der Kooperierer sinkt also innerhalb dieses Reproduktionszyklus von 70 auf 69,2% um einen knappen Prozentpunkt.

In Abbildung 12.1 sind die Replikatordynamiken für viele verschiedene Startpunkte für ein Gefangenendilemma mit einer Auszahlungsmatrix entsprechend Abbildung 6.2 dargestellt. Wie leicht zu erkennen ist, enden alle Pfade links unten im Diagramm, also wenn der Anteil der Defektierer sowohl in der Population der Zeilen- wie in der der Spaltenspieler gegen Null konvergiert. Da dieser Punkt alle Entwicklungspfade in sich hineinzuziehen scheint, wird er auch als *Attraktor* bezeichnet. Wenig überraschend gibt es beim Gefangenendilemma nur einen Attraktor, der sich im Punkt (0; 0) befindet und der mit dem bekannten Nash-Gleichgewicht des Gefangenendilemmas identisch ist.

Für die Replikatordynamiken bezüglich des Assurance-Games mit einer Auszahlungsmatrix entsprechend der von Abbildung 6.6, die in Abbildung 12.2 zu sehen sind, existierten hingegen zwei Attraktoren, nämlich in den Punkten (0;0) und (1;1). Auch dies entspricht wieder den beiden bekannten Gleichgewichten K-K bzw. D-D aus der einfachen spieltheoretischen Analyse des Assurance-Games. Die Dynamik der Replikation bewirkt also innerhalb der Anreizstruktur, dass alle Spieler beider Populationen danach entweder Defektierer oder Kooperierer sind. Mit Hilfe der Replikationsdynamik lässt sich das Problem der Gleichgewichtsselektion im Assurance-Game noch einmal besser illustrieren. Replikatoren sind blind gegenüber Konzepten wie Auszahlungsdominanz oder auch Risikodominanz, sie vermehren sich einfach dort am besten, wo die Bedingungen die günstigsten sind. Diese Bedingungen, d.h. die Umwelt, bestehen im exolutionären Kontext vor allem in der Verteilung der Spielertypen in den Populationen, wobei der Anteil eines Typus der Wahrscheinlichkeit entspricht, dass man auf ihn im Zuge der Interaktion trifft, um die es geht. Die Wahrscheinlichkeitsverteilung der Typen kann daher auch als das Ausmaß an Unsicherheit interpretiert werden. Bei bestimmten Anfangsverteilungen schneiden nun die defektierenden Replikatoren besser ab (bzw. die Replikatoren, die die defektierende Strategie darstellen), sodass sich auch der Entwicklungstrend hin zu einer totalen Population von Defektierern entspricht. Wenn die Wahrscheinlichkeit, auf einen kooperierenden Partner zu treffen, zu niedrig ist, weil es davon zu wenige in der Population des Gegenspielers gibt, dann sollte man eben auch lieber defektieren. Umgekehrt gilt natürlich, dass sich die kooperierenden Replikatoren besser vermehren, wenn die andere Population vor allem aus Kooperierern besteht. Eine dramatische Dynamik kann sich allerdings entwickeln, wenn die Mitglieder der Population Z zum allergrößten Teil Defektierer sind, die der Population S jedoch Kooperierer. Dies führ zuerst einmal zu einem Anwachsen der Kooperierer in Z, da diese ja im Durchschnitt wesentlich erfolgreicher agieren als ihre defektierenden Mitpopulationsteilnehmer. Andererseits bewirkt der große Anteil der Defektierer in der Z-Population zugleich, dass die Kooperierer in der S-Population abgebaut werden bzw. seltener überleben, da sie ja ihrerseits auf eine „feindliche" Umwelt in Form der vielen Defektierer in der Z-Population stoßen. Alle Dynamiken, die in Abbildung 12.2 links oben beginnen, entwickeln sich also zuerst einmal nach rechts unten, also in Richtung Mitte. Wir haben dort dann eine relativ ausgewogene Verteilung von Defektierern und Kooperierern in beiden Populationen. Ob sich daraus im Endergebnis eine Verteilung von mehr oder weniger ausschließlich Kooperierern oder Defektierern in beiden Populationen ergibt, hängt von der Größe der Anteile der Typen in den beiden Populationen ab. Ist der Anteil der Kooperierer in der einen Population größer als der der Defektierer in der anderen und sind die beiden Gruppen zugleich beide in ihrer jeweiligen Population etwas größer als die Hälfte, dann werden sich die Kooperierer in beiden Populationen durchsetzen und umgekehrt. Welcher Trend sich am Ende durchsetzt, hängt dabei von sehr geringfügigen Unterschieden in der Anfangsverteilung ab.

Diese Replikatordynamik gilt allerdings nur für die Auszahlungsmatrix aus Abbildung 6.6, nach der die Stärke des Attraktors bei 1-1 genauso groß ist wie die des Attraktors bei 0-0, da die Gewinne von beidseitiger Kooperation z.B. von einer D-K-Ausgangskonstellation aus gesehen symmetrisch verteilt sind, d.h. die Verbesserung des Zeilenspielers nimmt, wenn er von D auf K wechselt genauso um eine Nutzeneinheit zu, wie für den Spaltenspieler, wenn er von K auf D wechselt. Wird die Auszahlung in K-K heraufgesetzt, z.B. von 4 auf 6 Einheiten, dann wächst entsprechend der „Einzugsbereich" des Attraktors, d.h. die Menge der Startpunkte, die schließlich nach einem Durchlauf von vielen Replikationen bei 1-1 landen, also bei dem Ergebnis, dass beide Populationen ausschließlich aus Kooperationsstrategien bestehen.

12.2 Axelrods Computerturnier

Betrachten wir jetzt noch einmal die Ergebnisse aus Axelrods Computerturnier, das in Kapitel 8 behandelt wurde, unter evolutionärer Perspektive. Genau dies hat auch Axelrod selbst getan, wie der Titel seines bahnbrechenden Buches „Die Evolution der Kooperation" schon verrät. Die von den Teilnehmern des Computerturniers eingereichten Strategien können nun als Replikatoren betrachtet werden, der von ihnen im iterierten Gefangenendilemma erzielte Punktwert als das Maß ihrer Fitness. Im Gegensatz zu unseren einfachen Beispielen zuvor, wird hier von nur einer einzigen Population von Replikatoren ausgegangen. Alle Strategien konkurrieren also miteinander in derselben Umwelt. Diese Umweltbedingungen und damit auch die Angepasstheit an diese Umweltbedingungen, also die Fitness, bestehen für jede Strategie aus der Häufigkeitsverteilung aller Strategien in der Population. Lässt man nun die Replikatorenlogik über den Konkurrenzkampf ums Überleben zwischen den verschiedenen Populationen laufen, dann „gewinnt" ebenfalls wieder „Tit-for-Tat", und zwar in dem Sinn, dass es bei Axelrod nach 1000 Generationen den höchsten Anteil der Population einnahm. Die anderen Strategien sterben jedoch keineswegs aus, sondern existieren zum großen Teil in friedlicher Koexistenz mit „Tit-for-Tat". Da ja alle freundlichen Strategien untereinander die permanente Kooperation ausüben, gibt es keine Selektionsvorteile mehr für einzelne Strategien, sobald nur noch freundliche Strategien in der Population vorhanden sind.

Beim sogenannten *agentenbasierten Modellieren* (agent based modelling) handelt es sich um computergestützte Simulationen, bei denen einzelne autonome Software-Objekte, die sogenannten Agenten, miteinander agieren. Die konkreten Formen der Interaktion sind durch einen entsprechenden Programmcode festgelegt. Mit agentenbasierter Modellierung lässt sich der Prozess sehr gut veranschaulichen, innerhalb dessen mikrofundierte Makrophänomene entstehen, also Strukturen, Muster oder eben charakteristische Verteilungen der Mikroeinheiten. Zur agentenbasierten Modellierung stehen mehrere relativ einfach zu programmierende, kostenfreie Softwarelösungen bereit, z.b. Netlogo oder Repast. Mit Hilfe solcher Programme lassen sich evolutionäre Replikatordynamiken wie z.B. Axelrods Turnier relativ elegant abbilden. Besonders hilfreich ist dabei die Möglichkeit, variable Parameter wie z.B. den Diskontfaktor, die Anfangsverteilung von Spielertypen, die Reproduktions- oder Mutationsrate in die Modellierung mit aufzunehmen. Auf diese Weise kann man durch gezielte Manipulationen dieser Parameterwerte, analog zur Vorgehensweise in einem experimentellen Design, charakteristische Veränderungen der Ergebnisse, in der Regel der Endverteilung, in Abhängigkeit von den gesetzten Parameterwerten untersuchen. In Abbildung 12.3 ist eine mit Netlogo durchgeführte Simulation zu sehen.

Die Population wird in dem View-Fenster rechts dargestellt und besteht aus 33*33 Elementen. Jedes Feld in diesem Fenster entspricht einem Agenten, also einem Spieler. In der Anfangsverteilung wird jedem Feld zufällig einer der vier Spielertypen „Tit-for-Tat", „Tat for Tit", „Unbedingte Defektion" und „Unbedingte Kooperation" zugeordnet.

12. Evolutionäre Spieltheorie

Abbildung 12.3: Screenshot einer Simulation mit Netlogo

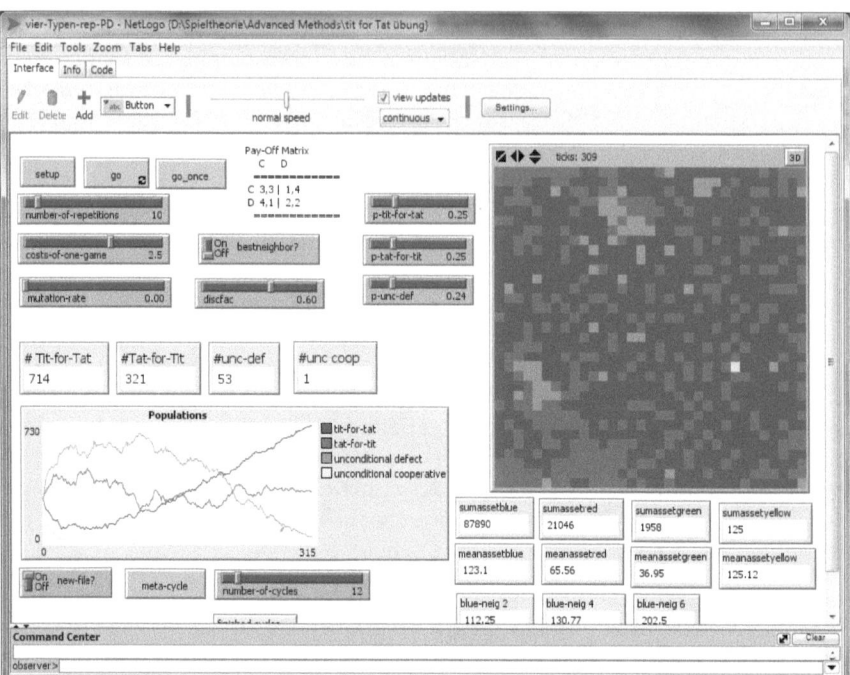

Jeder Agent erhält eine Anfangsausstattung mit Ressourcen im Wert von 5 Nutzeneinheiten. Die Regeln des Spiels selbst sind die Folgenden: Eine Runde besteht daraus, dass jeder Agent sich aus seinen acht Nachbarn zufällig einen auswählt und mit diesem eine bestimmte Anzahl des Gefangenendilemmas spielt, im vorliegenden Fall werden jeweils 10 Iterationen durchgeführt.[30] Ein Agent stirbt, wenn seine Ausgangsressourcen aufgebraucht sind. Dies geschieht durch eine Festlegung der Kosten für ein Spiel, in diesem Fall auf 2,5 Nutzeneinheiten. Die Reproduktion erfolgt in dieser Simulation dadurch, dass ein „gestorbener" Agent durch eine Kopie eines zufällig aus der Verteilung der Spielertypen ausgewählten Elements er-

---

30 Obwohl es sich um eine finite Anzahl von Iterationen handelt, weisen wir den Spielern in der Simulation dennoch Strategien zu, die nur rational wären, wenn die Anzahl der Iterationen unendlich oder zumindest unbekannt wären. Die Festlegung einer bestimmten Zahl von Iterationen dient jedoch lediglich der einfacheren Umsetzung. Der relative Vorteil einer Strategie gegenüber einer anderen erweist sich, bei entsprechendem Diskontfaktor, ja auch schon bei einer mittleren Anzahl von Iterationen. Der Spielverlauf bei einer begrenzten Anzahl von Iterationen kann daher als eine relativ zuverlässige Annäherung an den Spielverlauf gesehen werden, der sich bei unendlich vielen Iterationen ergeben würde. Wir können aber auch annehmen, dass der Abbruch nach 10 Iterationen den Agenten vorab nicht bekannt ist und dass sie in diesem Fall auch nicht aus der Erfahrung lernen, dass die Spiele jeweils nach 10 Iterationen beendet werden. Die Agenten in dieser Simulation verfügen auch sonst nicht über ein „Gedächtnis". Sie wenden sich z.B. bei der nächsten Runde nicht bevorzugt an Nachbarn, mit denen sie besonders gute Erfahrungen gemacht haben. Es gibt also in dieser Simulation keine Reputationseffekte. Aber natürlich wäre es ohne Weiteres möglich, diese in der Simulation ebenfalls mit zu modellieren.

setzt wird. Alternativ könnte man auch die Option wählen, dass der zu Ersetzende jeweils durch den erfolgreichsten seiner acht Nachbarn ersetzt wird.

Im Ergebnisfenster mit dem Titel „Populations" ist der Prozess der Entwicklung über insgesamt etwas mehr als 300 Runden grafisch dargestellt. Wie man sieht, setzt sich wie erwartet am Ende „Tit-for-Tat" durch. Allerdings ist eine interessante Dynamik zu beobachten. Würde man nur das Endergebnis betrachten, würde man sich in einer nicht ungefährlichen Überschätzung der überlegenen Fitness von „Tit-for-Tat" wiederfinden. Am Anfang nehmen nämlich sowohl die „Unbedingten Kooperierer" wie auch die „Tit-for-Tat"-Spieler rapide ab. Dies ist leicht zu erklären in Bezug auf die „Unbedingten Kooperierer", die leichte Beute für alle nicht-freundlichen Strategien sind und von diesen ausgebeutet werden. Dies führt einerseits zu einem relativ schnellen Aussterben der unbedingten Kooperierer, aber vor allem erst einmal zu einem massiven Anwachsen der „Unbedingten Defektierer", die von der Leichtgläubigkeit der „Unbedingten Kooperierer" am stärksten profitieren. Sobald aber die „Unbedingten Kooperierer" als Nahrungsressource für die „Unbedingten Defektierer" vom Erdboden (d.h. vom View-Fenster) verschwunden sind, bedingt dies den unausbleiblichen Abstieg der „Unbedingten Defektierer" und den ebenso unaufhaltsamen Aufstieg von „Tit-for-Tat".

Tit-for-Tat ist also nicht unbedingt die best angepasste Strategie per se, sondern es hängt von der Umgebung ab, in der sich Tit-for-Tat behaupten muss. In einer Umgebung mit vielen „Unbedingten Kooperieren" kann sich „Tit-for-Tat" schlecht behaupten. Aber natürlich nicht, weil es gegen die „Unbedingten Kooperierer" schlecht abschneidet, sondern weil die „Unbedingten Kooperierer" zu einer Vermehrung der „Unbedingten Defektierer" führt, die ihrerseits, wenn sie auf „Tit-for-Tat"-Spieler treffen, diese beseitigen. Nach zehn Spielen mit einem „Unbedingten Defektierer" überwiegen bei einem „Tit-for-Tat"-Spieler die Kosten die Gewinne, sodass er stirbt und ersetzt wird, während der „Unbedingte Defektierer" diese Begegnung erst einmal noch knapp überlebt wegen der erfolgreichen Ausbeutung des „Tit-for-Tat"-Spielers im ersten Zug. Viele der „Unbedingten Defektierer" können sich aber wieder erholen, wenn sie auf einen „Unbedingten Kooperierer" treffen. Wenn hingegen die Anfangsverteilung von vornherein nur aus „Tit-for-Tat", „Tat-for-Tit" und „Unbedingten Defektierern" bestanden hätte, dann hätte sich „Tit-for-Tat" von Beginn an weiter vermehrt. Das Überleben von „Tit-for-Tat" hängt stark von den gesetzten Parametern ab. Je höher der Diskontfaktor und je höher die Kosten, desto besser schneidet „Tit-for-Tat" im Vergleich zu anderen Strategien ab.

Liegt der Diskontfaktor bei ca. 0,5, dann ergibt sich allerdings wieder das bekannte Muster, dass „Tit-for-Tat" am Anfang dramatisch verliert, während die „Unbedingten Defektierer" an Boden gewinnen. Diese Verluste können so dramatisch ausfallen, dass „Tit-for-Tat" von der Bildfläche verschwindet, also ausstirbt. Lediglich, wenn sich zufällig ein Cluster von „Tit-for-Tat"-Spielern bildet, können diese innerhalb dieses Clusters durch Kooperation ihre Ressourcen ausbauen und damit auch die am Rande des Clusters stehenden Spieler unterstützen, die dann nach und nach in das übrige Gebiet eindringen können. Die Quintessenz dieser Beobachtungen lautet also: „Tit-for-Tat" hat gute Chancen, sich als der dominante Typ der Population zu etablieren, falls es nicht schon relativ früh ausstirbt, wofür die Chancen allerdings relativ hoch sind (bei einem relativ niedrigen Diskontfaktor). Dies wirft nun in der Tat einen erhellenden Blick auf die Evolutionstheorie bzw. den in ihr wirkenden Mechanismus. „Survival of the fittest" heißt nun mal keineswegs „Survival of the best". Eine Spezies, ein Typ, eine Strategie, die sich in einer bestimmten Umwelt als äußerst erfolgreich erweisen könnte, kann sich in dem dieser Umwelt unmittelbar vorangegangenen Zustand als so untauglich erwiesen haben, dass sie die für sie "paradiesischen Zustände" gar nicht mehr erlebt, weil sie davor an ihrer Unangepasstheit zugrunde gegangen ist. Der Evolutionstheoretiker David Raup bringt es so auf den Punkt: Ist das Aussterben einer Spezies darauf zurückzuführen, dass ihre Mitglieder über „schlechte Gene" verfügten oder hatten sie lediglich „the bad luck to be in the wrong place at the wrong time" (Raup 1991: 5)? Die Überlebenden sind nicht unbedingt die Überlegenen und wenn die „Tit-for-Tat"-Spieler bei der Anfangsverteilung in unserer Simulation das Pech haben, in relativ isolierte Kleingruppen oder gar einzelne Individuen zu zerfallen, die jeweils in einem Umfeld von „Tat-for-Tit"-Spielern und „Unbedingten Defektierern" landen, dann werden sie kaum das Glück erleben, das Zeitalter zu erreichen, in dem sie ihre „Überlegenheit", d.h. ihre dann vorhandene Überlegenheit ausspielen können. Die sogenannte „Impact"-Theorie, der Raup, aber auch andere Evolutionstheoretiker wie Stephen Jay Gould anhängen, geht davon aus, dass bestimmte Spezies, die womöglich räumlich konzentriert waren, wegen eines dort auftretenden äußeren „Schocks", einer Störung des Ökosystems, wie man heute vielleicht sagen würde, einen so massiven Überlebensnachteil erlebten, dass sie daran zugrunde gehen. Man kann sogar noch weiter gehen und sich Szenarien vorstellen, in denen die Konzentration auf eine bestimmte räumliche Gegend sogar zuerst einmal die Folge eines Vorteils gewesen sein könnte. Stellen wir uns Folgendes vor: Wir zerlegen unsere kleine simulierte Welt in mehrere Teile, die von unterschiedlicher „Attraktivität" für die Agenten sind, wobei attraktive Gebiete mit einer „höheren Lebensqualität" bestimmte Kosten verursachen, sodass sie nur von besonders erfolgreichen Agenten bewohnt werden können, die es sich leisten können, in diesen Gebieten zu wohnen. Sollte es nun einer Horde pubertärer Außerirdischer einfallen, ausgerechnet dieses Gebiet als Austragungsort für ihr kleines „Chicken-Game" mit nukleargetriebenen und frisierten Raumvehikeln zu benutzen, so könnte der entstehende Kollateralschaden dramatisch sein, wenn zwei der außerirdischen Halbstarken mit Testosteronüberschuss aufeinandertreffen. Die Folge wäre der Tod aller in diesem Gebiet lebenden Agenten. Wenn der Erfolg einer Subpopulation zu einer räumlichen Konzentration an einem konkreten Ort führt, der danach von einer externen Katastrophe im besonderen Maße betroffen ist, dann könnte der frühe Erfolg dieser Subpopulation die Ursache ihres späteren Untergangs werden.[31]

---

[31] Der französische Adel zur Zeit der Revolution war besonders verletzlich durch den Umstand, dass er sich so stark in Paris konzentrierte.

12.3 Mutationen und evolutionär stabile Strategien

Wenn die evolutionäre Dynamik gegen einen stabilen Zustand konvergiert, dann handelt es sich offenbar hierbei um ein Gleichgewicht. Besteht der Gleichgewichtszustand darin, dass alle Mitglieder der Population ein und dieselbe Strategie verwenden, dann entspricht dies der Verwendung einer puren Strategie. Stellt sich hingegen eine bestimmte Verteilung von Strategien in der Population ein, so kann diese analog zu einer gemischten Strategie interpretiert werden. Dies gilt insbesondere dann, wenn die zwei Agenten, die in einem Einzelspiel mit ihrer jeweiligen Strategie gegeneinander antreten, zufällig aus der gesamten Population ausgewählt werden. Hat sich jedoch einmal ein solch stabiler Zustand etabliert, dann stellt sich die Frage, wie „stabil" er eigentlich ist. Denn das Wesen der Evolution ist ja die Entwicklung, d.h. die Veränderung. Dieses wichtige Element der Veränderung wird innerhalb der Evolutionstheorie durch das – neben der Selektion – zweite wichtige Schlüsselkonzept ausgedrückt, das der *Mutation*. Durch Mutation entstehen modifizierte Varianten der Replikatoren. Wenn diese neuen, durch Mutation entstandenen Varianten erfolgreicher sind als die ursprünglichen Replikatoren, dann werden sie diese im Zuge der Selektion aufgrund des Fitnessmaßstabs nach und nach ablösen. Um auf Dauer erfolgreich zu sein und sich als „Spezies" zu behaupten,[32] genügt es für einen Replikator also nicht, sich gegen die aktuellen Herausforderer durchgesetzt zu haben, sondern er muss sich auch gegen zukünftige Herausforderer, die sich womöglich ganz neuer Strategien bedienen, behaupten können. Genau diese Eigenschaft soll mit dem Kernkonzept der evolutionären Spieltheorie, den sogenannten *evolutionär stabilen Strategien* (evolutionarily stable strategies) verkörpert werden. Das Konzept wurde von George Price und John Maynard Smith entwickelt. Genau genommen stammt die inhaltliche Idee vornehmlich von George Price, der seine Weltfremdheit allein schon dadurch offenbarte, dass er Anfang der 70er ein 60seitiges Manuskript an die Zeitschrift *Nature* schickte, die nur sehr kurze Artikel veröffentlicht. Glücklicherweise war sein Gutachter John Maynard Smith, der das Potenzial der Arbeit entdeckte und 1973 daraus einen gemeinsamen Aufsatz mit George Price destillierte. John Maynard Smith hat das Konzept dann bekannt gemacht mit einem Aufsatz und einem Buch, die beide den Titel „Evolution and the Theory of Games" trugen. Daher wird oft vor allem John Maynard Smith als Begründer der evolutionären Spieltheorie genannt.

Eine evolutionär stabile Strategie (ESS) kann dadurch definiert werden, dass sie nicht durch eine Mutation bezwungen werden kann. Die dabei zugrundeliegende Annahme ist die, dass die Population ausschließlich aus einer Strategie besteht. Diese Strategie wird auch als „einheimische" Strategie bezeichnet. Der Mutant wird oft auch als Eindringling bezeichnet, da er in die bestehende Population ein-

---

[32] Die Spezies behauptet sich, wenn die Individuen, die ihr angehören, sich behaupten. Die „Selektion" einer Spezies kann sich als Ergebnis dadurch einstellen, dass die Mitglieder dieser besonderen Spezies sich gegen Mitglieder anderer Spezies regelmäßig im Konkurrenzkampf durchsetzen. Das Selektionsprinzip selbst wirkt dann nur auf der Ebene der Individuen, kann aber im Endeffekt zur „Selektion" der Spezies, die diese Individuen umfasst, führen. Wir benötigen also, um die Selektion einer Spezies erklären zu können, kein Selektionsprinzip, das auf der Ebene der Spezies arbeitet. Dies schließt aber andererseits nicht logisch aus, dass das Selektionsprinzip nicht auch auf der Ebene von Gruppen fungieren kann.

dringen will. Eine evolutionär stabile Strategie ist daher eine Strategie, die, wenn sie die einheimische Strategie ist, d.h. von allen Mitgliedern der Population ausgeübt wird, nicht durch neu auftauchende alternative Strategien verdrängt werden kann. Eine evolutionär stabile Strategie kann nicht durch Mutationen unterwandert werden, da sie sich erfolgreich gegen diese zur Wehr setzt. Formal kann eine ESS auf die folgende Weise definiert werden:

Sei $E(I,J)$ die (erwartete) Auszahlung, die Spieler I im Spiel gegen Spieler J erzielt. Seien des weiteren I die einheimische und J die eindringende Strategie. Dann handelt es sich bei I um eine ESS, wenn gilt:

Formel
$E(I,I) > E(J,I)$ für alle $J \neq I$
ODER
$E(I,I)=E(J,I)$ UND $E(I,J)>E(J,J)$ für alle $J \neq I$

Da es sich hier um eine logische ODER-Verknüpfung zweier Bedingungen handelt, einer sogenannten Disjunktion, ist die gesamte Bedingung erfüllt, wenn eine der beiden einzelnen Bedingungen erfüllt ist (wobei die zweite Bedingung wiederum eine UND-Verknüpfung, eine sogenannte Konjunktion, zweier Bedingungen ist). Logisch gesehen ist die ODER-Verknüpfung im Sinne von „oder auch" zu interpretieren, da aber der erste Teil der zweiten Bedingungen nicht gleichzeitig wahr sein kann, wenn die erste Bedingung gilt, führt dies dazu, dass entweder die erste Bedingung oder die zweite erfüllt sein muss, damit die gesamte Bedingung gilt.

Die erste Bedingung besagt, dass die einheimische Strategie, wenn sie gegen sich selbst gespielt wird, besser abschneidet als der Eindringling gegen die einheimische Strategie. Da dies für alle $J \neq I$ gilt, schneidet also *jede* andere Strategie gegen die einheimische schlechter ab als diese selbst. Anders ausgedrückt: Die einheimische Strategie I ist ihre eigene beste Antwort. Die Strategiekombination I-I ist daher ein Nash-Gleichgewicht. Gibt es allerdings noch eine andere beste Antwort auf die einheimische Strategie, gibt es also einen Eindringling, der gegen die einheimische Strategie nicht schlechter abschneidet als diese gegen sich selbst, dann muss gelten, dass aber die einheimische Strategie gegen den Eindringling besser abschneidet als dieser gegen sich selbst, damit wir von einer evolutionär stabilen Strategie sprechen können.

Aus der ersten und zweiten Bedingung folgt, dass $E(I,I)$ mindestens so groß sein muss wie $E(J,I)$, I ist also immer die beste Antwort auf I, nur nicht womöglich die einzige. Eine Strategiekombination aus zwei ESS ist daher immer ein Nash-Gleichgewicht. Da aber durch den zweiten Teil der zweiten Bedingung noch ein weiteres Erfordernis für eine ESS hinzukommt, handelt es sich bei einer ESS um eine Verfeinerung eines Nash-Gleichgewichts.

Eindringlinge haben also keine Chance, sich gegen eine ESS durchzusetzen. Im einfachsten Fall scheitert dies daran, dass sie gegen die einheimische Strategie eine geringere Auszahlung erhalten als die einheimische Strategie gegen sich selbst. So entsteht offensichtlich ein Selektionsnachteil gegenüber der einheimischen Strategie, da die Fitness der eindringenden Strategie geringer ist als die der einheimischen.

Nehmen wir an, wir spielen ein einfaches One-Shot-Gefangenendilemma und Defektion sei die einheimische Strategie. Dann gibt es hier eine einzige mögliche Mutation, da durch das Spiel, das in dieser Umgebung gespielt wird, nur eine einzige alternative Strategie zulässig ist (denn sonst wäre das zugrundeliegende Basisspiel ein anderes). Diese einzige zulässige „Mutation" wäre die Kooperation. Offensichtlich aber kann „Kooperation" nicht als Strategie in eine Population von Defektierern eindringen, da die kooperative Strategie gegen einen beliebigen Defektierer schlechter abschneiden würde als jeder andere Defektierer aus der Population. Die kooperative Strategie kann also keine defektive Strategie verdrängen. Defektion wäre also sowohl eine Strategie, aus der sich ein symmetrisches Nash-Gleichgewicht bildet, als auch eine ESS.

Dies scheint reichlich banal. Komplizierter aber wird es, wenn wir das iterierte Gefangenendilemma betrachten. Da eine Strategie in einem iterierten Spiel aus jeder möglichen Kombination der zulässigen Züge im Basisspiel besteht und die Anzahl der Spiele darüber hinaus theoretisch unbegrenzt ist, ist die Anzahl der Strategien ebenfalls theoretisch unbegrenzt. Tatsächlich aber werden wir uns in jeder Analyse eines iterierten Spiels immer auf eine bestimmte Auswahl von Strategien beschränken müssen. D.h. es gibt immer noch weitere, mögliche Strategien, die in unserer Analyse nicht auftauchen. Hier macht also der Begriff der Mutation auch inhaltlich Sinn, da Mutationen in der Regel neue, bisher unbekannte Varianten darstellen.[33]

Gehen wir jetzt davon aus, dass „Tit-for-Tat" die einheimische Strategie sei. In der Tat kann Tit-for-Tat durch keine andere Strategie geschlagen werden, vorausgesetzt, der Diskontfaktor ist hinreichend groß und die Summe aus T und S, also der höchsten und der niedrigsten Auszahlung, ist nicht größer als das Doppelte von R, der Auszahlung, die man bei gegenseitiger Kooperation erzielt. Denn sonst könnte es sich lohnen, auf einen Wechsel von Defektion und Kooperation zu setzen, wenn der Ausbeutungsgewinn, den man bei Defektion gegen Kooperation erzielt, wesentlich höher ausfällt als der Verlust durch Bestrafung, wenn man einerseits „reuig" zur Kooperation zurückkehrt und durch die erfolgte Defektion des anderen, vergeltenden Spielers das schlechtestmögliche Ergebnis in einem Einzelspiel erhält. Sind aber die genannten Bedingungen erfüllt, dann kann eine Strategie, die es auf die Ausbeutung von Tit-for-Tat anlegt, nicht erfolgreich sein. Dieser Umstand hat Maynard Smith dazu verführt, Tit-for-Tat für eine ESS zu halten. Aber auch wenn es keine Strategie gibt, die gegen Tit-for-Tat besser abschneidet als Tit-for-Tat selbst, so ist diese eben doch nicht die einzige beste Antwort, sondern jede freund-

---

33 Theoretisch können sich Mutationen natürlich auch wiederholen, wenn sie erfolglos sind. Eine „neu" auftauchende Mutation kann zuvor schon einmal aufgetreten sein, dann aber wieder verschwunden sein. Wenn sich seitdem die Umwelt nicht bedeutend geändert hat, wird aber die Mutation jetzt ebenfalls wieder verschwinden. Wir können also Mutationen so behandeln, als ob sie jeweils zum ersten Mal aufträten, ohne dass unsere Analyse etwas von ihrer Aussagekraft einbüßt.

liche Strategie ist ebenfalls eine beste Antwort auf Tit-for-Tat. Eine Population, die nur aus Tit-for-Tat Spielern besteht, kann sehr wohl erfolgreich z.B. von Unbedingten Kooperierern unterwandert werden. Allerdings werden diese niemals Tit-for-Tat ablösen bzw. auslöschen, sondern lediglich als gelegentliche Mutationen ein Leben in friedlicher Koexistenz in einer Umgebung, die vorwiegend aus Tit-for-Tat-Spielern besteht, führen. Bilden sich womöglich sogar kleine Kolonien von Unbedingten Kooperierern, so können diese in ihrer näheren Umgebung allerdings erfolgreich durch Unbedingte Defektierer unterwandert werden, die ihnen gegenüber sogar einen echten Selektionsvorteil besäßen. Genau dies haben wir ja auch in der Simulation als Ergebnis festgehalten. Treffen dann an der Frontlinie Unbedingte Defektierer auf Tit-for-Tat-Spieler und werden erstere durch ein Hinterland von Unbedingten Kooperierern ernährt, während die Tit-for-Tat-Spieler kein Hinterland besitzen, mit dem sie noch Kooperationsgewinne erzielen können, dann kann es im ungünstigsten Fall, selbst wenn dies sehr unwahrscheinlich ist, sogar zur Ausrottung von Tit-for-Tat kommen.

Aufgaben

1. Beweisen Sie die folgende Aussage: „Wenn eine Strategie strikt von einer anderen Strategie dominiert wird in einem Spiel, das von rationalen Spielern gespielt wird, dann wird sie in der evolutionären Version aussterben, unabhängig davon, wie die anfängliche Verteilung der Strategien ausgesehen hat (solange alle Strategien mit einem Anteil ungleich 0 vertreten sind.) Wenn eine Strategie nur schwach dominiert wird, kann sie hingegen mit einer Auswahl anderer Strategien koexistieren, aber nicht mit einer Mischung aller Typen."

2. Analysieren Sie eine evolutionäre Version des Nullsummenspiels in Abbildung 5.7.

		Torwart	
		p	q
		Links	Rechts
Schütze	r Links	40	80
	s Rechts	60	40

3. Der Klassiker der evolutionären Spieltheorie ist das Taube-Falke-Spiel.[34] Tatsächlich wird das Spiel nicht zwischen zwei Spezies gespielt, sondern zwischen den Mitgliedern einer Spezies und „Taube" und „Falke" sind lediglich Bezeichnungen für die beiden Strategien, die ihnen zur Verfügung stehen. Es geht um zwei Individuen, die um eine gemeinsame Ressource mit dem Wert V konkurrieren. Die „Falke"-Strategie ist aggressiv, ein Falke kämpft immer um die Ressource. „Tauben" hingegen gehen einem Konflikt mit einem Falken kampflos aus dem Weg. Trifft ein Falke auf einen anderen Falken, so geht er mit Wahrscheinlichkeit von ½ als Sieger aus dem Kampf hervor und erhält die Ressource im Wert von V, mit einer Wahrscheinlichkeit von ½ je-

---

34 Im Englischen wird dieses Spiel als Dove-Hawk-Game bezeichnet, genau genommen handelt es sich daher um ein Taube-Habicht-Spiel. Im Deutschen jedoch hat sich – auch in der Sicherheitspolitik – der Begriff „Falke" für eine harte Spielerdisposition eingebürgert.

doch geht er aufgrund einer Verletzung, die ihm im Kampf zugefügt wird, als Verlierer vom Platz, wobei die Verletzung ihm Kosten in Höhe von C auferlegt. Zwei „Tauben" teilen die Ressource gleichmäßig unter sich auf. Die Auszahlungsmatrix sieht also folgendermaßen aus:

		B	
		Falke	Taube
A	Falke	$\frac{V-C}{2}, \frac{V-C}{2}$	$V, 0$
	Taube	$0, V$	$\frac{V}{2}, \frac{V}{2}$

a) Untersuchen Sie das Spiel für V>C! Unter welcher zusätzlichen Bedingung entspricht das Spiel einem bekannten Typ von Spiel? Gibt es eine evolutionär stabile Strategie? Wenn ja, beschreiben Sie diese!

b) Untersuchen Sie das Spiel für V<C! Gibt es eine evolutionär stabile Strategie? Wenn ja, beschreiben Sie diese!

c) Untersuchen Sie das Spiel für V=C! Gibt es eine evolutionär stabile Strategie? Wenn ja, beschreiben Sie diese!

Weiterführende Literatur

Der Klassiker zur evolutionären Spieltheorie ist Maynard Smith (1982). Weiterentwicklungen vor allem aus ökonomischer Sicht finden sich u.a. bei Samuelson (1997) und Fudenberg/Levine (1998). Anwendungen der evolutionären Spieltheorie auf die Theorie des Gesellschaftsvertrags finden sich bei Skyrms (1996, 2004). Young (1998) ist eine sehr anschauliche und gut verständliche Darstellung von evolutionären Spielen zur Erklärung der Entstehung sozialer Strukturen. Spieltheoretische Erklärungen des Verhaltens von Tieren finden sich bei Dugatkin (1998).

Grundlegende Konzepte

- **Common Knowledge**

Common Knowledge ist Wissen, das alle Spieler kennen, von dem alle Spieler wissen, dass es alle kennen, von dem alle Spieler wissen, dass alle Spieler wissen, dass alle es kennen usw.

- **Complete (vollständige) Information**

Ein Spiel wird unter vollständiger Information gespielt, wenn die Payoffs aller Spieler commmon knowledge sind.

- **Diskontrate und Diskontfaktor in einem iterierten Spiel**

Die Diskontrate ist ein Wert zwischen 0 und 1 und gibt den Anteil des Wertverlusts an, den ein Objekt in einer Zeitperiode erleidet. Ist z.B. die Diskontrate 0,1, dann verliert ein Objekt in einer Zeitperiode 10 Prozent seines Wertes. Der Diskontfaktor oder Diskontparameter ist 1 minus die Diskontrate. Der Diskontfaktor gibt somit den übriggebliebenen Anteil des Wertes nach einer Zeitperiode an.

- **dominante, dominierende und dominierte Strategien**

Eine Strategie ist dominierend gegenüber einer zweiten Strategie, wenn sie für jede Strategie des Gegners eine mindestens ebenso hohe Auszahlung erbringt und für mindestens eine gegnerische Strategie eine höhere Auszahlung als die zweite Strategie. Die zweite Strategie wird umgekehrt von der ersten Strategie dominiert. Eine dominante Strategie ist eine Strategie, die in jedem paarweisen Vergleich von Strategien, die einem Spieler zur Verfügung stehen, eine dominierende Strategie ist.

- **Erwartungswert**

Der Erwartungswert ist ein Begriff aus der Stochastik. Werden den n verschiedenen möglichen Ergebnissen eines Zufallsexperiments Zahlenwerte zugeordnet, dann ist der Erwartungswert der Zahlenwert, der „im Mittel" bei einer sehr großen Anzahl von Durchführungen des Zufallsexperiments auftritt. Der Erwartungswert ist also eine Art gewichtetes arithmetisches Mittel der Verteilung der Werte einer Zufallsvariable, wobei die Gewichte den jeweiligen Wahrscheinlichkeiten entsprechen, mit denen eine bestimmte Zufallszahl auftritt. Bezeichnet man die Ausprägungen der Zufallsvariablen mit x_1, x_2, x_3 usw. und die Ausprägungen der entsprechenden Wahrscheinlichkeiten mit p_1, p_2, p_3 usw., dann berechnet sich der Erwartungswert der Zufallsvariablen X folgendermaßen:

$$E(X) = p_1 x_1 + p_2 x_2 + p_3 x_3 \ldots + p_n x_n = \sum_{i=1}^{n} p_i x_i$$

Der Erwartungswert des Nutzens eines Spieles gegen die Natur wird entsprechend berechnet, wobei die Nutzenwerte der verschiedenen Outcomes den Werten der Zuzfallsvariablen entsprechen.

- **Focal Points oder Prominente Punkte**

Focal Points sind Spielergebnisse, die sich gegenüber den anderen möglichen Ergebnissen hervorheben. Focal Points gründen dabei in der Regel auf kulturelles Hintergrundwissen, das Common Knowledge ist. Focal Points spielen häufig eine wichtige Rolle bei der Auswahl eines aus mehreren Gleichgewichten in Koordinationsspielen.

- **Information Set**

Ein Information Set beinhaltet die Menge an Entscheidungsknoten, zwischen denen ein Spieler an einem bestimmten Punkt im Spiel nicht unterscheiden kann, wobei ausgehend von allen in einem Information Set zusammengefassten Entscheidungsknoten die gleichen Handlungsoptionen bestehen müssen. Beinhaltet ein Information Set nur einen einzigen Entscheidungsknoten, so nennt man es Singleton.

- **Mixed-Motives-Games**

Mixed-Motives-Games enthalten Elemente sowohl von Nullsummenspielen als auch von Koordinationsspielen. Die Motive sind insofern gemischt, als es sowohl gemeinsame (Koordinations-)Interessen der Spieler als auch entgegengesetzte (konfligierende) Interessen gibt.

- **Nash-Equilibrium**

Unter einem Nash-Gleichgewicht versteht man eine Strategiekombination, bei der die einzelnen Strategien jeweils die gegenseitig besten Antworten (mutual best replies) auf die Strategie des jeweilig anderen Spielers sind. Nash-Gleichgewichte produzieren Ergebnisse, denen gegenüber sich kein Spieler durch eine einseitige Abweichung von seiner Strategie verbessern kann.

- **Nonkooperative Spieltheorie**

Nonkooperative Spieltheorie handelt von Spielen, bei denen es keine Möglichkeit gibt, bindende Abmachungen einzugehen.

- **Null- bzw. Konstantsummenspiel**

Bei einem Nullsummenspiel ergibt die Summe der Auszahlungen der Spieler für jedes Ergebnis den Wert Null, bei einem Konstantsummenspiel einen bestimmten fixen Wert. Ein Konstantsummenspiel kann daher immer in ein Nullsummenspiel transformiert werden, indem man von allen Auszahlungen der Spieler einen bestimmten Betrag abzieht (in einem Zwei-Personen-Spiel die Hälfte der Konstante). Nullsummenspiele sind Darstellungen eines strikten Wettbewerbs, da der Gewinn des einen Spielers immer den Verlust des anderen Spielers bedeutet. In einem Nullsummenspiel kann es daher niemals einen Anreiz zur gemeinsamen Kooperation geben, da jeder Spieler für sich immer sein bestes Ergebnis zu erzielen versucht und damit automatisch das schlechteste Ergebnis des Gegenspielers.

- **Nutzenwert**

Die Nutzenfunktion ist eine Bewertungsfunktion der Outcomes, durch die die Präferenzen der Spieler über diese Outcomes wiedergespiegelt werden. Der Nutzenwert eines bestimmten Outcomes ist demnach der Wert, der ihm durch die Nutzenfunktion zugeordnet wird.

- **Pareto-optimales Spielergebnis**

Ein pareto-optimaler Zustand besteht, wenn sich keiner der Spieler verbessern kann, ohne dass sich ein anderer verschlechtert.

- **Perfect (perfekte bzw. vollkommene) Information**

Ein Spiel wird unter vollkommener Information gespielt, wenn alle Information Sets Singletons sind, d.h. nur einen einzigen Entscheidungsknoten enthalten. Anders ausgedrückt: Ein Spieler verfügt über vollkommene Information, wenn ihm an jeder Stelle des Spielbaums alle vorangegangenen Züge bekannt sind, d.h. er immer weiß, an welcher Stelle des Spielbaums er sich befindet.

- **Reines Koordinationsspiel**

Im Gegensatz zu Nullsummenspielen handelt es sich bei reinen Koordinationsspielen um Situationen, in denen alle Spieler ganz und gar übereinstimmende Interessen haben, d.h. die Präferenzordnungen aller Spieler über alle Outcomes sind identisch.

- **Sattelpunkt**

Ein Sattelpunkt ist ein Nash-Equilibrium in einem Nullsummenspiel. Der Payoff des Sattelpunkts ist dabei das Maximum der Payoffs in der Spalte und das Minimum der Payoffs in der Zeile.

- **Strategie**

Im Voraus festgelegter, vollständiger Plan für ein Spiel, der für einen Spieler für jeden Information Set eine Handlungsoption zuweist, die der Spieler an dieser Stelle des Spielbaums ergreifen soll.

- **Teilspielperfekte Gleichgewichte**

Ein Gleichgewicht ist teilspielperfekt, wenn die Bestandteile der Strategien, deren Kombination das Gleichgewicht darstellt, die in den Teilspielen umgesetzt werden, jeweils auch in jedem dieser Teilspiele zu einem Gleichgewicht hinführen.

- Wert eines Spiels

Der Wert eines Spiels kann nur in einem Nullsummenspiel eindeutig bestimmt werden. Der Wert des Spiels entspricht dem Payoff in einem Sattelpunkt, wenn einer existiert. Der Wert des Spiels gibt das Ergebnis des Spiels an, wenn beide Spieler ihre optimalen Strategien wählen. Er ist somit der Gewinn, den sich ein Spieler mindestens garantieren kann, bzw. die Obergrenze des Verlustes, den der andere Spieler hinnehmen muss.

Literatur

Aggarwal, Vinod K./ Cedric Dupont (1999): Goods, Games, and Institutions. In: International Political Science Review, 20, 393-409.
Albert, Hans (1991)[1968]: Traktat über kritische Vernunft. Tübingen.
Arnauld, Antoine/ Pierre Nicole (1994)[1662]: Die Logik oder Die Kunst des Denkens. Darmstadt.
Axelrod, Robert (1987)[1984]: Die Evolution der Kooperation. München.
Bacon, Francis (1990)[1620]: Neues Organon. Darmstadt.
Barrett, Scott (2007): Why Cooperate? The Incentive to Supply Global Public Goods. Oxford.
Behnke, Joachim/ Nathalie Behnke (2006): Grundlagen der statistischen Datenanalyse. Eine Einführung für Politikwissenschaftler. Wiesbaden.
Behnke, Joachim (2007): Thomas Schelling und die Theorie der Focal Points. In: Ingo Pies/ Martin Leschke (Hg.): Thomas Schellings strategische Ökonomik. Tübingen, 155-174.
Behnke, Joachim (2016): Die politische Theorie des Rational Choice: Anthony Downs. In: André Brodocz/ Gary S. Schaal (Hg.): Politische Theorien der Gegenwart II. Opladen, 429-464.
Behnke, Joachim (2012): Der Nutzen experimenteller Spieltheorie für das Design politischer Institutionen. In: Regina Kreide/ Claudia Landwehr/ Katrin Toens (Hg.): Demokratie und Gerechtigkeit in Verteilungskonflikten. Baden-Baden, 161-184.
Behnke, Joachim/ Nina Baur/ Nathalie Behnke (2010a): Empirische Methoden der Politikwissenschaft. Paderborn.
Behnke, Joachim/ Johannes Hintermaier/ Lukas Rudolph (2010b): Die Bedeutung von Werten für Verteilungsergebnisse im Ultimatum- und Diktatorspiel. In: Joachim Behnke/ Thomas Bräuninger/ Susumu Shikano (Hg.): Jahrbuch für Handlungs- und Entscheidungstheorie. Band 6. Wiesbaden, 165-192.
Berger, Roger (2010): Rationalität beim Elfmeterschießen. Entscheiden sich Bundesligaspieler strategisch optimal? In: Joachim Behnke/ Thomas Bräuninger/ Susumu Shikano (Hg.): Jahrbuch für Handlungs- und Entscheidungstheorie. Band 6. Wiesbaden, 125-164.
Bernheim, D. (1984): Rationalizable strategic behavior. In: Econometrica, 52, 1007-1028.
Bernoulli, Daniel (1954): Exposition of a New Theory on the Measurement of Risk. In: Econometrica, 22, 23-36.
Binmore, Ken (2007a): Game Theory. A very short Introduction. Oxford.
Binmore, Ken (2007b): Playing for Real. A Text on Game Theory. Oxford.
Black, Duncan (1948): On the Rationale of Group Decision-making. In: Journal of Political Economy. Bd. 56, Nr. 1, 1948, S. 23–34.
Black, Duncan (1958): The Theory of Committees and Elections. Cambridge.
Bolton, Gary/ Elena Katok/ Rami Zwick (1998): Dictator game giving: Rules of fairness versus acts of kindness. In: International journal of game theory, 27, 269-299.
Bowles, Samuel (2016): The Moral Economy. New Haven.
Bowles, Samuel/ Herbert Gintis (2011): A Cooperative Species. Princeton, New Jersey.
Brams, Steven J./ D. M. Kilgour (1988): Game theory and national security. New York, NY.
Brams, S.J. (1985): Superpower Games. New Haven.
Buchanan, James M. (1975): The Limits of Liberty. Chicago.
Camerer, Colin F. (2003): Behavioral Game Theory. Princeton, New Jersey.
Carter, John R./ Michael D. Irons (1991): Are Economists Different, and if so, why?. In: The Journal of Economic Perspectives, 5, 171-177.
Chong, Dennis (1991): Collective Action and the Civil Rights Movement. Chicago-London.
Colman, Andrew M. (1999): Game Theory & its Applications in the Social and Biological Sciences. London/New York.
Daston, Lorraine (1988): Classical Probability in the Enlightenment. Princeton, New Jersey.

Diekmann, Andreas (2007): Empirische Sozialforschung. Reinbek.
Diekmann, Andreas (2008): Soziologie und Ökonomie: Der Beitrag experimenteller Wirtschaftsforschung zur Sozialtheorie. In: Kölner Zeitschrift für Soziologie und Sozialpsychologie, 60, 528-550.
Diekmann, Andreas (2009): Spieltheorie. Reinbek.
Dixit, Avinash K./ Barry Nalebuff (1995): Spieltheorie für Einsteiger. Stuttgart.
Dixit, Avinash K./ Susan Skeath / David H. Reiley (2013): Games of Strategy. New York, N.Y.
Downs, Anthony (1957): An Economic Theory of Democracy. New York.
Dugatkin, Lee Alan (Hg.)(1998): Game Theory and Animal Behavior. Oxford.
Eigen, Manfred/ Ruthild Winkler (1990): Das Spiel. Naturgesetze steuern den Zufall. München.
Elster, Jon (1989): The Cement of Society. A Study of Social Order. Cambridge.
Esser, Hartmut (1996): Die Definition der Situation. In: Kölner Zeitschrift für Soziologie und Sozialpsychologie, 48, 1-34.
Falk, Armin/ Urs Fischbacher (2006): A Theory of Reciprocity. In: Games and Economic Behavior, 54, 293-315.
Fazio, Russell H. (1989): On the Power and Functionality of Attitudes: The Role of Attitude Accessibility. In: Anthony R. Pratkanis/ Steven J. Breckler/ Anthony G. Greenwald (Hg.): Attitude Structure and Function. Hillsdale, N.J.
Fehr, Ernst/ Klaus M. Schmidt (1999): A theory of fairness, competition, and cooperation. In: Quarterly Journal of Economics, 114, 817-868.
Ferejohn, John A./ Morris P. Fiorina (1974): The Paradox of Not Voting: A Decision Theoretic Analysis. In: American Political Science Review, 68, 525-536
Forsythe, Robert/ Joel L. Horowitz/ N. E. Savin/ Martin Sefton (1994): Fairness in Simple Bargaining Games. In: Games and Economic Behavior, 6, 347-369.
Frank, Robert (1988): Passions within Reason. New York.
Frank, Robert H./ Thomas Gilovich/ Dennis T. Regan (1993): Does Studying Economics inhibit Cooperation?. In: The Journal of Economic Perspectives, 7, 159-171.
Fudenberg, Drew/ Jean Tirole (1991): Game Theory. Cambridge, Mass.
Fudenberg, Drew/ David K. Levine (1998): The Theory of Learning in Games. Cambridge, Mass.
Gibbons, Robert (1992): Game theory for applied economists. Princeton, NJ.
Gillies, Donald (2000): Philosophical Theories of Probability. London.
Güth, Werner/ Schmittberger, Rolf / Schwarze, Bernd 1982: An Experimental Analysis of Ultimatum Bargaining, in: Journal of Economic Behavior & Organization, 3, S. 367-388.
Güth, Werner/ E. van Damme (1998): Information, Strategic Behaviour and Fairness in Ultimatum Bargaining: an Experimental Study. In: Journal of Mathematical Psychology, 42, 227-247.
Hacking, Ian (1972): The Logic of Pascal's Wager. In: American Philosophical Quarterly, 9, 186-192.
Hampton, Jean (1986): Hobbes and the social contract tradition. Cambridge.
Hardin, Garrett (1968): The Tragedy of the Commons. In: Science, 162, 1243-1248.
Hardin, Russell (1982): Collective action. Baltimore.
Harsanyi, John C. (1967a): Games with Incomplete Information. Played by Bayesian Players, Part I. In: Management Science, 14, 159-182.
Harsanyi, John C. (1967b): Games with Incomplete Information. Played by Bayesian Players, Part II. In: Management Science, 14, 320-334.
Harsanyi, John C. (1967c): Games with Incomplete Information. Played by Bayesian Players, Part III. In: Management Science, 14, 486-502.
Harsanyi, John C./ Reinhard Selten (1988): A general theory of equilibrium selection in games. Cambridge, Mass.

Henrich, Joseph/ Robert Boyd/ Samuel Bowles/ Colin Camerer/ Ernst Fehr/ Herbert Gintis (Hg.)(2004): Foundations of Human Society. Oxford.
Hoffman, Elizabeth/ Kenneth McCabe/ Keith Shachat/ Vernon Smith (1994): Preferences, Property Rights, and Anonymity in Bargaining Games. In: Games and Economic Behavior, 7, 346-380.
Holzinger, Katharina (2003): Common Goods, Matrix Games and Institutional Response. In: European Journal of International Relations, 9, 173-212.
Hotelling, Harold (1929): Stability in Competition. In: The Economic Journal, 39, 41-57.
Kagel, John H./ Alvin E. Roth (Hg.)(1995): Handbook of Experimental Economics. Princeton, New Jersey.
Kahneman, Daniel/ Jack L. Knetsch/ Richard H. Thaler (1986): Fairness and the Assumptions of Economics. In: Journal of Business, 59, 285-300.
Kahneman, Daniel/ Amos Tversky (Hg.)(2000): Choices, Values, and Frames. Cambridge.
Kahneman, Daniel (2012): Thinking, fast and slow. New York.
Kaplan, Fred (1984): The wizards of Armageddon. New York.
King, Stephen (2014). Revival. New York.
Lakatos, Imre/ Alan Musgrave (Hg.)(1970): Criticism and the Growth of Knowledge. Cambridge.
Lewis, David (1969): Convention: A Philosophical Study. Cambridge, Mass.
Luce, R. Duncan/ Howard Raiffa (1989)[1957]: Games and Decisions. Introduction and Critical Survey. New York.: Dover.
Marwell, Gerald/ Ruth E. Ames (1981): Economists free ride, does anyone else?. In: Journal of Public Economics, 15, 295-310.
Maynard Smith, John (1982): Evolution and the Theory of Games. Cambridge.
Morrow, James D. (1994): Game theory for political scientists. Princeton, NJ.
Morton, Rebecca B. (2005): Methods and models. A guide to the empirical analysis of formal models in political science. Cambridge.
Murphy, Liam/ Thomas Nagel (2002): The Myth of Ownership. Oxford.
Nasar, Sylvia (1999): A Beautiful Mind. London.
Neumann, John von/ Oskar Morgenstern (1972)[1944]: Theory of Games and Economic Behavior. Princeton.
Nozick, Robert (1974): Anarchy, State and Utopia. Oxford.
Olson, M. (1968)[1965]: Die Logik des kollektiven Handelns. Tübingen.
Ostrom, Elinor (1990): Governing the Commons: The Evolution of Institutions for Collective Action. Cambridge.
Pascal, Blaise (1978)[1670]: Pensées. Über die Religion und über einige andere Gegenstände. Heidelberg.
Pearce, D. (1984): Rationalizable strategic behavior and the Problem of perfection. In: Econometrica, 52, 1029-1050.
Poe, Edgar Allan (1979): Der entwendete Brief. In: Edgar Allan Poe (Hg.): Detektivgeschichten. München, 167-191.
Popper, Karl R. (1989)[1935]: Logik der Forschung. Tübingen.
Popper, Karl R. (1994)[1963]: Vermutungen und Widerlegungen. Tübingen.
Poundstone, William (1993): Prisoner's dilemma. New York.
Rabin, Matthew (1993): Incorporating Fairness into Game Theory and Economics. In: The American Economic Review, 83, 1281-1302.
Rapoport, Anatol/ Albert Chammah (1965): Prisoner's Dilemma. Ann Arbor.
Rapoport, Anatol (1976): Kämpfe, Spiele und Debatten. Darmstadt.
Raup, David M. (1991): Extinction. Bad Genes or Bad Luck? New York.
Ridley, Matt (1994): The Red Queen. Sex and the Evolution of Human Nature. London.
Riker, William H./ Peter C. Ordeshook (1968): A Theory of the Calculus of Voting. In: American Political Science Review, 62, 25-42.

Roth, Alvin E. (1995): Bargaining Experiments. In: John H. Kagel/ Alvin E. Roth (Hg.): The Handbook of Experimental Economics. Princeton, 253-348.
Samuelson, Larry (1997): Evolutionary Games and Equilibrium Selection. Cambridge
Scharpf, Fritz W. (2000): Interaktionsformen. Akteurzentrierter Institutionalismus in der Politikforschung. Opladen.
Schelling, Thomas C. (1960): The Strategy of Conflict. Cambridge, Mass.
Schelling, Thomas C. (1978): Micromotives and Macrobehavior. New York.
Skyrms, Brian (1996): The Evolution of the social contract. Cambridge.
Skyrms, Brian (2004): The Stag Hunt and the Evolution of Social Structure. Cambridge.
Spence, Michael (1974): Market Signaling. Cambridge, Mass.
Tadelis, Steven (2013): Game Theory. Princeton.
Taylor, Michael (1987): The Possibility of Cooperation. Cambridge.
Thaler, Richard (2015): Misbehaving. The Making of Behavioral Economics. New York.
Thomas, William Isaac/ Dorothy Swainge Thomas (1928): The Child in America. New York, N.Y.
Ullmann-Margalit, Edna (1977): The Emergence of Norms. Oxford.
Van Dijk, Eric/ Riel Vermunt (2000): Strategy and Fairness in Social Decision Making: Sometimes it pays to be powerless. In: Journal of Experimental Social Psychology, 36, 1-25.
Young, H. P. (1998): Individual strategy and social structure. Princeton, NJ.
Zürn, Michael (1992): Interessen und Institutionen in der internationalen Politik. Opladen

Stichwortverzeichnis

Die Angaben verweisen auf die Seitenzahlen des Buches.

Abschreckungsspiel 131
Agent based modelling 209
Agentenbasiertes Modellieren 209
Akteur
– rationaler 14
Allmendegüter 96, 143
An Economic Theory of Democracy 31
Assurance-Game 101, 107, 204, 207
Attraktor 207
Ausbeutung
– des Großen durch den Kleinen im Rambo-Spiel 112
Auszahlung 31
Axelrod, Robert 148, 152, 208

backward induction Siehe Rückwärtsinduktion
Bacon, Francis 200
Battle of Sexes 114
Battle of the Bismarck Sea 72, 79
Bayes, Thomas 176
Bayesianisches Updating 175, 177, 181
Bayes'sches Theorem 176
Behavioral Economics 187
beliefs 21
Bernoulli, Daniel 45, 51
Bernoulli, Jakob 44
Bernoulli, Nicolas 45
Beschneiden eines Spielbaums 121
Beste Antworten 63, 162
Binmore, Ken 153, 196
Black, Duncan 77
Blockadespiel 114
Buchanan, James M. 95

cheap talk 64, 140, 164
Chicken-Game 97, 107
– sequentielles 119
Commitments 59, 134, 137, 163, 166, 169
Common Knowledge 22, 61, 158
Common pool ressources 143
complete information 61

Computerturnier von Axelrod 152, 208
Condorcet 176
Containment-Politik 132

Demokratie 41
Diktatorspiel 191
Dilemma
– soziales 15, 90, 143
Diskontfaktor 149
Dominanz
– einer Strategie 60
Dominanz-Lösbarkeit eines Spiels 159
Dominanzkriterium 28
Doomsday Machine 136
Downs, Anthony 31
Dr. Strangelove 136
Dresher, Melvin 89
Drohungen 135, 139
– unglaubwürdige 134

Eigen, Manfred 203
Eliminierung dominierter Strategien 157
Entscheidung
– unter Risiko 37
– unter Sicherheit 19
– unter Unsicherheit 24, 26
Entscheidungen
– parametrische 19
– strategische 57
Entscheidungsknoten 19, 120
Entscheidungsproblem 21
Entscheidungssituation 21
Ergebnisse 22
Erntehelferbeispiel von Hume 144, 155
Erwartungswert 39, 46, 165
Extensive Form eines Spiels 119, 125

Fairness 190, 193, 199
Festlegungen Siehe Commitments
first mover advantage Siehe Vorteil des ersten Zuges
Fitness 203
Flexible Response 134
Flood, Merrill 89

Stichwortverzeichnis

Focal Point 66, 67, 163, 190
games of chance *Siehe Glücksspiele*
games of skills *Siehe Geschicklichkeitsspiele*
games of strategy *Siehe Strategische Spiele*
Gefangenendilemma 89, 106, 140, 187, 195, 204, 205
– Coverstory 89
Gegenseitig besten Antworten 63
Gemeinsames Wissen 61, *Siehe auch Common Knowledge*
Gemischte Strategien 78
Gene
– schlechte 212
Gleichgewicht 62, *Siehe auch Nash-Gleichgewicht*
– auszahlungsdominantes 64, 67, 102, 164
– perfektes bayesianisches 179
– Pooling-Gleichgewicht 182
– risikodominantes 103
– separierendes 179
– teilspielperfektes 124, 129, 130
Gleichgewichtsselektion 63, 98, 163
Güter
– globale öffentliche 112
– öffentliche 96, 188
– single best effort 112
– Weakest-Link-Goods 106

Hamilton, William 203
Handlungsoption 21
– dominante 28
Harmoniespiel 109, 140
Harsanyi, John 102, 130, 170
Hirschjagd-Spiel 101
Hobbes, Thomas 94, 187
Hotelling, Harold 75
Hughes, Howard 101, 113
Hume, David 144, 187
Hypothese 177

Idealpunkt 75
incredible threats *Siehe unglaubwürdige Drohungen*
Information
– asymmetrische 172
– perfekte 125
– private 173
– unvollständige 169
information set *Siehe Informationsbezirk*
Informationsbezirk 26, 125
– einelementiger 26, 172
Informationsgehalt eines Signals 175
Irrationale Züge 131

Kalter Krieg 131
Kampf der Geschlechter 114, 162, 164, 165
Kidnapper-Spiel 135
Kobayashi-Maru-Test 54
Kommunikation 164
– im Nullsummenspiel 71
– in Spielen reiner Koordination 64
Konstantsummenspiele 71
Kubrick, Stanley 136

Laplace, Pierre-Simon 104, 176
Legitimation 197
Leviathan 94
Leyen, Ursula von der 195
Lösung eines Spiels 59
Lösungskonzept 60
Lotterie 38, 45, 48

MAD (Mutual assured destruction) 132
Massive Vergeltung 132
Mathematik 24
Maximax-Regel 30
Maximin-Regel 29
Maximin-Strategie 73
Maynard Smith, John 155, 213, 215
mechanism design 15, 92
Median-Voter-Theorem 77
Methodologischer Individualismus 59
Minimax-Regret-Regel 32–34
Minimax-Risk-Regel *Siehe Minimax-Regret-Regel*
Minimax-Theorem 74
Morgenstern, Oskar 9
Mutation 213
mutual best replies 63

Nash, John 130
Nash-Equilibrium oder Nash-Gleichgewicht 62

Stichwortverzeichnis

Nash-Gleichgewicht 123, 159, 161, 163, 207, 214, 215
– und ESS 214
Neumann, John von 9
Normalform eines Spiels 58, 119
Normen 143, 194
Nullsummenspiele 71
Nutzen 31
– expressive 41
– instrumentelle 41
– kardinaler 31
– ordinaler 31
Nutzenfunktion 45, *Siehe auch Von-Neumann-Morgenstern-Nutzenfunktion*
Olson, Mancur 100
Ordeshook, Peter C. 40
Ostrom, Elinor 143
Outcomes *Siehe Ergebnisse*
Pareto-Effizienz 91
Paretokriterium 91, 102, 165
Parteienwettbewerb
– räumliches Modell des P. 75
Pascal 27
Pascal'sche Wette 27, 34, 36
payoff *Siehe Auszahlung*
Pessimismus-Optimismus-Kriterium 34
Poe, Edgar Allan 80, 124
Populationen 203
Präferenzen
– enthüllte 14, 23
Präferenzordnung 20
– lexikalische 115
– transitive 21
– vollständige 20
Präferenzrelation 20
– Indifferenz 20
– schwache 20
– strikte 20
Price, George 213
Price, Richard 176
Prinzip des unzureichenden Grundes 104
Prisoners' Dilemma *Siehe Gefangenendilemma*
Pruning *Siehe Beschneiden eines Spielbaums*
Public-Goods-Spiele 188, 192

Pythagoras
– Satz des 24
Rambo-Spiel 110
RAND-Corporation 72, 89
Rapoport, Anatol 152, 187
Rational-Choice 22, 37, 44, 90
Rationalität 23, 44, 157
Raup, David 212
Rendezvous-Spiel 65, 164
Replikationen 203
Replikatordynamik 204, 208
Replikatoren 204, 207, 213
revealed preferences *Siehe Enthüllte Präferenzen*
Riker, William 40
Risikoneigung 48
Rousseau, Jean-Jacques 101
Rückwärtsinduktion 120, 123, 169
Salami-Taktik 134
Sattelpunkt 75
Satz der totalen Wahrscheinlichkeit 178, 184
Schatten der Zukunft 148
Schelling, Thomas 65, 135
Screening-Devices 174
Selbstbindung 99, 116, 137, 163, *Siehe auch Commitments*
Selten, Reinhard 102, 130
Sen, Amartya 101
Sicherheitsäquivalent 30, 74
Signal 174, 179, 181
– Empfänger eines S. 180
– Sender eines S. 179
singleton *Siehe einelementiger Informationsbezirk*
Skyrms, Brian 102
Sozialpsychologie 187, 193
Spencer, Herbert 203
Spiele
– gegen die Natur 57
– Geschicklichkeitsspiele 9, 10
– Glücksspiele 9–11
– reiner Koordination 57, 58
– strategische 9, 10
– wiederholte 143

229

Spieltheorie
- evolutionäre 152, 203
- experimentelle 187
- non-kooperative 59
- und Vertragstheorie 94, 143

Sputnik Schock 132

St. Petersburg Paradox 45, 46, 51

Stag Hunt 101

state of the world *Siehe Zustand der Welt*

Stein, Schere, Papier 78

Stimme
- entscheidende oder pivotale 31

Stirling-Formel 40

Strategie
- Definition von S. 127
- dominante 60
- dominante im Gefangenendilemma 90
- dominante im Harmoniespiel 109
- einheimische 213
- evolutionär stabile (ESS) 213
- freundliche 147
- Pooling von Strategien 182, 183
- rationalisierbare 158
- semiseparierende 184
- separierende 179
- vergeltend 147
- verständliche 153
- verzeihend 147

Strategische Form eines Spiels 119, 125

Strategische Züge 99, 136

Strategisches Wählen 42, 43

Tautologie 24

Theory of Games and Economic Behavior 9

Thomas-Theorem 45

Threshold Test Ban Treaty 153

Tit-for-Tat 147, 152, 154, 208, 215

trembling hand 103

Trittbrettfahrer 96, 100, 105

Tucker, Albert W. 89

Typen von Spielern 169, 180

Ultimatumspiel 188, 190, 194, 195

Unsicherheit 169

Urnenmodell 177

Versprechen 134, 139

vollständiges Wissen 61

Voltaire 28

von Mises, Richard 44

Von-Neumann-Morgenstern-Nutzenfunktion 48, 52

Vorteil des ersten Zuges 124

Wahrscheinlichkeit
- bedingte 175, 176
- inverse 176
- objektive 43
- subjektive 43

wants 21

„Wer wird Millionär?"-Entscheidungssituation 47

Wettrüsten 93

Winkler, Ruthild 203

Zustand der Welt 19, 24

... denn sie wissen nicht, was sie tun 98